新民説

成为更好的人

中国历史的空间结构

鲁西奇 著

GUANGXI NORMAL UNIVERSITY PRESS
广西师范大学出版社
·桂林·

ZHONGGUO LISHI DE KONGJIAN JIEGOU

图书在版编目（CIP）数据

中国历史的空间结构 / 鲁西奇著．—桂林：广西师范大学出版社，2014.10（2024.9 重印）
ISBN 978-7-5633-8770-0

Ⅰ．①中… Ⅱ．①鲁… Ⅲ．①中国历史－研究 Ⅳ．①K207

中国版本图书馆 CIP 数据核字（2014）第 160618 号

广西师范大学出版社出版发行
（广西桂林市五里店路 9 号　邮政编码：541004
网址：http://www.bbtpress.com）
出版人：黄轩庄
全国新华书店经销
广西广大印务有限责任公司印刷
（桂林市临桂区秧塘工业园西城大道北侧广西师范大学出版社集团有限公司创意产业园内　邮政编码：541199）
开本：880 mm × 1 240 mm　1/32
印张：15.25　　字数：333 千字
2014 年 10 月第 1 版　　2024 年 9 月第 7 次印刷
印数：18 001~20 000 册　　定价：78. 00 元

目 录

空间与历史：空间视野下的中国历史（代序）..........1

一 “空间”的力量及其意义..........1

二 “区域多样性”与中国历史发展..........7

三 核心与边缘：中国历史上的“核心区”与“内地的边缘”..........11

四 村落与城市：传统中国乡村聚落与城市的形态和空间结构..........17

五 多元、统一的中国是如何可能的？..........23

卷一 区域多样性

中国历史与文化的“区域多样性”..........35

一 景观多样性..........35

二 历史进程与道路的多样性..........45

三 区域多样性的方法论意义..........58

中国历史发展的五条区域性道路..........72

一 中国历史发展的五条区域性道路..........73

二 适应、抉择与互动：历史道路区域性差异的形成..........93

中国历史上的三大经济地带及其变动..........110

一 三大经济带格局的形成..........111

二 三大经济地带的变动..........121

三 影响地带性差异之形成及其变动的诸因素..........133

卷二 核心与边缘

中国历史上的“核心区”：概念及其分析理路..........143

一 冀朝鼎的“基本经济区”概念及其分析理路..........143

二 “核心区”概念的重新界定..........151

三 不同层级的核心区与王朝国家的地方控制方式..........159

中国历代王朝的“核心区”及其变动..........175

一 秦汉时期的核心区及其转移:从关中到“三河”..........176

二 北朝至隋、唐前期的核心区:关陇、河东与河洛..........180

三 六朝及南唐、南宋的核心区:宁镇与江淮..........186

四 中晚唐五代与北宋的核心区:汴洛与河北..........190

五 辽金元三朝的核心区:从草原到燕地..........199

六 明清两朝的核心区及其变动:南北直隶与畿辅..........204

七 结语..........211

“内地的边缘”：传统中国内部的“化外之区”..........231

一 隙地、蛮荒以及帝国疆域内部的“化外之区”..........232

二 “内地的边缘”的区域特征..........238

三 “内地的边缘”在中国古代史上的地位..........251

“边缘”的“核心”：白莲教“襄阳教团”的形成与扩散..........266

一 问题之提出：传统中国秘密社会的结构性特点..........266

二 明清时期的鄂西北地区：“异端的渊薮”..........273

三 清中期鄂西北白莲教传播的“核心区”及其“核心集团”..........278

四 跳跃式传播：“襄阳教团”的扩散及其方式..........299

五 边缘区域内边缘人群中“核心集团”的凝聚与分散..........307

卷三 城市与村庄

空间与权力：中国古代城市形态与空间结构的政治文化内涵..........325

一 城市：权力运作的场所和工具..........325

二 城墙:威权的象征..........330

三 城墙内外:城市的空间分划及其意义..........333

四 中国古代城市形态与空间结构的研究理路..........338

城墙内的城市? ——关于中国古代城市形态的再思考..........348

一 问题之提出..........348

二 城墙之有无..........351

三 附郭街区的形成与发展..........358

散村与集村:传统中国的乡村聚落形态及其演变..........374

一 问题之提出..........374

二 北方地区的乡村聚落形态及其演变..........378

三 南方地区的乡村聚落形态及其演变..........389

四 从散村到集村:传统中国乡村聚落形态演变的总体趋势..........398

五 散居与聚居形态下社会组织与社会控制方式的差异..........409

主要征引文献..........426

后记..........469

图目

图 1. 汉代的经济区划..........113

图 2. 隋代的经济区划..........125

图 3. 秦汉时期的核心区及其变动..........180

图 4. 十六国北朝至隋唐前期的核心区..........184

图 5. 六朝政权的核心区..........190

图 6. 中晚唐五代北宋的核心区..........198

图 7. 辽金元政权的核心区..........204

图 8. 明朝与清朝的核心区..........210

图 9. 清乾隆后期白莲教“襄阳教团”的核心区..........298

空间与历史:空间视野下的中国历史(代序)

一 “空间”的力量及其意义

所有现象都在时间中存在而有其历史,也在空间中存在而有其地理;如果说时间是历史学考察世界的独特视角的话,空间就是地理学观察世界的独特视角。显然,因为世界的所有表象乃至其本体都处于一定的时间与空间之下,所以,历史与地理就成为我们了解世界的核心,时间与空间的观察视角与分析方法也就是认知世界最基本的方法之一。在这个意义上,世界上的大多数学问都是“历史地理学”,或至少以“历史地理学”为基础,因为几乎所有学问研究的对象都在时间与空间里,而其研究方法也都离不开时间与空间的分析方法。

时间的力量是显而易见的:我们从咿呀学语的孩童,一天天长大,然后结婚生子,成就自己的事业,这是时间的赐予;人类从匍匐在大自然面前瑟瑟发抖、无可奈何的原始人群,成长为可以较大程度地利用自然、控制自然的高智能群体,这一过程是在时间里完成的。同样,时间让我们忘却悲伤和屈辱,抚平身体与心灵的创伤;时间让无恶不作、不可一世的权贵与富豪终究成为一堆白骨,让铁骨铮铮、品德高尚的志士仁人在记忆与传说中永生,让荣华富贵和穷困潦倒都随风飘去。凡此,都是时间的伟力。不仅如此,正是因为有可记忆的时间,我们才能回忆起自己的"过去",并给自己的"今天"下定义;正是因为有可记录的时间,人类才会有可供建立有序与结构的历史;也正是因为有时间,人类的知识才得以累积,并逐步形成越来越庞大但仍然有序的知识体系。毫无疑问,时间塑造了人类和我们每一个人,给人类和我们自己以一个"身份"和界定,使我们拥有可赖以生存的知识与技能,并给我们提供了思想的"先验架构"。

那么,空间的力量表现在哪里呢?或者说,空间是怎样拥有并展现自己的力量的呢?

设想这样一个场景:在一个没有桌椅的教室里(即在每个方向都一样的平面内),老师任意选择一个位置,学生散立周围,以便看到老师,并听到老师的讲话;他们的排列易形成半圆形,成排地面对老师,而且是密度很高地靠近老师。在这里,老师与同学们组成一个"空间":每个人都有自己的"位置"("区位"),人与人之间存在"距离",每个人的目光都指向一定的"方向",并共同构成一种存在内在"关联"的空间。

在这个"空间"里,老师的"位置"构成了空间的中心:学生们自然而然地面向老师,形成向心性,从而在空间感觉上强化了老师的中心性和权威。这就是"位置"的力量。我们每个人都处在这个世界的某一特定位置上(地理的、经济的、社会的乃至文化的位置),这个位置至少在最初是先于我们而存在的,也是我们无法控制的,它在很大程度上给我们的生存与发展提供了空间和机会,同时也界定、制约或影响了我们的生存与发展。比如:一个秦巴山地山谷村庄里的少年,其生存与发展的环境与机会,与北京城里同样年龄的少年相比,显然有着天壤之别。对于个人来说,不同的"位置"意味着社会经济与文化地位的不同,也将使他走上完全不同的人生之路;对于人群与社会而言,"位置"的差异可能在很大程度上决定了其生计的方式(经济形态)、人群的组合方式(社会组织方式与社会形态)乃至政治形态。

空间的第二个要素是"距离"。托布勒(Waldo Tobler)著名的"地理学第一定律"就是:"地理事物或属性在空间分布上互为相关,而相近的事物相互间的关联更为紧密。"距离导致了"核心"与"边缘"的差异。在师生交谈的集聚圈中,随意地观察就可以发现:与老师距离最近的往往是与老师关系最密切、对老师讲授内容最为关注的学生,而与老师距离越近,学生的密集程度也就越大;游离于这个集聚圈边缘的,往往是对这种谈话不感兴趣或不屑一顾的特立异行者。在另一方面,老师也倾向于喜欢那些靠近自己的学生,对他们投入了更多的关注,并希望通过他们影响全体学生。这样的阐释模式完全可以用于对区域社会经济发展的观察与分析。正如施坚雅所指出的那样:"核心区"集聚了区域范围内大部分的人口与财富,越靠近核心,其密度越大;它也受到政府的重视,而得到诸多的"优惠性"政策。边缘区域的人口密度较小,经济欠发达,财富总量低而且分散;政府控制薄弱,社会呈现出多元化发展趋势,文化特别是意识形态出现另类化倾向。显然,"距离"是核心与边缘分异的基础。

距离的力量还不止于此。仔细观察我们假想的这个师生空间中的学生部分,可以发现:关系最好的同学可能有意无意地靠在一起，而关系疏远的同学则自然而然地保持了彼此间的距离。反过来，在一个教室里，长期的同桌可能构成一种非常亲密的关系，而坐在角落的那个同学可能与全班的所有同学都很疏远。这是距离对社会关系的影响。在传统中国华北平原的集居村落里，村民之间的交流相对频繁，关系相对紧密，从而可能形成相对严密的社会组织结构；同时，由于居住集中，官府也易于控制，国家权力对集居村落的渗透也就相对深入、广泛。而在广大的南方地区，人们选择把自己的住房建在尽可能地靠近生存所依赖的水田、山林或湖泽旁，从而形成分散居住的状态，各农户之间的来往、交流与互相依靠均相对少一些，彼此之间相对疏远，其社会联结方式与社会组织结构则要复杂得多；官府控制散居村落的难度也较大。当然，"距离"的概念、界定与意义在今天已经或正在发生根本性的变化：我们可能与同居一室的人形同陌路，而与远在天涯的人则亲如水乳，密若一体。这也是距离表现其力量与意义的一种方式。

空间的第三个要素是"方向"。在我们设想的这个师生空间中，可以观察到两个相反的方向：一是指向老师亦即中心的，大多数同学的目光集中在老师身上，是"集聚"的；在这个空间的边缘或某一部分，几位同学在窃窃私语，他们的目光和注意力相对于大多数集聚到老师身上的目光而言，是"离散"的。在大多数空间里，都程度不同地存在着"集聚"和"离散"两种方向；物资的流动、人才的流动乃至权力的流动、文化的流动，也主要表现为这两种形式。当"集聚"式流动在一个空间中占据主导地位时，这个空间表现为向心性集中的结构，中心密度最大，向外围依次表现为同心圆递减的模式；当"离散"式流动在一个空间中占据主导地位时,这个空间表现为离散性扩张的结构,中心的控制力衰减,各部分向均质分布的方向演化,最终会导致空间的分离。在我们设想的这个师生空间中,如果有一位同学非常有个人魅力,围绕着他的私语就可能会越来越大,形成一个"小圈子";如果老师权威的制度性保障被消除,他们的这个小圈子就可能分离出去,形成自己的"空间"。我们在生活中,在社会、经济、政治与文化的各个领域,都可以观察到这两种方向的流动。显然,"集聚"导致了诸种区域与社会的形成,而"离散"则带来了文化的传播、扩散与社会的变动。

如果我们说集聚与离散主要是内外、上下间的方向,是"纵向"的话,还有一种与之交叉的方向,我们不妨称作"横的方向"。在我们设想的这个师生空间里,每一位同学,都可能甚至是必然会偶尔向左右邻居瞄一眼,这种不经意的瞄一眼,使同学们自然而然地排成了半圆形的横排,从而形成一种有秩序的结构。如果每个同学都把全部注意力集中在老师身上,一点都不向相邻的同学看一眼,这个横排可能就不会形成。因此,"方向"是秩序与结构形成的基础之一。

位置、距离、方向是空间构成最基本的要素,三者又是互为前提的:一个人位置的界定有赖于他与其他人之间的距离和方向,距离是靠两个位置来确定并度量的,方向则取决于两个点之间的相对位置与距离。这三者之间的关系,就构成了空间的内在关联性。虽然在理论上任何空间内部都存在着关联性,但事实上,有些关联因为不具备真实的意义,它不足以将一些事项有机地联系在一起,从而形成一种有意义的空间。比如:火车站广场上的陌生人群,对于这些人群而言,并不构成为"空间",因为他们之间的联系并不具有可供选择的意义。

在这里，我回避了空间的实质究竟是先验的架构，还是客观的实在，抑或建构的观念的讨论。事实上，我们所讨论的空间包含了这三个层次，因为在我们的生活与社会关系网络中，我们都不会去辨析也很难区分我们生活所依的空间究竟是先验的、客观的或者观念的，而是混合在一起的。显然，就我们个人的知识体系与思想方法而言，关于空间的部分认知框架是先验的，至少是在我们知识体系与思想方法形成的过程中同时形成的；空间的表现形式，无论是自然的地理形式，还是人为的环境，都是客观的存在，也是无可置疑的；而可供表达的空间观念——位置的确定、距离的度量、方向的描述等，也都立基于社会的文化建构。当然，空间的物质基础在塑造人类社会生活中发挥了巨大作用，由于人类的活动与物质性空间相互结合运作而产生的各种新的空间建构也都具有非常大的力量[1]，而最重要的是：我们每一个人都处于被给予的空间中，人类的社会历史是在特定的空间里展开的，也在同时建构了人类的空间，并受制于这个被给予的和人类主动建构的空间，而且通过这种空间“表现”出人类社会的秩序和结构。这就是空间的力量。

从对空间及其力量的认识与理解出发，我们可以思考“空间”（或者说是“地理”）对于中国历史发展的意义，以地理环境与人类活动的互动为视角，阐述幅员广阔、多民族统一国家在形成发展过程中历史地缘结构的形成与演进，以及此种地缘结构对地区开发进程、经济格局之演变、文化区域的分合乃至国家政治结构等方面的影响，进而分析区域差异及多样性与中国历史的总体发展之间的关系。十余年来，我逐步讨论了“中国历史与文化的区域多样性”、“核心区”与“内地的边缘”、乡村居民的“集居与散居”、“统一、多元的中华帝国是如何可能的”等命题,初步形成了一些认识和具有自己特点的看法。这些思考与研究,可以界定为“空间维度下的历史”,也就是运用“空间”的观念与方法,分析中国历史发展的进程及其结构,或者可以称为“历史研究中的地理学理路”。

二 “区域多样性”与中国历史发展

我们在日常生活中,常常会强烈地感受到不同区域之间在自然环境、居住人口及其生产方式、居住方式、文化形态(特别是方言和习俗)等各方面所存在的巨大差异。且不说在中国辽阔的国土上较大距离的区域差异(如大区之间或省际的差异),即便是在乡村旅行,我们也会发现,每隔二三十公里,生活方式、自然条件、聚落类型乃至田野形象和色彩全都会发生变化。每个村庄、每个乡镇、每个县都有属于自己的地域特征。这些地域特性早已渗透在平民百姓的心坎中,成为他们生活的一部分。虽然随着日新月异的现代化进程,地区特性似乎正在逐渐消失,但如果我们仔细观察,就会发现,每一个地区发生的变化,都有别于邻近的其他地区,或者变化的方式各具特点,从而造成了界线分明的新差异。

正是从这里出发,我开始思考中国历史与文化的“区域多样性”问题。首先,中国以及中国文化的多样性,是通过观察、感知而得以描述、展示并赋予其意义的,这种可以通过观察而认知并加以描述、展示的区域差异,可以概括为“景观多样性”,它主要包括自然景观的多样性、文化景观的多样性以及景观认知与意义的多样性。而不同区域在景观方面的差异(景观多样性),在很大程度上是历史演进的结果。这不仅是因为"今日的"景观乃历史时期的遗存与积淀,更由于景观是人与环境的统一体,是在历史过程中形成的,它本身就蕴含着对历史过程的记忆与解释。因此,不同区域社会经济发展的进程、生产生活方式的演进乃至政治模式、文化形态诸方面也会有很大差异,而这些差异又是造就"今日的"景观多样性的重要原因。这些差异,可概括为"历史进程与道路的多样性",它主要表现在历史进程的区域差异、历史道路的区域差异以及影响历史发展诸要素的区域差异三个方面;而其中最为关键的是"历史道路的区域差异",即:中国历史的发展,并非一条单一的轨迹,不同的区域都可能有其自身的发展脉络——不同区域在历史发展的出发点、走向与所经历的主要阶段等方面,都可能存在根本性的差别,即其所走过的道路根本不同,而不是同一条道路上的曲折或分歧。而不同区域所走过的、有着根本性不同的道路,则可称为"区域性道路"。[2]

迄今有关中国历史发展的总体阐释,大抵都假定中国各个地区的历史发展均基本遵循一个统一的中国历史发展模式、走过一个大致相同的发展道路。这主要有两种阐释路径:一是以社会形态演进为核心线索的阐释体系,强调人类历史均经历了由原始社会、奴隶社会、封建社会到资本主义社会、共产主义社会(社会主义社会为其初级阶段)的演化,中国历史发展的总体线索自亦如此,中国各个地区亦概莫能外。这种思想方法假定人类文明的历史进程是统一的,并将五种社会形态演进作为"普遍规律"运用于中国及中国各地区的历史分析中。显然,这种阐释是建立在不完全归纳和未经证实的材料基础之上的,远远脱离了历史事实;其关于中国各地区历史发展走向的断言,更主要是出于先验的预设,主要是靠预设和臆测构拟历史,先定下框框,然后将之运用到中国历史的具体研究中。随着学术思想的发展,这一阐释体系已失去了其赖以成立的方法论基础,实际上已被“束之高阁”。

认为中国各地区均走过相同或相似历史道路、从而形成中国历史与文化一致性的第二种阐释体系,则以“朝代更替”为核心线索,认为中国各地区政治、经济、社会与文化各方面的变动,均与王朝的更替紧密联系在一起。它假定各地区社会经济与文化的发展是与王朝的兴衰更替同步的,因而也就是相对一致的。这样,有关各地区的历史发展,就主要被叙述为王朝武力向各地区的扩张与征服,人口迁移带来了各地区的经济开发,然后是王朝制度在各地区的推行以及所谓“教化”的展开。也正是在这一过程中,中国历史发展与中国文化的一致性或统一性得到贯彻与展开,各地区的社会经济与文化发展遂得以纳入中国历史发展的总体轨道中。“王朝更替”的叙述与阐释模式,掩盖了不同区域历史发展进程的复杂性与多样性,将丰富多彩的中国历史进程简单化了,因此已受到广泛的质疑,在很多领域实际上已经被摈弃了。

区域多样性的视角引导我努力突破这种单线式的思考方式,更着意于探究不同区域社会经济与文化发展的内在动因及其纳入中华帝国体制内的根本性需求,分析这些区域自身的历史轨迹,理解其区域特性的形成及其与大一统帝国的一致性之间的差别与关联。质言之,即探寻不同区域自身的历史发展脉络，考察这种区域历史发展的多样性与中国历史的统一性之间的关系。因此，在近年来从事中古时期南方史地研究的基础上，我尝试摸索“中国历史发展的南方脉络”，试图将汉人群体的历史发展过程区分为“中原道路”与“南方道路”；进而认识到：中国北方草原地带、新疆（西域）地区、青藏地区的历史发展道路，均有别于中原和南方地区，有其自身的独特性，当可视为与“中原道路”、“南方道路”并存的区域性历史发展道路；使用中原王朝的更替以及中原王朝对这些民族地区的征服与控制，作为建构这些地区历史、文化阐释体系的基本框架，不过是“大中华主义”（又以“大汉族主义”为其核心）观念下历史阐释体系的组成部分，反映的仍然是传统的“华夏中心论”。这样，我即初步形成了在中国历史上存在着中原道路、南方道路、草原道路、高原道路与沙漠绿洲道路等五种区域性历史发展基本道路的看法。[3] 不仅如此。人类历史发展道路的多样性有三个根源：一是自然的多样性，二是人群的多样性，三是人群对多样性自然的适应、应对与抉择的多样性。因此，人类历史发展道路的多样性是绝对的，而一致性则是相对的。

区域多样性的思想方法，不仅使我更着意强调中国历史与文化的多元构成，强调中华帝国与中国文化的内部差异；还促使我以一种更为宏大、包容的态度，去对待在宏大的中国历史叙述中未能占据“一席之地”的各种区域性的历史与文化，尊重诸种形式的区域特性及其文化表现形态，承认并致力于揭示其在人类文明和中国历史发展中的价值与意义。更为重要的是，它引导我将关注的目光从巍峨的殿堂转移到乡村的庙宇、集市，从“核心”转移到“边缘”，从“正统”转移到“异端”——但这不是从

"自上而下"到"自下而上"的改变,因为在"多样性"的思想方法中,朝廷的殿堂与乡村的庙宇、核心与边缘、"正统"与"异端"都是中国历史上具有同等意义的存在,是并列共存的关系,并无上、下或重要、次要之别。[4]

三　核心与边缘:中国历史上的"核心区"与"内地的边缘"

1935年,冀朝鼎在《中国历史上的基本经济区与水利事业的发展》一书中,以高度的概括力,提出了"基本经济区"(key economic areas)这一重要概念。他指出:"中国历史上的每一个时期,有一些地区总是比其他地区受到更多的重视。这种受到特殊重视的地区,是在牺牲其他地区利益的条件下发展起来的,这种地区就是统治者想要建立和维护的所谓'基本经济区'。"[5]他所界定的"基本经济区"有两层含义:第一,控制它就可以控制全国。第二,在分裂、动乱时期,它是各政治集团奋力争夺的对象;而在统一时期,则是统治者特别重视的地区,统治者给予它许多优惠条件以确保其相对于其他地区的优势地位。冀朝鼎运用"基本经济区"这一概念,试图通过分析中国历史上基本经济区的转移,论证中国历史上统一与分裂的经济基础。

冀朝鼎所说的"基本经济区",主要是在农耕经济意义上,认为农耕经济发达之区即可成为基本经济区,并进而认为控制此种农耕经济发达之区,即可控制全国。事实上,在中国历史发展过程中,发达的农耕经济区不仅不"必然"成为据以控制全国的"基本经济区",恰恰相反,在很多时候却"更可能"成为被侵掠、受控制的对象。质言之,将农耕经济发达之区认定为据之即可控制全国的"基本经济区",至少是不全面的。同时,"经济资源"与"统治资源"并不是一回事,农业经济之发达只是提供了人力、粮食等经济资源,这些资源只有转化成可供国家支配的军兵、役夫与赋税之后,才能成为可以用来争夺天下、控制全国的"统治资源";在农业经济发展的区域差异不是太大的情况下,国家政权是否可以有效地"动员"、调配某一地区的经济潜力,才是这一地区能否成为国家可以依赖的"基本经济区"的关键。冀朝鼎的"基本经济区"概念及其分析理路,模糊了"经济资源"与"统治资源"之间的差别,将经济较发达之区相对丰富的人力、物力资源直接等同于王朝国家可以有效支配、利用的军事、财政资源;以此为基础,将"经济较发达"作为"基本经济区"的充分与必要条件。

那么,从王朝国家统治全国的角度看,怎样的地区是受到历代王朝特别重视、据之即足以统一天下控制全国的地区呢?换言之,需要具备哪些条件,才可能成为这样的特殊地区呢?显然,受到历代王朝特别重视、据之即足以控制全国的特殊地区,并不一定就是当时经济最为发达的地区,而主要是可以提供王朝统治所依靠的兵甲(军兵)、衣食(财赋)、人才(文武官员)以及合法性的地区,即兵甲所出、财赋所聚、人才所萃、正统所寄的地区。这样的地区并不适宜单纯地使用经济区、政治区或文化区之类的概念来界定,姑且称之为王朝统治的"核心区"。换言之,核心区集中了王朝统治最重要的武力、财富、人才与文化资源,只有控制了这样的地区,才能控制并进而统一全国。在核心区所应具备的四个要素中,兵甲与人才资源是最重要的,只有拥有此二者,王朝才有可能建立起军队和官僚系统。由于财赋可以依靠武力和官僚征敛的手段获致，所以财赋系统在帝国统治体系中，处于一种从属于武力和官僚系统的地位。因此，核心区作为“财赋所聚”之地，并不一定表现为此一核心区出产大量的财赋，更重要的是全国各地的大量财赋集中于此。“正统之所寄”主要表现为一种“文化权力”，决定着王朝统治的合法性。在历代王朝更替过程中，“正统”乃关乎王朝命运的大问题，但在本质上，它主要是统治者对权力来源的阐释，是文化“建构”的结果。[6]

重新界定了“核心区”的概念之后，我进而去思考，历代王朝统治的核心区在哪里？并对中国历代王朝统治的核心区之所在及其转移形成了一个概括性认识：(1)秦、西汉王朝的核心区，乃在关中及其西北边的北地等六郡，即今陕西中、西部地区；东汉帝国的核心区，则大致相当于今河南中部、山西与河北南部的黄河中下游两岸地，“三河”又是其最基本的核心区。(2)十六国以迄隋、唐前期的核心区，当在长安、晋阳、洛阳为中心所组成的三角区域，只有兼跨关陇、河东与河洛的政权，才能统一北方，并进而统一全国。(3)东晋南朝及南唐、南宋等立国东南的政权，核心区均在以广陵、合肥、寿春、淮阴为中心的江淮地区及以建康、京口、芜湖为中心的宁镇地区，即长江下游两岸地，而非在向以为经济发达之江南腹地。(4)晚唐五代时期，河北、河东、河南三大军事集团渐次合流，逐步形成以汴梁、洛阳、太原、广晋（大名）为中心的核心区；北宋时期，河东（太原）退出核心区范畴，核心区在以开封、洛阳、应天、大名等四京为中心构成的区域，即今河南中部、北部及河北南部的黄河两岸地。(5)契丹（辽）帝国的核心区一直在其上京临潢府，即今大兴安岭中段以西的草原地带；金初的核心区在被称为“内地”的上京路（今黑龙江南境），海陵王迁都燕京之后，即以燕地（今京津地区、河北北部）作为帝国之根本；元帝国也经历了一个核心区由草原向汉地逐步转移的过程：大蒙古国时代的核心区当在斡难—怯绿涟地区及鄂尔浑河流域，元朝建立后，以大都路、上都路为中心的腹里北部即今京津地区、河北、山西北部、内蒙古南部地区是帝国最重要的核心区。(6)明初的核心区在以南京、中都为中心的畿内（南直隶，今江苏、安徽二省），永乐以后，逐步转移到以北京为中心的幽燕地区（北直隶，今京、津、河北地区）；清王朝则在明朝核心区的基础上，进一步将其扩大，包括了邻近草原地带的热河（今承德）与满洲发祥地的盛京（今沈阳）地区。

姑且不论立国东南的六朝、南唐、南宋政权以及主要表现为草原帝国的契丹（辽朝），综括上述历代王朝统治之核心区的转移，又可区分为三个大的阶段：第一阶段，秦汉魏晋南北朝以迄于唐前期，各王朝的核心区虽历有变化，但基本稳定在关中、河洛与河东（太原）地区，长安、洛阳、晋阳乃构成其核心区的三个基本点，不同朝代在此三个基本点之间有所变动；第二阶段，自中晚唐五代至北宋，政治军事之重心渐次向东移动，后来逐步稳定在以开封、洛阳、大名、应天为中心的黄河中游两岸地区；第三阶段，金元明清时期，虽然情势更为纷杂，但总的说来，四个王朝的核心区主要是在以今北京为中心的华北北部地区。显然，中国历代王朝核心区的转移表现出由西北向东北、由关陇向幽燕移动的轨迹，元、清二代的核心区更是跨越长城，兼括草原与农耕地带，充分说明王朝统治的核心区并不取决于农耕经济的发达与否。至于哪些因素影响或制约了历代王朝核心区的变动，以及这些变动究竟具有怎样的意义，则尚需作进一步的分析。[7]

从"王朝统治的核心区"出发,可以进一步推衍"核心区"的内涵:在不同时期的中华帝国疆域内,均存在着不同层级的"核心区",即不仅有统一帝国全国意义上的"核心区"与南北分裂格局下南北政权各自的"核心区",还有不同层级区域下的"核心区",如施坚雅所划分的中华帝国晚期九大区域各自的核心区,各层级行政区(州、道、路、省等高层政区,郡、府、州等中层政区,以及县级政区)内也都拥有自己的核心区。这就构成了不同层级的核心区,即全国意义上的核心区、南北政权的核心区、大区的核心区、高层政区(州、道、路、省等)的核心区、中层政区(郡、府、州)的核心区以及县域范围内的核心区。在不同层级的区域范围内,都会存在受到不同层级的政权(官府)特别重视的地区,它集中了其统辖区域范围内最重要的财赋、武力、人才等资源,并拥有来自王朝所授予的治理其统辖区域的合法性(一般为军政中心所在);控制此种核心区,即足以控制其所得授权治理的全部区域。[8]

与"核心区"对应的概念,是"边缘区"。"内地的边缘"这个概念的提出与思考,源自田野。2003 年 10 月下旬至 11 月上旬,我们在鄂西北郧西县作了一段时间的田野考察,这一地区在地理、经济、社会与文化上的"边缘性"给我留下了深刻的印象。由于地处鄂、陕、豫三省交界,地方偏僻,山高林密,因此自古以来官府对这一地区的控制就比较薄弱,民风亦强悍尚武。当地民户多为移民,来源纷杂,土著无几。民众生计依赖种植农业,而生态环境恶劣,童山荒岭,崇山邃谷,可耕地资源十分有限;虽辛勤劳作,仍挣扎在温饱线上,民众生计颇为不易。境内风俗虽有千差万别,然其共同特征则是"信鬼尚巫","事淫末,溺巫师",

原始巫术与民间秘密宗教较为盛行。考察结束后，经过多次研讨，我在调查报告中，初步提出了“内地的边缘”概念，又进而结合许倬云先生有关中华帝国体系结构的论述，将“内地的边缘”界定为“处于中华帝国疆域内部、但却并未真正纳入王朝国家控制体系或国家控制相对薄弱的区域”，认为在“内地的边缘”区域，国家权力相对缺失，地方社会秩序之建立多有赖于各种地方势力，遂形成政治控制方式的多元化；其耕地资源相对匮乏，山林、矿产资源丰富，民众生计方式多种多样；人口来源复杂多样，多为社会体系之外的“边缘人群”，社会关系网络具有强烈的“边缘性”；在文化方面，异端信仰、民间秘密宗教等非正统意识形态有较大影响。“内地的边缘”区域往往是传统中国诸种社会动乱的策源地，也可能孕育某些新生力量和新因素。[9]

实际上，对“边缘”（边缘区、边缘人群、边缘社会与边缘文化）的关注是我这些年从事田野与研究工作最主要的倾向之一，也可以说是具有个人特点的研究路径。除了对于边缘人群、边缘社会与文化的“同情”之外，还因为我希望在“边缘”中能看到或“找到”新因素与新的社会群体的孕育与形成的迹象或可能。所以，在田野工作中，我强调“倾听村落边缘的微弱声音”，用“心”去理解社会边缘人群的话语[10]；在文献分析与运用中，则试图从官府、文人等主流人群留下来的文献中，挖掘弱势的边缘群体留下来的零星记录。比如白莲教的大部分教徒都是船夫、佣工、手艺人、货郎之类的边缘群体，这些人，在正常情况下，本来是没有机会发出并留下声音的，幸运的是（对我们来说），他们起事被捕之后留下了口供。这些供单，前些年整理白莲教起义资料时，渐次公布出来。离开农民起义和白莲教研究的路径，把这些材料放回到地方社会中,这些供单,就是非常好的边缘群体的声音。我们试图运用这些材料,去探究传统中国秘密社会(特别是秘密宗教)这一边缘性社会中"核心集团"的凝聚与"核心区"的形成,认为秘密社会的"核心集团",多由社会边缘群体中的"精英"构成;其"核心区"则多处于"合法性"政治社会经济体系的"边缘"。秘密社会的空间扩散方式,往往是从一个"合法性"社会的边缘地带,跨越其核心地带,直接进入另一个边缘区域;其"核心集团"也往往采取"裂变"的方式,即从一个"核心集团"分出成员,到另一个边缘区域传教授徒,营构另一个核心集团。这就是所谓"边缘的核心"[11]。

"核心区"、"内地的边缘"、"边缘的核心"三个概念及其研究理路,是我试图运用空间观念去分析中国历史发展过程与结构的第二组概念,其理论根基是地理学的"核心—边缘"理论,但我作了一些推衍或者说是"发展",特别是边缘区边缘群体的"核心集团"与核心区的形成;我还没有能作出较深入的思考,它实际上有着非常深刻的社会学意义,我还没有充分的能力把握。

四 村落与城市:传统中国乡村聚落与城市的形态和空间结构

如所周知,德、法地理学界对乡村聚落地理都非常重视,Johann Georg Kohl、Leo Heinrich Waibel 、Erich O. Otremba、A. Meitzen、Paul Vidal de la Blache、Albert Demangeon、Jean Brunhes 等地理学家都特别关注聚落的形态(集中居住与分散

居住，以及在集中居住的情况下，聚落的形态与结构是怎样的），住宅的形式与结构（农村住屋的形式及其演变）以及住屋、聚落与田地、森林、河流之间的关系，还有聚落的成长过程（自然发生的村落与规划的村落，村落如何逐步发展成为集市、市镇乃至城市）。这些问题、他们所做的精致研究、由此推衍出来的理论模式（著名的中心地理论就是这些理论模式之一），都给我很多启发。大约从 2001 年起，我开始琢磨将这些研究方法运用到传统中国乡村聚落的研究中来，着手摸索一些研究路径。我首先注意到施坚雅有关成都平原“基层市场社区”的研究，以此为线索，追踪到萧凤霞、科大卫、刘志伟、陈春声等先生关于珠江三角洲社会变迁的研究，进而去了解林耀华、费孝通、杨懋春、弗里德曼等人类学传统下对传统中国村落的研究，并由此出发，去理解传统中国的历史、社会与文化。与此同时，我还大致研读了日本学界立基于满铁华北农村调查资料的“村落共同体”理论及其相关研究论著，并以此为基点，延伸到马克斯·韦伯、滕尼斯等社会学家的“共同体”理论。因此，我有关历史乡村聚落地理的思考有三个理论源头或学科背景，即德法地理学研究中的乡村地理学传统、人类学研究中的村落社区研究，以及社会学中的“共同体理论”，其中，乡村地理学传统是我的出发点。

因此，我所说的“乡村聚落形态”，首先是地理学意义上的，是指乡村聚落的平面展布方式，即组成乡村聚落的民宅、仓库、牲畜圈棚、晒场、道路、水渠、宅旁绿地以及商业服务、文化教育、信仰宗教等公用设施的布局。由于乡村聚落与其周围的环境有强烈的依存关系，地理学者一般根据乡村聚落与周围环境之间的关系及其内在结构，将乡村聚落形态区分为集聚型和散漫型两种类型：集聚型村落又称集村，就是由许多乡村住宅集聚在一起而形成的大型村落或乡村集市，其规模相差极大，从数千人的大村到几十人的小村不等，但各农户须密集居住，且以道路交叉点、溪流、池塘或庙宇、祠堂等公共设施作为标志，形成聚落的中心。散漫型村落又称散村，每个农户的住宅零星分布，尽可能地靠近农户生计依赖的田地、山林或河流湖泊；彼此之间的距离因地而异，但并无明显的隶属关系或阶层差别，所以聚落也就没有明显的中心。[12]最典型的散村是一家一户的独立农舍，所谓“单丁独户之家”；而最典型的集村则当是聚族而居、多达数千人的大村落，或市廛繁庶、工商业发达的市镇。但二者的根本区别并不仅在于人口多少及其空间规模的大小，更在于其各个民居之间及其与所依赖的田地、山林、湖泽之间是呈现出集聚、互相靠近的趋向，还是表现出离散的趋向。换言之，集聚村落本身表现出集聚化倾向，而村落与田地、山林之间则相距较远；散居村落各农户之间相距较远，而每个农户都尽可能地靠近其耕种的土地、赖以为生的山林湖泽。

确定了集村与散村的定义之后，我首先试图探讨历史时期长江中游各地区的乡村聚落形态及其演变历程。这项工作是从江汉平原腹地的田野考察开始的。江汉平原腹地湖泊星罗棋布，水网交织，垸堤纵横，在历史上曾饱受洪涝灾害之患。在地势低洼、洪水时常泛滥成灾的江汉平原腹地，散居村落一直是主导性的乡村聚落形态。在江汉平原腹地考察，沿着长江、汉水及其重要支河如东荆河、通顺河等堤防，可以见到成百上千户人家的房屋顺着堤岸展布开来，有的村、镇还形成两三条甚至更多与堤岸平行的街道，从而构成规模相当大的村、镇。但如果我们进入这些村、镇仔细考察，就会发现：很多表面看上去是一个集居聚落的居住地，实际上内部是分离的，是由几个来源不同的居住地组合而成的。换言之，很多表面上似乎是大规模集村的村落，实际上是由若干分散居住的散村组合而成的，其基础仍然是散村。离开纵横交织的堤岸与道路，深入到平坦的垸田区，则随处可见到散布在稻田中央或河湖边上的小村，一般只有十户左右人家，分处在地势略高于周围的几个墩台上。通过访谈与实地考察，我逐步认识到：直到民国时期，江汉平原腹地的乡村聚落形态仍以分散居住的散村占据主导地位。大约在 2005 年左右，我撰写了一篇文章，即试图以田野考察与文献分析为基础，通过对江汉平原腹地乡村聚落形态及其演变的探讨，分析这一地区的散村是如何形成及如何成为主导性居住形式并长期延续下来的。[13]

由于田野调查及地方志文献的材料只能大致理清明清以来的情形，我一直在琢磨，怎样探讨汉唐宋元时期乡村地区的聚落情形。《汉宋间长江中游地区的乡村聚落形态及其演变》一文，就试图使用马王堆帛书地图、江陵凤凰山汉墓所出廪簿、长沙走马楼吴简等出土文献，结合对六朝时代蛮、夏不同居住形态的分析，以及唐宋时期的行记、诗文、小说材料，论证中国历史上包括长江中游地区在内的广大南方地区的乡村聚落形态，当以分散居住的小规模散村为主，大部分时间范围内、大部分地区的乡村聚落都是平均规模在十户、二十户左右的散村，各村落的农舍均尽可能地靠近田地、山林或湖泊等村民生计所赖的资源，独立的农舍或由几家、十数家组成的小村落散布在广袤的山野、平原上。当然，散居的小村与集聚的大村乃至市镇之间并没有绝对的界线，分散居住的地区也一定会有集中居住的大村落和集镇。事实上，早在汉代，散居占据主导地位的长江中游地区就并不缺少户口规模超过百家的较大村落；东汉末年开始的长达数百年的社会动乱以及由此而引发的北方人口的南迁，使长江中游的部分地区特别是北部的南阳荆襄地区，聚落形态向以坞壁城堡为代表的集聚聚落演化，部分地区原有的南方土著居民也在此影响下逐渐建立了自己的集聚村落，而大部分土著居民（所谓“蛮”）则仍然保持散居山野的状态，从而形成了“巴夏居城郭，夷蛮居山谷”的分野；唐中后期以迄宋代，人口不断增加，社会经济相对稳定的发展，特别是工商业的发展，促使原有的集聚村落规模不断扩大，其突出表现就是市镇的形成、普遍及其规模不断扩大。然而，集聚村落（包括未脱离所在区域农业经济生活的大部分市镇）的扩大、聚居区域的扩展，并未从根本上改变南方长江中游地区以散居为主的乡村聚落形态：在星罗棋布的集聚村落（包括市镇）周围，散布着为数更多的散村和独立农舍，虽然不少散村随着户口的增加、住宅的密集化以及内部组织的逐渐紧密而进入集聚村落的范围，但也有不少农户脱离其原先居住的集村而另立小规模的散村，从而使散村得以保持其主导地位。[14]

考察乡村聚落的形态，究竟是集村还是散村，并不是我的目标。我的设想，是先弄清楚乡村聚落的基本形态，从而为进一步探究这些散居地区乡村的社会结构及其形成与演变过程，奠定基础。或者说，分析传统中国不同居住方式的乡村地区，是如何组织自己的农村社会的。显然，用怎样的居住方式，是集聚居住（形成大村）还是分散居住（形成散村或独立农舍），对于传统中国的乡村居民来说，至关重要，它不仅关系到他们从事农业生产的方式(来往田地、山林或湖泊间的距离,运送肥料、种子与收获物的方式等),还关系到乡村社会的社会关系与组织方式,甚至关系到他们对待官府(国家)、社会的态度与应对方式。法国地理学家德芒戎(Albert Demangeon)注意到:聚居地区与散居地区人们的生活习俗乃至心理状态都会有很大差别,"每一居住形式,都为社会生活提供一个不同的背景。村庄就是靠近、接触,使思想感情一致;散居则'一切都谈的是分离,一切都标志着分开住'"。一般说来:在中国传统社会中,集聚村落的居民之间的交流相对频繁,关系相对紧密,从而可能形成相对严密的社会组织结构;同时,由于居住集中,官府也易于控制,国家权力对集聚村落的渗透也就相对深入、广泛。而在分散居住的区域,各农户之间的来往、交流与互相依靠均相对少一些,彼此之间相对疏远,其社会联结方式与社会组织结构则要复杂得多;官府控制散居村落的难度较大。所以,对乡村聚落的研究,最终将指向乡村民众的生活方式及其变化。

从 2005 年以来,我相继发表了几篇关于城市形态与空间结构的文章,并于 2011 年出版了一部名为《城墙内外:古代汉水流域城市的形态与空间结构》的专著。[15] 事实上,我对城市形态的研究是从乡村聚落形态出发的。在《城墙内外》的"后记"中,我曾解释说:"随着研究工作的逐步展开,我认识到:欲探讨古代聚落形态的演变,须以治所城市为中心,首先弄清治所城市的形态与空间结构,然后依次考察商业市镇、集市与集居村落乃至散村的情形。"因此,我所探讨的城市,是作为统治乡村地区的权力中心和工具而存在的,它以控制并剥夺乡村地区的财富、人力资源为前提。正是在这个意义上,我强调中国古代城市不仅是政治统治的中心,它本身就是统治者获取或维护权力的一种手段或工具;同时,城市还是一种文化权力,用以标识统治者的正统或合法性(居于城中的当权者是合法的“官”,居于山寨中的当权者就是“匪”),区分华夏与非华夏、王化之内与王化之外的象征符号;而城墙则主要用于划分内外的人群。总之,城市主要是与乡村聚落对立的,而传统中国社会的城市与乡村并不是所谓的“城乡连续体”。

五 多元、统一的中国是如何可能的?

我所理解的“中国历史”,是发生在“中国”这块土地上的历史,是千百年来生活于其间的各地区人群为了生存与发展、追求美好生活而不断“适应”并“改造”其所处的环境、摸索并建立适合自身生存与发展需求的社会组织与制度、创造并不断“改进”具有自身特色的文化的历史,而不仅仅是作为一个国家的“中国”的历史。因此,我追寻的“中国历史的空间结构”,乃是这样的中国历史在空间上的展现及其所表现出来的结构性特征或结构化过程。

在我迄今为止的大部分研究中,重点一直放在探讨中国各区域在发展进程与发展道路上所表现出来的多样性方面。近两年来,在强调区域多样性的同时,我越来越多地关注中国历史发展的共性或统一性。我注意到:文化景观与历史发展道路与模式均呈现出多样性与多元化的各种“区域”——从村落、乡镇到施坚雅所谓的“大区”——都是统一的中国之组成部分:其文化景观无论怎样绚丽多姿,甚至充满着“异国情调”,其“构图”的基本框架与“底色”却依然是“中国的”，其“中国性”或“中国式的一致性”或明或暗地显示出来，并构成“多样性”与“多元性”的基础；各地区的历史发展道路无论表现出怎样的分歧曲折，而其总体方向或“终极指向”却是相对一致的；其历史进程无论具有怎样的时空差异与地方特点，以及在这一进程中又形成越来越多的区域差异和地方特点，而“同一性”却越来越成为“大势所趋”。质言之，在丰富多彩的区域多样性与多元化背后，中国文化景观与历史发展的“一致性”或“统一性”仍然是显而易见的，甚至可以说，“一致性”或“统一性”是根本性的、最基本的，而区域多样性与多元性则不过是“统一性”前提下的一些具体表现形式而已。

这样，就向我们提出了一个无可回避，也最具吸引力的问题：像中国这样庞大的政治经济与社会文化实体，涵盖了多种经济形态，包括了数十个不同渊源与文化背景的“人群”，内部有着如此巨大的文化差异，各区域所走过的历史进程又是如此地不同，它是怎样形成，又是如何维系其“统一性”的呢？换言之，“多民族”、多元文化的中国是如何成立的？中国历史的“统一性”是如何体现的？或者说，“多元而统一的中国”是如何可能的？[16]

这是一个引人入胜的论题，很多学者与思想者提出了自己的阐释体系。我的出发点既然是村落与普通民众，那么，自然而然地就去思考：这些村落（集村和散村）及生活于其间的普通民众，是如何被纳入到王朝国家的行政、经济与文化系统之中的？以及他们又是如何从自身的生存与生活需求出发，自觉或不自觉地介入到王朝国家的政治经济与社会文化系统之中的？前一个问题，主要是制度史（包括制度规定与制度实施两方面）的问题;后一个问题,则是试图从普通民众的角度,分析是什么因素促使他们将自己与王朝国家联系起来,以及怎样联系起来。在有关明清时期汉中堰渠水利与社会变迁的研究中,我试图通过对五门堰、杨填堰、金洋堰、山河堰等堰渠灌区的形成与演变过程的考察,探究立基于民众生产需求的水利协作,具有怎样的局限,而突破这种局限,有赖于王朝国家力量的干预。换言之,我试图说明:在汉中地区,堰渠水利并没有使灌区的民众围绕"水利"这一因素而凝聚起来,形成"水利共同体"。水利规章的制定与有效实施,在很大程度上还有赖于官府的介入,从而在社会基层,向官府提出了希望介入的诉求。[17]在关于江汉平原垸田水利的研究中,我试图描述在垸田水利的兴修与管理过程中,江汉平原地区民众的社会关联得以建立起来并逐步扩展:(1)居住在丘冈或台墩之上的民众,受到居住空间的限制,表现出高度的分散性,但在互相帮助堆筑台、墩的过程中,居住于不同丘冈或台墩之上的民众,已表现出相当密切的联系和协作。(2)兴筑一段即使较短的沿河堤防,也不是单个或数个家庭可能完成的,必然需要分散居住于各丘冈、台墩之上的诸多民众共同参与,从而使他们之间的联系得到进一步加强。至一个围垸建立起来,所有生活、生产于其间的民众均有赖于垸堤的保护。对于垸内居民来说,垸不仅是身家性命所系,也是衣食田粮所资:有了垸,才使大片低洼湿地免于洪灾而得以利用,"无堤则无田,无田则无民"。正因为此,围垸不仅将一定地域区隔出来,还强化了垸内民众间的相互联系,使之逐步发展成为一种"地域共同体"。(3)若干垸共同修防"边江大堤",乃是将相邻的围垸联系起来的直接动因。在共同修防"边江大堤"的过程中,居住、生活于不同垸中的民众建立起联系，并发展出不同形式的“垸际协作”（其中最典型的当是潜江县的“垸区”制度）。（4）绵亘数百里的沿河大堤，需要受益地域的民众共同分担修防责任，因而有“协修”之发生。协修使居住的垸并不相邻、分属不同州县的民众，团聚在一起，从而在一个较大范围的地域内建立起某种联系。虽然这种较大范围的水利区域协作表现出很大的临时性与不稳定性，但依然显示出江汉平原民众的社会关联已经超越了自己所生活的垸、相邻的各垸（以及垸区）的范畴，而在一个相对广阔的地域空间范围内初步形成了相对松散的社会关联。其中，居住区域（自然村落）的选择与形成，几乎看不到官府的踪影；“垸”向社会经济区域的发展，基本上也是自发性的，官府只是在它已成为乡村社会经济地域单元之后，通过以田归垸、按垸征收赋役等途径，予以承认并将之制度化而已。而垸区的形成与发展，虽然有其内在必然性，但官府的参与则是十分重要的：潜江县垸区的划定和调整，逐步与钱粮征收区域吻合，都出自官府行为。至于较大范围的水利协作区域的形成，特别是“边江大堤”的修筑与防护，更基本上是由官府以不同形式规划、组织的；当“水利协作区域”之间出现矛盾冲突时，也由地方官府出面协调解决。显然，官府只有在较高层级区域的“区域利益”与自己利益相一致时，才较多地介入，并促进其区域的形成与组合。因此，我认为，在一定的自然环境与生产条件下，经济生产活动中存在着一种超越家庭、自然村落和较小区域的协作需求，这种协作需求及其逐步扩大，是生产区域形成、组合并逐渐向社会经济区域发展的内在驱动力；而官府干预或参与虽然也发挥着十分重要的作用，但毕竟是来自区域外部的推动力。[18]

显然,这种研究理路,是从日本学者所谓“水利共同体”的理论出发的。在这个领域的探索,除了“水利共同体”理论外,我还较多地受到林美容等人类学研究者“祭祀圈”或“信仰圈”理论、施坚雅“基层市场社区”理论的启发。无论是“水利共同体”理论、“基层市场社区”理论,还是“祭祀圈”理论,都表现出试图将得之于局部区域的阐释模式普遍化的倾向,以为其所揭示的民众生活与组织方式及其与国家的联系方式具有普遍性;不赞同其说者也多据其他区域的历史经验加以批评。但是,如果我们不把这些研究理路作为一种普适性的阐释模式,而将之还原到特定历史时段的区域社会中,就会发现,它们的确揭示了民众生活及其与国家间关系的某些重要方面。显然,可能的情形是:在中国传统社会,一些地区(如华北和江南的某些地方),水利事务发挥了较为重要的作用,将水利区域内的民众联系起来,形成某种意义上的“地域共同体”;而在另一些地区,市场或信仰、祭祀发挥了这种作用;在别的地区,则是其他因素(如宗族)发挥了同样的作用;或者,这些因素同时发挥着作用(虽然可能有一种或两种因素占据主导地位)。因此,考察诸种要素在不同区域内地方社会的构建过程中所发挥的作用及其发挥作用的过程,分析何种要素发挥了关键性作用,据以概括出地方社会及其与国家权力相联系的模式,将有助于揭示中国传统社会发展的复杂性和多样性,更全面地认识王朝国家与地方社会的关系。这些理论与研究理路均试图站在民众或地方社会的立场上,描绘出民众日常经济、社会与文化生活的“圆圈”,重点在探讨超越村落之上的地域组织,程度不同地强调民众自治的可能。但“画圈圈”并非目的,“走出圈圈”,在地方社会或民众与国家权力之间建立起联系，才是其根本目标。[19]

在围绕水利、市场、祭祀或信仰以及乡里区划等因素形成的“地域共同体”之上，是作为王朝国家直接控制地方的基本政区——县。一般说来，在传统中国，王朝国家正式的政权建置就到“县”这一级，即所谓“政权不下县”——政权延伸到县以下，是近代以来国家权力不断伸展的结果。对这一认识，当然还有进一步探讨的必要，但是，认为县是地方社会与王朝国家权力相连接的地方，大致没有问题。这样，当我们从地方社会的角度，自下而上地思考地方社会与王朝权力体系的联系时，就与从政治、制度史的角度，立足于王朝国家，自上而下地考察国家对地方社会的控制，在县这个层面上汇合在一起。因此，我设想把“县”看作是考察国家权力与地方社会关系的重要地域单元，“县域”成为构成地域社会的基本单元之一。2003—2004 年关于郧西县的调查，给我们在这一方面的探索奠定了一些理路基础。所以，我一直设想选择资料相对丰富且较为典型的州、县，对县域范围内乡村控制体系的变动、民众生计方式、社会组织与关系网络及民间信仰等方面展开综合考察，以期获得对县域乡村社会变迁的整体性认识。更进一步，则是考察“省”是如何形成而且得以稳定的，以及“大区”(如长江中游地区、东南沿海地区)作为一个“区域”是如何形成的。关于后一个问题，我在《唐代长江中游地区政治经济地域结构的演变——以襄阳为中心的讨论》一文中作过些讨论，但实际上未能回答这个问题。[20]

注释

1 关于“空间”的界定、力量及其与社会的关系,请参阅黄应贵《空间、力与社会》,《广西民族学院学报》2002 年第 2 期,又见黄先生主编《空间、力与社会》的导论部分,台北:“中央研究院”民族学研究所,1995 年,第 1—38 页。

2 鲁西奇:《再论历史地理研究中的“区域”问题》,《武汉大学学报》2000 年第 2 期;鲁西奇:《区域历史地理研究:对象与方法——汉水流域的个案考察》,南宁:广西人民出版社,2000 年;鲁西奇:《中国历史与文化的“区域多样性”》,《厦门大学学报》2010 年第 6 期。

3 鲁西奇:《中国历史发展的五条区域性道路》,《学术月刊》2011 年第 2 期。人大报刊复印资料《历史学》2011 年第 7 期转载。

4 鲁西奇:《区域多样性与中国历史发展》,《中国社会科学报》2010 年 2 月 24 日。

5 冀朝鼎:《中国历史上的基本经济区与水利事业的发展》,朱诗鳌译,北京:中国社会科学出版社,1981 年,第 8—10 页。

6 鲁西奇:《中国历史上的“核心区”:概念与分析理路》,《厦门大学学报》2010 年第 1 期。《新华文摘》2010 年第 9 期转载。

7 鲁西奇:《中国历代王朝的“核心区“及其变动》,见王日根等主编《厦大史学》第三辑,厦门:厦门大学出版社,2010 年,第 108—136 页。

8 在考察唐代山南东道统辖区域的伸缩及其辖区内政治经济地域结构的变化时,我认识到山南东道治所所在的襄州可以说是唐代山南东道的“核心区”(鲁西奇:《唐代长江中游地区政治经济地域结构的演变——以襄阳为中心的讨论》,见李孝聪主编《唐代地域结构与运作空间》,上海:上海辞书出版社,2003 年,第 97—139 页);在整理、考释东汉时期南阳碑石并借以考察东汉中后期南阳地区的地方社会及其变动时,我模糊地意识到:在南阳郡范围内,以郡治宛为中心,包括西鄂、博望、涅阳、安众、棘阳、穰县、新野、湖阳、朝阳等县在内的淯水中下游地区,是南阳郡的“核心区”(鲁西奇:《南阳汉代碑石丛考》,见连晓鸣、庞学铨主编《汉学研究与中国社会科学的推进》,上卷,北京:中国社会科学出版社，2012 年，第 201—240 页；收入拙著《人群·聚落·地域社会：中古南方史地初探》，厦门：厦门大学出版社，2012 年，第 211—258 页）；在鄂西北郧西县开展田野调查过程中，我注意到县城所在的天河中游河谷在郧西全境的核心地位（鲁西奇、杨国安、徐斌、江田祥：《内地的边缘——明清时期湖北省郧西县地域社会史的初步考察》，见陈锋主编《明清以来长江流域社会发展史论》，武汉：武汉大学出版社，2006 年，第 431—493 页，特别是第 434—441 页）。这些思考是断续进行的，已很难梳理清楚它与“王朝统治的核心区”的概念是何者先形成的。实际上，上述区域性研究的工作之展开都在有关核心区的系统思考之前，但当时并没有清晰的“问题意识”。

9 鲁西奇：《“内地的边缘”：传统中国内部的“化外之区”》，《学术月刊》2010 年第 5 期。

10 鲁西奇：《倾听来自村落边缘的微弱声音》，《中国人类学评论》第 12 辑，北京：世界图书出版公司，2009 年，第 107—112 页。

11 鲁西奇、江田祥：《传统中国秘密社会的“核心集团”与“核心区”——以白莲教“襄阳教团”的形成为中心》，《厦门大学学报》2011 年第 6 期。

12 左大康主编：《现代地理学辞典》，“乡村聚落形态”条，北京：商务印书馆，1990 年，第 699 页。

13 鲁西奇、韩轲轲：《散村的形成及其演变——以江汉平原腹地的乡村聚落形态及其演变为中心》，《中国历史地理论丛》2011 年第 4 期。

14 鲁西奇：《汉宋间长江中游地区的乡村聚落形态及其演变》，见《历史地理》第 23 辑，上海：上海人民出版社，2008 年，第 128—151 页；鲁西奇：《〈水经注〉沔水篇所见汉水上游地区的聚落形态》，收入武汉大学历史地理研究所编《石泉先生九十诞辰纪念文集》，武汉：湖北人民出版社，2007 年，第 125—147 页；鲁西奇：《〈水经注〉所见南阳地区的聚落及其形态》，《燕京学报》新 25 期，北京：北京大学出版社，2008 年，第 43—88 页。

15 鲁西奇：《城墙内外：明清时期汉水下游地区府、州、县城的形态与结构》，收入陈锋主编《明清以来长江流域社会发展史论》，武汉：武汉大学出版社，2006 年，第 228—291 页；《山城及其河街：明清时期郧阳府、县城的形态及其空间结构》，收入陕西师范大学西北环发中心编《历史环境与文明演进》，北京：商务印书馆，2005 年，第 538—559 页；《双子城：明清时期的襄阳府—樊城与光化—老河口》，收入张建民主编《10 世纪以来长江中游区域环境、经济与社会变迁》，武汉：武汉大学出版社，2008 年，第 379—395 页；鲁西奇、马剑：《空间与权力：中国古代城市形态与空间结构的政治文化内涵》，《江汉论坛》2009 年第 4 期，人大报刊复印资料《地理》2009 年第 5 期转载；《城墙内的城市？——中国古代治所城市形态的再认识》，《中国社会经济史研究》2009 年第 3 期，人大报刊复印资料《历史学》2009 年第 8 期转载；鲁西奇：《城墙内外：古代汉水流域城市的形态与空间结构》，北京：中华书局，2011 年。

16　鲁西奇：《多元、统一的中华帝国是如何可能的？》，《人文国际》第二辑，厦门：厦门大学出版社，2010 年，第 1—18 页。

17　鲁西奇、林昌丈：《汉中三堰：明清时期汉中地区的堰渠水利与社会变迁》，北京：中华书局，2011 年。

18　鲁西奇：《台、垸、大堤：江汉平原社会经济区域的形成、扩展与组合》(笔谈稿)，《史学月刊》2004 年第 4 期；鲁西奇：《明清时期江汉平原的围垸：从"水利工程"到"水利共同体"》，张建民、鲁西奇主编《历史时期长江中游地区人类活动与环境变迁专题研究》，武汉：武汉大学出版社，2011 年，第 348—439 页；鲁西奇、徐斌：《明清时期江汉平原里甲制度的实行及其变革》，《"中央研究院"历史语言研究所集刊》(台北)第 84 本第 1 分，2013 年；鲁西奇：《"水利社会"的形成——以明清时期江汉平原的围垸为中心》，《中国经济史研究》2013 年第 2 期；鲁西奇：《传统中国农田水利领域中区域协作的发展与局限——以明清时期江汉平原的垸田水利为中心》，陈锋、张建民主编《中国财政经济史论稿——彭雨新教授百年诞辰纪念文集》，武汉：湖北人民出版社，2012 年，第 263—293 页；鲁西奇：《传统中国农田水利领域的区域协作——以明清时期江汉平原的"垸区"为中心》，王日根主编《厦大史学》第 4 辑，厦门：厦门大学出版社，2013 年，第 26—51 页；鲁西奇：《长江中游的人地关系与地域社会》，厦门：厦门大学出版社，2016 年。

19　鲁西奇、林昌丈：《"画圈圈"与"走出圈圈"——关于"地域共同体"研究理路的评论与思考》,《人文国际》第 4 辑,厦门:厦门大学出版社,2011 年,第 142—157 页。

20 鲁西奇:《唐代长江中游地区政治经济地域结构的演变——以襄阳为中心的讨论》,李孝聪主编《唐代地域结构与运作空间》,上海:上海辞书出版社,2003 年,第 97—139 页。

卷一　区域多样性

中国历史与文化的“区域多样性”

中国历史与文化的“统一性”或“一致性”，乃是作为政治经济与文化实体的中国的“统一性”之长期存在和稳定延续的基础；而在“统一性”的背后，中国内部各区域间社会经济与文化也长期存在着巨大差异，不同区域与人群间也一直存在诸多复杂的矛盾与冲突。在强调并强化中国历史与文化的统一性的同时，承认、重视并致力于探讨中国历史与文化的多元性与多样性，充分揭示其内涵与根源，不仅有助于进一步理解多元而统一的中国历史与文化的形成过程及其实质，更有助于认识各区域、人群间的文化差异及其矛盾、冲突的历史基础与未来前景。

一　景观多样性

我们在日常生活中，常常会强烈地感受到不同区域之间在自然景观、居住人口及其生产方式、居住方式、文化形态（特别是方言和习俗）等各方面所存在的巨大差异。法国年鉴学派大师费尔南·布罗代尔（Fernand Braudel ）曾用抒情的笔调写到法兰西的多样性：

> 它的地域"斑驳陆离为世所罕见",顽强地显示其令人惊叹的"乡土特性",犹如一幅"风景镶嵌画,其复杂多变竟是绝无仅有"。"远行人足迹所至……景色始终在变化。"每座村庄,每个山谷,每个"地区",莫不如此。……每座城市、每个区域、每个省份更各有其鲜明的特征:不仅是别具一格的自然风光,不仅是人打下的各种烙印,而且也是一种文化习俗,"一种生活方式,以及确定基本人际关系的一整套准则:父母和子女的关系,男女之间的关系,朋友之间和邻居之间的关系"。[1]

显然,这样的描述同样适用于今天与历史上的中国。且不说在中国辽阔的国土上较大距离的区域差异(如大区之间与省际的差异),即便是在乡村旅行,我们也会发现,每隔二三十公里,生活方式、自然条件、聚落类型乃至田野形象和色彩全都会发生变化。每个村庄、每个乡镇、每个县都有属于自己的地域特征。这些地域特性早已渗透在平民百姓的心坎中,成为他们生活的一部分。虽然随着日新月异的现代化进程,地区特性似乎正在逐渐消失,但如果我们仔细观察,就会发现,每一个地区发生的变化,都有别于邻近的其他地区,或者变化的方式各具特点,从而造成了界线分明的新差异。

因此,中国以及中国文化的多样性,首先是通过观察、感知而得以描述、展示并赋予其意义的。换言之,我们通过观察,即能够对中国与中国文化的多样性形成一些认知;通过描述,即可以在一定程度上展示出这种多样性。虽然"景观"(landscape)

是一个具有多种意义的术语，而且不同学科的诸多学者给出的界定千差万别，但大多数学者都会承认：景观可以用来指一个地方或地区的外貌、产生外貌的物质组合以及这个地方或地区本身，是可以通过观察而认知并描述、展示出来的。[2] 因此，我们将可以通过观察而认知并描述、展示的区域差异概括为"景观多样性"。景观的多样性主要表现在自然景观、文化景观与景观认知与意义的区域差异三个方面。

(一)自然景观的多样性

严格意义上的"自然景观"，是指绝大部分或全部未经人类活动干扰的景观，只有在一个从未被人类所搅动的地区才能存在。因此，在世界上有人居住的地区，"自然景观"只是一种理论性概念。[3] 尽管如此，我们仍然可以从几乎全部打上人类烙印的景观上区分出一些主要源于自然演化的要素，如大地的轮廓(山地、丘陵、平原和沙漠)、气候、海岸线、自然植被以及河流、湖泊、矿产等。虽然我们可以观察认知的这些景观均已或多或少地留下了人类活动的痕迹，但其基本架构仍主要源于自然界本身，所以我们仍然将这些主要源于自然演化的景观视为自然景观。

自然景观的区域差异，主要表现在地形地貌和气候两方面。如所周知，中国的地形西高东低，呈现出明显的三级阶梯：从海拔 200 米以下的东北平原、华北平原和长江中下游平原及数百米至千余米的山东丘陵、江南丘陵山地，到海拔 1000 至 2000 米之间的内蒙古高原、黄土高原、云贵高原和塔里木盆地、准噶尔盆地及海拔 500 米以下的四川盆地，再到海拔 4000 米以上的"世界屋脊"青藏高原，渐次升高。这种西高东低、面向大洋逐级下降的地形特点，有利于来自东南方向的暖湿海洋气流深入内地，对中国各地区的气候、植被、土壤和水文都产生深刻的影响，特别是形成了大致与之相对应的东部季风区、西北干旱半干旱区、青藏高寒区三大自然地理区，而在东部季风气候区内，又以秦岭—淮河一线为界，分成南北方两个区域。从东南沿海的平原湖泊，到塔克拉玛干沙漠的戈壁荒原，再到青藏高原的雪峰峡谷，景观的空间差异至为明显，而这些差异的根源则是大地构造运动与地理位置、大气环流等自然因素及其演化。

因此，自然景观的多样性乃是文化景观之多样性与景观感知与意义之多样性的根源或基础。在当今世界上固然已很难找到完全未受人类活动干扰的"纯"自然景观，但人类活动的舞台毕竟是"搭建"在自然的地理构造与景观之上的。无论我们如何强调人类活动对于人类所生存的世界的重要意义，事实上，人类的生存本身就是自然长期演化的结果，其所凭依的"世界"的基本框架与要素，早在人类产生之前即已大致形成。迄今为止，人类虽然已有能力在局部地方将"沧海"变为"桑田"，将荒漠变为水乡，但绝无可能将青藏高原夷为平地。正是由于自然本身就是多种多样的，不同的人群在适应不同的自然环境过程中，通过不同的抉择，创造出更为丰富多彩的文化景观来。所以，自然本身的多样性是根本性的，是诸种多样性的基础。

（二）文化景观的多样性

"文化景观"(cultural landscape)是与"自然景观"相对应的概念，意在强调人类在改造地球面貌中的作用，或者说"文化"在景观形成与构造中的意义。索尔(C. O. Sauer)指出：

文化景观是某一文化群体利用自然景观创造出来的。

> 文化是驱动力，自然区是媒介，而文化景观则是结果。在某一特定文化的作用影响下，由于文化本身是随着时间的变化而变化，因而文化景观所经历的发展变化经过不同的发展阶段，或许最终将达到其发展循环的极限。但随着不同外来文化的介入，又开始了文化景观的另一轮更新，或进行某一新的文化附加在原有景观遗存之上的演化进程。自然景观当然是绝对重要的，因为它提供了文化景观从中形成的物质基础，但文化景观形成的根本动因仍在于文化本身。[4]

索尔试图将“文化”作为区分地球表面区域可见特征的驱动力量，他承认自然环境作为人类文化活动媒介具有重要意义，但强调环境中的自然因素如河流、动植物等已包含在文化景观中，介入了人类对环境的反应与适应，或者进入人类活动范畴，如水利管理与动植物驯化。[5] 因此，严格说来，我们可以观察到的绝大多数景观均属于“文化景观”。当然，某些景观中人类活动的印记相对较少（如上文所及之地形地貌与气候），仍可视为自然景观；而那些在人类面对自然、改造自然（包括改造“自然人类”）以及塑造个人精神的实践活动中所创造、改造或给予较大影响的景观，则均可视为“文化景观”。

文化景观的多样性是在人类适应、应对多样性自然的过程中产生的，又因为“自然人类”本身所具有的多样性及其在应对、适应自然多样性过程中的多样性抉择，而更加复杂多样。因此，文化景观的多样性既无需论证——因为它是自然多样性的延续与扩展，亦难以论证——因为其形成本身就是多种多样的。就传统中国而言，文化景观的多样性主要表现在四个方面：

(1)居住人群与人口分布、密度的区域差异。虽然汉族是中国历史与文明发展的主体，但各种非汉族人群(民族)一直广泛而稳定地存在着，并在不同地区的历史进程与文化建构中发挥着重要作用；在汉族群体内部，南人与北人、不同层级的区域人群之间也都表现出程度不同的但显而易见的差异。因此，传统中国文化景观的多样性首先即表现在居住人群的区域差异方面。同时，人口的分布也很不均匀：东中部的平原与丘陵低山地区集中了绝大部分的人口，很早就深受人满之患；而北部与西部的草原、中高山区与荒漠地带则人烟稀少，甚至罕有人迹。无论是今天，还是在古代，在中国土地上旅行，都会对人口分布的巨大差异留下深刻印象。

(2)土地利用方式与经济形态的区域差异。所谓“土地利用”，是人类根据土地的自然特点，按一定经济、社会目的，采用生物、技术手段，对土地进行的长期性或周期性的经营管理和治理改造活动。它既是把土地的自然系统变为人工生态系统的过程，也是自然、经济、社会诸因素综合作用的复杂过程。土地利用的方式、强度、结构及地域分布和效益，既受自然条件(如光能、热量、水分、地形、土壤等)影响，更受各种社会、经济、技术条件(如开发历史、生产方式、技术设备、投入水平、土地经营管理水平等)影响；而采用不同的土地利用方式，则直接形成了不同的经济形态。[6] 在传统中国，东部季风气候区以农耕为主，是中国历史上开发最早、人口最为集中、农业经济最为发达的经济区域。这一大区又大致以秦岭—淮河线为界，其北属暖温带季风气候，农耕经济以旱作为主，可以称为“旱作农业经济带”；其南属亚热带或热带湿润气候，农耕经济以稻作为主，可以称为“稻作农业经济带”。西北干旱半干旱区和青藏高原高寒区以及属于东部季风气候区的部分北方草原和东北地区，在历史上虽然也有农耕经济发展，特别是在绿洲与河谷地带，但总的说来，均以游牧、畜牧经济为主，可以合称为“游畜牧经济带”。这三大经济地带构成了中国历史上的基本经济格局。[7] 而在各经济带内部，不同区域也多“因地制宜”，采用不同的土地利用方式，从而形成了不同的经济形态与面貌。

(3)居住方式的区域差异。栖身是人类的基本需要。不同地区的人群，根据所居住地区的自然条件与功能需求以及自身对居住的文化构想，建造了不同类型的房屋——半地穴式房屋、平房、楼房、窑洞、干栏式建筑、高台式建筑等等，并形成不同的房屋形态和布局；而各个家庭（或家族、部落）的房屋之间又表现出不同的组合方式——每个家庭房屋单独分布的高度离散状态，三五个家庭聚合而成的小村（散村），十数个或数十个乃至数百个家庭集聚在一起的集村，以至拥有控制其他聚落之军政机构与市场在内的城镇。[8] 因此，居住方式的区域差异主要表现在房屋（住宅）形式与聚落形态两个方面。当我们乘火车旅行从一个区域进入另一个差异较大的区域时，就会发现沿途农村的房屋式样、所用材料以及村落的形态与布局都发生了变化。且不说城市与乡村在居住方式及其所表现的文化形态方面的巨大反差，仅就农村地区而言，聚居地区（如华北平原地区）与散居地区（如部分南方山区）人们的生活习俗乃至心理状态都会有很大区别。

(4)语言、信仰与风俗的区域差异。语言乃是用习惯的记号、姿势、符号以及音节分明的口头声音传递表达、交流人与人之间思想与感情的完整意思的工具，是最能体现文化特征的要素之一，在很大程度上，语言（包括方言）的认同就是文化的认同。语言以各种形式表现为文化景观，比如地名，我们翻开地图，从各种不同语源的地名上即可窥知若干人群移动、文化传播与交流的实相；而语言（特别是方言）的千差万别，正形象地刻画出中国文化的多元性与多样性。信仰与宗教也是文化中非常重要的部分，它以许多不同的方式表达出来，所以很难给它们下一个准确的定义，但总的说来，每种宗教都有与信仰中的神灵相关的一整套教义和信条、或多或少都有一些借以表达信仰的宗教仪式，以及从事宗教活动的专业人员和场所。信仰与宗教的区域差异在景观方面主要表现为仪式与场所：青藏高原上恢宏富丽的藏传佛教寺庙及其宏大繁庶的宗教仪式，与闽南沿海乡村广泛分布的村庙祠堂和各种各样的祭祀娱神活动，即充分展现了信仰与宗教所塑造的景观多样性。风俗性景观则主要包括节庆、音乐（戏曲、歌谣等）、手工艺品以及服饰、饮食等，它们在根源上是"民间的"，因而最大程度地显现出色彩缤纷的多样性：在很多地区，几乎每一个村庄都可能拥有自己独特的"风俗"，或者在"风俗"的某一个方面或环节显示出其独特性来。

（三）景观认知与意义的多样性

无论是自然景观还是文化景观，都是可供观察、感知与描述、展示的实体或存在，其多样性是其自身赋予或蕴含的。然而，不同的人或群体，对同一景观（自然景观和文化景观）的认知与描述可能完全不同：有的人或群体可能对某种或某类景观熟视无睹，而另一些人或群体则可能对这种或这类景观赞赏备至，并赋予它诸多意义。在这个意义上，景观是由认知者构想或“发明”的，景观正是在被认知、描述与展示过程中，被赋予了更为丰富的多样性与意义。显然，对景观的观察与认知在很大程度上是一种意识形态，不同阶层、不同群体的观察视角是不一致的。因此，任何景观都是以个体为中心的、具有观点与倾向的。[9] 虽然所有社会与群体都存在（并相互作用）于环境之中，而只有某些社会与群体才明确地构想并认识景观，而不同社会与群体对景观的构想与认知更有各种不同：整日为生计而劳作的农民对自己生活所依的山水可能无动于衷，而来自都市的观光客则流连于山水间，并赋予其丰富的美学或人生哲学意义。“同一”景致的不同观察者，可以根据他们的“视角”，将他们眼前的景致分别视为自然、栖息地、人工制品、系统、问题、财富、思想意识、地点和美学等。在这个层面上，在同一种景观面前，有多少观察者，就可能存在多少种“景观认知”，也就有多少种不同的“意义”。

不仅如此，许多景观一开始就是被有意设计或者后来被重新设计的，在其形成过程中就被赋予了某些特定的观念与意义，所以它在很大程度上是在构想、文学形式、艺术中或景观中所实现的文化表述。丹尼尔斯（S. Daniels）与科斯格罗夫（D. Cosgrove）指出：“景观是一种文化图像，是一种描绘、组织或代表环境的图形表达方式。这并不是说景观是非物质的，相反却更加说明景观可表现在许多不同的物质和多种文化画面——画布上的作品、纸张上的文字以及地表上的土壤、岩石、水和植被。”这里虽然强调景观的视觉特征，但又不仅仅把景观限定在视角特征上，各种形式的景观均被看作文化标志，对它们的解释则要涉及文化观念与文化过程。[10]这样，景观就被看作是具有思想的文化产物，景观的多样性遂指向文化与思想的多样性，从而被赋予了更为深刻而丰富的内涵。

城市中心广场的设计、建设及不同人群的认知与阐释，是较典型的例证。城市中心广场一般是作为城市的标志性空间而设计的，它被要求具有表现力与感染力，集中体现城市开放空间的公共性、艺术性和展示性。实际上，大多数城市中心广场是作为“国家景观”而构建的，体现了诸多现代国家的意识形态观念，成为展示国家权威、合法性、国家特性与形象的重要场所。很多地方城市的中心广场又被赋予了展示地方特性的功能。显然，城市中心广场的构建主要是政治性的或意识形态的，反映了国家主导与社会信奉的一种强势模式；而在其具体设计建设过程中，设计者又将自身的知识背景与思想方法置于景观构想之中，并通过空间展现与形象塑造将之表达出来。毫无疑问，城市中心广场的设计与建设是一种文化建构。但是，它被建设起来之后，在设计与建设过程中赋予给它的诸多意义与功能，很可能只是在一些重要的仪式中才能够突显出来，而在日常生活中，则主要发挥其城市公共空间的功能，成为市民休闲甚至商业活动的场所。不同的人与群体对它作出各种各样的阐释，从而使它具有更为丰富的“意义”；而随着时光流逝和社会变迁，当初赋予它的政治性或意识形态意义则逐步淡化，或者被“改写”。

总之，景观的多样性是在不同层面上展开的：自然景观的多样性源于自然本身的多样性，自然景观的多样性乃是文化景观之多样性与景观感知与意义之多样性的根源或基础；文化景观的多样性是在人类适应、应对多样性自然的过程中产生的，又因为“自然人类”本身所具有的多样性及其在应对、适应自然多样性过程中的多样性抉择，而更加复杂多样；景观认知与意义的多样性则源于景观认知者与建构者所禀持的文化与思想的多样性，并在认知与重新建构过程中不断叠加、累积。景观的多样性，随着其不同层面的展开，而越来越丰富，其多样性的内涵遂得到充分展现。

二　历史进程与道路的多样性

不同区域在景观方面的差异（景观多样性）在很大程度上是历史演进的结果。这不仅是因为“今日的”景观乃是历史时期的遗存与积淀，更由于景观是人与环境的统一体，是在历史过程中形成的，它本身就蕴含着对历史过程的记忆与解释。正是从景观的多样性出发，我们开始关注历史过程与特征的区域差异，认识到不同区域社会经济发展的进程、生产生活方式的演进乃至政治模式、文化形态诸方面会有很大差异，而这些差异又是造就“今日的”景观多样性的重要原因。我们把这些差异概括为“历史进程与道路的多样性”，它主要表现在历史进程的区域差异、历史道路的区域差异以及影响历史发展诸要素的区域差异三个方面。

（一）历史进程的区域差异

“历史进程的区域差异”，主要是指不同区域社会经济与政治文化发展的起步有早、晚之别，发展有快、慢之分，道路有顺直与曲折之不同，发展水平有高、低之异。

各区域历史发展在起步方面有早、晚之别，已得到考古学研究的充分论证。一般认为：燕山南北长城地带可能是中国最早进入文明时代的地区（公元前3000年左右，以红山文化诸遗址特别是牛河梁遗址为代表），率先产生了早期城邦式的原始国家（古国）；山东地区（以大汶口文化中晚期为代表）、中原地区（以庙底沟二期文化为代表）、长江下游江浙地区（以良渚文化为代表）、长江中游荆楚地区（以石家河文化早中期为代表）可能要稍晚一些，但至迟到公元前2600年前后，已出现明显的社会阶层分化，很可能已进入文明社会，或至少处于其门槛。公元前2600—前2000年，即通常所说的龙山时代，燕山地区、山东地区及长江流域却似乎出现了文化发展的低谷，红山文化之后的夏家店下层文化、山东龙山文化之后的岳石文化、良渚文化之后的马桥文化、石家河文化晚期均比不上其前一种文化形态的发展高度，表现出明显的衰退态势；而黄河流域则更加迅速地发展起来，从而为夏商周文明的相继勃兴奠定了坚实的基础。显然，黄河流域特别是中原地区处于地理上的中心位置，能够博采周围各地区的文化成就而加以融合发展，故自夏以后就越来越成为文明发展的中心，并在此后三千余年间（至12世纪前后），一直走在中国社会经济与政治文化发展的前列，长期保持领先地位。[11]

自然条件与经济开发起步比较相近的地区，在发展过程中，受到诸种因素的影响，其发展速度也会很不相同。以长江中游江汉—洞庭平原和下游的太湖平原为例。《史记·货殖列传》将楚、越之地合称，谓其地“地广人希，饭稻羹鱼，或火耕而水耨，果隋蠃蛤，不待贾而足。地执饶食，无饥馑之患，以故呰窳偷生，无积聚而多贫。是故江、淮以南，无冻饿之人，亦无千金之家”[12]。

西汉中期成书的《盐铁论》也将荆、扬并称，谓其“南有桂林之饶，内有江、湖之利，左陵阳之金，右蜀、汉之材，伐木而树谷，燔莱而播粟，火耕而水耨，地广而饶财；然民鮆窳偷生，好衣甘食，虽白屋草庐，歌讴鼓琴，日给月单，朝歌暮戚”[13]。可知其经济发展水平大致相当，其在两汉时期的发展速度亦基本相同。然六朝以迄于隋唐、两宋，太湖流域的社会经济得到长足发展，特别是较成功地发展了以治水、圩田为核心的水利事业，所以，到宋代特别是南宋时期，太湖流域已稳固地成为全国经济最发达的地区之一，以至出现了“天上天堂，地下苏杭”以及“苏湖熟，天下足”的民谚。[14]而江汉—洞庭平原在六朝以迄唐宋时期的发展却相对缓慢；直到南宋后期，两湖平原地区才逐步解决平原湖区的防洪灌溉问题，兴起了垸田；到明朝前期，随着移民的大规模迁入，江汉—洞庭平原的广大湖滩河滨才得到逐步开发，社会经济全面发展，以致到明中后期，出现了“湖广熟，天下足”的民谚。[15]显然，从六朝至南宋时期，太湖平原社会经济的发展速度较快，而江汉—洞庭平原则相对缓慢；元明清时期，由于太湖平原社会经济的发展已达相当高度，故发展速度放慢，而江汉—洞庭平原的基础较差，发展速度较快。

太湖平原与江汉—洞庭平原在发展速度上的差异，实际上已隐含着二者所走过的道路有顺直与曲折之分别。这种分别并非道路的根本歧异，而只是在具体行进过程中是否存在曲折，以及存在怎样曲折的差别。相较而言：太湖平原的发展历程相对顺直，较少受到大规模战乱的影响；而江汉—洞庭平原的发展历程则相对曲折，经过几次大起大落。关中地区在发展进程中的曲折表现得最为突出：经过数百年的发展，至秦、西汉时期，关中已成为全国经济文化最为发达的政治核心区，史称“关中之地，于天下三分之一，而人众不过什三，然量其富，什居其六”[16]。在两汉之际的变乱中，关中颇受残破；东汉徙都洛阳，关中的政治地位降低，经济发展亦颇受影响。《续汉书·郡国志》所记永和五年(140)京兆、左冯翊、右扶风三郡户口数，合计为107741户、523860口，只有《汉书·地理志》所记元始二年(2)户数(647180户)的16.6%、口数(2436360口)的21.5%[17]，关中社会经济在东汉时期的衰退由此可见一斑。晋惠帝时，江统作《徙戎论》，述关中衰败之迹甚详，谓：“王莽之败，赤眉因之，西都荒毁，百姓流亡。建武中，以马援领陇西太守，讨叛羌，徙其余种于关中，居冯翊、河东空地，而与华人杂处。数岁之后，族类蕃息，既恃其肥强，且苦汉人侵之。永初之元，骑都尉王弘使西域，发调羌氐，以为行卫。于是群羌奔骇，互相扇动，二州之戎，一时俱发，覆没将守，屠破城邑。……及遣北军中候朱宠将五营士于孟津距羌，十年之中，夷夏俱毙。……汉末之乱，关中残灭。”[18]故关中之衰落，可上溯两汉之际，而实自永初(107—113)发端，至东汉末乃彻底残破，故魏晋人乃视关中为荒残夷狄之区。至西魏北周及隋唐前期，奉行“关陇本位政策”，关中地区的社会经济得到复兴和长足发展。《隋书·地理志》所记大业五年(609)京兆、冯翊、扶风三郡合计为492294户[19]，已接近西汉元始二年户数；《新唐书·地理志》所记天宝元年(742)京兆、华阴(华州)、冯翊(同州)、扶风(凤翔府)、新平(邠州)、汧阳(陇州)、中部(坊州)等七郡(所统地域与汉、隋京兆、冯翊、扶风三郡大致相同)共有585609户[20]，超过元始二年(2)户数。然即便是在盛唐之世，关中已现盛极而衰之象。《新唐书·食货志》谓：“唐都长安，而关中号称沃野，然其土地狭，所出不足以给京师，备水旱，故常转漕东南之粟。”[21]中唐以后，关中复频遭战乱，经济实力大减。《太平寰宇记》所记北宋初年（980—989）上述七府州主客户合计为197070户[22]，仅及盛唐天宝户的三分之一（33.7％）。北宋时期，关中复渐次兴复，至元丰二年（1079），关中七府州主客户合计达652511户[23]；崇宁元年（1102），上述七府州户数达653867户[24]，超汉唐极盛时期的户数。然自宋代以后，关中不再是王朝统治的政治中心，故其政治文化的发展已远不能与汉唐时代相比。因此，关中地区的历史发展轨迹起伏跌宕，相当曲折。

由于各区域社会经济发展的起步不同，发展速度各异，所走的道路亦有曲折顺直之差别，故就某一特定历史时段而言，其社会经济与政治文化的总体发展水平亦各不相同。以汉代汉水流域为例。通过对人口密度、城镇密度与土地利用方式等农业社会下社会经济发展指标的考察，可以认知：在汉代汉水流域各地理单元中，南阳盆地的社会经济总体发展水平在全流域居于领先地位，其次是襄宜平原、随枣走廊、汉中盆地，再次是鄂西北、商洛地区，汉水下游地区和安康地区比较落后。[25]就社会经济形态而言，同一历史时段的不同地区之间也存在明显的差异。漆侠先生曾讨论宋代各地区间社会经济制度的差别，认为：在宋朝统治下的东方诸路及成都府路、梓州路河谷地区和利州路的汉中一带，封建租佃制关系占据主导地位，其中，在商品经济最发达的两浙、江南东西路部分地区，租佃制获得高度发展，出现了“二地主”阶层，土地所有权、占佃权和使用权开始分离，分成制地租形态向定额地租演化；而海南黎族地区则仍由“各峒通同占据”田土，“共耕分牧”，实行原始社会的土地公有制；湖南路西部,广南西路的瑶族、壮族地区则实行村社土地所有制,“男丁受田于酋长,不输租而负其役”,很可能还处于奴隶占有制阶段;至于夔州路及其周围地区,则盛行庄园农奴制,“富民之家,地大业广,阡陌相接,募召浮客,分耕其中,鞭笞驱使,视以奴仆,安坐四顾,指挥于其间”[26]。在大致相同的历史时段里,社会经济形态的差别如此巨大,正说明各地区社会经济发展的水平极度不平衡。

(二)历史道路的区域差异

所谓“历史道路的区域差异”,是指不同区域在历史发展的出发点、走向与所经历的主要阶段等方面存在着根本性的差别,即其所走过的道路根本不同,而不是同一条道路上的曲折或分歧。

人类得以生存、发展并组织社会,从而开始其文明历程的根本出发点,在于获取食物;生活于不同地区的人们“适应”其所处生态环境及“应对”其变化的过程中,逐步形成了自己的获取食物的方式,即“获食模式”。采用不同的方式以获取生存及养育下一代所必需的食物,乃是不同地区历史发展道路在出发点上的不同。一定的环境区域——温带草原、暖温带平原、沙漠、热带雨林、极地高寒地区,对人类的生存与发展施行了种种限制(人们不可能在高寒地区耕种粮食作物,也很难在热带雨林里放牧牛羊);但是,居住在同一地区的不同人群可能采取完全不同的获食手段,而地区迥异的居民却完全可能采用惊人的相似手段。因此,生态环境的多样性仅仅是人类获食系统多样性之形成的原因之一。某一区域范围内人群获食系统的形成与发展,并非仅仅是对其所处环境的适应或反应,而是地区群体对所面临的一些共同问题，诸如可供资源的数量、质量和供应的起伏波动及争夺相同资源的其他群体的活动，等等，所作出的反应。[27]而由于采用不同的获食方式，人群就会采取不同的居住方式与组织方式，进而形成不同的社会组织，并逐步形成不同的社会制度、国家形式与文化特性。因此，人类历史发展道路的多样性有三个根源：第一是自然的多样性，第二是人群的多样性，第三是人群对多样性自然的适应、应对与抉择的多样性。

在干旱的塔克拉玛干沙漠，限制人类生存与发展的主要因素是水。因此，有限的居民分成小群星散在沙漠边缘的绿洲上，依靠灌溉，发展农业，逐步形成了“小国寡民”的绿洲国家。[28]《汉书·西域传》称：“西域诸国大率土著，有城郭田畜，与匈奴、乌孙异俗。”当时塔里木盆地和吐鲁番盆地共有“土著”（定居）的绿洲国家 17 个（另有以牧业为主的“行国”27 个），其规模较大者如龟兹有户 6970 户、口 81317、胜兵 21076，焉耆有户 4000、口 32100、胜兵 6000，较小者如渠犁有户 130、口 1480、胜兵 150，车师都尉国有户 40、口 333、胜兵 83，平均每个绿洲国家约有户 1838、口 14865、兵 3046。[29]这些绿洲国家的经济基础是有灌溉系统的农业、园艺业以及家畜饲养。塔里木盆地南缘、今民丰县北境著名的尼雅遗址，一般认为是汉代精绝国的遗存。据《汉书·西域传》载，精绝国王治精绝城，户 480、口 3360、胜兵 500。遗址沿着现已干涸的尼雅河两岸散布，南北 10 公里，东西 25 公里。房顶是用麦草、泥浆混合制成的，墙壁是用涂抹泥浆的柽柳枝编成的篱笆墙；环绕着居住地的是宽广的果园。[30]这个遗址所反映的经济生活在绿洲国家里是有代表性的。

在青藏高原的卫藏、安多和康木地区，地貌结构主要表现为高山、深谷与盆地相间，气候垂直变化明显，长期以来，即形成了农、牧并存的生计形态：在河流的横向剖面上，聚落散布在河谷、山麓，农田主要位于谷地，森林常常位于山腰，更向上则是牧场，即“谷里种粮，山上放牧”；在河流的纵向剖面上，下游多为平坝田地，农业所占的比例较大；中上游河谷渐窄，农业比重越来越小，牧业比重渐增，最后完全表现为游牧经济。农牧业并重的经济生活方式，导致了定居与迁移相结合的居住形态，给高原地区的社会与政治形态带来深刻影响：经济生产和社会生活的集体性，使村寨（“得”，sde）与部落成为长期稳定的基本社会经济组织，每个村寨与部落均拥有相对固定的土地、牧场，在生产中分工协作，共同生活；这些村寨与部落是相对封闭的，青藏高原上随处可见的堡垒式村寨清晰地反映出这种封闭性；而孤立与封闭造成了一种离散的倾向，并构成了青藏高原长期处于分裂状态的基础。在相当长的历史时期里，青藏高原上分散着众多的小邦（rgyal-phran）。《敦煌本吐蕃历史文书》“小邦邦伯与家臣”描述吐蕃王国统一之前，“在各个小邦境内，遍布一个个堡寨”。“古昔各地小邦王子及其家臣应世而出。众人之主宰、掌一大地面之首领，王者威猛相臣贤明，谋略深沉者相互剿灭，并入治下收为编氓，最终，以鹘提悉补野之位势莫敌最为崇高。”[31]各小邦、部落各自为政，“相互剿灭”，互不统一，胜者为一，败者则被“收为编氓”，很可能是青藏高原历史上的常态。[32]

在广袤的蒙古草原，由于气候与土壤条件均不适合发展农业，在很长时间内，居住于草原上的不同人群均以游牧作为主要的经济生活方式。司马迁曾描述匈奴人的生活形态云：

> 匈奴……居于北蛮，随畜牧而转移。其畜之所多则马、牛、羊，其奇畜则橐駞、驴、驘、駃騠、騊駼、驒騱。逐水草迁徙，毋城郭常处耕田之业，然亦各有分地。毋文书，以言语为约束。儿能骑羊，引弓射鸟鼠，少长则射狐兔，用为食。士力能弯弓，尽为甲骑。其俗，宽则随畜，因射猎禽兽为生业，急则人习战攻以侵伐，其天性也。[33]

逐水草而居，随牧畜到处迁移，没有城郭，此即司马迁所谓的“行国”。游牧的草原地区，可以说是分散化与平等化的世界，分散、平等、自主乃是普遍的生存原则；而频繁的移动则使得人与人之间、人与群体之间的关系，都是短暂的、易变的；个人对所属牧团或部落的认同，以及对部落领袖的效忠，都不必是永久的。这些原则与国家组成的原则（集中和阶层化）是相违背的。换言之，如果没有与定居民族紧密的互动，游牧人群将组成小的自主团体，或是分散型亲族体系，而很难形成“国家”，更遑论“帝国”。[34]

而在黄河中下游地区，暖湿的气候、肥沃宜耕的土壤，则较早地孕育了发达的灌溉农业。虽然“治水社会”或“治水国家”的理论备受批评，但人们仍不能不承认：灌溉农业需要调动大量的劳动力、布置任务、分配用水量和土地，从而提出了集中权力的要求——一些制定和实施决策的权力必须交给一个统一的权威，而不是均匀地分散在单个家庭中；随着灌溉的出现，不同土地间原来在生产效益方面的细微差别扩大了，从而导致了贫富的分化，以及生产的分工。集中控制和统一的决策、社会与经济的分化，最终促成了国家的产生。“集中”（权力的集中、人口的密集分布、财富的集中以及文化的集中)，遂成为黄河中下游地区历史发展过程中最为突出的特点，并与草原地带的"分散"形成鲜明对照。

显然，塔里木盆地、青藏高原、蒙古草原与黄河中下游地区的历史发展道路有着根本性的差别，这种差别根源于其生存环境以及生存于其间的各种人群对其所处环境及其变化的"适应"与"应对"采取了不同的策略与方式。虽然在长期的历史过程中，这些地区的人群不断流动、融汇、交流，其经济生活方式相互影响，在政治、文化方面亦有广泛的接触与互动，但是，由于其各自赖以生存、发展的基本环境、主要经济生活方式并未发生根本性改变，所以，在不同轨迹上运行的各地区社会历史并未汇合为一条道路：虽然中原的影响特别是政治影响是强大的，但塔里木盆地、青藏高原、蒙古草原地区仍然得以保持其相对的自主性，大致沿着其固有的发展轨迹前行。

(三)影响历史发展诸要素的区域差异

所谓"影响历史发展诸要素的区域差异"，是指在不同区域的历史发展过程中，发挥关键性作用的各种因素并不相同；同样的因素，在不同地区的历史进程中，所发挥的作用也可能不同。

在中国传统社会，人口乃是影响区域社会经济发展的关键性因素之一。但是，并不是每一个地区人口的繁盛就一定能带来区域社会经济的发展。六朝至唐宋时期，江南地区人口的增加不仅导致了精耕细作农业的高度发展与商品经济的繁荣，而且使这一地区逐步成为社会经济文化最发达的地区。而在资源相对匮乏的地区，人口的增加则可能进一步加剧生存资源的匮乏，群体间的冲突更加频繁，从而导致经济与社会文化的衰退。

汉晋时代居于河湟地区的“西羌”，“所居无常，依随水草，地少五谷，以产牧为业”。随着部落的繁衍，河谷地带的耕地资源与草原资源愈显紧张，毗邻的部落之间为争夺狭窄的河谷地带而不断相互征战，所谓“强则分种为酋豪，弱则为人附落，更相抄暴，以力为雄”。汉人的移入与垦殖更加剧了当地生存资源的短缺，汉、羌间的矛盾冲突进一步激化，引发了长期激烈的战争。至东汉中期，诸羌遂“衰困，党援坏沮，亲属离叛，余胜兵不过数百，亡逃栖窜，远依发羌”，河湟地区社会经济大幅度衰退。[35]清前期，秦巴山区人口尚相当稀少，多系“荒山僻壤，土著无多”；乾隆前中期，“因川楚间有歉收处所，穷民就食前来，旋即栖谷依岩，开垦度日。而河南、江西、安徽等处贫民，亦多携带家室来此认地开荒，络绎不绝”[36]，以致山区人口大幅度增加。汉中府属留坝厅（今留坝县）乾隆三十八年（1773）有 7851 户，五十七年（1792）为 9172 户，嘉庆十五年（1810）为 11736 户，二十一年（1816）为 14573 户。[37]从乾隆三十八年到嘉庆二十一年（1773—1816），年均户增长率达 14.49‰ 。商州所属山阳县，乾隆七年（1742）有 1851 户、11794 口，乾隆六十年（1795）增加到 7806 户、63201 口，人口增长率为 69.51‰；道光三年（1823）达到 107700 口，人口增长率为 19.22‰。[38]人口大幅度增加带来了山区资源的全面开发，但山区的人口承载力很快就趋于饱和状态，水土流失严重，水旱灾害加剧，土地愈加贫瘠，于是移民复离开山区。至光绪中期，秦巴山区一些地方的“高山棚民一往而空”，“川楚客民之有家可归者，皆已迁回原籍”，从而造成已垦耕地大面积抛荒，“凡半山以上之农田竟尺土不耕”[39]，“地之昔辟而今荒者，十居四五矣”[40]。山区经济出现全面衰退。[41]

以朝代兴亡更替为核心的政治变动是制约与影响传统中国社会经济与文化发展的关键性因素。的确，在很多地区，特别是历代王朝统治的核心区域，社会经济的兴衰与王朝统治的兴亡之间表现出明晰的对应关系；但在另一些地区，这种对应关系可能不明显，甚至完全不存在这样的对应关系。例如：以开封为中心的华北东部地区的发展，即肇始于导致唐王朝衰落的“安史之乱”，并在唐后期日趋加快，在五代轮替和北宋前中期达到鼎盛；而在公元 1100 年前后呈现出减缓趋势，至 13 世纪达到最低点。[42]长江流域也正是在唐王朝走向衰落的背景下开始其大规模开发与经济快速发展历程的。因此，并不是每一地区的发展周期都是与王朝兴衰周期同步或对应的，而朝代的更替或王朝周期对于不同地区的历史发展可能有着完全不同的意义。施坚雅曾论证说：清朝初建时，对长江下游与中游的控制仅用了几年的时间，而在东南沿海和长江上游却耗时数十年。这样，就两个区域而言，清初的安定过程对于长江下游地区(太湖平原)来说，因为带来的破坏时间较短，以至于它不过是自 15 世纪开始的上升阶段中为时甚短的轻微混乱；而在东南沿海地区，却使这一地区以海外贸易为中心而带来的地区繁荣受到几乎是毁灭性的打击——1661 年至 1883 年间，在严厉的禁海政策下，从浙江到广东沿海一线的人口被迫迁往内地，大部分聚落被夷为平地，从而导致了这一区域经济的整体衰落。[43]

生产力的进步，对于传统中国来说，特别是农耕技术的改进，一向被认为是影响区域社会经济发展的重要因素之一。对于大部分地区来说，农耕技术的改进，确实意味着生产力提高与社会经济发展；但在另一些地区，则可能主要意味着人类破坏自然能力的提高，却不一定必然带来社会经济的发展与进步。一般认为，农耕经济是较之畜牧经济先进的经济生产方式，但是，并非在每一个地区，农耕技术的推广必然会导致区域社会经济的发展。内蒙古东部西拉木伦河流域降水条件较为优越，10 世纪时，这里是"地沃宜耕植，水草便畜牧"的肥沃之区[44]，孕育了辽帝国的主体民族契丹与奚，并成为契丹帝国（辽）的政治经济核心地区。正是在辽帝国的统治下，农耕技术在这一地区得到较为广泛的推行，部分草原被垦为耕地，农耕经济逐步发展起来，但却削弱了契丹赖以立国的游畜牧经济，甚至出现了"土瘠樵绝"的现象，故入金以后，以西拉木伦河流域为核心的北京路政治经济地位大幅度下降。[45]在农耕技术中，精耕细作的连种制比以刀耕火种为主要特征的撂荒游耕—休耕制先进得多。但是，在相当长的历史时期内，撂荒游耕—休耕制一直是南方山区旱地垦殖的主导方式，即使是在平原河谷地带已普遍使用犁耕、广泛采用连种制乃至轮作复种制之后，山区民众仍然顽强地保留其"原始粗放的"垦殖方式。这一事实本身即说明，撂荒游耕—休耕制应当是与山区资源与环境条件较为适宜的农作方式。而山区环境的总体恶化，正是在连种制与轮作复种制在山区逐步推行之后。换言之，正是连种制与轮作复种制的推行，打破了数千年来撂荒游耕—休耕制下山区人地关系的相对平衡与稳定，从而成为山区环境恶化与社会经济衰退的动因之一。[46]

综上所论，可以认知：在中国历史上，各地区走过的历史道路不尽相同，特别是蒙古草原、塔里木盆地、青藏高原地区，所走过的历史发展道路，很可能与中原地区有着根本性不同，是完全不同的道路；即便是走在同一条历史道路上的不同地区，在历史进程中也有不同，主要表现为起步有早、晚，速度有快、慢，道路有顺直或曲折，发展水平有高、低；而在不同区域的历史发展过程中，发挥关键性作用的各种因素亦不相同。

三　区域多样性的方法论意义

我们从景观多样性出发，追寻其形成过程与历史根源，逐步认识到景观多样性主要源于自然的多样性、人群的多样性、历史进程与道路的多样性，从而加深了对区域多样性的认识。区域多样性的视角与思想方法，促使我们更着意关注中国历史与文化的多元构成，强调中华帝国与中国文化的内部差异；使我们进一步认识到，中国历史的发展，并非一条单一的轨迹，不同的区域都可能有其自身的发展脉络；它还促使我们以一种更为宏大、包容的态度，去对待在宏大的中国历史叙述中未能占据“一席之地”的各种区域性的历史与文化，尊重诸种形式的区域特性及其文化表现形态，承认并致力于揭示其在人类文明和中国历史发展中的价值与意义。

（一）“五种社会形态演进”阐释模式的终结

迄今有关中国历史发展的总体阐释，大抵都假定中国各个地区的历史发展均基本遵循一个统一的中国历史发展模式、走过一个大致相同的发展道路。在中国历史叙述与阐释中占据主导地位的以社会形态演进为核心线索的阐释体系，强调人类历史均经历了由原始社会、奴隶社会、封建社会到资本主义社会、共产主义社会（社会主义社会为其初级阶段）的演化，中国历史发展的总体线索自亦如此，中国各个地区亦概莫能外。这种思想方法假定人类文明的历史进程有其共同性，承认历史与文化发展的规律性，并将五种社会形态演进作为“普遍规律”运用于中国及中国各地区的历史分析中。

这种思想方法，在根源上来自早期进化论，并经过马克思、恩格斯的改造与提升，而赋予了崭新的内涵。早期的进化论者以人类在心理方面的类同性为前提，认为人类有相同的心智过程，对相同的刺激产生相同的反应，从而决定了人类文化与历史的统一；不同地区的人群都会经历相同的历史过程，走过同样的道路，逐步从简单的文化、低级的社会形态，向复杂的文化、高级的社会形态发展；这一过程并表现为阶段进化的模式，不同社会之间之所以存在差别，主要是因为它们以不同的速度经历这个过程。被称为“人类学之父”的泰勒(Edward Burnett Tylor)说：“人类社会的制度一如其所居住的地球，也是层系分明的。它们次第演化，序列一致，全球如此；即使有种族和语言的表面差异，却由于相似的人类特性而成型，且经由连续变化的情况而影响着蒙昧、野蛮和文明时代的人类生活。”[47]摩尔根也指出：“人类出于同源，在同一发展阶段中人类有相似的需要，并可看出在相似的社会状态中人类有同样的心理作用。”而“人类是从发展阶梯的底层开始迈步，通过经验知识的缓慢积累，才从蒙昧社会上升到文明社会的”；“由于人类起源只有一个，所以经历基本相同，他们在各个大陆上的发展，情况虽有所不同，但途径是一样的，凡是达到同等进步状态的部落和民族，其发展均极为相似”。“人类的主要制度是从少数原始思想的幼苗发展出来的；而且，由于人类的心智有其天然的逻辑，心智的能力也有其必然的限度，所以这些制度的发展途径与发展方式早已注定，彼此之间虽有差异也不会过于悬殊。”[48]

一个多世纪以来，早期进化论受到来自各方面的批评或修正。美国“历史学派”人类学的奠基人博厄斯(Franz Boas)指出：以人类心理的同一性或地理环境的类同来解释和论证人类历史与文化的一致性，至少在方法上是不正确的，因为前者仅仅是出于未经证明的臆测。他曾举例说：“除非能列举出占据压倒性多数的证据，说明双系家庭保留有最初母系时代的特征，否则，我们就没有权力去断定一切古代亲属群体都经历了一致性的过程(由母系向父系转变)，并具有相同的模式。”因此，早期进化论从部分个案研究出发、通过推演、得出人类历史与文化一致性的思想方法，漠视文化形式和社会形式的多样性及多种特点，是不能接受的。在他看来，“每个文化集团(族体)都有自己独一无二的历史，这种历史一部分取决于该社会集团特殊的内部发展，一部分取决于它所受到的外部影响”；所以，“现代(学术)倾向否认存在一种代表全世界文化发展历史的一般进化图式”，强调“不同地区文化平行发展的重要性”。[49]如今，早期进化论已被证明是谬误的，至少是不完善的，在方法论上是不可取的。即使是坚持进化论观点的新进化论者，也不得不对早期进化论的“单线进化”或“直线进化”论作出修正，提出“多线进化论”：世界各地不同人群多种多样的文化是由他们所处的多种多样的环境造成的，文化通过不断适应、变化，而呈现出多样性来。因此，“世界上没有什么唯一的神奇公式，可以去预测一切社会的进化。在特定的社会中，文化的实际进化是一种适应的过程。因此，社会在解决自己的问题时，要顾及自然和社会文化的环境。这些环境千变万化，存在问题层出不穷，解决办法也就可能是千差万别的。所以，不可能存在一种对整个人类社会都同样有效的唯一的决定因素”[50]。

因此，认为中国各地区的历史发展必然或必须依次经过从原始社会、奴隶社会、封建社会等社会历史阶段的看法，是建立在不系统的和未经证实的材料基础之上的，远远脱离了历史事实；其关于中国各地区历史发展走向的断言，更主要是出于先验的预设，主要是靠预设和臆测构拟历史，先定下框框，然后将之运用到中国历史的具体研究中。随着学术思想的发展，这一阐释体系已失去了其赖以成立的方法论基础，实际上已被“束之高阁”。即便是坚持运用进化论的思想方法来分析中国各地区历史发展或坚持套用五种社会形态演进模式的学者，也逐步认识到：不同地区、不同人群有不同的自然环境和人文环境，在发展形式上有多样性；某些地区和人群在一定的条件下超越一个甚至几个社会发展阶段向前发展是完全可能的。

(二)走出“王朝更替”的叙述与阐释模式

认为中国各地区均走过相同或相似历史道路，从而形成中国历史与文化一致性的第二种阐释体系可以概括为“汉化模式”。这种阐释体系将中华帝国描述为一个“同心圆式”的结构：从帝国体系的腹心地带（核心区），向遥远的帝国边疆（边缘区），王朝国家的政治控制能力与控制强度依次递减，经济形态依次由发达的农耕经济向欠发达的半农半牧、落后的游畜牧经济过渡，社会结构亦由相对紧密、典型的汉人社会向相对松散的非汉人社会渐变，文化内涵则由以所谓“儒家文化”为核心的华夏文化向尚武、“好巫鬼”的“蛮夷文化”递变，甚至各地民众对王朝国家（或“中国”）的忠诚程度也随着其居地距王朝核心越来越远而越来越低。与此种同心圆式的结构相配合，其形成过程就被表述为从王朝国家统治的核心，不断向外辐射其政治、经济与文化支配力的军事扩张、政治控制与开展“教化”的单向的“融合”或“同化”的过程。正是在这一过程中，汉文明或华夏文明从以汉人为基础的中华帝国中心，逐步传播或扩散到不同种类的边陲人群当中，从而使边陲地区的历史进程得以与帝国中心区域保持相对同步或经历同样阶段，边陲地区社会文化的特点与差异主要是由于其接受汉文明或华夏文明的早晚和程度。“它假定一种单一的文明媒介，从汉人为基础的帝国中心，直接传导到不同种类的边陲人群当中。扩张、移民和文化传播的叙述，被看作为一种不可逆转的单向同化方向”，从而将复杂多样的区域历史过程简单地化约为大一统的中原王朝的历史进程[51]，并进而将“王朝更替”作为叙述并阐释各区域历史发展进程的总体架构。在这种叙述与阐释架构下，各地区的历史过程被用“王朝更替”的叙述框架整合起来：新王朝的建立，意味着各地区的经济复苏、政治稳定、社会安宁与文化进步；随着王朝的文治武略达到鼎盛，各地区的社会经济均得到长足发展，社会、经济与文化各方面均呈现出繁荣景象；到王朝后期，吏治腐败，人民负担沉重，社会矛盾激化，各地区社会经济与文化乃走向衰落以至凋敝，王朝也随之灭亡。又一个新王朝建立，各地区社会经济与文化的发展乃开始另一个周期性循环。

这种阐释模式，在思想方法上与文化传播论是一致的。文化传播论相信：人类文化的绝大多数方面都起源于一个地方或少数地方，然后通过迁移或模拟扩散到其他地区。因此，各地区社会文化的基本架构最终是指向一致的，其差异主要是由于地理环境限制了文化的扩散与传播所致以及社会之间的相互影响具有不同的模式。[52]文化传播论的根本性缺陷是把文化现象与其创造者分割开来，没有看到作为创造者的人的作用。同样，“汉化”的阐释模式，完全忽视个体在文化建构与历史发展过程中的地位与作用，倾向于将各地区的土著人群与地方社会从以国家建构为核心线索的中国历史进程及其叙述中排除出去，将一个预设的“中国历史发展规律”，硬套到各个地区、各个地方，从而使活生生的民众生产、生活、信仰的历史，成为没有生命力的、死板板的朝代历史的地方版。

在以“王朝更替”为核心线索的叙述与阐释模式中，各地区及居于其间的人群，一直是“被动的”：他们首先是“被征服”，然后是“被控制”——被纳入版籍，被编入里甲，被作为王朝国家的编户齐民，“被传授”先进的生产技术，然后是被“教化”，“被标识”为某种特定的身份或族群；与此同时，这样的区域“被移入”汉人移民，其土地资源“被开发”为农耕地……这些被动态充分地突显了这一阐释模式下“民众”在历史过程中的缺失或无足轻重。“人”仅仅被视为王朝国家征服与统治的对象，而不是活生生的、与王朝国家之间存在利害关系的、懂得利用政治经济手段与文化策略的、具有历史与生活经验的、有矛盾的心理和情绪的“人”。同样，在这种阐释模式下，各个地区的“地”也只是王朝统治下的疆土，是向王朝提供贡赋的土壤，是几乎整齐划一的田地，没有山地与平原之别，也没有气候之异，更没有居于其上的“人”对“地”的适应、抉择与创造。更重要的是，这种阐释模式还隐含着一种价值判断：越靠近王朝统治的核心区、与王朝统治“同存亡、共命运”的地区，越是先进的核心区；距离王朝统治的核心区越远，社会经济与文化就越落后。

事实当然并非如此。“王朝更替”的叙述与阐释模式，把中国历史的发展描述为扩张、移民、开发、教化与文化传播的历史，掩盖了不同区域历史发展进程的复杂性与多样性，将丰富多彩的中国历史进程简单化。区域多样性的视角引导我们努力突破这种单线式的思考方式，更着意于探究不同区域社会经济与文化发展的内在动因及其纳入中华帝国体制内的根本性需求，分析这些区域自身的历史轨迹，理解其区域特性的形成及其与大一统帝国的一致性之间的差别与关联。质言之，即探寻不同区域自身的历史发展脉络，考察这种区域历史发展的多样性与中国历史的统一性之间的关系。我们相信，不仅北方草原地区、西北干旱半干旱地区、青藏高原以及西南边疆地区可能有其迥异于中原地区的历史发展轨迹，秦岭—淮河以南的广大南方地区的历史脉络亦不同于中原地区，甚至东南沿海山区的无数村落，即使它们经历着共同的王朝历史，也各自有着内涵很不相同的本地历史过程。

区域多样性的思想方法，不仅使我们更着意强调中国历史与文化的多元构成，强调中华帝国与中国文化的内部差异；还促使我们以一种更为宏大、包容的态度，去对待在宏大的中国历史叙述中未能占据“一席之地”的各种区域性的历史与文化，尊重诸种形式的区域特性及其文化表现形态，承认并致力于揭示其在人类文明和中国历史发展中的价值与意义。更为重要的是，它引导我们将关注的目光从巍峨的殿堂转移到乡村的庙宇、集市，从“核心”转移到“边缘”，从“正统”转移到“异端”——但这不是从“自上而下”到“自下而上”的改变，因为在“多样性”的思想方法中，朝廷的殿堂与乡村的庙宇、核心与边缘、“正统”与“异端”都是中国历史上具有同等意义的存在，是并列共存的关系，并无上、下或重要、次要之别。

因此，摆脱以“王朝更替”为中心线索的中国历史叙述与阐释体系，把目光从庙堂之上转移到山野之间，着意于追寻区域或地方历史发展的内在脉络（及其与王朝脉络之间的关联），探究其自身的历史发展模式，应当是我们重建中国历史叙述与阐释体系的努力方向。只有当我们较充分地展示出中国各地区、地方乃至村落的不同形态、不同历史进程与不同历史发展模式之后，我们才有可能对中国历史发展的总体进程有一个更为清晰、更为准确的把握。

注释

1 费尔南·布罗代尔:《法兰西的特性——空间和历史》,顾良、张泽乾译,北京:商务印书馆,1994 年,第 17 页。

2 理查德·哈特向:《地理学的性质——当前地理学思想述评》,叶光庭译,北京:商务印书馆,1996 年,第 167—201 页;阿兰·R. H.贝克:《地理学与历史学》,阙维民译,北京:商务印书馆,2008 年,第 110—159 页;M. Mikesell. "Landscape", in D. L. Sills ed., *International Encyclopedia of the Social Sciences*, Vol. 8, New York: Crowell, Collier and Macmillan, 1968, pp.575—580。

3 理查德·哈特向:《地理学的性质——当前地理学思想述评》,第 197 页。

4 C. O. Sauer, "The Morphology of Landscape", 1925, Reprinted in J. Leighly ed., *Land and Life: Selections from the Writing of Carl Ortwin Sauer*. Berkeley, Ca.: University of California Press, 1974, pp. 315—350.

5 R. Voeks, "Sacred Leaves of Brazilian, Candomble", *Geographical Review*, No.80, 1991, pp.118—131.

6 左大康主编:《现代地理学辞典》,"土地利用"条,北京:商务印书馆,1990 年,第 583 页。

7 参阅佟柱臣《中国古代北方民族游牧经济起源及其物质文化比较》,《社会科学战线》1993 年第 3 期;邹逸麟:《我国早期经济区的形成——春秋战国至汉武帝时期》,见《历史地理》第 18 辑,上海:上海人民出版社,2002 年,第 23—42 页;鲁西奇:《中国历史上的三大经济带及其变动》,《厦门大学学报》(社会科学版)2008 年第 4 期。

8 阿·德芒戎:《农村居住形式地理》,见氏著《人文地理学问题》,葛以德译,北京:商务印书馆,1993 年,第 140—192 页;左大康主编:《现代地理学辞典》,"乡村聚落形态"条,北京:商务印书馆,1990 年,第 699 页。

9 B. Bender, "Landscape-meaning and Action", in B. Bender ed., *Landscape: Politics and Perspectives*. Oxford: Oxford University

Press, 1992, pp.1—18.

10 S. Daniels and D. Cosgrove, "Iconography and Landscape", in D. Cosgrove and S. Daniels, ed., *The Iconography of Landscape: Essays on the Symbolic Representation, Design and Use of Past Environments*. Cambridge: Cambridge University Press, 1988, pp.1—10.

11 参阅苏秉琦《关于考古学文化的区系类型问题》,《文物》1981 年第 5 期;《中国文明起源新探》,北京:生活·读书·新知三联书店,1999 年,特别是第 4—7、34—128 页;佟柱臣:《中国新石器时代文化的多元论和发展不平衡论——论中国新石器时代文化发展的规律和中国文明的起源》,《文物》1986 年第 2 期;张光直:《古代中国考古学》(据耶鲁大学出版社 1986 年第四版译),印群译,沈阳:辽宁教育出版社,2002 年,第 233—308 页;严文明:《中国史前文化的统一性与多样性》,《文物》1987 年第 3 期,后收入氏著《史前考古论集》,北京:科学出版社,1998 年,第 1—17 页;严文明:《文明起源的回顾与思考》,《文物》1999 年第 10 期,又见氏著《农业发生与文明起源》,北京:科学出版社,2000 年,第 51—59 页;石兴邦:《中国新石器时代考古文化体系研究的理论与实践》,《考古与文物》2002 年第 1 期;许倬云:《从多元出现核心》,《燕京学报》新 26 期,北京:北京大学出版社,2009 年 5 月,第 1—13 页。

12 《史记》卷一二九《货殖列传》,北京:中华书局,1959 年,第 3270 页。

13 桓宽撰,王利器校注:《盐铁论校注》卷一《通有》,北京:中华书局,1992 年,第 41—42 页。

14 参阅黄叔梅《六朝太湖流域的发展》,台北:联鸣文化有限公司,1982 年;李伯重:《唐代江南农业的发展》,北京:农业出版社,1990 年(北京:北京大学出版社,2009 年再版);魏嵩山:《太湖流域开发探源》,南昌:江西教育出版社,1993 年;郑学檬:《中国古代经济重心南移和唐宋江南经济研究》,长沙:岳麓书社,2003 年,特别是第二、第四章,第 65—165、201—377 页。正文所引民谚,见《吴郡志》卷五十《杂志》,《宋元方志丛刊》本,北京:中华书局,1990 年,第一册,第 1027 页。

15 参阅牟发松《唐代长江中游的经济与社会》,武汉:武汉大学出版社,1989年;杨果、陈曦:《经济开发与环境变迁研究——宋元明清时期的江汉平原》,武汉:武汉大学出版社,2008年;张国雄:《明清时期的两湖移民》,西安:陕西人民教育出版社,1995年;梅莉、张国雄、晏昌贵:《两湖平原开发探源》,南昌:江西教育出版社,1995年;彭雨新、张建民:《明清长江流域农业水利研究》,武汉:武汉大学出版社,1993年;龚胜生:《清代两湖农业地理》,武汉:华中师范大学出版社,1996年;鲁西奇:《区域历史地理研究:对象与方法——汉水流域的个案考察》,南宁:广西人民出版社,2000年。

16 《史记》卷一二九《货殖列传》,第3262页。

17 据《续汉书·郡国志一》所记京兆尹、左冯翊、右扶风三郡户口数(中华书局标点本《后汉书》第十二册,1965年,第3403—3405页)及《汉书》卷二八上《地理志上》所记京兆尹、左冯翊、右扶风三郡户口数(北京:中华书局,1962年,第1543—1547页)统计。

18 《晋书》卷五六《江统传》,北京:中华书局,1974年,第1531页。

19 据《隋书》卷二九《地理志上》所记三郡户数(北京:中华书局,1973年,第808—809页)统计。

20 据《新唐书》卷三七《地理志一》关内道所记七郡天宝元年户口数(北京:中华书局,1975年,第961—968页)统计。

21 《新唐书》卷五三《食货志三》,北京:中华书局,1975年,第1365页。

22 据《太平寰宇记》卷二五雍州、卷二八同州、卷二九华州、卷三〇凤翔府、卷三二陇州、卷三四邠州、卷三五坊州所记各府州“皇朝”所领主客户数(北京:中华书局,2007年,第515—740页)统计。

23 据《元丰九域志》卷三永兴军路、秦凤路下所记七府州户数(北京:中华书局,1984年,第103、109—110、112、118、121、127页)统计。

24 据《宋史》卷八七《地理志三》陕西路所记七府州“崇宁户”(北京:中华书局,1977年,第2144、2146、2148、2153、2156页)统计。

25 鲁西奇:《区域历史地理研究:对象与方法——汉水流域的个案考察》,南宁:广西人民出版社,2000年,第184—300页。

26 漆侠:《中国经济通史·宋代经济卷》,北京:经济日报出版社,1999年,第 205—260 页。

27　参阅 F. 普洛格、D. G. 贝茨《文化演进与人类行为》，吴爱明、邓勇译，沈阳：辽宁人民出版社，1988 年，第 113—123 页。

28　张广达：《塔里木盆地的城市国家》，见 B. A. 李特文斯基主编《中亚文明史》第三卷，马小鹤译，北京：中国对外翻译出版公司、联合国教科文组织，2003 年，第 239—256 页，引文见第 240 页。

29　《汉书》卷九六《西域传》，第 3880—3883、3897—3898、3910—3922 页。

30　史树青：《谈新疆民丰尼雅遗址》，《文物》1962 年第 7—8 期；林梅村：《汉代精绝国与尼雅遗址》，《文物》1996 年第 12 期。

31　王尧、陈践译注：《敦煌本吐蕃历史文书》（增订本），"小邦邦伯家臣及赞普世系"，北京：民族出版社，1992 年，第 173 页。

32　参阅石泰安《西藏的文明》，耿昇译，北京：中国藏学出版社，1998 年，第 122—138 页。

33　《史记》卷一一〇《匈奴列传》，北京：中华书局，1959 年，第 2879 页。

34　Philip Burnham, "Mobility and Political Centralization in Pastoral Societies", *Pastoral Production and Society*, ed. by L'Equipe écologie et anthropologie des sociétés pastorals, Cambridge: Cambridge University Press, 1979, pp. 349—360; William Irons, "Political Stratification among Pastoral Nomads", *Pastoral Production and Society*, pp.361—374.

35　《后汉书》卷八七《西羌传》，第 2869—2685 页。

36　毕沅：《兴安升府奏疏》，见严如熤《三省边防备览》卷十七《艺文下》，扬州：江苏广陵古籍刻印社，1991 年，据道光兴安府署刻本影印，第三页上、下。

37　道光《留坝厅志》卷四《土地志》"户口"栏，《中国地方志集成·陕西府县志辑》本（据道光二十二年汉中友义斋刻本影印），南京：凤凰出版社，2007 年，第 52 册，第 510 页。

38　乾隆《直隶商州志》卷六《田赋》，乾隆九年刻本，第三页下；新编《山阳县志》，第三编"人口"，西安：陕西人民出版社，1991 年，第 77—78 页。

39　民国《镇坪县乡土志》卷二，《陕西省图书馆藏稀见方志丛刊》本，北京：

北京图书馆出版社，2006 年，第 16 册，第 183 页。

40 光绪《留坝厅乡土志》，不分卷，《陕西省图书馆藏稀见方志丛刊》本，第 15 册，第 119 页。

41 参阅萧正洪《清代陕南种植业的盛衰及其原因》，《中国农史》1988 年第 4 期、1989 年第 1 期；邹逸麟：《明清流民与川陕鄂豫交界地区的环境问题》，《复旦学报》（社会科学版）1998 年第 4 期；鲁西奇、蔡述明：《秦巴山地生态恶化贫困区历史成因分析》，《山地研究》1996 年第 3 期。

42 R. M. Hartwell. "Demographic, Political, and Social Transformations of China", *Harvard Journal of Asiatic Studies*. Vol.42, No. 2: pp. 365—442。

43 G. W. Skinner. "The Structure of Chinese History", *The Journal of Asian Studies*, Vol.44, No.2(Feb., 1985), pp.271—292. 中译文见王旭等译《中国封建社会晚期城市研究》，长春：吉林教育出版社，1991 年，第 1—24 页。

44 《辽史》卷三七《地理志》"上京"，北京：中华书局，1974 年，第 440 页。

45 参阅韩茂莉《辽金农业地理》，北京：社会科学文献出版社，1999 年，第 35—83 页。

46 参阅鲁西奇、董勤《南方山区经济开发的历史进程与空间展布》，《中国历史地理论丛》2010 年第 4 期。

47 E. B. Tylor. "On a Method of Investigating the Development of Institutions: Applied to Laws of Marriage and Descent". *Reading in Cross Cultural Methodology*, edited by F. W. Moore, New Haven: HRAF Press, 1970, p.22.

48 路易斯·亨利·摩尔根：《古代社会》，杨东莼、马雍、马巨译，北京：商务印书馆，1997 年，序言第 2—3 页、正文第 3、16 页。

49 F. Boas. *Race*, *Language and Culture*, New York: MacMillan, 1982, p.264、p.294、pp.282—283.

50 E. R. 塞维斯：《文化进化论》，黄宝玮等译，北京：华夏出版社，1991 年，第 27 页。

51 Pamela Kyle Crossley, Helen F. Siu, and Donald S. Sutton, *ed.*,

Empire at the Margins: *Culture*, *Ethnicity*, *and Frontier in Early Modern China*. Los Angeles, and London: University of California Press, 2006, "introduction", p.6.

52 参阅容观夐《文化传播与传播论派——文化人类学方法论研究之三》,《广西民族学院学报》1998年第4期;Molly Raymond Mignon, ed., *Dictionary of Concepts in Archaeology*, "Diffusion". Westport, Conn.: Greenwood Press, 1993, pp.132—134.

中国历史发展的五条区域性道路

所谓“中国历史”，应当是指发生在“中国”这块土地上的历史，是千百年来生活于其间的各地区人群为了生存与发展、追求美好生活而不断“适应”并“改造”其所处的环境、摸索并建立适合自身生存与发展需求的社会组织与制度、创造并不断“改进”具有自身特色的文化的历史，而不仅仅是作为一个国家的“中国”的历史。因此，中国历史应当具有丰富的区域性内涵，这不仅意味着中国各地区的社会经济与政治文化的发展有早晚、快慢之分，道路有顺直与曲折之不同，发展水平有高、低之异，还意味着中国历史的发展并非一条单一的轨迹，各区域都可能有其自身的历史发展脉络——不同区域在历史发展的出发点、走向与所经历的主要阶段等方面，都可能存在根本性的差别，即其所走过的道路根本不同，而不是同一条道路上的曲折或分歧。此即所谓“历史道路的区域差异”；而不同区域所走过的、有着根本性不同的道路，则可称为“区域性道路”[1]。

在多年来从事中古时期南方史地研究的基础上，我们尝试摸索“中国历史发展的南方脉络”，试图将汉人群体的历史发展过程区分为“中原道路”与“南方道路”；进而认识到：中国北方草原地带、新疆(西域)地区、青藏地区的历史发展道路，均有别于中原和南方地区，有其自身的独特性，当可视为与“中原道路”、“南方道路”并存的区域性历史发展道路；使用中原王朝的更替以及中原王朝对这些民族地区的征服与控制，作为建构这些地区历史、文化阐释体系的基本框架，不过是“大中华主义”(又以“大汉族主义”为其核心)观念下历史阐释体系的组成部分，反映的仍然是传统的华夏中心论。这样，我们即初步形成了在中国历史上存在着中原道路、南方道路、草原道路、高原道路与沙漠绿洲道路等五种区域性历史发展基本道路的看法。

一　中国历史发展的五条区域性道路

(一)中原道路

严文明先生在《中国史前文化的统一样与多样性》一文中，把中国新石器时代文化分为旱地农业经济文化区、稻作农业经济文化区与狩猎采集经济文化区三大经济文化类型区，其中旱地农业经济文化区又包括甘青文化区(以马家窑文化—齐家文化为代表)、中原文化区(以磁山文化—老官台文化—仰韶文化—中原龙山文化为代表)、山东文化区(以北辛文化—大汶口文化—龙山文化为代表)、燕辽文化区(以兴隆洼文化—红山文化—小河沿文化为代表)四个文化区，是我国旱地农业的发源地，并与古史传说中的戎羌各族、华夏诸族、东夷诸族的活动区域相对应，其文化发展水平较高，又处于核心位置，能够从各方面吸收有利于本身发展的先进因素，因而有条件最早进入文明社会。[2] 在苏秉琦先生有关“国家形成三模式”的理论中，中原地区的文明形成被认为属于“次生型”，在时间上较之辽西地区的“北方原生型”要晚，但它融入了来自多方的因素，又因 4000 年前的洪水与治水事业，强化了国家管理公共事业的职能，故其起点比更早出现的北方原生型文明更高，基础更广。因此，黄河流域可以说是较早进入文明社会的地区。至于黄河流域国家形态的发展进程，苏秉琦先生概括为“三部曲”：尧舜时代万邦林立，夏亦有“万邦”，“执玉帛者万国”，是为“古国”时代；继夏之后，“王天下”的商、周，由于方国的成熟与发展，出现了松散的联邦式的“中国”，“普天之下，莫非王土；率土之滨，莫非王臣”还只是理想中的“天下”，“方国分立”实为现实，故得称为“方国”时代；至秦始皇统一中国，建立起中央集权的帝国，从而开启了“帝国”时代。[3]

苏秉琦先生认为中原地区国家的最终形成，主要是在洪水与治水的推动下促成的，“这是超越社会大分工产生政治实体的推动力”[4]。关于洪水与治水在中原国家形成过程中的作用与意义，学术界虽有不同看法，但大都承认二者之间存在某种关联。魏特夫则试图证明，专制主义的帝国是为了因应于大规模治水的需要而产生的：“（专制主义的）社会形态主要起源于干旱和半干旱地区，在这类地区，只有当人们利用灌溉、必要时利用治水的办法来克服供水的不足和不调时，农业生产才能顺利地和有效地维持下去。”而灌溉与治水工程必须进行大规模的协作，“这样的协作反过来需要纪律、从属关系和强有力的领导”。同时，“要有效地管理这些工程，必需建立一个遍及全国或者至少及于全国人口重要中心的组织网。因此，控制这一组织网的人总是巧妙地准备行使最高政治权力”，于是就产生了专制君主、专制主义政体。换言之，在治水等大型工程中，需要集中各种资源，特别是劳动力，并为此而需要集中权力，强化纪律，从而产生了专制主义。[5] 虽然“治水社会”或“治水国家”的理论备受批评，但治水（包括灌溉水利）与专制主义集权乃是中原王朝的两个重要方面，则并无太大疑义。不仅如此，正如冀朝鼎所充分论证的那样，黄河流域水利事业的兴衰，甚至与中原王朝的兴替紧密地联系在一起。[6]

以中原地区为核心的华北旱地农业经济文化区在社会经济形态方面表现出来的主要特征之一就是“集中”——灌溉水利和精细农业的发展为人口的密集分布提供了条件，在漫长的历史长河中，黄河中下游的农耕区域一直是中国人口分布最为密集的地区或其中之一；广袤的华北平原和黄土高原上便利的交通条件，使乡村人口的聚居成为可能，规模不等的集居村落一直是中原地区占居主导地位的乡村聚落形式；由于历代王朝的政治中心多位于中原地区，全国各地的政治、军事、文化乃至商业领域的“精英”多荟萃于此……而最为重要的“集中”则是财富与权力的集中，这不仅表现为它集中了全国各地相当大部分的财富、拥有控制全国的权力中枢，更表现为财富与社会权力的向上流动与集中——财富与社会权力不断向上流动，集中于社会上层的小集团手中，并形成相对僵硬的金字塔式结构，从而为专制主义中央集权制度提供了较稳固而坚实的社会经济基础。

由于财富与权力多集中于社会上层，并最终由王朝国家所掌控，王朝国家的力量遂占据绝对优势地位，社会力量相对薄弱，甚至成为国家力量的附庸。正因为此，“中原道路”下社会经济发展、繁荣与衰落的轨迹遂与王朝兴替紧密地联系在一起，表现出明显的周期性。而由于黄河中下游地区大约从唐代中后期开始，之后的一千多年间，社会经济的总体发展基本趋于停滞，故其社会经济的周期性（恢复—发展—繁荣—衰落—破坏）遂与王朝兴替的周期性（建立—稳定—鼎盛—衰落—灭亡）更趋对应。换言之，“中原道路”下社会经济领域的变动轨迹，与王朝兴衰更替的轨迹，基本上是对应的；以王朝更替为核心线索的历史叙述与阐释，基本适用于“中原道路”。

（二）南方道路

在严文明先生拟订的“中国新石器文化的谱系”中，稻作农业经济文化区包括江浙文化区（以河姆渡文化—马家浜文化—崧泽文化—良渚文化为代表）、长江中游区（以仙人洞遗址—城背溪文化—大溪文化—屈家岭文化—石家河文化为代表）、闽台区（以昙石山文化为代表）、粤桂区（以甑皮岩下层—甑皮岩上层—金兰寺下层—石峡文化为代表）、云贵区（以白羊村遗址为代表）等五个文化区，是中国稻作农业起源的重要地区。苏秉琦先生没有详细讨论南方地区古文明的发展类型与道路问题，但他暗示：南方各地区（以环太湖为中心的东南部、以环洞庭湖和四川盆地为中心的西南部以及以鄱阳湖—珠江三角洲为中轴的南方）也大抵在新石器时代后期相继进入古国时代，然后与中原地区相前后，进入方国时代；只是其进入帝国时代，非源于自身内在的发展，而出于中原王朝和文化的扩张。换言之，在进入帝国时代之前，南方各地区由古文化、古城向古国、方国的演化，主要是按照其自身社会关系与文化传统向前发展的结果，而其进入帝国时代，则是被动的，所以，虽然秦汉以后南方广大地区渐次进入帝国时代，但与中原地区主要基于自身发展的内在动力而进入帝国时代，有着本质的不同。严文明先生则明确指出：中原之外的其他地区，“也曾经历了从部落到国家的过程，也建立了许多中小国家，也有自己的文明。近年发现的岳石文化、夏家店下层文化、三星堆文化，包括大洋洲大墓在内的吴城文化，以及湖南宁乡黄村青铜群所透露的高度发达的青铜文明等，就是最有力的证据。这些国家也发生过联合、对抗、征服和兼并的事情，只不过没有夏商周势力发展得那么大。其中有些势力也曾与夏商周发生过关系，从而为以后建立秦汉那样统一的大帝国奠定了基础”[7]。在《长江流域在中国文明起源中的地位与作用》一文中，严文明先生论证说，在公元前3000—前2000年，长江下游、中游、上游三地区分别通过自己的道路迈进了早期文明的门槛。[8]尽管如此，长江流域并未形成商、周那样的国家形态，更未发展出统一全国的秦汉帝国，其基于自身社会发展的国家形态演进基本停留在“方国”阶段。换言之，在“古国—方国—帝国”的“三部曲”中，南方地区依靠自身的力量，只走过了古国、方国两个阶段，其进入帝国阶段，是在中原因素的强烈影响乃至强制下完成的。也就是说，南方道路在其起步阶段，即与中原道路不同。

以长江中下游地区为核心的南方稻作农业经济文化区一直以稻作农业为主、渔猎经济为辅。《史记·货殖列传》云：

> 总之，楚越之地，地广人希，饭稻羹鱼，或火耕而水耨，果隋蠃蛤，不待贾而足。地埶饶食，无饥馑之患，以故呰窳偷生，无积聚而多贫。是故江、淮以南，无冻饿之人，亦无千金之家。[9]

《汉书·地理志》有关南方诸郡的记载，也证实了司马迁的描述。如巴、蜀、广汉，“本南夷，秦并以为郡，土地肥美，有江水沃野，山林竹木疏食果实之饶。南贾滇、僰僮，西近邛、莋马旄牛。民食稻鱼，亡凶年忧，俗不愁苦，而轻易淫泆，柔弱褊陋”[10]；南迄海南岛上的儋耳、珠崖二郡，亦“男子耕农，种禾稻纻麻，女子桑蚕织绩”[11]。这里描述了一个相对平等、分散，而自给、自治的社会，与黄河中下游地区的集中与专制形成鲜明对比。就基本的生产方式而言，稻作农业需要有明确的田块和田埂，还必须有灌排设施；与旱地农业相比，稻作农业需要较高的技术和更加精心的管理。因此，从事稻作农业的人们，比种旱地的农人更倾向于稳定，也易于养成精细和讲究技巧的素质，有利于某些技巧较高的手工业的发展。丰富的水产与山林资源则提供了稳定而可靠的补充食物。凡此，都促进了稻作农业下自给性生活方式的形成。[12]同时，南方地区早期的稻作农业主要在河谷地带和平原边缘地带展开，小规模的协作即可进行，对大规模协作的要求不很强烈，这使得小规模的家庭生产成为可能。另一方面，平原湖区密集的河网或山区崎岖的道路，均促使农民将居住地与耕种的土地尽可能靠近，散居乃成为南方地区主导性的乡村聚落形态。质言之，稻作农业为主的经济形态，在很大程度上决定了南方地区分散、自给乃至自治的倾向。

分散、自给与自治的倾向给南方地区的政治、经济与社会文化带来诸多影响。如上所述，在进入文明社会之初，南方地区并未如黄河中下游地区那样，主要依靠自身内在的发展动力，进入到帝国阶段，这固然有多方面原因或多种阐释，但很可能与大规模区域性协作需求的缺失存在某种关联。即便是在秦汉统一王朝建立后，南方地区的一些区域在特定背景下，也仍然显示出诸多自治的倾向。《隋书》卷八二《南蛮传》总序称："南蛮杂类，与华人错居，曰蜒，曰獽，曰獠，曰㐌，俱无君长，随山洞而居，古先所谓百越是也。"[13]同书卷八〇《列女传》"谯国夫人"（即冼夫人）条谓："谯国夫人者，高凉冼氏之女也。世为南越首领，跨据山洞，部落十余万家。"[14]又《册府元龟》卷一六二《帝王部・命使》载开元二十九年（741）五月诏书称："江淮之间，有深居山洞，多不属州县，自谓莫傜。"[15]这些散布于南方山区河谷盆地（"山洞"）间、大大小小的部落，拥有自己的渠帅（洞主、洞酋），不属州县，显然处于"自治"状态。而由这些蛮蜒的"自治"状态可以推知：如果没有王朝国家强有力的军事与政治控制，南方地区很可能均处于这种状态。换言之，以稻作农业为主导性经济的南方地区，更倾向于一种较小地域范围内的社会组织与协作；如果说旱作农业条件下对灌溉与治水的需求促使集权政治的产生、并最终形成帝国的话，那么，稻作农业可能没有提出这种诉求，或者说这种诉求没有强烈到足以产生集权政治的地步。然则，秦汉以后专制主义中央集权对南方地区的统治，严格说来，很可能并没有"自然的"经济与社会基础，而主要是建立在军事征服之上的政治、经济与文化控制。这样，南方地区历史发展脉络的主要线索之一，也就是主要来自中原旱作农业文明的专制主义中央集权的强权控制和经济掠夺，与立基于南方地区经济社会需求的分散、自给、自治倾向与传统，二者之间的矛盾、斗争与"协调"、共存。

正因为此，南方各地区社会经济发展的轨迹与中原王朝兴衰更替之间，并不存在中原地区那样明显的对应关系。实际上，南方地区历史上几次较大的经济开发高潮，都是在中原王朝衰落或者分裂的背景下展开的。如“安史之乱”后，唐王朝已步入衰退期，而广大南方地区的社会经济却得到长足的发展，开启了中国经济重心南移的先声；而在“偏安”的南宋时期，南方地区生产发展的广度、深度与速度，均远远超过中原地区；南方广大山区的全面开发，也主要是在明中后期和清中期展开的，与明、清王朝的兴盛并不对应。同样，王朝更替对于南方地区的破坏也没有中原地区那样突出。因此，以王朝更替为核心线索的叙述与阐释框架，并不适用于对南方各地区社会经济变动的分析。

(三)草原道路

长期以来，人们始终将蒙古草原视为游牧民族与游牧文明的家园。但是，近数十年来在蒙古国、中国内蒙古、俄罗斯南西伯利亚地区的考古发现与研究越来越表明：早在新石器时代早期（公元前 4000—前 3000 年），蒙古草原上的古部落就已积极地从事植物采集，并十分自然地导致植物栽培；坦萨布拉格(Tamsagbulag)遗址和蒙古东部、南部其他聚落遗址均发现了长期居住的半地穴式房屋，以及诸如磨石、研磨器、杵、锄、挖掘棒等农业工具，均说明农业已成为蒙古草原新石器时代中后期古部落生存的经济基础。[16]在中国内蒙古自治区东部与中南部所发现的大量新石器时代文化遗存，更清晰地表明：新石器时代中后期，内蒙古各地均已发展了规模不等的农业经济。[17]

大约在公元前 2000 年左右，蒙古草原的居民及其经济发展方向发生了一次重大变动，游牧生活方式开始逐步扎根下来，从而改变了原来向农业经济发展的趋向。这一转变可能与蒙古高原干旱程度的增长以及来自西方的游牧部落在青铜时代抵达中亚与东亚有关。大约在公元前1000年前后，蒙古高原及其周边地区最终确立了游牧方式和与之相伴随的技术与社会形态，骑乘马的广泛使用，促使分居遥远地区的各部落间也能进行接触交流，从而导致了游牧部落文化的一体化，甚至还导致了庞大的历史—文化群体的形成，这类群体之一，很可能便是后来见于汉文史籍中的“匈奴”。蒙古高原及其周边地区由农业经济向游牧经济的转向，是一次根本性的转向：大规模地引进冶金术，促进了制造业（包括武器制造）的发展；财产和军事冲突的积累导致了权力的制度化，部落首领发展成了专制的小君主；在此基础上，早期游牧部落的强大群体形成于公元前一千纪中叶。[18] 到公元前7—前3世纪，在东起兴安岭、西至准噶尔盆地的广大草原地区，自东至西分布着东胡、匈奴和月支三个规模较大的游牧部落联盟。

关于匈奴的经济与社会形态，《史记·匈奴列传》中有一段著名的描述（《汉书·匈奴传》所记大致相同）：

> 匈奴……居于北蛮，随畜牧而转移。其畜之所多则马、牛、羊，其奇畜则橐駞、驴、驘、駃騠、騊駼、驒騱。逐水草迁徙，毋城郭常处耕田之业，然亦各有分地。毋文书，以言语为约束。儿能骑羊，引弓射鸟鼠，少长则射狐兔，用为食。士力能弯弓，尽为甲骑。其俗，宽则随畜，因射猎禽兽为生业，急则人习战攻以侵伐，其天性也。[19]

逐水草而居，随牧畜到处迁移，没有城郭，此即司马迁所谓的“行国”。游牧的草原地区，可以说是分散化与平等化的世界，分散、平等、自主乃是普遍的生存原则；而频繁的移动则使得人与人之间、人与群体之间的关系，都是短暂的、易变的；个人对所属牧团或部落的认同，以及对部落领袖的效忠，都不必是永久的。这些原则与国家组成的原则（集中和阶层化）是相违背的。换言之，如果没有与定居民族紧密的互动，游牧人群将组成小的自主团体，或是分散型亲族体系，而很难形成“国家”，更遑论“帝国”。[20]关于匈奴“国家”或“帝国”的形成及其实质，论者向来有“内部阶级分化演变说”、“领袖个人魅力与成就说”以及“外部互动说”等不同说法。王明珂在基本赞同“外部互动说”的前提下，进一步论证说：游牧是一种基本上不能自给自足的经济生业，游牧人群的政治组合成为一种对外寻求补充资源的策略；由于寻求辅助性资源的方法不同，因此有不同的政治组合。匈奴国家组织的形成，乃是因为匈奴各部落在自己“分地”内的资源不足以维持生存，而且这些资源不稳定，故必须以其优越的移动性及战斗力，通过对外掠夺以取得补充性生活资源及奢侈品；由于匈奴向外取得资源的对象是秦汉中国这样的庞大帝国及乌桓、鲜卑那样的大部落联盟，所以，超部落的国家遂成为争取及维护资源的重要组合，匈奴的国家组织可说是为了补足游牧经济的一种设计。[21]

苏秉琦先生在讨论国家形成的三种模式时，将北方草原民族的建国模式归纳为“北方草原续生型”，认为包括匈奴在内的北方草原诸民族，也都经历过由古国、方国到帝国的演进过程，但这一过程并非全由其本身文明因素的自然积累，而是在其本身原有文化传统的基础上，受到中原汉族文明的影响，而逐步走上国家形态的，其间曾有飞跃发展的阶段。匈奴的历史发展表明：很难确定北方草原民族在其国家形态的形成过程中，都曾经历过由古国向方国、帝国演化的历程，使用“古国”以及中原汉族的“方国”概念，去分析草原民族的国家形成过程，也可能未必适当；草原帝国的结构与实质，与中原王朝的“帝国”亦或有很大差异。研究表明：游牧社会的社会结构主要表现为“分枝性结构”(segmentary structure)——层层由小而大的社会结群，一种非经常性的“社会结构”，因应外来敌对力量的大小而临时凝聚为或小或大的群体，一旦威胁消失、冲突结束，此种群体即解散，各回宜于当地游牧经济的人群组合之中。因此，匈奴帝国在本质上乃是为了与秦汉帝国及乌桓、鲜卑那样的大部落联盟对抗而凝聚成的大部落联盟，若对抗缓解或冲突结束，此种联盟就可能松弛乃至崩解，其联盟体制表现出强烈的不稳定性。《史记·匈奴列传》谓匈奴人在战争中“人人自为趣利，善为诱兵以冒敌。故其见敌则逐利，如鸟之集；其困败，则瓦解云散矣”。反过来说，匈奴帝国为了保持其相对稳定和常设机构，就必须将整个帝国置于常年战争状态；而常年的战争，又势必破坏其游牧经济及其社会结构，并最终导致其“困败”与崩解。

匈奴帝国崩解之后，蒙古草原上的游牧民族几度建立起统合大漠南北的大汗国(帝国)，其中突厥、回纥汗国的建立、扩张与分裂、困败和崩解，大致循着匈奴的路径。盖草原游牧经济的形态并无改变，其分枝性的社会结构大致相同，而面对强大的中原帝国的形势及其对抗、战争的过程亦基本相似，故其历史道路乃大致相同。蒙古帝国在其建立之初，亦皆大抵走过类似于匈奴的道路；惟在其据有广大汉地之后，方渐接受中原帝国的基本框架，而演变成为草原—中原的复合式帝国。至于乌桓、鲜卑、契丹、女真、满洲崛起于森林草原地带的游牧—渔猎部族，其“国家”形成的过程及其演变之迹，则大致可以看作为匈奴、蒙古式草原帝国的变种。

综上可知：中国北方草原诸游牧部族所走过的历史道路迥异于中原汉族的历史道路，其经济形态以游牧经济为主，辅之以狩猎、农耕、掠夺和贸易；其基本社会结构是分枝性的；其“国家”之形成乃是一种争取、维护资源的重要方式，其国家形态主要表现为战时的军事体制，具有强烈的不稳定性，只有在据有汉地后，才可能结合中原帝国的基本架构，建立起较为稳定的帝国。

(四)高原道路

在藏人的观念中，一般将藏族居住的广大地区分为中卫藏四如、上阿里三围与下朵康六岗三大区域。其中，卫藏(dbus-gtsng)中的“藏”指今日喀则以西、以北地区；“卫”则有“中心”之意，泛指以拉萨河谷为中心的地区。在藏文观念中，这里是“天之中央、大地之中心，世界之心脏，雪山围绕一切河流之源头，山高土洁，地域美好”[22]。“朵康”是“朵”(mdo，又称“安多”，a-mdo)与“康”(khams，又译作“喀木”)的合称，前者指玛沁雪山(阿卿康日)和积石山(多拉让摩)为中心的广阔地区，包括今青海省大部分(除玉树州外)、甘南、川西阿坝州等地；后者即今西藏东部昌都地区和川西甘孜地区，“康”有“边地”之意。广义的“阿里三围”包括拉萨以北、今新疆以南、克什米尔以东的广大地区，即古文献所见之象雄(羊同)之地，“阿里”(mngv-ris)有“属民”之意。[23]这种以卫藏为中心，分称阿里为“上”、朵康为“下”，以及“卫”(中心)、“康”(边)、“阿里”(属民)的观念，显然反映了藏族本位的历史叙述架构。正是在这种观念主导下，藏族学者们更倾向于相信：孕育藏族及其古老文化的核心区域应是藏南谷地，即卫藏地区，而非如汉籍文献记载的那样，源于河湟江岷间的“发羌”，而阿里（象雄）、朵康（安多与康木）地区之纳入藏区，则是吐蕃与藏传佛教势力扩张导致这些地区土著族群逐步“藏化”的结果。[24]

受到复杂而多样的自然环境影响，青藏高原地区呈现出双重的形态：高山草原与河谷田园、游牧业与农业并存。就藏地三大区域而言，“阿里三围”（即藏北高原）大部分为高寒荒漠草原，气候寒冷干燥，居民多逐水草而居，“辫发氈裘，畜牧为业”[25]，自古以来就是典型的游牧地区。[26]但这一地区在青藏高原的历史发展过程中，向未占据核心地位。在卫藏及阿康（安多与康木）地区，地貌结构主要表现为高山、深谷与盆地相间，气候垂直变化明显，长期以来，即形成了农、牧并存的生计形态：在河流的横向剖面上，聚落散布在河谷、山麓，农田主要位于谷地，森林常常位于山腰，更向上则是牧场，即“谷里种粮，山上放牧”；在河流的纵向剖面上，下游多为平坝田地，农业所占的比例较大；中上游河谷渐窄，农业比重越来越小，牧业比重渐增，最后完全表现为游牧经济。敦煌所出《吐蕃大事记年》记载了653年至758年间进行的多次户口调查，调查内容包括农田、牧场、军队、荒地或作为冬牧场的土地以及大牲畜的兽疫、狩猎，并有关于“行牧区大料集”、“定大藏之地亩税赋”、“征收腰茹之地亩税赋”、“征调腰茹牧户大料集”以及“任命五百长，划定夏季牧场与冬季牧场”、“征三茹之王田全部地亩赋税、草税”、“大料集四茹之牧场、草料”等记载，都说明农牧业在吐蕃社会经济与政治生活中具有同等重要的地位。[27] 11世纪米拉日巴家族的一份财产记录，很好地表现出藏人生活中农牧业并重的特点——这个家族的财产包括山谷上部的畜群（牦牛、马匹、绵羊），山谷下部的耕田，以及养在住宅底层的奶牛、山羊、驴，等等。显然，农耕、放牧、畜养业并存于一个藏人的家庭经济生活中。[28]

这种农牧业并重的经济生活方式，导致了定居与迁移相结合的居住形态。11世纪时，朗氏家族的首领们劝阻大瑜伽行者强哲贵居住在玛法木错附近，曾经列举这样的理由："南部的这十八条山谷，是我们诞生的地方，即我们——您的儿孙们——的诞生地。到了酷暑盛夏，我们就前往牧场，在那里可以发现良草；到了秋季，我们又前往本地区，在那里可以发现良田。"[29] 就人类学的观察而言，主要表现为三种形式：(1)在农业比重较高的河谷地带，人们居住在村庄里；而村庄附近的山坡上就有牧场，夏季牲畜日间赶到山坡上放牧，夜间驱回到棚圈中；到了冬季，家畜就留在棚圈里，以秋季收割的草料来喂养。在这种情况下，牧场距离村庄很近，人们的生活表现为以定居为主，但移动仍然是其日常生活的重要组成部分。(2)如果牧场距离村庄较远，牲畜就要在夏季牧场度过整个夏季，牧人则生活在帐篷里，直到冬季才回到村庄。在这种情况下，有的村落由男人承担夏季放牧的职责，唯有妇孺才留在村庄里；而有的部族则分为两部分——一部分留在山谷，从事农耕，另一部分则整个夏季都住在高山牧场。(3)即便是牧业经济占据优势的游牧部族，也大多拥有相对固定的季节性牧场以及冬季常住区（包括供全族人冬天共同栖身的房舍），从而表现为小范围内的半定居性游牧：夏季分小股群落散牧，冬季按部落聚居。

农牧业并重的经济形态与定居、迁移相结合的生活方式，给高原地区的社会与政治形态带来深刻影响。首先，经济生产和社会生活的集体性，使村寨（“得”，sde）与部落成为长期稳定的基本社会经济组织，每个村寨与部落均拥有相对固定的土地、牧场，在生产中分工协作，共同生活。这些村寨与部落是相对封闭的，青藏高原上随处可见的堡垒式村寨清晰地反映出这种封闭性：房子沿山麓而建，每栋住宅多高达三至四层，家畜饲养在最低层，卧室在中间，上部是做仪式的地方；它对外关闭，向一内庭开放；相邻的住宅可从房顶上相通，从而保证了村寨内部的联系。显然，孤立与封闭造成了一种离散的倾向，并构成了青藏高原长期处于分裂状态的基础。在相当长的历史时期里，青藏高原上分散着众多的小邦（rgyal-phran）。《后汉书·西羌传》描述青藏高原东北部河湟地区的羌人部落，称：“所居无常，依随水草。地少五谷，以产牧为业。其俗氏族无定，或以父名母姓为种号。……不立君长，无相长一，强则分种为酋豪，弱则为人附落，更相抄暴，以力为雄。”[30]《敦煌本吐蕃历史文书》“小邦邦伯与家臣”描述吐蕃王国统一之前，“在各个小邦境内，遍布一个个堡寨”。“古昔各地小邦王子及其家臣应世而出。众人之主宰、掌一大地面之首领，王者威猛相臣贤明，谋略深沉者相互剿灭，并入治下收为编氓，最终，以鹘提悉补野之位势莫敌最为崇高。”[31]各小邦、部落各自为政，“相互剿灭”，互不统一，胜者为一，败者则被“收为编氓”，很可能是青藏高原历史上的常态。

其次，迁徙成为一种日常状态，并渗透到社会生活与政治活动的各个方面。即便是河谷地带的农民，也频繁地前往寺庙朝圣或从事长距离贸易；属于特定寺庙的僧人，一生中的大部分时间也是在迁移中度过的——他们前往各位祖师住处和分散的藏经室中，寻经问道。在统一的吐蕃王朝时期，赞普的宫廷也不断迁徙，从而在很大程度上表现出“行朝”的特点。唐高宗咸亨三年(672)，出使唐朝的吐蕃使节仲琮向唐高宗描述说：“赞府春夏每随水草，秋冬始入城隍，但施庐帐，又无屋宇。”[32]敦煌所出古藏文写本《吐蕃大事记年》提供了赞普宫廷频繁迁移的详细证据。在其所记载的650—753年百余年间，赞普几乎每年都在迁移，有时一年中分驻不同地方，显然是随季节而迁移。如673年(吐蕃鸡年，唐高宗咸亨四年)，“赞普初夏驻于帕登木谷，仲夏迁至孙波谷。于董噶之鹦鹉谷，由噶尔·赞聂多布、钦陵赞婆二人集会议盟。行牧区大料集。冬，(赞普)牙帐巡临‘襄’之‘让噶园’，于‘董’之虎苑集会议盟，以征调后备军事，征集青壮户丁”[33]。显然，帕登木谷、孙波谷、董噶之鹦鹉谷，都可能是在牧区；而襄之让噶园则当在农耕区域。石泰安指出：“当时的吐蕃形势与11世纪的欧洲很相似，欧洲的国王也需要经常迁徙以便掌管整个国家、监督税收和就地消费实物贡品。”[34]然则，赞普牙帐不断迁徙，实为吐蕃王朝控制全国各地的手段之一。

封闭与孤立的生活形态强化了青藏高原居住地域的多样性，并形成离散的倾向；而频繁的迁徙则促进了不同人群之间的交流与融汇，促使了统一性的形成，同时却也在破坏这种统一性。宫殿、城堡和寺庙，固然标志着世俗与宗教权力的威势和强大，特别是在外人看来几乎没有差别的宗教信仰，似乎足以将广阔的高原“统一”起来，它在一定程度上确实也发挥了这种作用。然而，散布于河谷山麓间的城堡、寺庙，孤零零地矗立着，向其所在的河谷或草原显示着威权；河谷田地里无言劳作的农人，草原上独自驱赶牛羊的牧民，以及寺庙里念经的喇嘛和转经的信徒，给人留下的都是孤独而执着的身影。因此，我们相信：孤立与分散很可能是青藏高原社会经济的“原生态”，而统一的王国与统一的宗教文化则是在漫长的历史过程中诸多因素共同作用的结果。实际上，除了吐蕃王朝时代（7 世纪初至 9 世纪中叶）之外，青藏高原迄未归于一个统一的政权统治之下，大部分时间里均处于分崩离析状态。

（五）沙漠—绿洲道路

水是沙漠地区的生命。从河西走廊西端到塔里木盆地塔克拉玛干沙漠的边缘，昆仑山北坡与天山南坡融雪形成的溪流提供了水源，从而形成了敦煌、吐鲁番、库车、叶尔羌、喀什噶尔、和田、克里雅、尼雅、阿克苏等绿洲。在一些现已沦为沙漠的古老绿洲遗址上，发现了很多新石器时代至青铜时代的遗存，虽然现有的材料还不能说明灌溉农业的起源及其与绿洲早期文明特别是绿洲国家的形成之间存在怎样的关系，但在中亚南土库曼斯坦吉奥克修尔绿洲的考古发现与研究，已充分说明，绿洲灌溉系统的形成与发展，是与社会结构的分化、社会组织的形成联系在一起的。[35]张广达先生断言：“由于从事灌溉农业，古老的社区发展起来，重要的城市国家得以形成。”[36]从而将灌溉农业的发展看作为绿洲国家形成的重要前提之一。

虽然各绿洲居民的族属、来源及其早期发展均仍有诸多不明，但人们普遍相信，至迟到公元前 2 世纪，塔里木盆地边缘的众多绿洲上已遍布着规模不等的绿洲国家。《汉书・西域传》称：“西域诸国大率土著，有城郭田畜，与匈奴、乌孙异俗。”当时塔里木盆地和吐鲁番盆地共有“土著”（定居）的绿洲国家 17 个

(另有以牧业为主的“行国”27 个),其规模较大者如龟兹有户 6970 户、口 81317、胜兵 21076,焉耆有户 4000、口 32100、胜兵 6000,较小者如渠犁有户 130、口 1480、胜兵 150,车师都尉国有户 40、口 333、胜兵 83,平均每个绿洲国家约有户 1838、口 14865、兵 3046。[37]这些绿洲国家的经济基础是有灌溉系统的农业、园艺业以及家畜饲养。塔里木盆地南缘、今民丰县北境著名的尼雅遗址,一般认为是汉代精绝国的遗存。据《汉书·西域传》载,精绝国王治精绝城,户 480、口 3360、胜兵 500。[38]遗址沿着现已干涸的尼雅河两岸散布,南北 10 公里,东西 25 公里。房顶是用麦草、泥浆混合制成的,墙壁是用涂抹泥浆的柽柳枝编成的篱笆墙;环绕着居住地的是宽广的果园。[39]这个遗址所反映的经济生活在绿洲国家里是有代表性的。

塔里木盆地以农业为主的“土著”绿洲国家,最初大抵皆处于“小国寡民”的状态,每一个绿洲即建立一个国家。但是,随着汉朝与匈奴在西域地区展开争夺以及由此带来的汉制与匈奴制度的影响,大约在公元 1 世纪前后,出现了兼并与扩张的浪潮,形成了几个包括若干绿洲的国家。《后汉书·西域传》谓:两汉之际,“西域怨叛,与中国遂绝,并复役属匈奴。匈奴敛税重刻,诸国不堪命。建武中,皆遣使求内属,愿请都护。光武以初定天下,未遑外事,竟不许之。会匈奴衰弱,莎车王贤诛灭诸国,贤死之后,遂更相攻伐。小宛、精绝、戎卢、且末为鄯善所并;渠勒、皮山为于阗所统,悉有其地;郁立、单桓、孤胡、乌贪訾离为车师所灭”[40]。《三国志》卷三十《魏书·乌丸鲜卑东夷传》末引《魏略·西戎传》称:“西域诸国,汉初开其道,时有三十六,后分为五十余。从建武以来,更相吞灭,于今有二十道。……南道西行,且

[末](志)国、小宛国、精绝国、楼兰国皆并属鄯善也。戎卢国、扜弥国、渠勒国、[皮](穴)山国,皆并属于阗。……中道西行尉梨国、危须国、山王国皆并属焉耆;姑墨国、温宿国、尉头国皆并属龟兹也;桢中国、莎车国、竭石国、渠莎国、西夜国、依耐国、满犁国、亿若国、榆令国、捐毒国、休脩国、琴国皆并属疏勒。……"[41]则在公元 1—3 世纪,塔里木盆地形成了鄯善、于阗、车师、焉耆、龟兹、疏勒等大国。这些大国大抵以某一较大绿洲为中心,兼并相邻的较小绿洲而形成。盖各绿洲之间相距较远,跨越长距离沙漠的统治成本较高,从而限制了其规模。因此,虽然经过诸多变化,但到 7 世纪前期,西域仍然散布着众多的绿洲国家。《大唐西域记》卷一"阿耆尼国"条云:

> 阿耆尼国,东西六百余里,南北四百余里。国大都城周六七里,四面据山,道险易守。泉流交带,引水为田。土宜穈、黍、宿麦、香枣、蒲萄、梨、柰诸果。气序和畅,风俗质直。文字取则印度,微有增损。服饰毡褐,断发无巾。货用金钱、银钱、小铜钱。王,其国人也,勇而寡略,好自称伐,国无纲纪,法不整肃。伽蓝十余所,僧徒二千余人,习学小乘教说一切有部。[42]

阿耆尼即焉耆。其国"泉流交带,引水为田",显然有赖于灌溉农业之发展。玄奘称其都城为"大都城",显然境内非止一城,应包括此前已兼并的危须、尉犁等城。又卷十二"瞿萨旦那国"条称:

> 瞿萨旦那国,周四千余里,沙碛太半,壤土隘狭。宜谷稼,多众果。出氍毹细毡,工纺绩絁紬,又产白玉、黳玉。气序和畅,飘风飞埃。俗知礼义,人性温恭。好学典艺,博达伎能。众庶富乐,编户安业。国尚乐音,人好歌舞。少服毛褐毡裘,多衣絁紬白氎。仪形有体,风则有纪。文字宪章,聿遵印度,微改体势,粗有沿革。语异诸国,崇尚佛法。伽蓝百有余所,僧徒五千余人,并多习学大乘法教。[43]

瞿萨旦那国即于阗。其时于阗已是塔里木盆地南缘最强大的国家,玄奘于下文又记有勃伽夷城、媲摩城、尼壤城,显然于阗国兼括了若干个绿洲。

这些绿洲国家大多实行君主制。在楼兰、鄯善和尼雅发现的 3 世纪中叶至 4 世纪中叶的木牍文书表明,在这一时期有五个国王(raja 或 raya)相继统治鄯善:陀阇迦(Tajaka)、贝比耶(Pepiya)、安归迦(Amgoka)、马希利(Mahiri)和伐色摩那(Vesmana)。[44]在文书中,每一个国王都有一个很长的尊号:"伟大之国王(大王)","王中之王","公正、正确的执法者","天子"等。所有的官方命令均以国王的名义发出;主要官员则有奥古侯(Ogu)、元老(kitsaitsa)、军侯(gušura)、太侯(kála)等。鄯善吞并且末、小宛和精绝等小国后,对这些原来的小国,大都保留其原来的统治者,而由国王重新任命为国主(rājadarāga)或州长(cojhbo)来治理。[45]换言之,且末、精绝、小宛等规模较小的绿洲国家,在被较大的鄯善吞并后,可能仍然得以保持较大的自主权。

塔里木盆地边缘的诸多绿洲国家,处在北方草原帝国、东方中原王朝、南方吐蕃政权以及西方中亚诸国的强大压力和影响之下，往往只能小心翼翼地应对强邻，以保持独立，或以纳贡为条件，以换取相对的自治权。所幸的是，即使这些强大的邻居占领了绿洲国家，也往往采取间接统治的方式，给予它们以自治权。7世纪中叶至8世纪后期，唐王朝较稳固地控制了西域各国，但只在伊州（哈密）、西州（吐鲁番）等地推行中原式的郡县制、乡里制和均田制，而在其西的广大地区，则实行羁縻制度，承认当地民族首领或国王世袭，授予其自治权。因此，绿洲国家的职能、形态乃至其疆域，并未因受到唐王朝的统治而发生根本性的改变。[46]正因为此故，唐朝、吐蕃的势力退出西域以后，高昌（回鹘）、于阗等国又重新走上了独立发展的道路。11世纪以后，塔里木盆地虽然相继受到喀喇汗王朝（回鹘帝国）、西辽、蒙古、准噶尔部、清朝的统治，但各绿洲一直得以保持程度不同的相对自治状态。

二　适应、抉择与互动：历史道路区域性差异的形成

人类得以生存、发展并组织社会，从而开始其文明历程的根本出发点，在于获取食物；生活于不同地区的人们在“适应”其所处生态环境及“应对”其变化的过程中，逐步形成了自己的获取食物的方式，即“获食模式”。采用不同的方式以获取生存及养育下一代所必需的食物，乃是不同地区历史发展道路在出发点上的不同。一定的环境区域——温带草原、暖温带平原、沙漠、热带雨林、极地高寒地区，对人类的生存与发展施行了种种限制（人们不可能在高寒地区耕种粮食作物，也很难在热带雨林里放

牧牛羊)。但是,居住在同一地区的不同人群可能采取完全不同的获食手段,而地区迥异的居民却完全可能采用惊人的相似手段。因此,生态环境的多样性仅仅是人类获食系统多样性之形成的原因之一。某一区域范围内人群获食系统的形成与发展,并非仅仅是对其所处环境的适应或反应,而是地区群体对所面临的一些共同问题,诸如可供资源的数量、质量和供应的起伏波动及争夺相同资源的其他群体的活动,等等,所作出的反应。[47]而由于采用不同的获食方式,人群就会采取不同的居住方式与组织方式,进而形成不同的社会组织,并逐步形成不同的社会制度、国家形式与文化特性。因此,人类历史发展道路的多样性有三个根源:第一是自然的多样性,第二是人群的多样性,第三是人群对多样性自然的适应、应对与抉择的多样性。

正是从这里出发,我们认为人类历史发展道路的多样性是绝对的,而一致性则是相对的。上述中国历史发展道路的区域性差异,根源于各地区生存环境的差别、生存于其间的各种人群的不同,以及不同的人群对其所处环境及其变化的"适应"与"应对"采取了不同的策略与方式。虽然在长期的历史过程中,这些地区的人群不断流动、融汇、交流,其经济生活方式相互影响,在政治、文化方面亦有广泛的接触与互动,但是,由于其各自赖以生存、发展的基本环境、主要经济生活方式并未发生根本性改变,因此,在不同轨迹上运行的各地区社会历史并未汇合为一条道路:虽然中原的影响特别是政治影响是强大的,但蒙古草原、青藏高原、塔里木盆地地区仍然得以保持其相对的自主性,大致沿着其固有的发展轨迹前行。

(一)适应

所谓“适应”是指人在特定环境下所做的有益于自身的生理和行为的调整,也是指人群从系统的外部环境获得充足的资源或便利,以及随后把它们在系统中进行分配的过程。这里有三个要素,即人群、环境与适应。环境是供给人群“适应”的对象,它本身是千差万别的——这不仅表现为环境自身的多样性,还表现为环境自身的变动,以及不同人群对环境的不同理解。“适应”则包括人群对外部环境中可供资源的适应、对资源波动的适应以及对其他群体的适应。由于外部环境所能提供的资源数量、质量及其组合各种各样,资源的波动起伏更是频繁多样,而毗邻的群体数量及其相互关系复各不相同,所以,人群“适应”环境的方式几乎是无限繁多的。但并不是所有的适应方式都能持之长久。最可能成功的适应方式并不一定是最完美地适应其环境的方式,而是那些能够利用广泛多样的方法应付环境及其变化的方式,而当某种适应方式被实践证明是一种与环境结合较好的适应方式之后,遂成为习俗或“文化”,在创造这种适应方式的人群中一代代传递下去,从而形成一条历史道路。

在上述中国历史发展的区域性道路的形成过程中,环境显然发挥着原初的范式作用,而不同人群对其生存环境的不同“适应”模式则是不同区域在历史出发点上即形成差异的根本原因。位于内陆地区的蒙古高原属温带干旱与半干旱气候区,气候干燥,冬季严寒,年平均降水量约 200 毫米,多集中于夏季,降雨时间与雨雪量皆极不稳定。生存于蒙古高原上的诸种人群,无论其属于何种种族与族群,都要适应这种生存环境,并且几乎是不约而同地形成了各具特色的游牧经济形态。游牧是在特定环境中，人们以动物产品作为主要生活资源、带有高度空间移动性的经济生活方式；移动或迁徙，是游牧生活的主要特征之一，是游牧人群适应资源匮乏且变量多的生存环境而形成的生活方式。[48]对游牧人群来说，“游动”不只是让牲畜在各种季节能得到适宜的环境资源，更是逃避各种自然与人为“风险”以及利用更广大外在资源的手段：移动使得他们能利用分散且变化无常的水、草资源，也让他们能够逃避各种风险。因此，游动深深影响游牧人群的社会结构、领袖权威以及族群认同、社会道德与价值观：由于常要及时移动，且有能力移动，各个小单位人群（家庭或牧团）需要拥有相对独立的行动和决策权；由于需要因应环境变化（地形及水、草资源的多寡与分布状态），一起游动的人群时大时小，易于聚散——一个牧团或部落，在水、草资源发生困难或遭遇挫败时往往会分裂成数个更小的群体，而在需要共同应对外部压力或对外掠夺时则又聚成一团，从而使游牧人群难以形成“稳定的社会结构”；而由于牧团或部落聚散无常，每个牧团或家庭又皆具有相当大的自主权，所以，牧团或部落领袖的权威是有限而多变的。显然，游牧的经济生活方式、分散而不稳定的社会组织形态、有限而多变的领袖权威，都是在不断适应资源缺乏及不稳定的生存环境的过程中形成的。[49]

秦岭—淮河线以南的南方地区，地处亚热带，气候温暖，湿润多雨，光热充足，很早就成为人类栖息、生活与从事生产活动的地方，孕育了原始稻作农业。现已发现的原始稻作遗存均位于丘陵山地，特别是山间小盆地、河谷阶地，说明南方地区的原始稻作农业，很可能起源于低山丘陵地带的山间盆地与河谷阶地上。[50]显然，这反映出早期人群对南方生存环境的适应：由于平原地区地势低洼，易受洪水侵袭，故多居住于地势较高的丘陵山地；受到地形的限制，这些原始稻作农业遗址的规模较小，相互之间的距离较远，封闭及分散程度较高。[51]在相当长的时期里，南方稻作农业主要依靠雨水、河流或泉水进行自然灌溉，一些引水灌溉工程规模亦较小，无需开展大范围的劳动协作；而山林采集与渔猎经济的发展，保障了稻作农业下家庭生计的自给自足。在这些因素的共同作用下，散居遂成为南方地区主导性的居住形态：各村落的农舍均尽可能地靠近田地、山林或湖泊等村民生计所赖的资源，独立的农舍或由几家、十数家组成的小村落散布在广袤的山野、平原上。应当承认，散居形式与南方地区的地理环境有着密切的关系：在地势低洼的河谷与平原湖区，人们不得不选择地势稍高的自然墩台、长冈或建造人工墩台、堤防，作为躲避洪水的居住地；在山区，由于自然环境的限制，可供垦种的土地多限于山脚、溪谷两侧，地块狭小，每块之间相距较远，其所提供的产出（包括周围山林的产出）仅能供给一两户人家生活之需，故农家多依山脚、溪畔建立农舍，开垦相邻土地，利用山林资源；丘陵地带及部分低山地区地势的起伏不大，可开垦的土地一般能够联成一片，居住地点的选择余地比较大，但由于稻作农业主要依赖自然降水的蓄存，而受到地形条件和劳动力投入的限制，古代丘陵与低山地带的陂堰规模往往较小，不足以支撑较大面积的稻作农业生产，因而也就不支持户口较多的集聚村落。总之，从农业生产的角度来看，“位于田地中央的孤立居住的形式，是一种很优越的居住方法，它给农民以自由，它使他靠近田地，它使他免除集体的束缚”[52]。因此，经济生活方式的需求，是导致散居作为一种原生居住方式的根本原因。[53]而这种散居状态，在诸多方面影响乃至制约了南方地区的社会关系与组织方式的形成与发展，甚至关系到各地区人群对待王朝国家的态度及应对方式，乃至人们的生活习俗与心理状态。

(二)抉择

人类学调查与研究表明："游牧"是一种不能自给自足的经济形态，单纯依靠游牧不足以维持牧民的生计，故大多数游牧族群，皆不同程度地需要以狩猎、采集、农作、贸易或掠夺等作为辅助性生业。采用何种辅助性生业，固然与游牧群所生存的环境中是否具备从事某种生业的条件有关(如靠近森林地带的游牧人群多靠狩猎来获得额外生活资源，而大草原地带却并不具备狩猎的条件)，但更主要是出于游牧人群主动的选择。王明珂指出："'游牧'为人类利用边缘性资源环境的一种适应手段；在这样的边缘环境中，人们尽可能以各种手段得到资源，甚至对外掠夺与贸易以突破本地资源边界也是他们的生存策略。"[54] 如果说"游牧"主要是"适应"这种边缘性环境的结果，那么，采用怎样的手段以获取游牧所得之外的生活资源，则主要源于"抉择"。

"抉择"(alternative)不仅是指从潜在的可能性(或供选择的项)中选定一种或几种可能性，将之付诸实现，还潜含着所作出的选择是对传统与现实的一种替代或突破。在固有文化传统与制度范围之内所作出的选择(choice)，仍当属于"适应"的范畴，因为选项是由文化传统和制度给定的，而文化传统与制度则主要是"适应"的结果，此类选择也主要是对文化传统与制度的"适应"。在任何社会里，绝大多数人都知道在所处环境中最适合做什么以及怎样做，大多数人也都"循规蹈矩"地遵从文化传统与制度的规定和制约，利用文化传统与制度赋予或许可的诸种手段与途径，以谋求自己的利益。这种利用及其过程，与其说是“选择”，勿宁说是对其所处社会环境的一种“适应”。在几乎所有社会中，取得成功的往往不是“循规蹈矩”的人，而是那些突破或违背固有文化传统的制度、“不择手段”地追逐利己利益与权力的人；而当其采用的“手段”被证明为有效之后，就成为更多的人争相学习的“抉择”，这种抉择遂被视为一种“文化创造”，被纳入社会及其文化传统之中，传承下去。因此，所谓“抉择”，应当是指运用勇气、智慧及偶然性，在固有文化传统与制度之外，寻求解决问题的方法，并且将这种方法作为“正确的”或“有效的”方法传承给下一代。在这个意义上，游牧民按家庭放牧还是三五家组成牧团放牧，采用怎样的游牧方式，以及农民种多少地及种植作物，都不过是“适应”；而牧民拿起武器、结成团伙，到农耕区域去抢掠，以及农民背起钱搭、背井离乡，从事远距离贸易，就成为“抉择”。同样，王朝国家统治下地方社会中的诸色人等，出于自身利益与权力分配的需求，用各种方式引入、采用王朝国家的文化权力话语，也不过是对王朝国家统治这一政治环境的“适应”，不能视为主动的抉择；而他们将来自王朝国家的文化权力话语“改造”成当地社会认可、使用并遵循的话语体系的过程，则可视为“抉择”的过程。

《汉书·西域传》记塔里木盆地边缘除“土著”的城郭诸国之外，尚有诸多“随畜逐水草”的“行国”。这些行国虽然以畜牧为主，“不田作”，但往往从其所处的生态系统之外寻求辅助性生产资源以为补充。如婼羌，即“仰鄯善、且末谷”，大抵是通过交换方式，从鄯善、且末获取粮食。而鄯善本身产粮并不充足，“地沙卤，少田，寄田仰谷旁国”。颜师古注云：“寄于它国种田，又籴旁国之谷也。”[55]显然，贸易是这些“行国”获取粮食的主要手段。鄯善且寄田旁国。蒲犁国则寄田莎车，依耐国寄田疏勒、莎车，山国“寄田籴谷于焉耆、危须”[56]，则寄田旁国是获取粮食的另一种选择。贸易与寄田旁国显然促进了绿洲国家之间的联系与交流，为包括若干绿洲在内的区域性政权之形成奠定了基础。公元1世纪以后，塔里木盆地边缘相继形成了鄯善、于阗、车师、焉耆、龟兹、疏勒等包括若干绿洲的区域性国家，应当就是绿洲国家之间的联系与交流不断加强的结果。质言之，如果说单一绿洲的绿洲国家比较“适应”沙漠—绿洲环境的话，那么，囊括数个绿洲的区域性政权则基本可视为某一绿洲国家主动“抉择”的结果。

同样，统治广大高寒、各区域间联系十分困难的青藏高原的统一王国的形成，也主要是一种“抉择”。如上所述，高寒的环境，崎岖艰难的交通条件，分散、孤立的经济生活形态，造成了青藏高原各地区之间的孤立与封闭。因此，对高原生存环境的“适应”，更可能形成一些分立的区域性政权，而不是统治青藏高原全部的统一王国。7世纪前期，从雅砻谷地崛起的雅砻悉补野家族先后征服了西藏南部和中部地区，又将苏毗、大小羊同（上下象雄）、白兰、阿豺（吐谷浑）等部族置于统治之下，从而建立起一个空前强大的高原统一政权——吐蕃王朝。在吐蕃王朝的形成与统治过程中，军事征服与政治控制固然发挥了关键性的作用，而盟誓的意义也绝不可忽视。《新唐书·吐蕃传》云：“赞普与其臣岁一小盟，用羊、犬、猴为牲；三岁五大盟，夜肴诸坛，用人、马、牛、闾为牲。凡牲必折足裂肠陈于前，使巫者告神曰：‘渝盟者有如牲。’”[57]敦煌本吐蕃历史文书《赞普传记》记伦赞赞普与伦果尔兄弟二人及娘·曾古、韦·义策、韦·梅囊、韦·布策、农·准保、蔡邦·纳森等六人盟誓，誓词云："自今而后，定将森波杰弃于背后，定将悉补野搂于胸前。决不背叛悉补野赞普，决不使其丢脸，绝对保守秘密。决不把外人当作自己人，决不三心二意。决定要英勇献身，决定要拼命忘己。决定要听从赞普命令，决不受他人甘言诱骗。（若有违者，即为违誓。）如此盟誓。"吐蕃王朝建立后，遇有重大军政事务，仍均需要举行"议盟"。如敦煌本吐蕃历史文书《大事记年》载：鸡年（公元 673 年）冬，赞普"牙帐巡临'襄'之'让噶园'，于'董'之虎苑集会议盟，以征调后备军事征集青壮丁户"。一些区域性事务则通过区域性议盟协商解决。如兔年（公元 727 年），"蕃地本部之冬季会盟于畿·末岗园由尚·没陵赞绮布召集之。多思麻会盟于没庐几乌龙地方，由论·乞力徐囊恭召集之"[58]。在赞普及其大臣之间举行盟誓仪式的做法，暗示通过盟誓以组成联盟、并进而建立起统一国家，在很大程度上源于各地区、部落首领们的"抉择"。

（三）互动

欧文·拉铁摩尔（Owen Lattimore）曾论及华夏社会与草原社会的关系，认为："（华夏）社会的内在条件及草原社会的特质，使它们不可能混合成一个在经济上既有精耕也有粗放、在政治上既有集权又有分散的社会。两种社会既不能分离，也不能吸纳或永远控制任何一方。"因此，从西汉到 19 世纪中叶，亚洲内陆与中国相关的历史，就表现为草原部落的分裂与统一和中原王朝的兴亡更替两个循环，"这两个循环型式互有差异，在历史过程中却相互影响"——"（华夏）农业和社会的进化，对草原边境民族产生压力，促成真正草原社会的形成，所以游牧循环至少有一部分是中国(华夏)循环的结果";而"游牧循环所造成的力量使它能够以独立的形式,影响中国(华夏)的历史循环"[59]。托马斯·巴菲尔德进一步指出,北方草原社会的循环与华夏社会的循环之间存在一种对应关系:游牧经济及其社会组织的分散性,使其内部不需要、也无从产生集权式的政治权威,但当它面对强大的华夏帝国时,就需要建立一个庞大的政治军事共同体,凝聚为游牧国家,以胁迫或掠夺华夏王朝以得到物资;当华夏帝国分裂时期,这种需要即不再强烈甚或消失,草原游牧国家也就分散为一个个的游牧部落。而北方草原的游牧人群与东北森林草原的游牧人群与中原王朝间的互动模式不同,也因此造成不同的历史发展。[60]

居住于毗邻区域的不同人群可能和平共处,互相依赖,进行交换或贸易,从而使每一个群体均可从周围群体中受益,并向其他群体"学习"自己所缺乏的技能、资源利用方式,乃至"文化"和"制度"。当然,即便在资源并不紧缺的情况下,竞争也非常普遍,冲突几乎是毗邻人群之间更主要的交往方式。在竞争与冲突中要取得优势地位乃至全面胜利,就必须"学习"对方或其他群体的技能或"文化";兼具不同人群技能与文化的群体取得优势地位,又促使别的群体向它"学习"。这就是"互动"的过程。"互动"既是群体间逐步"适应"的结果,也是群体的主动"抉择",因为"学习"的实质在于有选择地采纳对方或他人的文化特质或文化结构及其结构方式。"互动"是在两个"自立的"(autonomous)文化系统间进行的,双方是平等的,没有先进与落后之分、高下之别,所以,互动不是文化传播或扩散。在互动的过程中,一方或双方原有的历史发展与文化模式都可能发生变化，但这种变化并不一定指向某种“一致性”（一方的文化特征逐步为另一方所取代，即同化；或者双方在互动过程中形成某些共同的文化特征，成为不同于原有两个文化系统的第三种文化系统，即融合），也可能是强化了自身的文化特征，并使自身的历史特性得以进一步突显出来。因此，互动在本质上是创造性的，是将固有文化系统与外来文化特质有机地结合起来，从而形成新的文化系统的过程。

在北方游牧人群及其文化系统与华夏人群及其文化系统长期的互动过程中，各自都接受、采用了大量对方的文化特质，并将之融汇到自身的文化系统中，但互动双方的任何一方，均未被对方同化或替代，双方也未能“融合”为新的文化系统，而是各自仍然保持其基本的社会与文化架构，分别向前运行。不仅如此，正是在长期的互动过程中，北方游牧人群及其文化特质得到进一步强化与突显：向华夏人群的掠夺促使游牧人群凝聚起来，并发展其特有的社会与文化；华夏人群与中原王朝维护或扩张其领域资源的诸种举措，又进一步促使北方草原上的诸种人群投入到游牧生计之中。同时，华夏人群也相聚以维护或扩张其资源领域，逐步形成了华夏认同，并确立起其与游牧人群间的“边界”（长城）。沿着同样的理路，可以相信：吐蕃王国以及吐蕃民族，也是与中原王朝及大理、印度、于阗等毗邻人群及其文化的互动过程中形成并发展起来的。在这个意义上，本文所论中原道路、草原道路、高原道路及沙漠—绿洲道路等，都是居于这些区域的人群在长期的互动过程中形成的，而绝非各区域人群孤立前行的表现。

居住在黄河中下游地区的中原人群及其社会文化与长江流

域及其以南地区的人群及其社会文化之间的互动，则要复杂得多。尽管存在诸种不同的阐释，但大致说来，至少在理论上，很多学者倾向于承认：至少在文明起源及其早期发展阶段，主要起源于旱作农业的中原文明与主要起源于稻作农业的南方文明，最初走过的是两条相对独立的道路，形成了两个乃至数个“自立的”文化系统。从新石器时代到商、西周时期的南北文化交流，实际上就表现为两个或数个文化系统之间的互动，而并非同一系统内的互补或争夺；到春秋战国时期，这种互动主要表现为冲突。秦汉帝国的建立以及统一帝国的长期存在，容易引导人们得出这样的结论：中原道路和南方道路至此汇合成为一条共同的道路，原有的两种文化系统的特质融合在一起，形成不同于原有文化的新的文化系统。然而，事实可能并非如此。虽然可以举出诸多中原与南方地区的文化特质表现为一致性的例证，但同样，也不难举出其各具特色、分属两个文化系统的例证，而不时打破帝国统一局面、主要表现为南北对峙的分裂格局，正反映出中原与南方各自拥有相对完整、自立的文化系统。这两个文化系统间的互动关系及其过程非常复杂，很难用替代、融合、同化、涵化(acculturation)等范畴及其相关理论予以阐释，很可能兼而有之，且蕴含着更为繁复的历史过程与深刻的意义。

注释

1　鲁西奇:《中国历史与文化的“区域多样性”》,《厦门大学学报》2010 年第 6 期。

2　严文明:《中国史前文化的统一性与多样性》,《文物》1987 年第 3 期。

3　苏秉琦:《国家起源与民族文化传统(提纲)》,见《苏秉琦文集》第三卷,北京:文物出版社,2009 年,第 233—234 页;《〈中国文物考古之美〉序》,《中国文物考古之美》第一卷,北京:文物出版社,1994 年,第 1—3 页;《重建中国古史的远古时代》,《苏秉琦文集》第三卷,第 157—166 页;《迎接中国考古学的新世纪》,《苏秉琦文集》第三卷,第 204—219 页;《中国文明起源新探》,北京:生活·读书·新知三联书店,1999 年,第 130—167 页。

4　苏秉琦:《中国文明起源新探》,第 159—162 页。

5　卡尔·A.魏特夫:《东方专制主义:对于极权力量的比较研究》,徐式谷、奚瑞森、邹如山等译,北京:中国社会科学出版社,1989 年,第 14—19 页,引文见第 18 页。

6　冀朝鼎:《中国历史上的基本经济区与水利事业的发展》,朱诗鳌译,北京:中国社会科学出版社,1981 年,特别是第 65—78 页。

7　严文明:《文明起源研究的回顾与思考》,《文物》1999 年第 10 期,后收入氏著《农业发生与文明起源》,北京:科学出版社,2000 年,第 50—59 页。

8　严文明:《长江流域在中国文明起源中的地位和作用》,见《农业发生与文明起源》,第 90—98 页。

9　《史记》卷一二九《货殖列传》,北京:中华书局,1959 年,第 3270 页。

10　《汉书》卷二八下《地理志下》,北京:中华书局,1962 年,第 1645 页。

11　《汉书》卷二八下《地理志下》,第 1670 页。

12　严文明:《稻作农业与东方文明》,见《农业发生与文明起源》,第 47—49 页。

13　《隋书》卷八二《南蛮传》,“总序”,北京:中华书局,1972 年,第 1831 页。

14　《隋书》卷八〇《列女传》,“谯国夫人”,第 1800 页。

15 《册府元龟》卷一六二《帝王部・命使》,北京:中华书局,1960 年,影印本,第 1956 页。

16 A. P. 德里夫扬科(A. P. Derevyanko)、D. 多尔基(D. Dorj):《中亚北部的新石器时代部落》,见丹尼(A. H. Dani)、马松(V. M. Masson)主编《中亚文明史》第一卷,芮传明译,北京:中国对外翻译出版公司、联合国教科文组织,2002 年,第 118—133 页。

17 参阅田广金、郭素新《北方文化与匈奴文明》,南京:江苏教育出版社,2005 年,第 45—112 页。

18 参阅 A. 阿斯卡洛夫、V. 伏尔科夫、N. 塞尔欧嘉夫《公元前一千纪初的畜牧与游牧部落》,见《中亚文明史》第一卷,第 352—363 页。另请参阅杜正胜《欧亚草原动物纹饰与中国古代北方民族之考察》,《"中央研究院"历史语言研究所集刊》(台北)第 64 本第 2 分,1993 年;王明珂:《华夏边缘:历史记忆与族群认同》,北京:社会科学文献出版社,2006 年,第 73—120 页;乌恩岳斯图:《北方草原考古学文化比较研究——青铜时代至早期匈奴时期》,北京:科学出版社,2008 年,第 290—363 页。

19 《史记》卷一一〇《匈奴列传》,第 2879 页。又见《汉书》卷九四上《匈奴传上》,第 3743 页。

20 Philip Burnham, "Mobility and Political Centralization in Pastoral Societies", in *Pastoral Production and Societ*y, ed. by L'Equipe écologie et anthropologie des sociétés pastorals, Cambridge: Cambridge University Press, 1979, pp. 349—360; William Irons, "Political Stratification among Pastoral Nomads", in *Pastoral Production and Societ*y, pp.361—374.

21 王明珂:《匈奴的游牧经济:兼论游牧经济与游牧社会政治组织的关系》,《"中央研究院"历史语言研究所集刊》(台北)第 64 本第 1 分,1993 年;《游牧者的抉择:面对汉帝国的北亚游牧部族》,桂林:广西师范大学出版社,2008 年,第 101—156 页;谢剑:《匈奴社会组织的初步研究——氏族、婚姻和家族的分析》,《"中央研究院"历史语言研究所集刊》(台北)第 40 本下,1969 年 11 月。

22　王尧、陈践译注:《敦煌本吐蕃历史文书》(增订本),“小邦邦伯家臣及赞普世系”,“赞普世系表”,北京:民族出版社,1992 年,第 173 页。

23　参阅格勒《藏族早期历史与文化》,北京:商务印书馆,2006 年,第 22—27 页。

24　格勒:《论藏族文化的起源形成与周围民族的关系》,广州:中山大学出版社,1988 年,第 43—149 页;《藏族早期历史与文化》,第 38—335 页。

25　《唐会要》卷九九《大羊同国》,北京:中华书局,1955 年,第 1771 页。

26　参阅格勒、刘一民、张建世、安才旦《藏北牧民——西藏那曲地区社会历史调查》,北京:中国藏学出版社,2004 年,第 39—67 页。

27　王尧、陈践译注:《敦煌本吐蕃历史文书》,“大事记年”,第 145—156 页。

28　黑茹茄:《米拉日巴传》,转引自石泰安著《西藏的文明》,耿昇译,北京:中国藏学出版社,1999 年,第 129 页。

29　大司徒·绛求坚赞:《朗氏家族史》(汉译本),赞拉·阿旺、佘万治译,陈庆英校,拉萨:西藏人民出版社,1989 年,第 3—4 页。

30　《后汉书》卷八七《西羌传》,北京:中华书局,1965 年,第 2869 页。

31　王尧、陈践译注:《敦煌本吐蕃历史文书》(增订本),“小邦邦伯家臣及赞普世系”,第 173 页。

32　《册府元龟》卷九六二《外臣部》,“才智”,北京:中华书局,1960 年,影印本,第 11322 页。

33　王尧、陈践译注:《敦煌本吐蕃历史文书》(增订本),“大事记年”,第 146 页。

34　石泰安:《西藏的文明》,耿昇译,北京:中国藏学出版社,1999 年,第 131 页。

35　V. M. 马松:《呼罗珊与外阿姆河地区的青铜时代》,见《中亚文明史》第一卷,第 160—176 页。

36　张广达:《塔里木盆地的城市国家》,见 B. A. 李特文斯基主编《中亚文明史》第三卷,马小鹤译,北京:中国对外翻译出版公司、联合国教科文组织,2003 年,第 239—256 页,引文见第 240 页。

37 《汉书》卷九六上《西域传上》,第3880—3883、3897—3898、3910—3922页。

38 《汉书》卷九六上《西域传上》,第3880页。

39 史树青:《谈新疆民丰尼雅遗址》,《文物》1962年第7—8期;林梅村:《汉代精绝国与尼雅遗址》,《文物》1996年第12期。

40 《后汉书》卷八八《西域传》,第2909页。

41 《三国志》卷三十《魏书・乌丸鲜卑东夷传》末引《魏略・西戎传》,北京:中华书局,1959年,第859页。

42 玄奘、辩机著,季羡林等校注:《大唐西域记校注》卷一,"阿耆尼国",北京:中华书局,2000年,第48页。

43 《大唐西域记校注》卷十二,"瞿萨旦那国",第1001—1002页。

44 E. J. Rapson and P. S. Noble, "Kings and Regnal Years", *Kharostbi Inscriptions*, Vol.Ⅲ, pp. 323—328; Christopher Atwood, "Life in Third-fourth Century Cad'ota: A survey of information gathered from the Prakrit documents found north of Minfeng [Niya]", *Central Asiatic Journal*, Vol.35, No.3—4, pp.161—199; 林梅村:《佉卢文时代鄯善王朝的世系研究》,《西域研究》1991年第1期。

45 刘文锁:《沙海古卷释稿》,北京:中华书局,2007年,第131—158页;张广达:《塔里木盆地的城市国家》,见《中亚文明史》第三卷,第239—256页。

46 张广达、荣新江:《8世纪下半叶至9世纪初的于阗》,《唐研究》第3卷,北京:北京大学出版社,1997年,第339—361页。

47 参阅F. 普洛格、D. G. 贝茨《文化演进与人类行为》,吴爱明、邓勇译,沈阳:辽宁人民出版社,1988年,第113—123页。

48 P. Salzman, "Is Nomadism a Useful Concept?" *Nomadic Peoples*, No.6, 1981, pp.1—7.

49 参阅王明珂《游牧者的抉择:面对汉帝国的北亚游牧部族》,桂林:广西师范大学出版社,2008年,第1—61、101—156页。

50 袁家荣:《玉蟾岩获水稻起源重要物证》,《中国文物报》1996年3月3日;广西文物工作队等:《广西南宁地区新石器时代贝丘遗址》,《考古》1975 年第 5 期；杨式挺：《谈谈石峡文化发现的栽培稻遗迹》，《文物》1978 年第 7 期；广东省博物馆等：《广东曲江石峡墓葬发掘简报》，《文物》1978 年第 7 期。参阅李根蟠《我国原始农业起源于山地考》，《农业考古》1981 年第 1 期；孔昭辰、刘长江等：《中国考古遗址植物遗存与原始农业》，《中原文物》2003 年第 2 期；陈文华：《中国原始农业的起源和发展》，《农业考古》2005 年第 1 期。

51　参阅裴安平：《中国原始稻作农业三种主要发展模式研究》，见氏著《农业、文化、社会：史前考古文集》，北京：科学出版社，2006 年，第 67—83 页。

52　阿·德芒戎：《农村居住形式地理》，见氏著《人文地理学问题》，葛以德译，北京：商务印书馆，1993 年，第 169 页。

53　参阅鲁西奇《汉宋间长江中游地区乡村聚落形态及其演变》，《历史地理》第 23 辑，上海：上海人民出版社，2008 年，第 128—151 页。

54　王明珂：《游牧者的抉择：面对汉帝国的北亚游牧部族》，第 34 页。

55　《汉书》卷九六上《西域传上》，第 3875—3876 页。

56　《汉书》卷九六上《西域传上》，第 3883 页；卷九六下《西域传下》，第 3921 页。

57　《新唐书》卷二一六上《吐蕃传上》，北京：中华书局，1975 年，第 6072 页。

58　王尧、陈践译注：《敦煌本吐蕃历史文书》（增订本），第 161、146、152 页。

59　欧文·拉铁摩尔：《中国的亚洲内陆边疆》，唐晓峰译，南京：江苏人民出版社，2005 年，第 325—326、352 页。

60　Thomas J. Barfield, *The Perilous Frontier: Nomadic Empires and China*, Cambridge, Ma.: Basil Blackwell Inc., 1989, pp. 49—67.

中国历史上的三大经济地带及其变动

如所周知，根据我国的自然条件（主要是地貌和气候，特别是土地资源和水资源条件），可以将我国划分为东部季风气候区，西北干旱半干旱区和青藏高原高寒区三大自然区域，这三大自然区，决定了我国经济区格局的基本框架。其中，东部季风气候区以农耕为主，是中国历史上开发最早、人口最为集中、农业经济最为发达的经济区域。这一大区又大致以秦岭—淮河线为界，其北属暖温带季风气候，农耕经济以旱作为主，可以称为“旱作农业经济带”；其南属亚热带或热带湿润气候，农耕经济以稻作为主，可以称为“稻作农业经济带”。西北干旱半干旱区和青藏高原高寒区以及属于东部季风气候区的部分北方草原和东北地区，在历史上虽然也有农耕经济发展，特别是在绿洲与河谷地带，但总的说来，均以游牧、畜牧经济为主，可以合称为“游畜牧经济带”。这三大经济地带构成了中国历史上的基本经济格局，其相互之间的关系及其推移、变动，往往引发中国历史上的重大事件，对中国历史的发展影响甚巨。

一 三大经济带格局的形成

在人类社会早期，采集、狩猎往往同时并存于一个部落的经济生活中。后来，随着生产力的发展，采集经济向原始农耕经济发展，狩猎经济向畜养、游牧经济发展，逐步形成了以农耕为主、兼营畜牧的部落和地区以及以畜牧为主、兼营农耕的部落和地区。这种选择和变化，虽然与部落的文明传统、技术进步与传播有着很大关联，但很大程度上仍取决于其所处的自然环境与条件。因此，三大经济地带的分野可以说是一种原始的倾向，早在新石器时代中晚期，南方诸考古文化遗存所反映的经济生活方式即以稻作、渔猎经济为主，而中原仰韶、大汶口、龙山等文化遗存所反映的经济生活方式则以旱作农业、畜养为主。至若北方草原地区，至迟到春秋战国时期，亦由狩猎经济转向游畜牧经济。[1]

到了春秋战国以至汉代，三大经济带的差别已经非常清晰。汉文帝在给匈奴单于的信中说："长城以北引弓之国受令单于，长城以内冠带之室朕亦制之，使万民耕织，射猎衣食，父子毋离，臣主相安，俱无暴虐。"[2]"长城"显然已成为"引弓"、"射猎"之野与"冠带"、"耕织"之国的界标。汉武帝时，司马迁作《史记·货殖列传》，描述了各地区的经济物产与商品交流情况，称：

夫山西饶材、竹、榖、纑、旄、玉石；山东多鱼、盐、漆、丝、声色；江南出柟、梓、姜、桂、金、锡、连、丹沙、犀、瑇瑁、珠玑、齿革；龙门、碣石北多马、牛、羊、旃裘、筋角；铜、铁则千里往往山出綦置，此其大较也。[3]

其中山西、山东可合为一区，得与江南及龙门、碣石之北相并立。而《汉书·地理志》则综合《史记·货殖列传》与朱赣《风俗》等相关记载，对汉代社会经济与文化的区域差异作了具体阐述。根据这些记载，可以大致认识到上述三个经济带的基本情形：

(1)长城内外及匈奴、西域地区，以游畜牧经济为主，农耕经济为辅。自河西五郡(金城、武威、张掖、酒泉、敦煌)，经北地六郡(天水、陇西、安定、北地、上郡、西河)、代北六郡(朔方、五原、云中、定襄、雁门、代郡)、燕北五郡(上谷、渔阳、右北平、辽西、辽东)，直到朝鲜诸郡，是汉代的北疆。胡汉杂居，农牧兼营，风俗尚武，民风质朴。如河西五郡，《汉书·地理志》云：

自武威以西，本匈奴昆邪王、休屠王地，武帝时攘之，初置四郡，以通西域，鬲绝南羌、匈奴。其民或以关东下贫，或以报怨过当，或以悖逆亡道，家属徙焉。习俗颇殊，地广民稀，水草宜畜牧，故凉州之畜为天下饶。保边塞，二千石治之，咸以兵马为务；酒礼之会，上下通焉，吏民相亲。是以其俗风雨时节，穀籴常贱，少盗贼，有和气之应，贤于内郡。此政宽厚，吏不苛刻之所致也。[4]

又如北地六郡，《汉书·地理志》云：

天水、陇西，山多林木，民以板为室屋。及安定、北地、

上郡、西河，皆迫近戎狄，修习战备，高上气力，以射猎为先。故《秦诗》曰“在其板屋”；又曰“王于兴师，修我甲兵，与子偕行”。及《车辚》、《四载》、《小戎》之篇，皆言车马田狩之事。汉兴，六郡良家子选给羽林、期门，以材力为官，名将多出焉。孔子曰：“君子有勇而亡谊则为乱，小人有勇而亡谊则为盗。”故此数郡，民俗质木，不耻寇盗。[5]

《货殖列传》则称：“天水、陇西、北地、上郡与关中同俗，然西有羌中之利，北有戎翟之畜，畜牧为天下饶。然地亦穷险，唯京师要其道。”[6]显然，虽然农耕也占有日趋重要的地位，但畜牧业仍是长城内外诸郡的主导产业。

至于大漠之外的匈奴，更是逐水草而居，以畜牧为业。《汉书·匈奴传》谓：

匈奴……居于北边，随草畜牧而转移。其畜之所多则马、牛、羊，其奇畜则橐佗、驴、蠃、駃騠、騊駼、驒奚。逐水草迁徙，无城郭常居耕田之业，然亦各有分地。无文书，以言语为约束。儿能骑羊，引弓射鸟鼠，少长则射狐菟，肉食。士力能弯弓，尽为甲骑。其俗，宽则随畜田猎禽兽为生业，急则人习战功为侵伐，其天性也。[7]

这就是汉文帝所说的引弓射猎之国。西域诸国，则农牧兼营。《汉书·西域传》云：

西域诸国大率土著，有城郭田畜，与匈奴、乌孙异俗，故

> 皆役属匈奴。匈奴西边日逐王置僮仆都尉，使领西域，常居焉耆、危须、尉黎间，赋税诸国，取富给焉。[8]

这些绿洲小国，虽以农耕为主，但畜牧显然也占一定比重，所谓“城郭田畜”乃是其根本特点。

(2)黄河中下游地区，以旱作农业经济为主。这是秦汉帝国的中心地区，也是秦汉时代经济文化的重心所在。其南界基本上及于秦岭—淮河线，北界则与上述塞上塞外的长城内外地带相接。主要包括关中的三辅(京兆、左冯翊、右扶风)，弘农，三河(河内、河南、河东)，河东的太原、上党二郡，兖、豫、青、冀四州全部、徐州大部(不包括淮南之广陵)及幽州之广阳、涿郡、勃海三郡。这一地带历史悠久，是华夏文明的发祥地，自商周以来即是社会经济发达之区，故人口密集，有的地方已出现人多地少的状况。《货殖列传》记三河地区说：“昔唐人都河东，殷人都河内，周人都河南。夫三河在天下之中，若鼎足，王者所更居也，建国各数百千岁，土地小狭，民人众，都国诸侯所聚会，故其俗纤俭习事。”[9]又如赵、中山之地，“地薄人众”；鲁、东海、泗水诸郡，“地狭民众，颇有桑麻之业，亡林泽之饶。俗俭啬爱财，趋商贾，好訾毁，多巧伪”；沛楚之地，亦“地薄民贫”。[10]地少人众以及对地利产出的强调正反映出农耕经济在这些地区的主导地位。

黄河中下游地区的农耕经济以五谷桑麻旱作农业为主。如关中地区，“其民有先王遗风，好稼穑，务本业，故《豳诗》言农桑衣食之本甚备。有鄠、杜竹林，南山檀柘，号称陆海，为九州膏腴。始皇之初，郑国穿渠，引泾水溉田，沃野千里，民以富饶”[11]。在山东半岛，“齐带山海，膏壤千里，宜桑麻，人民多文彩布帛鱼盐”。邹鲁洙泗，亦“颇有桑麻之业”。司马迁曾总概性地指出：“沂、泗水以北，宜五谷桑麻六畜，地小人众，数被水旱之害，民好畜藏，故秦、夏、梁、鲁好农而重民。三河、宛、陈亦然，加以商贾。”[12]秦、夏、梁、鲁、三河、宛、陈，再加上齐、赵之地，即全部涵盖了黄河中下游地区。虽然这些记载未能指明黄河中下游地区种植农业的种类，但已有研究充分揭示出，麦、禾（粱与粟等）、豆、黍、麻、桑等旱作物是黄河中下游地区最主要的种植作物。[13]

上引《史记·货殖列传》谓“龙门、碣石北多马、牛、羊、旃裘、筋角”，则黄河中下游旱作农业带与游畜牧经济带的分界，即在今陕西韩城、山西河津间的禹门口至河北昌黎碣石山一线；向西，则大致沿着黄土高原南缘，经泾、渭上游的今彬县、陇县，与陇山相接；向东，则大致沿燕长城一线，至于辽阳。[14]当然，此线以北，“并非绝无种植业，如匈奴、羌人均有少量旱作农业”[15]；而秦汉时代，在北地六郡、河西诸郡广泛推行屯垦，似将农牧分界线大幅度向北推移，但事实上，这些屯垦区主要集中在水草适宜的河套平原及其他河谷地带，成点块状分布，而且很不稳定。所以，总的说来，农耕经济在此线以北，迄未占据主要地位。

(3)秦岭—淮河线以南地区，稻作农业经济与渔猎经济并重。这一经济带包括益州北部的汉中郡、荆州北部的南阳郡、徐州南部的临淮、广陵二郡及其以南的广大地区，基本相当于《史记·货殖列传》所说的“楚越之地”：

> 总之，楚越之地，地广人希，饭稻羹鱼，或火耕而水耨，果隋蠃蛤，不待贾而足。地执饶食，无饥馑之患，以故呰窳偷生，无积聚而多贫。是故江、淮以南，无冻饿之人，亦无千

金之家。[16]

《汉书·地理志》也说：

> 楚有江汉川泽山林之饶；江南地广，或火耕水耨。民食鱼稻，以渔猎山伐为业，果蓏蠃蛤，食物常足。故呰窳偷生，而亡积聚，饮食还给，不忧冻饿，亦亡千金之家。信巫鬼，重淫祀。[17]

这两则简短的记载，实际上已道出了南方地区的基本特点：第一，地广人稀。第二，饭稻羹鱼，以稻作农业与渔猎为主，迥异于北方的旱作农业。第三，在文化方面，“信巫鬼，重淫祀”，亦与北方迥别。我们看《汉书·地理志》有关南方诸郡的记载，在基本方面都与此三点相同。如巴、蜀、广汉，“本南夷，秦并以为郡，土地肥美，有江水沃野，山林竹木疏食果实之饶。南贾滇、僰僮，西近邛、莋马旄牛。民食稻鱼，亡凶年忧，俗不愁苦，而轻易淫泆，柔弱褊阸”[18]。南迄海南岛上的儋耳、珠崖二郡，亦“男子耕农，种禾稻纻麻，女子桑蚕织绩”[19]。

稻作农业经济带与旱作农业经济带的分界基本上在秦岭—淮河一线，这条线以南的汉中、南阳、江夏、六安、九江、广陵诸郡国及跨淮南北的临淮郡，都主要是稻作农业区。在汉中，1964、1965年先后出土了两种汉代陂池稻田模型，证明水稻当是汉中盆地的主要农作物。[20]在南阳郡，东汉时张衡《南都赋》谓：“其水则开窦洒流，浸彼稻田。沟浍脉连，堤塍相輑……冬稌夏穱，随时代熟。其原野则有桑漆麻纻，菽麦稷黍。百谷蕃庑，翼翼与与……若其厨膳，则有华芗重秬，滍皋香秔……黄稻鲜鱼，以为芍药。”[21]稌为糯稻，秔即粳稻，加上黄稻，水稻品种已有三种；原野中又有“桑漆麻纻，菽麦稷黍”，显然是水旱作并存。在庐江郡，“郡界有楚相孙叔敖所起芍陂稻田”[22]，则早在先秦时即已从事稻作。而在秦岭—淮河线以北地区，虽或间有稻作，但多赖修建陂池、蓄水灌溉方可营种。如东汉初，邓晨为汝南太守（37—49年任），“兴鸿卻陂数千顷田，汝土以殷，鱼稻之饶，流衍它郡”[23]。然邓晨故后仅十余年，明帝永平五年（62），鲍昱为汝南太守，其时“郡多陂池，岁岁决坏，年费常三千余万”[24]。说明淮北地区的灌溉稻作农业并不稳定。

二　三大经济地带的变动

上述三大经济地带的基本格局，可以说至迟到汉代，已大致奠定下来。但在以后的二千年间，三大经济地带的具体内涵与其地理位置又历有变动，其总的趋势表现为：自汉末三国至宋元时期，北方游畜牧经济带与黄河旱作农业经济带不断向南推进（虽然历有反复，不同时期、不同地区也有不同表现），北方与中原因素持续地扩大对淮汉以南南方地区的影响；而自明清以迄于近代，南方长江流域与东南沿海地区的因素则持续向北方、西北方向推进，以稻作农业为主要表现形态的南方经济因素不断加大对中原乃至北方草原地区的影响，亦即南方因素持续北渐。

（一）魏晋南北朝时期游畜牧经济带、旱作农业经济带的南移

自《汉书·地理志》成书，迄《隋书·地理志》成书，其间经历

了魏晋南北朝时期的大变动时代，社会经济乃至人口之分布、文化格局与政治地域结构都发生了很大变化。我们知道，《隋书·地理志》所反映的乃是梁、陈、西魏、北周与隋五个朝代的历史地理，成书于唐初，反映了唐初的地理观念。因此，比较《隋书·地理志》与《汉书·地理志》的记载，既可大致见出此数百年间上述三个经济带的变动情形。

《隋书·地理志》所记诸郡以九州为序排列，其中，雍、冀二州涉及上述长城内外游畜牧经济带，豫、兖、青、徐四州全部及雍、冀二州一部属于黄河中下游经济带，荆、扬二州大部属于南方经济带。首先，是长城内外北部地带。《隋书·地理志》雍州后叙云：

> （前略）京兆王都所在，俗具五方，人物混淆，华戎杂错。去农从商，争朝夕之利，游手为事，竞锥刀之末。贵者崇侈靡，贱者薄仁义，豪强者纵横，贫窭者窘蹙。桴鼓屡惊，盗贼不禁，此乃古今之所同焉。自京城至于外郡，得冯翊、扶风，是汉之三辅。其风大抵与京师不异。安定、北地、上郡、陇西、天水、金城，于古为六郡之地，其人性犹质直。然尚俭约，习仁义，勤于稼穑，多畜牧，无复寇盗矣。雕阴、延安、弘化，连接山胡，性多木强，皆女淫而妇贞，盖俗然也。平凉、朔方、盐川、灵武、榆林、五原，地接边荒，多尚武节，亦习俗然焉。河西诸郡，其风颇同，并有金方之气矣。[25]

分析这一段记载，有两点值得注意：一是京兆为中心的三辅地带的“华戎杂错”，说明胡族已羼入关中腹心地带。这是自东汉中后期匈奴南移以来胡族不断徙入关中(以及河东)的结果,也是西魏北周以迄于隋、唐初在政治上所谓“关陇本位”的基础。第二,西北六郡、北边诸郡、河西诸郡均地接边荒,汉胡杂居,其经济生活方式为“勤于稼穑,多畜牧”,农牧兼营,风俗则并有“金方之气”,与汉代并无二致。所可注意者是“雕阴、延安、弘化,连接山胡,性多木强”,也显示出胡族势力及其经济生活方式的南进。[26]至于河东与河北地区,《隋书·地理志》冀州后叙称:

> 河东、绛郡、文城、临汾、龙泉、西河,土地沃少塉多,是以伤于俭啬。其俗刚强,亦风气然乎?太原山川重复,实一都之会,本虽后齐别都,人物殷阜,然不甚机巧。俗与上党颇同,人性劲悍,习于戎马。离石、雁门、马邑、定襄、楼烦、涿郡、上谷、渔阳、北平、安乐、辽西,皆连接边郡,习尚与太原同俗,故自古言勇侠者,皆推幽、并云。[27]

河东、绛郡、文城、临汾、龙泉、西河六郡,均处于河东腹地,“其俗刚强”,与《汉书·地理志》所记迥异,“亦风气然乎?”何风气邪?征诸史事,则不外近胡(胡汉杂居)、多战事以及“土地沃少塉多”三要因而已。最可注意者是太原郡之“人性劲悍,习于戎马”,说明太原之胡化已相当广泛。俗与上党颇同,则又说明上党亦如太原之例。盖太原、上党,本晋国故地,至此则大变也。离石、雁门、马邑、定襄、楼烦、上谷、渔阳、安东、辽西诸郡本为边地,可不具论;而涿郡、北平,亦得纳入边郡之列,却正是东汉以来长期变化的结果。

要之,自东汉以迄于六朝至于唐初,以游畜牧经济为主、农耕经济为辅的经济带向南推进了一大步——估计推进的幅度大约在二三百公里，已基本推进到关中北部的黄土高原南缘以南，关中本身(三辅)、太原、涿郡这些在汉代属于黄河中下游地带典型的农耕区域，此时也出现了耕牧、胡汉杂糅的现象，特别是胡族的进入与汉人的胡化，在很大程度上改变了这一地区的经济生活方式与文化面貌。

与此相适应，黄河中下游的旱作经济带也相应地向南方秦岭—淮河线以南地区推进。《隋书·地理志》扬州后叙谓：

> 江南之俗，火耕水耨，食鱼与稻，以渔猎为业，虽无蓄积之资，然而亦无饥馁。其俗信鬼神，好淫祀，父子或异居，此大抵然也。江都、弋阳、淮南、钟离、蕲春、同安、庐江、历阳，人性并躁劲，风气果决，包藏祸害，视死如归，战而贵诈，此则其旧风也。自平陈之后，其俗颇变，尚淳质，好俭约，丧纪婚姻，率渐于礼。[28]

这里值得注意的是“江都、弋阳、淮南、钟离、蕲春、同安、庐江、历阳”等江淮之间诸郡，“人性并躁劲，风气果决，包藏祸害，视死如归，战而贵诈”，足可见出南北对峙格局下交界地带武力之盛，亦为北人南来之一表现。其地虽仍颇营稻作，然旱作农业所占的比重一直在不断加大。至于汉水中游的南阳地区，在汉代本属荆州的核心地区，向以出产良稻著称；到了六朝以后，却再也少见稻作之迹了。[29]

(二)宋代旱作农业经济带与畜牧经济因素的南渐

然而,黄河中下游地区旱作农业经济带的南渐,最突出的却是在宋代,特别是在南宋。南宋时期,在汉水上游的汉中盆地,虽然稻作仍占据主导地位,但北方旱地作物所占的比重越来越大;至若山区的金州与房州(今陕西安康地区与湖北十堰地区),“男子烧畲为田,妇人织麻为布,以给衣食”[30]。显然以旱地作物种植为主。且不论唐、邓、襄三州及光化军早已以旱作为主,即便是汉水中游的郢州也“其民朴,其俗俭,其土饶粟麦,有西北之风声气习焉”[31]。至于江淮之间的淮南东西路,更是北方移民集中之区,农耕经济的旱作化倾向特别明显。《宋史·地理志》云:

> 淮南东、西路,本淮南路……东至于海,西抵濉、涣,南滨大江,北界清、淮。土壤膏沃,有茶、盐、丝、帛之利。人性轻扬,善商贾,廛里饶富,多高赀之家。扬、寿皆为巨镇,而真州当运路之要,符离、谯、亳、临淮、朐山皆便水运,而隶淮服。其俗与京东、西略同。[32]

淮南东西路风俗“与京东、西略同”,说明黄河中下游的影响在这一地区已相当深入,其中自然也包括旱作农业为主的经济生活方式。南宋淳熙七年(1180),“诏两浙、江、淮、湖南、京西路帅、漕臣督守令劝民种麦,务要增广。自是每岁如之”[33]。至嘉定八年(1215),又“诏两浙、江、淮路谕民杂种粟、麦、麻、豆,有司毋收其赋,田主毋责其租”[34]。凡此,均说明黄河中下游地区的旱作农业因素不断南进,给江、淮、湖、汉地区的农业经济格局带来很大影响。[35]至元代,秦岭—淮河线以南的汉水流域、川北、淮南地区，均成为稻麦复种区域，旱作农业经济因素甚至占据了主导地位。[36]

在旱作农业经济带全面越过秦岭—淮河线、南移至汉水—长江一线的同时，畜牧经济因素也持续向南推移。《宋史·地理志》"河北路"总叙谓：河北路"土平而近边，习尚战斗……大名、澶渊、安阳、临洺、汲郡之地，颇杂斥卤，宜于畜牧"[37]。凡此诸郡，皆南滨大河，自古即为传统的农耕区域，而《宋史》竟称其地"宜于畜牧"，则畜牧业的发展已有相当基础。至元代，在腹里南部地区亦广置监牧，河间、大名等地均有大面积的诸王牧马草场[38]，说明畜牧经济因素已渐进至黄河一线。当然，农耕经济带与游畜牧经济带的分界线要更在黄河以北，大致即在辽宋分界的拒马河—句注山—六蕃岭一线；向西则大致相当于宋夏分界线稍南处。而宋辽、宋夏边界以南，又存在着一个相当宽广的地带，也明显受到草原因素的影响。

(三)明清时期稻作农业与旱作农业因素的北渐

如果说自东汉特别是汉末至宋元时期，三大经济带变动的主要趋势是游畜牧经济带、旱作农业经济带及其相关因素不断南渐的话，那么，到了明清时期以迄于近代，则主要是南方经济因素不断向北推进，形成长江流域的稻作经济因素不断影响黄河流域，而黄河流域的经济因素则不断影响北方草原地带的态势，三大经济带变动的方向正与此前千余年间的变动方向恰恰相反。到了近代，岭南、东南沿海的经济因素更持续地向北方、西北方向推进，渐次给长江流域、黄河流域以至北方草原地带、西北内陆地区带来影响。这种变动长期演进的结果，遂使中国的经济地理格局由古代大部分时间里的北方草原游畜牧经济带、黄河中下游旱作农业经济带与南方稻作农业经济带三大经济带基本呈东西向延伸，主要表现为南、北差异的面貌，逐渐演变为东部沿海地区、中部地区与西部地区三个基本为东南—西北向延伸，主要表现为东、西差异的面貌。

这个长期演变的过程首先是由移民运动引起的。明代向华北、西北地区的移民，清代中后期主要表现为“走西口”和“闯关东”的北方移民运动，以及对内蒙古地区的拓殖，都是中原农耕经济向北方草原地带、西北半干旱地区推进的直接诱因。研究表明：明代初年农牧过渡带的北界大致为阴山、大青山斜向东北至西拉木伦河上游南侧一线；15 世纪以后有所内缩；到清康熙年间，开始逐渐北移，西段稍北移至阴山、大青山北麓的海流图、百灵庙一线，中段大致在大马群山、小滦河上游一线，东段与大兴安岭南端相接，沿岭东斜向东北。这样，农耕区域在北方已推进到东北大部、兴安岭背后的昭乌达与科尔沁、阴山、河西一线，已深入到传统上畜牧业经济带的腹心地区。[39] 成书于明末清初的《肇域志》于“陕西行都司”下述及河西走廊的情形时，先引旧《图册》称：“土人穴居野处，采猎为生。”复引《新志》云：

> 大抵河西之俗，在昔混于夷虏，土屋居处，滷饮肉食，牧畜为业，弓马是尚，好善缘，轻施舍。自入皇明，更化维新，卫所行伍，率多华夏之民，赖雪消之水为灌溉，虽雨泽少降，而旱涝可免，勤力畎亩，好学尚礼。故地虽边境，俗同内郡。[40]

自唐宋以来夷夏杂居的河西一带，入明之后，已成为“俗同内郡”、“勤力畎畝”的华夏之区了。清代宁夏、河套、察哈尔、昭乌达、哲里木等地区的情形，均与此相类。

南方稻作农业经济带及其相关因素向黄河流域的推进也是与移民运动相伴随的。明代自江南向淮河中游两岸地区的移民显然强化了淮河流域稻作经济的影响；而以“江西填湖广”、“湖广填四川”为代表的长江流域自东南向西北方向的移民，显然对东南地区先进经济技术与文化的传播起到了很大的推进作用。在淮河上游与南阳盆地，稻作农业经济越过大别山一线向北推进，使河南南部的信阳、南阳地区重新成为稻作区。王士性《广志绎》卷三称：“确山南多稻田，近楚俗，北乃旱地，渐见风尘。”[41]确山即今河南确山，在信阳北；据此可见，稻作区与旱作区的分界已北进至今河南南部地区。至于汉水上游地区的山谷盆地，更是大兴陂堰，广植稻谷。地处大巴山中的定远厅(今镇巴县)，“山大林深，然过一高山，即有一田坪。星子山之东为楮河，厅西为九军三坝，南为渔肚坝、平落盐场，西南为仁村、黎坝，均为水田，宜稻。九军坝产稻最美，其粒重于他处。渔肚坝、楮河、平落盐场周围各数十里，俗称‘万石平落，五千盐场’”[42]。在渭水上游的巩昌府伏羌县(今甘肃省甘谷县)，渭水两岸可引水灌溉，“故沿岸有稻”，“川原平衍，有溉稻种棉之利”[43]。在淮河下游地区，不仅淮南又重新成为稻产区，在淮北宿州的灵璧等地，水稻也成为占据主导地位的作物。[44]因此，明清时期，稻作农业经济带在总体上呈现出向西北方向推进的态势，部分地区越过秦岭—淮河线，到达渭水上游及淮北汝、泗、沂水下游一带。

三　影响地带性差异之形成及其变动的诸因素

综上所论，可以认知：在中国历史上，虽然社会经济历尽曲折，不同时期不同地区的形态也有诸多变化，但总的说来，三大经济带的总体格局却基本上是相对稳定的。我们注意到：除元朝、清朝这两个北方民族建立起的统一帝国以及其他几个北方民族建立的北方政权之外，中原王朝的疆域在大部分时间里并不包括北方草原游畜牧经济带，长城一线往往成为北方草原政权与中原王朝互相争夺、进退拉锯的分界线；中原王朝实际控制并能实行有效统治的地区往往局限于农耕区域与农牧兼营区域。而在南北对立格局下，秦岭—淮河一线又往往成为南北分立政权的天然分界线。不同政权形态及其控制区域与上述三大经济带的对应关系，显示出自然、经济因素对政治制度与政治统治的某种决定性作用。当然，如上所述，在历史时期，这三大经济带也有不小幅度的变动，这种南渐或北移虽然在几个大变动时代表现得特别突出，但根本上说，这种变动是缓慢推进的。

然则，是哪些因素造成了中国历史上社会经济发展的地带性差异及其变动？最重要的因素显然是自然条件，特别是气候与地貌因素。《辽史·营卫志》称："长城以南，多雨多暑，其人耕稼以食，桑麻以衣，宫室以居，城郭以治。大漠之间，多寒多风，畜牧畋渔以食，皮毛以衣，转徙随时，车马为家。此天时地利所以限南北也。"[45]《广志绎》卷一《方舆崖略》引僧一行之言亦称：

> 天下河山之象，存乎两戒。北戒，自三危、积石，负终南地络之阴，东及太华，逾河并雷首、底柱、王屋、太行，北抵常

山之右，乃东循塞垣，至濊貊、朝鲜，是谓北纪，所以限戎狄也。南戒，自岷山、嶓冢，负地络之阳，东及太华，连商山、熊耳、外方、桐柏，自上洛南逾江、汉，携武当、荆山至于衡阳，东循岭徼，达东瓯、闽中，是为南纪，所以限蛮夷也。故《星经》谓："北戒为胡门，南戒为越门。"[46]

虽然"天时地利所以限南北"、"天限华夏、戎狄、蛮越"即自然环境界定了华夏与蛮、越之区的说法并不全然符合历史事实，但自然的伟力仍然是不能忽视的。上述三大经济带与我国自然区域划分的一致性恰恰说明两者之间的关联。必须承认，自然环境在区域差异之形成与区域特征之塑造方面起到了一种初始范式的作用。

自然环境的变化特别是气候变化对三大经济带变动的影响也是显而易见的。魏晋南北朝时期与宋元时期，游畜牧经济带与旱作农业经济带渐次南移，虽然是诸多自然、政治、社会乃至文化因素共同作用的结果，但无可否认，与这两个时期内气候在总体上向干、冷方向演化不无关系[47]；15世纪北部农牧过渡带北界的内缩，则主要是对气候向寒冷方面转化的直接反应。[48]在南方地区，中唐以后特别是南宋以后长江中下游地区圩（垸）田农业的发展，虽然有许多社会经济原因，与气温降低、降雨减少、平原地带河湖水位降低不会全无关系。同样，南宋时期旱作农业区域逐步在汉水、淮河流域扩大，也显然与降水量减少之间有某种关联。[49]

第二个因素应当是人口分布及其流动。如果说地形与气候等自然地理要素在总体上决定了三大经济带之分野的话，那么，人口迁移就是促使此种地带性差异发生变动的重要原因之一。汉武帝时代农耕区域向河套地区的扩展,以及明清时期农耕区域的向北推移,其直接动因就是政府主导下或民间自发的人口迁移。农耕区域向北部草原地带的扩展往往具体表现为汉族人口的北移。而北方黄河流域旱作区域向南推移,也是伴随着北方人口的南来而展开的。于是,人口迁移就成为引发此种地带性推移的直接动因——随着人口迁移,经济生活方式特别是土地利用方式、文化形态都发生了一些变化。

这里值得注意的是,不同人群对同一土地资源的利用方式可能会有很大不同,从而导致了经济形态的巨大差异,也影响到经济带的变动。在中国历史上,游牧民族进入中原地区之后,虽然其后来都程度不同地走上了农耕化的道路,但其最初都有一段长短不等的时期,仍然过着游畜牧、狩猎的生活。蒙古初入中原时,曾有人主张“汉人无补于国,可悉空其人以为牧地”[50]。这一主张虽然并未全面付诸实施,但由此反映出两种文化背景下的族群对于华北平原这块肥沃土地的利用方式会有很大差异。同样是“土地沃膏,草木繁茂,禽兽生息”的河套平原,蒙古人居于其地,即多成牧地;汉民移入后,则向蒙人租地垦种,以务农为业。六朝、南宋时期北方移民进入汉水流域、淮南地区之后,促进了这些地区旱地作物种植面积的扩大,并在一定程度上导致了这些地区农田水利事业的衰退,使稻作面积进一步缩小。在明清时期的移民过程中,来自南方皖、赣、湘、鄂、川各省的移民进入秦巴山地后,尽可能地开发水田,种植水稻,并带去了棉花等作物的种植技术;而来自北方陕、晋、豫、鲁各省的移民则不善于或者不愿经营水田,即便是在条件比较适宜水田的地方也仍然种植旱地作物。不同族群对土地利用方式的选择以及由此而产生的经济形态的差异，使经济带与经济区域呈现出犬牙交错的复杂局面。

但是，对人口迁移的作用不宜估计太高。六朝、安史之乱、靖康之乱后大量北人南来，虽然给南方带来了相当多的北方因素，但并未从根本上改变南方稻作农业作为主导性经济生活方式这一特征，也并未彻底改变南方的基本经济形态。显然，在很多情况下，不是环境适应移民，而是迁移人口适应环境，屈从于环境的要求而改变自己的经济生活方式。

第三个因素是政治因素。我们注意到，当明清时期气候向干冷方向演化时，一般说来，农牧兼营地带与旱作农业区都应当向南推移，以适应气候的变化。但历史事实却恰恰相反，在气候进入相对寒冷期的15—19世纪，农耕区域却大幅度向北、西北方向推进。何以会如此？这就不能不考虑到政治乃至军事因素的影响。显然，王朝国家倡导、鼓励的人口迁移，在其中起了很大作用，特别是边疆地区的农业开发受到历代王朝移民屯田、稳定边疆政策的影响。汉文帝时，晁错在所上"守边备塞策"中说：守边之策，"不如选常居者，家室田作，且以备之"。故建议"募民相徙以实塞下"，"皆赐高爵，复其家，予冬夏衣，廪食，能自给而止"。晁错指出：

臣闻古之徙远方以实广虚也，相其阴阳之和，尝其水泉之味，审其土地之宜，观其草木之饶，然后营邑立城，制里割宅，通田作之道，正阡陌之界，先为筑室，家有一堂二内，门户之闭，置器物焉，民至有所居，作有所用，此民所以轻去故乡而劝之新邑也。为置医巫，以救疾病，以修祭礼，男女有昏，生死相恤，坟墓相从，种树畜长，室屋完安，此所以使民乐其处而有长居之心也。[51]

移民长居边疆，边疆方得稳定完固。历代王朝守边政策之要旨，盖不外乎此。明清时期特别是清代中后期农耕经济区域向关外、口外的大幅度扩展，与明清王朝的边疆政策及其变化，也同样有着密切关联。

当然，政治因素的作用不能逾越自然的限制。清雍正年间，在怡亲王允祥的主持下，曾设立营田四局，试图在今河北境内大规模开发水田，种植水稻，共开辟官私水稻田5600余顷。但华北平原的自然环境并不适合水稻生产，所以大部分水田不久即荒废或不得不改作旱田。[52]在北方草原地带垦辟出来的农耕区域，亦有相当部分不久即废弃而变为荒漠，也主要是由于逾越了自然条件的局限。

注释

1 佟柱臣:《中国古代北方民族游牧经济的起源及其物质文化比较》,《社会科学战线》1993年第3期;邹逸麟:《我国早期经济区的形成——春秋战国至汉武帝时期》,见《历史地理》第18辑,上海:上海人民出版社,2002年,第23—42页。

2 《汉书》卷九四上《匈奴传上》,北京:中华书局,1962年,第3762页。

3 《史记》卷一二九《货殖列传》,北京:中华书局,1959年,第3253—3254页。

4 《汉书》卷二八下《地理志下》,第1644—1645页。

5 《汉书》卷二八下《地理志下》,第1644页。

6 《史记》卷一二九《货殖列传》,第3262页。

7 《汉书》卷九四上《匈奴传上》,第3743页。

8 《汉书》卷九六上《西域传上》,第3872页。

9 《史记》卷一二九《货殖列传》,第3262—3263页。

10 《汉书》卷二八下《地理志下》,第1655、1663—1664页。

11 《汉书》卷二八下《地理志下》,第1642页。

12 《史记》卷一二九《货殖列传》,第3265—3266、3270页。

13 许倬云:《汉代农业:中国农业经济的起源及特性》,王勇译,桂林:广西师范大学出版社,2005年,第77—84页。

14 谭其骧:《何以黄河在东汉以后会出现一个长期安流的局面》,见氏著《长水粹编》,石家庄:河北教育出版社,2000年,第481—517页;邹逸麟:《我国早期经济区的形成——春秋战国至汉武帝时期》,《历史地理》第18辑,第23—42页。

15 邹逸麟:《中国历史地理概述》,上海:上海教育出版社,2005年,第232—236页,引文见第234页。

16 《史记》卷一二九《货殖列传》,第3270页。

17 《汉书》卷二八下《地理志下》,第1666页。

18 《汉书》卷二八下《地理志下》,第1645页。

19 《汉书》卷二八下《地理志下》,第1670页。

20　秦中行:《记汉中出土的汉代陂池模型》,《文物》1976 年第 3 期。

21　张衡:《南都赋》,见萧统编,李善等注《六臣注文选》卷四,北京:中华书局,1987 年,影印本,第 83—90 页,引文见第 85—86 页。

22　《后汉书》卷七六《王景传》,北京:中华书局,1965 年标点本,第 2466 页。

23　《后汉书》卷一五《邓晨传》,第 584 页。

24　《后汉书》卷二九《鲍永传附子昱传》,第 1022 页。

25　《隋书》卷二九《地理志上》,北京:中华书局,1973 年,第 816—817 页。

26　参阅马长寿《碑铭所见前秦至隋初的关中部族》,北京:中华书局,1985 年,第 7—11 页。

27　《隋书》卷三〇《地理志中》,第 859—860 页。

28　《隋书》卷三一《地理志下》,第 886—887 页。

29　鲁西奇:《区域历史地理研究:对象与方法——汉水流域的个案考察》,南宁:广西人民出版社,2000 年,第 228 页。

30　《舆地纪胜》卷八六《京西南路房州》"风俗形胜"栏引《皇朝郡县志》,北京:中华书局,1992 年影印本,第 2778 页。

31　《舆地纪胜》卷八四《京西南路郢州》"风俗形胜"栏引石才孺撰《风土考古记》,第 2729 页。

32　《宋史》卷八八《地理志四》,北京:中华书局,1977 年标点本,第 2185 页。

33　《宋史》卷一七三《食货志上一》,第 4176 页。

34　《宋史》卷三九《宁宗纪三》,第 762 页。

35　韩茂莉:《宋代农业地理》,太原:山西古籍出版社,1993 年,第 211—221 页。

36　吴宏岐:《元代农业地理》,西安:西安地图出版社,1997 年,第 113—120 页。

37　《宋史》卷八六《地理志二》,第 2131 页。

38　吴宏岐:《元代农业地理》,第 7—13 页。

39　邹逸麟:《明清时期北部农牧过渡带的推移和气候寒暖变化》,见氏著《椿庐史地论稿》,天津:天津古籍出版社,2005 年,第 302—319 页。

40 顾炎武:《肇域志》,“陕西”部分,“陕西行都指挥使司”条,上海:上海古籍出版社,2004 年标点本,第 1525 页。

41 王士性:《广志绎》卷三《江北四省》,“河南”,北京:中华书局,1981 年标点本,第 42 页。

42 严如熤:《三省山内风土杂识》,北京:中华书局,1985 年,影印《丛书集成初编》本第 3114 种,第 4 页。

43 顾炎武:《肇域志》,“陕西”部分,巩昌府,第 1473、1689 页。

44 邹逸麟主编:《黄淮海平原历史地理》,合肥:安徽教育出版社,1993 年,第 333—334 页。

45 《辽史》卷三二《营卫志中》,“行营”,北京:中华书局,1974 年标点本,第 373 页。

46 《广志绎》卷一《方舆崖略》,第 1 页。

47 王铮、张丕远、周清波:《历史气候变化对中国社会发展的影响》,《地理学报》1996 年第 4 期;王铮、张丕远等:《中国生态环境过渡的一个重要地带》,《生态学报》1995 年第 3 期。

48 邹逸麟:《明清时期北部农牧过渡带的推移和气候寒暖变化》,见《椿庐史地论稿》,第 302—319 页。

49 鲁西奇:《区域历史地理研究:对象与方法——汉水流域的个案考察》,第 573—576 页。

50 《元史》卷一四六《耶律楚材传》,北京:中华书局,1976 年标点本,第 3458 页。

51 《汉书》卷四九《晁错传》,第 2286—2288 页。

52 邹逸麟:《历史时期黄河流域水稻生产的地域分布和环境制约》,见《椿庐史地论稿》,第 284—301 页。

卷二　核心与边缘

中国历史上的“核心区”：概念及其分析理路

一　冀朝鼎的“基本经济区”概念及其分析理路

1935 年，冀朝鼎在《中国历史上的基本经济区与水利事业的发展》一书中，以高度的概括力，提出了“基本经济区”（key economic areas）这一重要概念。他指出：

> 中国历史上的每一个时期，有一些地区总是比其他地区受到更多的重视。这种受到特殊重视的地区，是在牺牲其他地区利益的条件下发展起来的，这种地区就是统治者想要建立和维护的所谓“基本经济区”。

他认为：从公元前 3 世纪古典封建主义结束之后，中国就进入了一个以领土扩张、经济中心转移以及政治统治不断更替为特征的漫长时期。在这一漫长时期里，统一与分裂的交替出现，是在一种社会结构几乎全无变动、社会经济发展的水平大致如旧的情况下产生的。其间中国商业发展的水平，从来都未能达到克服农业经济的地方性和狭隘的闭关状态的程度；各个地区性的组织是高度自给自足的，且彼此间又互不依赖；因此，在缺乏机械工业、现代运输与通讯设备和先进经济组织的条件下，要实现现代意义上的中央集权是不可能的。“在这种情况下，中国的统一与中央集权问题，就只能看成是控制着这样一种经济区的问题：其农业生产条件与运输设施，对于提供贡纳谷物来说，比其他地区要优越得多，以致不管是哪一集团，只要控制了这一地区，它就有可能征服与统一全中国。”[1]换言之，“基本经济区”有两层含义：第一，控制它就可以控制全国。第二，在分裂、动乱时期，它是各政治集团奋力争夺的对象；而在统一时期，则是统治者特别重视的地区，统治者给予它许多优惠条件以确保其相对于其他地区的优势地位。

冀朝鼎运用“基本经济区”这一概念，试图通过对中国历史上基本经济区的转移，论证中国历史上统一与分裂的经济基础。这一概念着重强调中国经济的地区性，认为中华帝国政治上的统一“不像现代国家那样是用经济纽带联结成的整体，而是通过控制基本经济区的办法，用军事与官僚的统治组合而成的国家。这样的统一是不能持久的，而且当基本经济区的优越地位一旦受到挑战，统治势力就会失去其立足之地与供应来源。于是，分裂与混乱的现象就将发生。这一现象一直要延续到一个新的政权在一个基本经济区中固定下来，并成功地利用这一基本经济区作为重新统一的武器时为止”，这就是中国历史上治乱分合的“经济基础”。[2]

冀氏的“基本经济区”概念及其分析理路的理论来源之一，当是地缘政治学说。《中国历史上的基本经济区与水利事业的发展》完成于1934年,1936年在英国出版。20世纪二三十年代,正是地缘政治学说在欧洲影响最盛之时。如所周知,地缘政治学的基本理念是所谓"国家有机体论",即认为国家是一种生物有机组织的形式,其社会行为遵循生物规律:有相当于头脑的部位,有腹心、躯体与四肢,各自具有其特定的功能。瑞典政治学家鲁道夫·谢伦(Rudolf Kjellén)形象地把国家组织与人体器官的特性作比较:决策的中心城市首都是为大脑,交通是为动脉,自然资源是为供养和生长所需的粮食;在国家内部的控制,也遵循生物法则——大脑指挥四肢,保护腹心和躯干,而身躯则储存能量。这样,国家就像生物体一样,各部位有轻重之别,有大脑、腹心、肢体等;控制了大脑和腹心,也就控制了整个生物体。那么,国家的大脑与腹心,就是国家的中心区或基本区域。[3]进而言之,世界也是一个生物体,也有心脏与肢体。英国地理学家麦金德(Halford J. Mackinder)在讨论世界历史发展总体进程及其格局时,提出了"地理枢纽"(geographical pivot)概念,并在以后发展为"心脏地带"(heartland)的范畴。[4]麦金德并未给"地理枢纽"或"心脏地带"作出界定,只是声称,他的出发点乃是"要展现作为世界有机体生活一部分的人类历史",即探讨作为有机体的世界在发展变化过程中,何种地区发挥了关键性的作用(类似于心脏之于人身的那种作用),这样的地区就是"地理枢纽"或"心脏地带"。在《历史的地理枢纽》中,麦金德认为陆上霸权最有力的中心是在欧亚大陆的腹地,"那一片广大的、船舶不能到达、但在古代却任凭骑马牧民纵横驰骋,而今天又即将布满铁路的地区,不是世界政治的一个枢纽区域吗?那里从古到今,一直拥有适合一种具有深远影响而又局限性质的军事和经济力量的机动性的各种条件”[5]。在《民主的理念和现实》中，麦金德把这一腹地命名为“心脏地带”，它横贯欧亚大陆，在总体上为促使陆上人向西方移动提供了便利；他进一步将这一心脏地带向东扩展到中亚地区，向西扩展到黑海和波罗的海水域，并断言占有东欧是控制心脏地带的关键，提出了著名的三段式格言：“谁统治东欧，谁便能主宰心脏地带；谁主宰心脏地带，谁便能主宰世界岛；谁统治世界岛，谁就能主宰全世界。”[6]显然，“心脏地带”(heartland)的概念，正是冀氏提出“基本经济区”概念的思想背景；而在冀氏将麦金德所面临的“世界”转换为“中华帝国”之后，他有关汉唐时代“基本经济区”对于统治全国之重要性的论述，也就可以浓缩为这样的格言：“谁控制关中，谁就能控制中原；谁控制中原，谁就能控制中华帝国。”[7]

冀氏“基本经济区”概念与分析理路的第二个理论来源，应是魏特夫(K. A. Wittfogel)的治水社会及其核心区理论。虽然魏特夫的名著《东方专制主义：对于极权主义的比较研究》要到20多年后才问世[8]，但在冀朝鼎写作这部著作时，魏特夫早期的代表性作品《中国的经济与社会》德文版已于1931年在莱比锡出版[9]，冀朝鼎通过朋友的口译和魏特夫提供给他的其他英文著述，显然非常了解魏特夫的基本观点。[10]正是在《中国的经济与社会》一书中，魏特夫已论及中国的“经济—政治核心区”，认为“中国的经济—政治核心区，决不是固定不动的。在中国处于农业国时，它曾有过几次变动；而当中国工业化之后，由于原料中心和工业生产中心多半不与农业生产中心相一致，因而又会在新的地区建立新的政权中心”。他认为从西北到东北，到长江流域，这种核心区有三次变动，根据这些变动，他得出了中国文化发展三阶段论的概念。显然,冀氏的“基本经济区”直接脱胎于魏特夫的“经济—政治核心区”,而将基本经济区的转移与政权的变动联系起来加以考察的分析理路,亦明显受到魏特夫的启发。

冀氏的研究理路,在根本上是与魏特夫一致的,二者均试图从经济领域中寻求对政治结构与事件的解释。所不同的是,魏特夫强调经济核心区对于政治核心区的基础意义,而冀朝鼎则强调构建、控制基本经济区,乃是统治者控制帝国全境的手段,是从中华帝国政治体系的特质及其变动的角度展开讨论的。显然,认为统一的中华帝国的经济基础并非统一的全国性经济体系,而只是其所重点控制的一个或几个特别重要的经济区(基本经济区或核心区),这种观点,抓住了中华帝国疆域内各地区间经济发展极度不平衡这一重要经济特征,并进而指出了帝国政府的政治控制格局的根本特征——通过控制基本经济区,进而控制全国。在这一理论前提下,冀氏遂得以运用“基本经济区”作为杠杆,去分析、阐释中国历史上的统一与分裂问题。

为了考察基本经济区的形成与转移,冀氏从魏特夫那里引进了一个观念,即水利事业的发展是中国农业经济发展的基础与前提。他说:魏特夫“已经清楚地阐明了灌溉对于中国经济的重要意义,它使人信服地确认了这样一个事实:‘在中国的每个地方’,灌溉是集约农业不可缺少的条件,在此基础上,便确立了中国的农业社会,正如现代资本主义的工业社会是建立在煤与铁的基础上一样”。因为中国“几乎所有的主要地区,都有这样或那样形式的水利工程作为农业发展的基础”,所以,冀氏就可以追寻水利事业的发展,考察基本经济区之所在及其转移。换言之,“搞清楚水利事业发展的历程,就能用基本经济区这一概念,说明中国历史上整个半封建时期历史进程中最重要的特点了”[11]。

总之,冀氏的研究目标是探究中国历史上的统一与分裂问题,为此一重要政治现象提出阐释;作为一个马克思主义学者,他由此去寻找这一政治现象的经济基础,即解释中国历史上交替出现的统一与分裂的经济基础问题;然后,构建出“基本经济区”这一概念,并用水利事业的发展作为“基本经济区”形成与转移的核心指标,从而使研究具有“科学性”。虽然其具体论点多有可商之处,但从总体上看,其内在论证逻辑是相当严密的。但是,从学术发展的角度言之,仔细审视冀氏的“基本经济区”及其分析理路,我们仍可发现它所隐含的某些缺失或局限。

首先,冀朝鼎所说的“基本经济区”,主要是在农耕经济意义上;故其分析理路,又可进一步明晰为:水利事业发达之区,即有可能成为农耕经济发达的基本经济区;控制此种农耕经济发达之区,即可控制全国。冀氏使用这种分析理路,阐释秦汉统一及三国分裂格局的形成,很大程度上是令人信服的。然而,当我们试图运用这种分析理路,考察两晋南北朝时期的政治经济格局时,就显得捉襟见肘了。两晋南北朝时期,北方统治者争夺的核心区域是河东(以晋阳为中心)和关中(以长安为中心),兼有河东与关中,即可逐鹿中原,统一北方。[12]这两个地区的农耕经济,即便是在前秦苻坚苦心经营关中或拓跋氏营构并、代的特殊背景下,也不足与河北、山东相比。同样,在东晋南朝的历次政争与王朝更替过程中,真正具有举足轻重地位的地区乃是以建康、京口、淮阴为中心的宁镇、江淮地区以及长江中游的荆襄地区[13]，而这些地区的农耕经济在总体发展水平上，也根本赶不上"三吴"及长沙、豫章地区。问题的关键在于单纯的农耕经济并不能提供在动乱格局下争夺天下最为需要的资源：兵甲。《周书》卷十五《于谨传》记于谨向宇文泰进言定关中、迎魏帝之策云：

> 关右，秦汉旧都，古称天府，将士骁勇，厥壤膏腴，西有巴蜀之饶，北有羊马之利。今若据其要害，招集英雄，养卒劝农，足观时变。且天子在洛，逼迫群凶，若陈明公之恳诚，算时事之利害，请都关右，帝必嘉而西迁。然后挟天子而令诸侯，奉王命以讨暴乱，桓、文之业，千载一时也。[14]

于谨所列举的关中优势中，以"将士骁勇"（甲兵之盛）置于"厥壤膏腴"（农耕经济之繁庶）之前，又以"羊马之利"（战马之来源）与"巴蜀之饶"（财富之来源）并列，均说明当此乱离之世，"兵甲"实为最重要的资源，而单纯的农耕区域却并不能提供骁勇之将士。因此，单纯的农耕经济的发达已不足以构成"基本经济区"的充分条件，还必须拥有能够提供甲兵的地域条件。

因此，冀氏"基本经济区"概念及其分析理路的重要局限之一，即在认为农耕经济发达之区即可成为基本经济区，并进而认为控制此种农耕经济发达之区，即可控制全国。事实上，在中国历史发展过程中，发达的农耕经济区不仅不"必然"成为据以控制全国的"基本经济区"，恰恰相反，在很多时候却"更可能"成为被侵掠、受控制的对象。质言之，将农耕经济发达之区认定为据之即可控制全国的"基本经济区"，至少是不全面的。

其次，农业经济之发达只是提供了人力、粮食等经济资源，这些资源只有转化成可供国家支配的军兵、役夫与赋税之后，才能成为可以用来争夺天下、控制全国的“统治资源”。换言之，王朝国家真正重视并赖之以控制全国的“基本经济区”应是它可以有效地获取足够的军兵、役夫与赋税的地区。这样的地区应当具备两方面条件：一是经济较发展，人口密集，农业经济特别是农耕经济较发达，可以提供相对丰富的人力、物力资源；二是国家政权的“动员”、组织能力较强，可以集中、调配地区内的经济资源，使之转化为“统治资源”。二者缺一不可。在农业经济发展的区域差异不是太大的情况下，国家政权是否可以有效地“动员”、调配某一地区的经济潜力，就成为此一地区能否成为国家可以依赖的“基本经济区”的关键。因此，经济发达之区，如果国家政权不能有效地支配其经济资源、使之转化为“统治资源”的话，它就不会成为国家政权所依赖的“基本经济区”。冀朝鼎的“基本经济区”概念及其分析理路，模糊了“经济资源”与“统治资源”之间的差别，将经济较发达之区相对丰富的人力、物力资源直接等同于王朝国家可以有效支配、利用的军事、财政资源；以此为基础，将“经济较发达”作为“基本经济区”的充分与必要条件。当他将这一分析理路用于考察中唐以后至明清时期的王朝更替与基本经济区的关系时，其论证逻辑内在的矛盾遂突显出来：他承认唐代特别是中唐以后，长江中下游特别是下游地区已成为基本经济区，但唐代以后历代王朝的政治重心却仍然在北方，而且除了朱元璋之外，据有长江中下游这一基本经济区的诸种政治势力均未凭借其富庶的经济资源而得以统一全国。为了弥合此种内在矛盾，冀氏一方面强调唐北宋时期长江流域“内部各分区联系松弛，因而，就不具有决定性的政治重要性”；另一方面则强调元明清三朝定都北方的特殊政治背景，并突出大运河在联结北方政治核心区与南方经济重心区的独特作用。然而，如果据有长江中下游经济发达之区并不足以统一、控制全国，又何以能说它具有“基本经济区”的地位呢？而且，大运河的重要作用既在将江浙财富输送至北方，则“江浙财富地”实为被剥夺的对象，而非受到特殊重视、“牺牲其他地区利益的条件下发展起来的”地区，亦与冀氏自己所下的“基本经济区”定义不能相合。

问题的关键在于：经济资源并非中国历代王朝赖以建立并保持其对全国统治的根本性基础，经济发达之区也不必然被王朝国家视为实现统治的根基而受到特殊重视，并给予特殊优惠政策以确保其相对其他地区的优势地位；恰恰相反，经济发达之区在很多时候实际上是王朝国家重点掠夺的对象，是利益受到损害的地区。

二　“核心区”概念的重新界定

虽然存在上述两方面局限，冀朝鼎提出的“基本经济区”概念及其分析理路，时至今日，仍给我们以诸多启发。他不仅描述了中国历史上存在着某些受到历代王朝特别重视的地区，更重要的是，揭示了中华帝国政治体系下地方控制的一种模式，即并非全面地、均衡地控制全国各个地区或各个部分，而是着意于利用某一或某些具有特别意义或重要性的地区，保持其相对于全国其他地区的优势地位，以实现对全国各地区的控制。这一分析理路，有助于揭示帝国政治体系下的地方控制方式及其变化，探讨帝国境内各地区在帝国政治经济空间结构中的地位和作用，分析地区间差异的形成过程、原因及其对中国历史发展的影响，所以，应当是一种有较强学术生命力的分析理路。

毫无疑问，诚如冀氏及其他研究者所指出的那样，在中国历史上，确实存在着受到历代王朝特别重视、据之即足以控制全国的特殊地区；但这样的地区并不必然就是经济（特别是农耕经济）最为发达之区。因此，主要使用“农业经济”这一要素（冀氏又将之简化为水利事业的发展）作为考量此种特殊地区的标准，将之界定为“基本经济区”，不仅夸大了经济发展对于诸如王朝更替之类重大政治变动的影响，而且消解了此类特殊地区在帝国政治经济体系中的重要性。那么，从王朝国家统治全国的角度看，怎样的地区是受到历代王朝特别重视、据之即足以统一天下控制全国的地区呢？换言之，需要具备哪些条件，才可能成为这样的特殊地区呢？

第一，应是兵甲所出之区。冀氏论秦、西汉据关中而得天下，主要着眼于关中之富庶，可以给征战四方的军队提供稳定而丰富的供应。然此论实仅得其一。《史记·货殖列传》述秦雍之风，不仅谓“关中自汧、雍以东至河、华，膏壤沃野千里，自虞夏之贡以为上田”，还强调“天水、陇西、北地、上郡与关中同俗，然西有羌中之利，北有戎狄之畜，畜牧为天下饶”[15]。《汉书·地理志》则更明确地说：“安定、北地、上郡、西河，皆迫近戎狄，修习战备，高上气力，以射猎为先。故《秦诗》曰：‘在其板屋’；又曰：‘王于兴师，修我甲兵，与子偕行。’及《车辚》、《四戴》、《小戎》之篇，皆言车马田狩之事。汉兴，六郡良家子选给羽林、期门，以材力为官，名将多出矣。”[16]故关中之重要，非仅因其富庶，更因其西北边之北地等六郡可供给勇士良将。《荀子·议兵篇》论当时各国战士之强弱，谓秦兵最强，魏国次之，齐兵最弱。[17]《史记·张仪列传》记张仪说韩王之辞曰：“秦带甲百余万，车千乘，骑万匹，虎贲之士趹跔科头贯颐奋戟者，至不可胜计。秦马之良，戎兵之众，探前趹后蹄间三寻腾者，不可胜数。山东之士被甲蒙胄以会战，秦人捐甲徒裼以趋敌，左挈人头，右挟生虏。夫秦卒与山东之卒，犹孟贲之与怯夫，以重力相压，犹乌获之与婴儿。”[18]因此，秦、西汉之据关中而得统一天下，最重要的当是关中及其周边地区提供了骁勇善战的精兵良将。[19]

同样，刘秀初起南阳，后据黄河中游两岸地而终得天下，亦颇得益于南阳、河北士族大姓之举宗从征，从而提供了较充裕的兵源。[20]至苻秦据关中、拓跋氏据并代而统一北方，西魏北周以至隋唐前期奉行“关陇本位政策”，均与关陇、河东实为兵甲所出之地，有密切关联。[21]东晋南朝南徐、豫州、荆州、北兖地位之重要，亦多因其地为流民所聚，而流民则为兵甲所资。南徐州为北府基地，京口自东晋以来即以“兵可用”为称[22]；荆州“居上流之重，地广兵强，资实兵甲居朝廷之半”[23]，故有“分陕”之重；豫州“密弥寇虏，北垂萧条，士气彊犷，民不识义，惟战是习”[24]；北兖州治所淮阴“地形都要，水陆交通，易以观衅。沃野有开殖之利，方舟漕运，无他屯阻”，故为南来“荒落”屯聚之所，而“淮南楚子”，遂以“天下精兵”为称。[25]凡此，均是上述地区得到朝廷特别重视而着力经营的最重要原因。

如所周知，府兵乃是唐前期的基本军事力量，而折冲府则是征集和训练府兵的机构。在府兵制鼎盛时期，在全国六百几十个折冲府中，关内、河东、陇右三道占到总府数的八成，特别是以长安、洛阳为中心的19府州共设置380府，占总府数的60%强。[26]显然，这是关陇、河东、河南地区在唐前期具有独特地位的重要原因，所谓"举天下不敌关中，则居重驭轻之意明矣"。[27]府兵制瓦解后，上述地区在唐帝国政治格局中的独特地位遂大受影响。《通典》卷一四八《兵》"序"述天宝时内轻而外重之局云："哥舒翰统西方二师，安禄山统东北三师，践更之卒，俱授官名；郡县之积，罄为禄秩。于是骁将锐士、善马精金，空于京师，萃于二统。边陲势强如此，朝庭势弱又如彼，姦人乘便，乐祸觊欲，胁之以害，诱之以利。"[28]"二统"即指哥舒翰所统"西方二师"(陇右、河西二镇)与安禄山所统"东北三师"(范阳、平卢、河东三镇)。[29]关中、河洛空虚，自不能发挥"居重驭轻"之作用。故"安史之乱"后，唐王朝实已不能有效控制兵甲所出之河北地区，"朝庭势弱"之局乃不可逆转。为矫除此弊，五代至北宋诸王朝均着力集大兵于京师腹心地带，以收"以内制外"、"居重驭轻"之效。元明清三朝情势虽或有不同，然集兵甲于"腹里"之策，却一脉相承，并无二致。

第二，应为财赋所聚之都。《史记·货殖列传》描述关中之繁庶，不仅因为其地"膏壤沃野"，其民"好稼穑，殖五谷"，更因为"四方辐凑并至而会"，三晋、戎翟、陇蜀之货物多汇聚京师，"故关中之地，于天下三分之一，而人众不过什三，然量其富，什居其六"，是秦汉关中之重要不仅在于其物产丰富，更在其为四方财富汇聚之都。光武定河内，以寇恂为太守，谓恂曰："河内完富，吾将因是而起。昔高祖留萧何镇关中，吾今委公以河内，坚守转运，给足军粮，率厉士马，防遏它兵，勿令北度而已。"亦是以河内

“带河为固，户口殷实，北通上党，南迫洛阳”，控扼大河南北，可转输四方物资为言。[30]东汉定都洛阳，除因“三河”之富庶外，更因其地“处乎土中，平夷洞达，万方辐凑”。[31]东晋南朝时期京口（今镇江）地位特重，除为北府兵基地外，还因为其地处建康与三吴联系的交通路线上，为吴会财赋转输建康之枢纽。《南齐书》卷十四《州郡志》“南徐州”条曰：“今京城（指京口——引者）因山为垒，望海临江，缘江为境，似河内郡，内镇优重。宋氏以来，桑梓帝宅，江左流寓，多出膏腴。”[32]刘裕、萧道成并起自京口而建帝业，正可与光武委寇恂以河内守所云“吾将因是而起”相比拟。

隋及唐前期，长安、洛阳所在之两京畿内地区亦为财赋汇聚之区，特别是洛阳，乃是东、南两方赋粮转输关中的中心；中唐以后，漕运线路转移，使洛阳失去优势，渐趋衰落。[33]显然，在天下财富集聚转输网络中的独特作用，决定了洛阳在帝国政治经济体系中的重要性。劳榦先生指出：“洛阳本身虽然并无独立作成领导区域的资格，但凡是建都长安的朝代，一定需要洛阳作为主要的助手。长安有了洛阳，才能供应无缺。”[34]这是洛阳之所以重要的关键。此一要素既渐次丧失，洛阳在财赋转输系统中的枢纽地位逐步为汴州（开封）所取代，北方地区的腹心地带乃向东移动，五代、北宋乃定鼎开封，关洛地区特别是关中在帝国政治经济格局中的独重地位遂彻底丧失，而以开封为中心的华北东部地区则成为财赋集聚之区。[35]宋太宗至道元年（995），经汴河运抵开封的江淮米即高达 580 万石，参知政事张洎说：“今带甲数十万，战骑称是，萃于京师；仍以亡国之民集于辇下，比汉唐京邑民庶，十倍其人矣。甸服时有水旱，而不至艰歉者，有惠民、金水、五丈、汴水等四渠，派引脉分，会于天邑，舳舻相接，赡足京师，以无匮乏也。唯汴之水横亘中国，首承大河，漕引江、湖，利尽南海，半天下之财赋，并山泽之百货，悉由此路而进。”[36]“半天下之财赋，并山泽之百货”悉由汴河而汇聚于京师，虽属夸张之辞，然开封为天下财赋集聚之地，则可肯定。[37]

第三，应是人才所萃之地。《汉书·地理志》述西汉关中人物繁庶，谓：“汉兴，立都长安，徙齐诸田，楚昭、屈、景及诸功臣家于长陵。后世世徙吏二千石、高訾富人及豪桀并兼之家于诸陵，盖亦以强干弱支，非独为奉山园也。是故五方杂厝，风俗不纯。其世家则好礼文，富人则商贾为利，豪杰则游侠通奸。”通过迁徙关东贵族、功臣及二千石吏、富豪之家，以及察举等选官手段，地方豪杰、富商大贾与新兴的“士大夫”群体等政治、商业与文化“精英”遂得麇集关中，使关中成为西汉时代的“人才之薮”。[38]东汉魏晋时期，“三河”（河南、河内、河东）与汝南、颍川、南阳诸郡名士辈出，位至卿相者不可胜数。《后汉书·儒林列传》谓王莽、更始之际，天下散乱，“四方学士多怀协图书，遁逃林薮”；至光武中兴，则“莫不抱负坟策，云会京师”。乃置立太学，集海内诸生受其业，“自是游学增盛，至三万余生”[39]。洛阳遂成为东汉帝国诸种人才萃集之中心。

陈寅恪先生曾详论东晋时代南来北人各阶层择居之地，谓其上层社会阶级即本住洛阳及其近旁之士大夫集团，多移居新政治中心建业及其近旁；其中层阶级即次等士族则多麇集于京口晋陵一带；至若江左士族，则多居于丹阳、吴郡、吴兴诸郡。[40]东晋南朝卿相将帅，乃至创建宋、齐、梁三朝之霸业者，均出自上述地区。隋及唐初，奉行“关中本位政策”，皇室及佐命功臣大都为关陇集团中人物，居地多在关中。[41]太宗以后，科举取士渐成为选拔人才之主要途径，更使天下英才萃集京师。陈正祥先生尝依据大量统计数据，制成“唐代的诗人”、“唐代前期的进士”与“唐代后期的进士”分布图各一幅。由图中可见，唐代诗人与进士最为集中之地乃在长安—洛阳地区。[42]因此，尽管历有变化，关洛地区仍是唐代人才最为集中的地区。北宋时期，随着王朝腹心地带的东移，人才集萃的中心也向东移至汴京—洛阳地区。宋人张邦基《墨庄漫录》卷四谓：“许、洛两都，轩裳之盛，士大夫之渊薮也。党论之兴，指为许、洛两党。”[43]

第四，应为正统所寄之望。秦失其鹿，天下共逐之，故汉朝之立，实无统绪可言，然刘邦择都，群下仍汲汲以都洛阳可“比隆周室”为言，盖以都洛阳可承绪周天子之正统也。[44]东汉建武初，杜笃为定都事上奏《论都赋》，谓“夫廱州本帝皇所以育业，霸王所以衍功，战士角难之场也”；“用霸则兼并，先据则功殊；修文则财衍，行武则士要；为政则化上，篡逆则难诛；进攻则百剋，退守则有余；斯固帝王之渊囿，而守国之利器也”。[45]是以关中为“先帝旧京”，汉皇正统之所系。而光武为定都洛（雒）阳，就必须另寻其正统之依据。《东观汉记》卷一《世祖光武皇帝》云：“自汉草创，德运、正朔、服色未有所定。高祖因秦，以十月为正，以汉水德，立北畤而祠黑帝。至秦文，贾谊、公孙臣以为秦水德，汉当为土德。至孝武，倪宽、司马迁犹从土德。自上即位，案图谶，推五运，汉为火德，周苍汉赤，水生火，赤代苍，故上都雒阳。”[46]复以汉绪周统，故得以洛阳为都。至班固作《东都赋》，乃极言立都洛阳实为“系唐统，接汉绪”，“即土之中，有周成隆平之制焉”，更赋予洛阳以“天下之中”的独特地位。[47]东汉以后，魏晋相继都洛，于其政治经济文化之特殊地位均颇事营构，故至永嘉乱离，中原板荡，洛京乃成为王朝正统之所寄：南方诸政权北伐，往往以光复洛阳为号召；拓跋魏据有中原，亦须迁都洛阳，方得居中原王朝之正统。[48]

隋唐均以长安为都，复以洛阳为陪都，其正统性兼承周秦汉晋，无需具论。至宋都开封，则需另寻根据。太祖即位诏书称："五运推移，上帝于焉睠命；三灵改卜，王者所以膺图"[49]，是以阴阳五德之轮替运行作为改朝换代之依据，而"国家受周禅，周木德，木生火，当以火德王"，周又绪后汉、后晋、后唐，上承朱梁。[50]汴州于朱梁开平元年(907)建为东京，是以宋都开封乃得有统绪。为了强化此种正统性，又以洛阳为西京，应天为南京，大名为北京，从而将唐五代以来诸种历史资源均运用于王朝特别重视之区域的合法性建构中。

因此，受到历代王朝特别重视、据之即足以控制全国的特殊地区，并不一定就是当时经济最为发达的地区，而主要是可以提供王朝统治所依靠的兵甲(军兵)、衣食(财赋)、人才(文武官员)以及合法性的地区，即兵甲所出、财赋所聚、人才所萃、正统所寄的地区。显然，这样的地区并不适宜单纯地使用经济区、政治区或文化区之类的概念来界定，我们姑且称之为王朝统治的"核心区"。换言之，核心区集中了王朝统治最重要的武力、财富、人才与文化资源，只有控制了这样的地区，才能控制并进而统一全国。

在核心区所应具备的四个要素中，兵甲与人才资源是最重要的，只有拥有此二者，王朝才有可能建立起军队和官僚系统。由于财赋可以依靠武力和官僚征敛的手段获致，所以财赋系统在帝国统治体系中，处于一种从属于武力和官僚系统的地位。

因此，核心区作为“财赋所聚”之地，并不一定表现为此一核心区出产大量的财赋，更重要的乃是全国各地的大量财赋集中于此。“正统之所寄”主要表现为一种“文化权力”，决定着王朝统治的合法性。在历代王朝更替过程中，“正统”乃是关乎王朝命运的大问题，但在本质上，它主要是统治者对权力来源的阐释，是文化“建构”的结果。[51]

由此，我们从冀朝鼎提出的“基本经济区”概念及其分析理路出发，站在中国历代王朝统治全国的方式这一角度，思考帝国政府政治经济体系与文化意象中的“核心区”，即在当时的朝廷看来，哪些地区乃是王朝统治赖以生存、生死攸关的区域，以及如何“构建”并维护这种核心区的地位，进而依靠对这种核心区的控制，达到统治全国的目的。这样，我们就提出了一些新问题：(1)历代王朝统治的核心区在哪里？(2)历代王朝如何构建并维护王朝统治的“核心区”？这种核心区又是如何衰退乃至丧失其核心地位的？(3)历代王朝是如何通过控制核心区以控制全国的？即核心区在帝国统治体系中的作用是如何具体表现出来的？这些问题的核心，乃是王朝统治体系下的地方控制方式，即历代王朝是如何控制幅员辽阔的帝国疆域之各部分的？我们相信，对这些问题的探讨，将有助于加深对中华帝国政治空间结构及其实质的认识，也可能有助于阐释中国历史上的统一与分裂问题。

三　不同层级的核心区与王朝国家的地方控制方式

我们用以取代冀朝鼎“基本经济区”概念的“核心区”，直接来源于施坚雅(G. William Skinner)。[52] 施坚雅的"核心区"(core)概念是在区域研究的背景下提出的,严格地说是"区域性核心区"(regional core)。如所周知,任何一个区域的内部,都不会是整齐划一、毫无差别的,而会存在一些由地理结构所造成的区别。施坚雅对这些区别加以系统总结,提出了"核心—边缘"理论。他认为:从地理角度看,每一区域都可分为"核心"与"边缘"(peripheral area)两大部分。在他划分的中华帝国晚期的九大区域(大区,macroregion)中,除云贵高原外,其他区域的核心部分都位于河谷或低地地带,边缘地带则位于区域周边的高地、沼泽、盐碱滩和绵亘的山区。自然地理条件的不同,促成了核心区与边缘地带的种种差异。这首先表现在资源集中程度的不同:在农业社会中,最主要的资源为可耕地,可耕地的多少、单位面积的劳动生产率与人口集中程度密切相关。核心区的可耕地比例(垦殖指数)比边缘地带高,而且土质肥沃。在核心区,投放于排涝、垦荒、灌溉、抗洪等方面的资金、人力,远远高于边缘地区,人口密度更是边缘地带无法比拟的。这几方面因素共同作用的结果,导致核心区的农业生产率远远超过边缘地带。其次,与边缘地带相比,核心区具有明显的交通优势。在当时的历史条件下,水运的单位支出低于陆运。因此,除云贵和西北地区外,所有区域都以可通航的水系为其交通干线,即使不能通航的水系,它们所流经的河谷也自然地成为陆上交通线。除水系外,核心区因地势平缓,铺设公路和开凿运河的成本也较低廉。这样,每一区域的运输网络和运输枢纽都集中在核心区。再次,交通设施的相对优越,有利于经济往来,刺激市场经济的发展,使核心区商业化程度远远超过边缘地带。进而,每一区域的主要城市都崛起于核心区或通向核心区的主要交通线上。[53]

施坚雅的目标，乃在探讨中国经济发展的空间结构，他所划分的中华帝国晚期的九大区域，乃是一种地文区域与经济区域，故其对核心区的界定，也主要是从地文学（Physiography）和经济地理角度出发的，更确切地说，乃是从市场体系角度出发的。[54]“施坚雅模式”的核心，在于从经济（又主要从市场）的角度探究中国各地区间的内在联系，所以他所界定的核心区，首先是经济核心区，然后才成长为政治核心区，再发展成为文化核心区。因此，“施坚雅模式”的根本缺陷乃在于：中国历史的政治核心区并不必然就是经济核心区，经济格局简单地决定或制约政治格局的阐释体系，并不能有效地解释中国历史的发展。根本原因是，历代王朝的统治者并不总是或往往不是遵循“经济理性”，而更多的时候遵循的乃是“中国式的政治理性”，所以，我们不能用“立基于市场体系的经济理性”，作为考察中国古代政治经济格局的出发点。[55]

尽管如此，施坚雅的“区域性核心区”（regional core）概念及其分析理路，却启发我们：在不同时期的中华帝国疆域内，均存在着不同层级的“核心区”，即不仅有统一帝国意义上的“核心区”与南北分裂格局下南北政权各自的“核心区”，还有不同层级区域下的“核心区”，如施坚雅所划分的中华帝国晚期九大区域各自的核心区，各层级行政区（州、道、路、省等高层政区，郡、府、州等中层政区，以及县级政区）内也都拥有自己的核心区。这就构成了不同层级的核心区，即全国意义上的核心区、南北政权的核心区、大区的核心区、高层政区（州、道、路、省等）的核心区、中层政区（郡、府、州）的核心区以及县域范围内的核心区。在不同层级的区域范围内，都会存在着受到不同层级的政权（官府）特别重视的地区，它集中了其统辖区域范围内最重要的财赋、武力、人才等资源，并拥有来自王朝所授予的治理其统辖区域的合法性（为军政中心所在）；控制此种核心区，即足以控制其所得授权治理的全部区域。

我们曾考察唐代山南东道统辖区域的伸缩及其辖区内政治经济地域结构的变化，认为山南东道治所所在的襄州是唐代山南东道的“核心区”：首先，它是唐王朝设置的诸种控制长江中游地区的军政机构（山南道行台、襄州都督府、山南东道按察使、山南东道节度使）的治所，具有王朝授予的治理其统辖区域的合法权力；其次，山南兵力主要驻扎在襄阳城周围及襄州属县谷城、邓城一带，分戍诸州者甚少，从而在本道范围内形成“内重外轻”之势；第三，所属诸州财赋，多集中襄州，留存供本镇使用之资后，方“差纲官送纳”朝廷，襄州资实之积，至为荆鄂诸道之冠；第四，山南东道诸色文武人才，多萃集襄阳。当然，在山南东道所属各州中，襄州人口亦最为密集，农田水利事业最为发达，其生产力发展水平在当时的汉水流域乃至整个长江中游地区都是最高的。换言之，襄州（特别是襄阳—宜城平原）也是山南东道的经济发达区域。因此，唐前期辖区广阔的山南道行台、山南东道按察使以及“安史之乱”以后设置的山南东道节度使，均以襄阳为治所，通过控制襄州这一核心区，治理或统治山南东道乃至长江中游地区。[56]

东汉时期的南阳郡并非荆州刺史治所，但却是荆州的核心区，这不仅由于南阳郡所领著籍户口数占了荆州七郡所领著籍户口总数的38％左右，其经济发展与富庶程度远逾荆州其他各郡，还因为其作为“帝乡”而建为“南都”的特殊政治地位，使荆州刺史治所的政治优势黯然无光；更重要的是，南阳郡豪族名士辈出，出将入相，在帝国政治体系中居有独特地位，甚至拥有部曲家兵，故在荆州各郡独居鳌首，其核心地位不可动摇。故汉末乱离，刘表据荆州，遂以南阳（襄阳其时属南阳郡）为基地。[57]在南阳郡范围内，以郡治宛为中心，包括西鄂、博望、涅阳、安众、棘阳、穰县、新野、湖阳、朝阳等县在内的淯水中下游地区，又是南阳郡的核心区。此数县不仅人口密集，经济发达，且世所盛称之南阳大族多出此数县；而凡为南阳郡守者，必得此数县豪族名士之合作。[58]

关于县域范围内核心与边缘的差异，我们曾在田野调查的基础上，以明清时期的湖北省郧西县为例，作过一些分析，认为历任知县均十分重视县城与县衙之修建或维修，正说明县衙与县城是其行使权力的凭靠与核心，其关注的侧重点也是在县城及其周围地区——除了修筑县城与衙门、保卫县城安全以及主管县城内的教育文化事业之外，历任知县大都特别注意县城所在的天河谷地的农业发展，位于县城西北十余里处的千工堰，就曾多次由知县主持重修。[59]约翰·R.瓦特(John R. Watt)在讨论中国传统社会中地方行政的都市化问题时指出：“自知县以下的多级衙门官员均在衙门内工作和生活。除了衙役常被派遣索税或逮捕嫌疑分子外，衙门官员不再直接受理乡村民间事务。衙门官员在任职期间，总是住在衙门内，不许他们外出。这样，衙门在许多方面就跟人口众多的乡村隔离开来了。”[60]换言之，知县权力的行使主要集中或者说局限在县城及其附近地区。在郧西县，县域辽阔，交通困难，更进一步突显了知县权力在区域上的局限。在大多数情况下，知县一直居于县城的衙门内，很少出巡县境。显然，县城及其周围乃是知县控制全县的据点与核心区。

通过上述思考以及区域个案的研究，我们对中国历史上不同时期、不同区域层级下的核心区形成了一些初步认知。首先，在统一帝国疆域内，集中全国最重要的武力、财赋、人才资源并拥有统治全国之合法性的区域，是王朝统治者据以控制全国的根据地，可以称为“王朝统治的核心区”或“全国性核心区”。[61]其次，是在超越高层政区的一些“大区”[62]范围内，也往往存在着类似的“核心区”，我们姑且称之为“大区的核心区”。再次，是在不同层级的政区内，也一般拥有各层级“政区的核心区”。由于中国历代王朝的政区一般分为三个层级，与之相对应，此类“政区的核心区”亦可大致区分为三个层级，即高层(州、道、路、省)、中层(郡、府、州)与低层(县)政区的核心区。换言之，运用结构化的描述方式，我们可以将之归纳为五个层级的核心区，即王朝统治的核心区(全国性核心区)、大区的核心区、高层政区的核心区、中层政区的核心区以及低层政区(县)的核心区。因此，我们或可将统一的中华帝国的政治空间格局描绘为：在帝国疆域内，存在着大大小小、不同层级的核心区；在这些核心区之间，是王朝控制力相对薄弱的“内地的边缘”；在这些核心区与“内地的边缘”的外围，方是“帝国的边疆”；帝国政府即通过控制这些核心区，实现并不断强化对“内地的边缘”与“帝国的边疆”的控制。

由此出发，我们进一步推论中国古代王朝国家的空间控制方式主要是通过控制核心区以控制全国，亦可概括为通过控制局部以控制全局。通过剥夺其他地区的利益，将武力、财赋、人才以及文化资源集中于核心区，并以给予核心区以特殊优惠政策等途径，强化其相对于其他地区的优势地位，是帝国政治体系下中央集权制得以确立的政治与经济地理基础之一，也是造成传统中国社会经济地区发展不平衡的一个制度性因素。

注释

1 冀朝鼎:《中国历史上的基本经济区与水利事业的发展》,朱诗鳌译,北京:中国社会科学出版社,1981 年,第 8—10 页。

2 冀朝鼎:《中国历史上的基本经济区与水利事业的发展》,第 3 页。

3 M. Bassin, "Race Contra Space: the Conflict between German Geopolitik and National Socialism", *Political Geography*. No. 6 (1987), pp.115—134; W. Smith, "Friedrich Ratzel and the Origins of Lebensraum", *German Studies Review*, No.3 (1980), pp.51—68. 参阅张文奎:《地缘政治学——西方政治地理学中最重要的派别》,见《张文奎人文地理论文选集》,沈阳:东北师范大学出版社,1993 年,第 119—141 页;杰弗里·帕克:《二十世纪的西方地理政治思想》,李亦鸣等译,北京:解放军出版社,1992 年,第 15—32 页。

4 在 1904 年发表的《历史的地理枢纽》["The Geographical Pivot of History", *Geographical Journal*, 23 (1904), pp.421—442. 中文本见《历史的地理枢纽》,林尔蔚、陈江译,北京:商务印书馆,1985 年,第 49—71 页]一文中,麦金德主要使用"地理枢纽(geographical pivot)"、"枢纽(pivot)"的提法,并未将这种枢纽比喻成心脏地带,只是在描述的意义上使用"heart-land"这个词。1919 年,麦金德在《民主的理念和现实》一书中,则用"心脏地带"(heartland)来指称枢纽地区(H. J. Mackinder, *Democratic Ideals and Realities: A Study in the Politics of Reconstruction*, London: Constable & co., 1919)。

5 麦金德:《历史的地理枢纽》,林尔蔚、陈江译,北京:商务印书馆,1985 年,第 67—68 页。

6 H. J. Mackinder, *Democratic Ideals and Realities: A Study in the Politics of Reconstruction*, London: Constable & co., 1919. pp.41—47.

7 冀氏在本书所附的参考文献中,并未列出麦金德或其他地理政治学家的著作。考虑到冀氏的共产党员身份,这是非常可以理解的。最为重要的是,冀氏深受影响的魏特夫(K. A. Wittfogel)在此之前发表了一篇题为《地缘政治学、地理唯物主义和马克思主义》的论文("Geopolitik, Geographischer Materialismus und Marxismus", *Unter dem Banner des Marxismus*, 1929. Vol.3, pp.17—51,485—522,698—735.),援引地缘政治学的"国家有机体"理论,初步提出了"治水国家"的基本思路。冀氏通过魏特夫了解地缘政治学的一些重要观点,是非常可能的。

8 《东方专制主义:对于极权力量的比较研究》(*Oriental Despotism: A Comparative Study of Total Power*)最初于1957年由耶鲁大学出版社(Yale University Press)出版,后来分别是1959年、1962年、1981年多次再版。中文本由徐式谷、奚瑞森译,北京:中国社会科学出版社,1989年。

9 K. A. Wittfogel, *Wirtschaft und Gesellschaft Chinas: Versuch der Wissenschaftlichen Analyse Einer Grossen Asiatichen Agrargesellschaft*. Leipzig, 1931.

10 冀氏在序言的致谢部分特别提及魏特夫,说"他在中国经济与社会历史方面,曾经作出了富有启发性的成果,他的贡献,证明了他对于这一领域中的许多其他工作者具有重要的指导地位"(第6页)。冀氏在第14页的注释中,特别注明他的朋友J.帕赫特曼(Pachtman)为他口头翻译了《中国的经济与社会》的部分内容,而魏特夫本人则为他提供了部分引文的英文本,并阅读了冀氏著作的全部原稿。

11 冀朝鼎:《中国历史上的基本经济区与水利事业的发展》,第14—15页。

12 毛汉光先生尝详论北魏东魏北齐之核心区及其变动,认为以平、代、并三州为中心的河东地区是北魏帝国鼎盛时代的核心区,见《北魏东魏北齐之核心集团与核心区》,《"中央研究院"史语所集刊》(台北)第57本第2分,1986年,第135—201页,又见氏著《中国中古政治史论》,上海:上海书店出版社,2002年,第29—104页。另请参阅汪波《魏晋北朝并州地区研究》,北京:人民出版社,2001年。关于魏晋南北朝时期关中地区的重要性及其核心地位,可参阅马长寿《碑铭所见前秦至隋初的关中部族》,北京:中华书局,1985年。

13 参阅周一良《魏晋南北朝史札记》,《〈晋书〉札记》,"东晋南朝地理形势与政治”条;《〈南齐书〉札记》,“南朝东南内地之位置”条,北京:中华书局,1985 年,第 75—82、231—234 页;田余庆《论郗鉴——兼论京口重镇的形成》,见氏著《东晋门阀政治》,北京:北京大学出版社,1989 年,第 38—101 页。

14 《周书》卷十五《于谨传》,北京:中华书局,1971 年,第 246 页。

15 《史记》卷一二九《货殖列传》,北京:中华书局,1959 年,第 3261—3262 页。

16 《汉书》卷二八下《地理志下》,北京:中华书局,1962 年,第 1644 页。

17 王先谦:《荀子集解》,沈啸寰、王星贤点校,北京:中华书局,1988 年,第 271—274 页。

18 《史记》卷七十《张仪列传》,第 2293 页。

19 参阅严耕望《战国时代列国民风与生计——兼论秦统一天下之背景》,见《严耕望史学论文选集》,北京:中华书局,2006 年,第 80—95 页;王子今:《“关西出将,关东出相”:秦汉人才的区域分布》,见氏著《秦汉区域文化研究》,成都:四川人民出版社,1998 年,第 249—260 页。

20 参阅余英时《东汉政权之建立与士族大姓之关系》,见氏著《士与中国文化》,上海:上海人民出版社,1987 年,第 217—286 页;宇都宫清吉:《刘秀与南阳》,黄金山译,见刘俊文主编《日本学者研究中国史论著选译》第三卷,北京:中华书局,1993 年,第 618—645 页。

21 苻洪临死,遗言所部西入关中,后经苻氏三代经营,终得统一北方,所藉者即为关中诸部族(特别是氐人)之武力。西晋时江统在《徙戎论》中说:“关中之人百余万口,率其少多,戎狄居半。”(《晋书》卷五六《江统传》,北京:中华书局,1974 年,第 1533 页)这些戎狄(特别是氐人)户口,是前秦政权的主要兵力来源。《晋书》卷一一三《苻坚载记上》记建元十六年(380)平洛之后,“坚以关东地广人殷,思所以镇静之。引其群臣于东堂议曰:‘凡我族类,支胤弥繁,今欲分三原、九嵕、武都、汧、雍十五万户于诸方要镇,不忘旧德,为磐石之宗……’”(第 3903 页)正说明氐人主要居住在关中北部地区,而这些氐人实为前秦政权所赖之磐石。关于并、代武力对于北魏及东魏、北齐政权之重要性,请参阅毛汉光《北魏东魏北齐之核心集团与核心区》、《晋隋之际河东地区与河东大族》,见氏著《中国中古政治史论》,第 29—147 页。关于西魏北周至隋、唐前期所奉行之"关中本位政策"以及关陇兵力(特别是府兵)对于西魏北周及隋唐王朝统治之意义,请参阅陈寅恪《唐代政治史述论稿》,上篇《统治阶级之氏族及其升降》,上海:上海古籍出版社,1997 年,第 1—48 页;万绳楠整理:《陈寅恪魏晋南北朝史讲演录》,合肥:黄山书社,1987 年,第 308—324 页。

22 参阅田余庆《北府兵始末》,见氏著《秦汉魏晋史探微》,北京:中华书局,1993 年,第 305—349 页。

23 《宋书》卷五一《宗室·临川王义庆传》,北京:中华书局,1974 年,第 1476 页。

24 《南齐书》卷十四《州郡志上》"豫州"条,北京:中华书局,1972 年,第 249—250 页。

25 《南齐书》卷十四《州郡志上》"北兖州"条,第 257 页;《宋书》卷八七《殷琰传》,第 2207 页。

26 参阅谷霁光《府兵制度考释》,上海:上海人民出版社,1962 年,第 136—158 页;滨口重国:《府兵制より新兵制へ》,见氏著《秦汉隋唐史の研究》,东京:东京大学出版会,1966 年,第 3—83 页;菊池英夫:《唐代折冲府分布问题研究》,韩昇译,见刘俊文主编《日本学者研究中国史论著选译》第四卷,北京:中华书局,1992 年,第 514—557 页;张沛:《唐折冲府汇考》,西安:三秦出版社,2003 年,特别是第 23—193 页。

27 陆贽:《论关中事宜状》,见《陆贽集》卷十一,北京:中华书局,2006 年,第 338 页。

28 《通典》卷一四八《兵一》,"兵序",北京:中华书局,1988 年,第 3780 页。

29 参阅黄永年《〈通典〉论安史之乱的"二统"说释证》,见氏著《文史探微》,北京:中华书局,2000 年,第 292—311 页。

30 《后汉书》卷十六《寇恂传》,北京:中华书局,1965 年,第 621 页。

31 班固:《东都赋》,见《六臣注文选》卷一,北京:中华书局,1987 年,影印本,第 41 页。

32 《南齐书》卷十四《州郡志上》,"南徐州"条,第 246—247 页。

33 参阅全汉昇《唐宋帝国与运河》,见氏著《中国经济史研究》,台北:稻乡出版社,1991 年,第 265—392 页;严耕望:《唐代交通图考》第一卷,上海:上海古籍出版社,2007 年,第 1—90、129—162 页;程存洁:《唐代城市史研究初篇》,北京:中华书局,2002 年,第 19—36、58—108 页。

34 劳榦:《论北朝的都邑》,见氏著《古代中国的历史与文化》,北京:中华书局,2006 年,第 369—377 页,引文见第 370—371 页。

35 关于开封之兴起、发展及其原因,论者甚多,主要可参阅周宝珠《宋代东京研究》,开封:河南大学出版社,1992 年,特别是其第一章,第 1—26 页;Robert M. Hartwell, "Demographic, Political, and Social Transformations of China, 750—1550", *Harvard Journal of Asiatic Studies*, Vol.42, No.2. (Dec.,1982),pp.365—442.

36 《续资治通鉴长编》卷三八,太宗至道元年九月,北京:中华书局,2004 年,第 820 页。

37 元明清三朝均定鼎北京,其时北京所在之华北地区已彻底失去在经济发展方面的优势地位,全国经济重心已转移至南方特别是长江中下游地区,然通过大运河,全国各地特别是江浙财赋源源不断地运抵北京,自天津、通州到北京的运河沿线,设置了大量的粮仓,说明北京地区仍是全国财富的集聚之地。参阅陈桦《清代区域社会经济研究》,北京:中国人民大学出版社,1996 年,第 61—95 页。

38 参阅许倬云《西汉政权与社会势力的交互作用》,见《许倬云自选集》,上海:上海教育出版社,2002 年,第 127—153 页。

39 《后汉书》卷七九上《儒林列传》上,第 2545—2547 页。

40 陈寅恪:《述东晋王导之功业》,见氏著《金明馆丛稿初编》,上海:上海古籍出版社,1980 年,第 48—68 页。

41 陈寅恪:《唐代政治史述论稿》,第 47—48 页。

42 陈正祥:《中国文化中心的迁移》,图 6,"唐代的诗人";图 7,"唐代前期的进士";图 8,"唐代后期的进士", 北京:生活·读书·新知三联书店,1981 年,第 1—23 页。

43 张邦基:《墨庄漫录》卷四,"戊己四先生"条,北京:中华书局,2002 年,第 112 页。

44　《史记》卷九九《刘敬列传》,第2715—2716页。

45　《后汉书》卷八十上《文苑列传上·杜笃传》,第2603页。

46　刘珍等撰,吴树平校注:《东观汉记校注》卷一,《世祖光武皇帝》,北京:中华书局,2008年,第8页。

47　班固:《东都赋》,见《六臣注文选》卷一,第36—37页。

48　庾亮谋北伐,上疏称其目标是"以临河洛"(《晋书》卷七三《庾亮传》,北京:中华书局,第1923页);殷浩北伐,"请进屯洛阳,修复园陵"(《晋书》卷七七《殷浩传》,第2045页);桓温收复河洛,上表请移都洛阳,"光复旧京,疆理华夏"(《晋书》卷九九《桓温传》,第2573页)。凡此,均可见出在东晋南朝看来,洛阳乃是当时代表中原正统的标记。关于北魏孝文帝之迁都洛阳,乃是为了实现其文化理想,即借此手段以获取中原王朝的正统性,说详劳榦《论北朝的都邑》,见《古代中国的历史与文化》,第369—377页;《北魏后期的重要都邑与北魏政治的关系》,见《"中央研究院"历史语言研究所集刊外编》(台北)第四种,《庆祝董作宾先生六十五岁论文集》上册(1960年),第229—269页。另请参阅逯耀东《北魏孝文帝迁都与其家庭悲剧》,见氏著《从平城到洛阳——拓跋魏文化文化转变的历程》,北京:中华书局,2006年,第129—159页。

49　《宋大诏令集》卷一,《太祖即位赦天下制》,北京:中华书局,1962年,第1页。

50　参阅饶宗颐《中国史学上之正统论》,上海:上海远东出版社,1996年,第35—48页;陈学霖:《大宋"国号"与"德运"论辩述义》、《欧阳修〈正统论〉新释》,见氏著《宋史论集》,台北:东大图书公司,1993年,第1—58、125—174页。

51　毛汉光拓展陈寅恪先生提出的"关中本位政策"与"关陇集团"的论点,提出了"核心区与核心集团"的概念,认为核心集团是掌握权力的政治共同体,核心区则是这一政治共同体居处的地理单元。他运用这一概念分析自拓跋氏崛起并代至北宋立国500余年间的政权更替与核心集团、核心区之形成与转移之间的关系(毛汉光:《中古核心区核心集团之转移——陈寅恪先生"关陇"理论之拓展》,见氏著《中国中古政治史论》,第 1—28 页)。李鸿宾曾将其分析理路概括为:“先有一个统治集团,踞有一片统治的核心地区,然后以此为根据地向周边扩展,再行制度性的建设,拥有合法的体统。”(李鸿宾:《再论长城区域在唐史研究中的位置》,见严耀中主编《唐代国家与地域社会研究》,上海:上海古籍出版社,2008 年,第 137—151 页,引文见第 145 页)。王德权在讨论“核心集团与核心区”理论时,对毛氏分析理路的概括与此相似。见王德权《“核心集团与核心区”理论的检讨——关于古代中国国家权力形成的一点思考》,《政治大学历史学报》(台北)第 25 期(2006 年 5 月),第 147—175 页。毛、王二氏均从陈寅恪先生的论点出发,强调核心集团在核心区构建与王朝国家权力形成过程中的主导性作用,固然有其自身的理论出发点与史实基础,但在我们看来,这种分析理路相对忽略了“核心集团”所赖以形成的区域背景,对其所依赖的财赋条件也未予充分注意。二氏的归结点乃是中国王朝国家权力的抟成过程,注重从组织与制度层面,考察核心集团通过制度安排与结构性组织,将地域社会整合进入以核心集团为中心的政治体系,故未就核心区的构成要素作出分析。

52 许倬云先生在《传统中国社会经济史的若干特性》中,曾总结中国古代社会存在核心区、中间区与边陲区的分别:“核心区人多地狭,可是文化发展居领导地位,也是政治权力的中心。边陲区则人少地广,又往往必须与民族主流以外的人群杂居混处,中枢政治权力在边陲区不光打折扣,而社会性的组织(如家族或乡里)可能取代若干政府的功能。边陲区的经济发展,往往比较落后,因此一方面可能有地方性若干自给自足的性质;另一方面,边陲区由于经济发展的劣势,其资源与财力会被核心区吸取。在核心区与边陲区之间,另有一层中间区。中间区在经济发展上居于核心区的高水平与边陲区的低水平之间。政治上已明确为地方政府,代表核心区的政治权力,却已不能再具有边陲区的自治程度。这样一个过渡地区,在团体对个人的控制而言,个人反而有较大的自由度。”(见氏著《求古编》,北京:新星出版社,2006 年,第 1—14 页,引文见第 1—2 页)许先生着眼于经济、社会的划分方法,应当主要是对施坚雅“核心—边缘”理论的发展与运用。

53　G. William Skinner, "Presidential Address: The Structure of Chinese History", *Journal of Asian Studies*, Vol.44, No.2. (Feb.,1985), pp. 271—292. 中译本见《中国封建社会晚期城市研究》,王旭译,长春:吉林教育出版社,1991 年,第 1—24 页,特别是 10—12 页。在《中华帝国的城市发展》、《19 世纪中国的地区城市化》等论文中,施坚雅都以不同方式阐述了这些论点。见施坚雅主编《中华帝国晚期的城市》,叶光庭等译,北京:中华书局,2000 年,第 3—36、242—300 页。

54　参阅吴承明先生给斯波义信《宋代江南经济史研究》中译本所写的序言,见斯波义信《宋代江南经济史研究》,方健、何忠礼译,南京:江苏人民出版社,2001 年,第 5 页。

55　参阅萧凤霞《廿载华南研究之旅》,《清华社会学评论》2001 年第 1 期,第 181—190 页,特别是第 183 页。

56　鲁西奇:《唐代长江中游地区政治经济地域结构的演变——以襄阳为中心的讨论》,见李孝聪主编《唐代地域结构与运作空间》,上海:上海辞书出版社,2003 年,第 97—139 页。

57　参阅鲁西奇《区域历史地理研究:对象与方法——汉水流域的个案考察》,南宁:广西人民出版社,2000 年,第 218—229、258—262 页。

58　鲁西奇:《南阳汉代碑石丛考》,见连晓鸣、庞学铨主编《汉学研究与中国社会科学的推进》(上卷),北京:中国社会科学出版社,2012 年,第 201—240 页;收入拙著《人群・聚落・地域社会:中古南方史地初探》,厦门:厦门大学出版社,2012 年,第 211—258 页。

59　鲁西奇、杨国安、徐斌、江田祥:《内地的边缘——明清时期湖北省郧西县地域社会史的初步考察》,见陈锋主编《明清以来长江流域社会发展史论》,武汉:武汉大学出版社,2006 年,第 431—493 页,特别是第 434—441 页。

60　约翰・R.瓦特:《衙门与城市行政管理》,见施坚雅主编《中华帝国晚期的城市》,第 418—468 页,引文见第 418 页。另请参阅 John R. Watt, *The District Magistrate in Late Imperial China*, New York: Columbia University Press, 1972.

61　在南北对峙的分裂格局下,南北方政权各自拥有自己"王朝统治的核心区”,形成南北方核心区并立的局面;而在列国割据的情况下,各割据政权均极力经营、构建自己的“核心区”,从而出现多个同类型核心区并存的局面。在这两种情形下,最具优势的核心区则可能成长为统一王朝赖以建立的全国性核心区。

62 帝国疆域内政治经济与文化空间分划的“大区”,即超越高层政区的大范围区域,在不同时期会有很大不同,比如在西汉时期特别是西汉前中期最具意义的大区分划,应是“关东”与“关西”;在北魏中后期的政治空间格局中,有意义的“大区”分划应是河北、河南、山东、关内、河东、山南、淮南等。不同时期超越高层政区的“大区”分划,是个复杂的问题,不宜简单地将施坚雅主要立足于中华帝国晚期的“大区体系”(它本身也还值得讨论)运用于不同时期的“大区”分划与分析中。

中国历代王朝的“核心区”及其变动

1935 年，冀朝鼎在《中国历史上的基本经济区与水利事业的发展》一书中，以高度的概括力，提出了“基本经济区”（key economic areas）这一重要概念，认为：“中国历史上的每一个时期，有一些地区总是比其他地区受到更多的重视。这种受到特殊重视的地区，是在牺牲其他地区利益的条件下发展起来的，这种地区就是统治者想要建立和维护的所谓‘基本经济区’。”“不管是哪个集团，只要控制了这一地区，它就有可能征服与统一全中国。”[1]

从这一概念及其分析理路出发，结合许倬云关于中国历史上核心区、中间区与边缘区“三层分区”的理论[2]，以及毛汉光、王德权有关“核心集团与核心区”的探讨[3]，我们对“核心区”概念作了重新界定，认为在中国历史上，存在着受到王朝特别重视、据之即足以控制全国的特殊地区，它集中了全国最重要的武力、财赋与人才资源，并拥有统治全国的合法性，即兵甲所出、财赋所聚、人才所萃、正统所寄的地区，这就是中国历代王朝统治所依赖的“核心区”（全国性核心区）。[4]然则，中国历代王朝的核心区究竟在何处？其前后有哪些变动？兹分论之。

一 秦汉时期的核心区及其转移:从关中到“三河”

秦与西汉均据关中而得天下,故其核心区乃在关中地区。对此,冀朝鼎曾从“基本经济区”的概念出发,作了详细论证,认为:泾渭河流域的水利开发(特别是郑国渠)“使陕西中部成了中国的基本经济区”,“关中为沃野,无凶年。秦以富强,卒并天下”;而刘邦之所以在楚汉之争中最后取得了胜利,也全靠对于关中的控制;为了保持关中地区在经济上的地位,西汉王朝特别是汉武帝还大规模治理黄河,修浚漕渠,并进一步发展关中地区的灌溉水利。[5]

当然,关中的核心区地位并不仅靠其自身经济的发展。事实上,“关东地区自春秋战国以还,在经济文化诸方面皆凌驾于关中之上,秦与西汉居关中而临天下,实含有深厚的政治人为力量因素。”[6]问题的关键在于:统一并控制全国,还是要靠武力。《史记·张仪列传》记张仪说韩王之辞曰:“秦带甲百余万,车千乘,骑万匹,虎贲之士跿跔科头贯颐奋戟者,至不可胜计。秦马之良,戎兵之众,探前趹后蹄间三寻腾者,不可胜数。山东之士被甲蒙胄以会战,秦人捐甲徒裼以趋敌,左挈人头,右挟生虏。夫秦卒与山东之卒,犹孟贲之与怯夫,以重力相压,犹乌获之与婴儿。”[7]其言以“秦”(秦人、秦卒、秦马)与“山东”(山东之士、山东之卒)对举,强调秦兵之勇武强悍,正是秦终得统一天下的重要凭借。《史记·货殖列传》谓“天水、陇西、北地、上郡与关中同俗,然西有羌中之利,北有戎翟之畜,畜牧为天下饶。”[8]《汉书·地理志》则更明确地说:“安定、北地、上郡、西河,皆迫近戎狄,修习战备，高上气力，以射猎为先。故《秦诗》曰：'在其板屋'；又曰：'王于兴师，修我甲兵，与子偕行。'及《车辚》、《四載》、《小戎》之篇，皆言车马田狩之事。汉兴，六郡良家子选给羽林、期门，以材力为官，名将多出焉。"[9]故关中之重要，非仅因其富庶，更因其西北边之北地等六郡可供给勇士良将，而六郡自亦当包括在关中核心区之内。

《史记·货殖列传》谓"关中自汧、雍以东至河、华，膏壤沃野千里，自虞夏之贡以为上田"；且"四方辐凑并至而会"，三晋、戎翟、陇蜀之货物多汇聚京师，"故关中之地，于天下三分之一，而人众不过什三，然量其富，什居其六。"《汉书·地理志》则称：关中"号称陆海，为九州膏腴。始皇之初，郑国穿渠，引泾水溉田，沃野千里，民以富饶。汉兴，立都长安，徙齐诸田，楚昭、屈、景及诸功臣家于长陵。后世世徙吏二千石、高訾富人及豪杰并兼之家于诸陵，盖亦以强干弱支，非独为奉山园也。是故五方杂厝，风俗不纯。其世家则好礼文，富人则商贾为利，豪杰则游侠通奸。"则当时的关中腹地，人口密集，经济繁庶，豪杰群集，确是全国社会经济与文化最为发达的地区。

冀朝鼎认为：汉武帝以后，朝廷不再重视发展关中地区的灌溉事业，从而引起了关中农业经济的衰退，动摇了其基本经济区的地位；与此同时，"河内"地区的防洪工程则逐步发展起来，到西汉末期，河内"已由原来的次要地位上升为主要的基本经济区，从而取代了关中的地位"[10]。此论颇具卓识。细绎元、成、哀、平之世关中与洛阳地位的变化，可发现西汉末年帝国政治经济重心确存在渐向东移的趋势。汉元帝已认识到移民关中"非久长之策"，认为其策徒使"东垂被虚耗之害，关中有无聊之民”[11];然成帝鸿嘉二年(前 19),仍诏令“徙郡国豪杰赀五百万以上五千户于昌陵”,而此诏终因“天下虚耗,百姓罢劳,客土疏恶”,而不得不废止[12],说明移民关中之策已无法实施。及王莽称帝,乃着意经营洛阳。始建国四年(12),王莽下书“以洛阳为新室东都,常安(即长安——引者)为新室西都,邦畿连体,各有采任。”[13]第二年,王莽又策划迁都洛阳,“遣太傅平晏、大司空王邑之雒阳,营相宅兆,图起宗庙、社稷、郊兆云”。其事虽未果,然新室当都洛阳、“据土中为新室统”的观念已经确立。关东下江、赤眉诸兵起,王莽“遣大将军王涗守敖仓,司徒王寻将十余万屯雒阳填南宫”;地皇四年(23),义军进围宛城,攻颍川,“莽闻之愈恐,遣大司空王邑驰传之雒阳,与司徒王寻发众郡兵百万,号曰‘虎牙五威兵’,平定山东。得颛封爵,政决于邑。……倾府库以遣邑,多赍珍宝猛兽,欲视饶富,用怖山东。邑至雒阳,州郡各选精兵,牧守自将,定会者四十二万人,余在道不绝,车甲士马之盛,自古出师未尝有也。”[14]则在王莽末年,雒阳实已成为新莽政权抵抗关东义军的政治军事中心。[15]

因此,东汉初光武帝定都洛阳,实为西汉中后期以来关东地位持续发展、政治军事地位逐步上升的延续。冀朝鼎尝举刘秀委寇恂为河内太守之言,以证东汉时基本经济区已由关中转移到河内,其说不无道理。[16]然就东汉王朝建立所依赖的核心区而言,却并不仅局限于河内与河南。光武集团主要来源于南阳、颍川与河北的豪族,而南阳、颍川豪族又是其核心。[17]光武称帝前,诸将请上尊号时称:“大王初征昆阳,王莽自溃;后拔邯郸,北州弭定,三分天下而有其二,跨州据土,带甲百万。言武力则莫之敢抗,论文德则无所与辞。”[18]以昆阳与邯郸对举,正可见出南阳—颍川与河北在东汉帝国建立过程中的重要地位。建武十七年(41),天下初定,光武两次南巡颍川、南阳章陵;翌年,复西巡,至长安,历冯翊界,至蒲阪,幸河内郡;十九年秋,复巡幸南阳、汝南、淮阳、梁、沛诸郡。[19]明帝继位不久,永平二年(59)冬十月,即出巡长安、河东;翌年,复幸章陵;五年,行幸邺;六年,幸阳城,祠中岳;十三年,行幸荥阳,巡行河渠,渡河,进幸上党;十五年东巡,经偃师、睢阳、彭城至下邳,复北至鲁、东平,进幸大梁、定陶。[20]章帝建初六年(81)九月东巡,先至河内,进幸邺,"劳飨魏郡守令以下,至于三老、门阑、走卒,赐钱各有差,劳赐常山、赵国吏人,复元氏租赋三岁";冬十月,巡幸长安、河东,"每所到幸,辄会郡县吏人,劳赐作乐";八年冬,东巡狩,幸陈留、梁国、淮阳、颍阳。[21]诸帝频繁巡幸之区,显即东汉帝国的核心地带。安帝元初二年(115)二月辛酉,"诏三辅、河内、河东、上党、赵国、太原各修理旧渠,通利水道,以溉公私田畴。"[22]冀朝鼎认为这说明此数郡国乃是东汉帝国"所控制的最富裕的地区"。[23]

综上可知,东汉帝国的核心区当包括司隶校尉部所统的"三河"(河南、河内、河东)、"三辅"(京兆、左冯翊、右扶风)以及南阳、颍川、陈留、梁国、魏郡(邺)、赵国(邯郸)、常山、太原、上党诸郡国,大致相当于今陕西中部、河南北部、山西与河北南部的黄河中下游两岸地,而其中"三河"又是最基本的核心区。灵帝中平初(184),张角事起,朝命发天下精兵,博选将帅,"共发五校、三河骑士及募精勇,合四万余人",以皇甫嵩、朱儁各统一军,进讨黄巾。[24]则知当天下乱离,汉室所可凭借者,仅在"三河"而已。而东汉中后期,受到西北"羌乱"及其他因素的影响,关中逐步衰落,已不复包括在核心区范围内。[25]

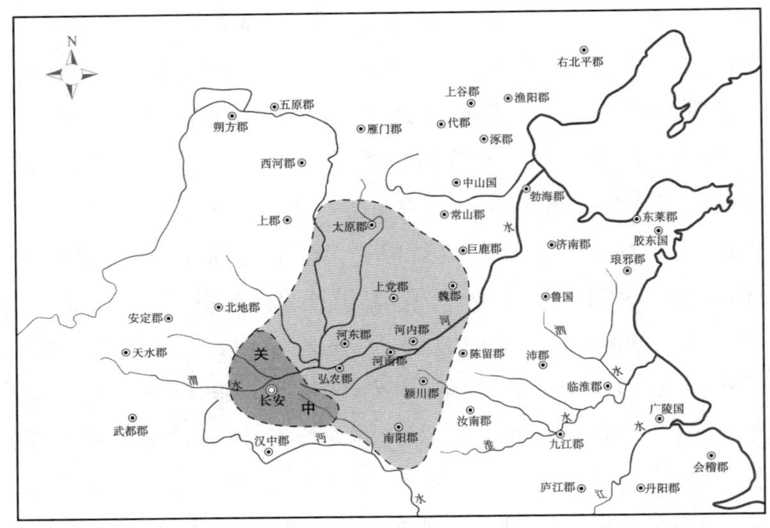

图3　秦汉时期的核心区及其变动　　审图号：GS（2013）2851号

二　北朝至隋、唐前期的核心区：关陇、河东与河洛

陈寅恪先生尝论及宇文氏据关陇一隅之地而与高齐抗衡并终得统一北方，乃因奉行所谓“关中本位政策”，谓：

> 宇文泰率领少数西迁之胡人及胡化汉族割据关陇一隅之地，欲与财富兵强之山东高氏及神州正朔所在之江左萧氏共成一鼎峙之局，而其物质及精神二者力量之凭藉，俱远不如其东南二敌，故必别觅一途径，融合其所割据关陇区域内之鲜卑六镇民族，及其他胡汉土著之人为一不可分离之集团，匪独物质上应处同一利害之环境，即精神上亦必具同

> 出一渊源之信仰，同受一文化之熏习，始能内安反侧，外御强邻。……此新途径即就其割据之土依附古昔，称为汉化发源之地(魏孝文之迁都洛阳，意亦如此，惟不及宇文泰之彻底，故仍不忘南侵也)，不复以山东江左为汉化之中心也，……此宇文泰之新途径今姑假名之为“关中本位政策”，即凡属于兵制之府兵制及属于官制之周官皆是其事。[26]

毛汉光概括说：陈寅恪先生“关中本位政策”的内容，主要包括以关陇为中心的统治集团，以关中为中心的核心区，结合关陇人物与关中核心区的府兵体系，以及关中文化本位政策。[27]此一论点的分析理路在于：以宇文氏为中心的西迁胡人及胡化汉族，整合关陇区域内的鲜卑六镇民族及其他胡汉土著，组成一个统治集团(关陇集团)；通过府兵制，将“山东人与关内人混而为一，使汉人与鲜卑人混而为一，组成一支籍隶关中、职业为军人、民族为胡人、组织为部落式的强大的军队”，并使府兵将领与关中豪族混而为一，“使这一集团在关中生了根”，即通过制度安排，将地域社会整合进入以核心集团为中心的政治体系；同时，运用一种“精神上独立的、自成系统的文化政策，以维系关陇地区胡汉诸族的人心，使之成为一家，从思想文化上巩固关陇集团”。[28]

陈寅恪先生的着眼点，乃在“关中本位政策”之实施、关陇集团之凝聚以及西魏北周隋至唐前期统治集团之延续，故于关陇集团所踞之关中区域，则未加详论。毛汉光在陈寅恪先生的基础上，提出了“核心集团与核心区”理论，将统治集团的核心界定为“核心集团”，而核心集团所居处的地域即为“核心区”，认为：西魏北周关陇集团以关中为核心区，整合在府兵体系之下；府兵体系的地缘关系则“由内而外呈辐射设计，其心脏地区东西自渭水武功以下直至黄河，渭北包括富平堰、白渠、郑国渠，渭南至秦岭，府兵军府在成立时约不满百府，其中三分之二约在此区内”，而此种“内重外轻之设计或许是受到《周礼》皇畿为中心之影响，是隋唐府兵军府以关中为重心之雏型”[29]。毛氏并进而指出：在西魏北周及隋逐步扩张过程中，关陇集团人物既渐次增加，其核心区亦逐步扩展——沙苑之役后，河东裴、薛、柳三大氏族及当地豪强渐融入关陇集团，河东（指汉代河东郡，今晋西南地区）遂成为宇文氏之堡垒[30]；平齐以后，经过数十年整合，至迟到唐初，并州（以晋阳为中心）亦得纳入核心区。故隋及唐初之核心区，大抵包括关中与河东（广义的河东）两地区。后来，由于太宗着意经营河南，“武后亦偏爱洛阳，李勣又是武后的支持者，因此统治核心区又延至河南地区”。唐前期关内、河东、河南、陇右四道军府数占全国军府总数的85.7％，而秦、陇、泾、渭、京兆、宁、同、鄜、华、邠、凤翔、河中、绛、晋、汾、太原、陕、虢、汝、河南等州府之军府数占全国总军府数的67.3％。[31]显然，唐前期的核心区即在以长安、太原、洛阳为中心的关陇、河东与河南地区。

毛氏还利用“核心集团与核心区”理论，分析拓跋魏帝国之建立、扩张、政治集团之变动以及东魏北齐政权之嬗代，认为：自穆帝（猗卢）至道武帝（拓跋珪），拓跋氏渐次将皇室八族十姓、功勋国戚、广义“国人”由亲而疏地纳入一个同心圆体系中，构成拓跋氏的“核心集团”，又将核心集团置于核心基地之中，这种核心集团之孕育与核心区之建立，至道武帝时大致完成；在平城时代，云、代及并州北部是国人主力所在，成为北魏的核心区，核心集团利用平城的战略地位，配合核心区内的名骑，四出征战，建立起囊括北中国及北方草原地带的大帝国；孝文帝迁都洛阳以后，洛阳成为政治中心，云、代仍为军事中心，而围绕汉化问题的不同态度，则不仅引发了核心集团的分裂，也使云、代核心区受到严重破坏；“六镇之乱”后，尔朱氏、高欢重组核心集团，其所据之核心区则由云、代略向南移至并、肆、汾、恒（今山西中部）地区。质言之，拓跋氏所凝结的核心集团，“历经北魏东魏北齐，主宰北中国及草原一带约二百年”；而其所建立之核心区，主要在云、代及并州地区。[32]

沿着同样的理路，我们可以追踪十六国时代诸国统治集团的凝结过程及其所据核心区之所在。如：汉赵统治集团的核心是以刘渊为首的南迁匈奴五部贵族，其根据地在西河郡离石左国城（在今山西离石西北，原为南单于庭）一带，故刘渊既称“大单于”，遂移居左国城，以“单于”身份招徕胡汉，“二旬之间，众已五万”；攻占平阳、河东二郡后，相继徙都蒲子（今山西隰县）、平阳（今山西临汾）。[33]自东汉初年南匈奴八部款塞归附以来，即渐散布于西河、太原、河东诸郡。[34]汉末曹操离散南匈奴为五部，其部落散居于西河、太原、河东、雁门、上党、新兴六郡；至晋初，“其左部都尉所统可万余落，居于太原故兹氏县；右部都尉可六千余落，居祁县；南部都尉可三千余落，居蒲子县，北部都尉可四千余落，居新兴县；中部都尉可六千余落，居大陵县”[35]。显然，匈奴刘氏政权的核心区即在南匈奴各部聚居的西河、平阳、太原、河东一带。刘汉嘉平二年（晋怀帝永嘉六年，312 年），刘聪以诸子分典兵马，“高平王悝为征南将军，镇离石；济南王骥为征西将军，筑西平城以居之；魏王操为征东将军，镇蒲子”[36]。其时汉都平阳，西平城在平阳西不远处。然则，离石、蒲子、平阳一线是汉

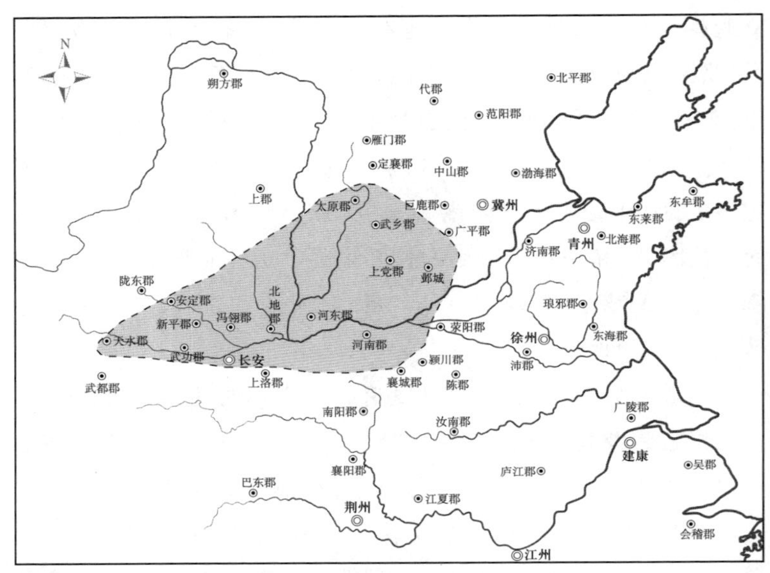

图4　十六国北朝至隋唐前期的核心区　　审图号：GS（2013）2851号

国的心脏地带。嘉平四年，刘聪定汉国官制，以国都平阳为中心，于平阳东、西分置左、右司隶，各领户二十余万，“万户置一内史，凡内史四十三”。左右司隶所统之四十余万户，当即刘汉政权所依之南匈奴部众。[37]正是凭借这一核心区的匈奴部众，刘汉政权方得倾覆晋室，据有关洛。至汉国内乱，勒准、石勒、刘曜交兵平阳，刘汉腹心大受残破；刘曜虽收拾残局，徙都长安，而核心既失，国力乃渐趋衰微。

又如：前秦政权的核心集团主要来自武都氐人。魏晋之世，氐人已散布于关陇地区的扶风、天水、京兆、南安、始平、略阳诸郡内，以扶风郡为最多。[38]《晋书》卷一一二《苻洪载记》谓苻氏为略阳临渭氐人。苻氏即世居略阳，氐人集聚地又在关中，故徙居关东的苻洪自称“大单于”、“三秦王”后，即欲西都长安，临终更遗嘱苻健等西入关中。[39]经过苻健、苻坚等二十余年经营，关中渐成为乱世中一片乐土，史称“关陇清晏，百姓丰乐，自长安至于诸州，皆夹路树槐柳，二十里一亭，四十里一驿，旅行者取给于途，工商贸贩于道”[40]。正是凭借关陇的兵甲物力，前秦殄前燕，灭仇池，下巴蜀，远征西域，北定草原，成为十六国时代疆土最为广阔的政权。显然，关陇乃是前秦政权的核心区。《资治通鉴》卷一〇四记苻坚谋划迁移氐户于诸方要镇，谓：“坚以诸氐种类繁滋”，“分三原、九嵕、武都、汧、雍氐十五万户，使诸宗亲各领之，散居方镇，如古诸侯。”则其时氐族主要集中在扶风、京兆、始平、武都（侨置于扶风郡境内的武都郡）及北地、咸阳诸郡，即以长安为中心的渭水中游两岸地，这里应是苻秦政权的心脏地带。苻坚分划诸镇，除以苻丕居邺、石越居龙城、梁谠居蓟城，以镇抚关东外，另以毛兴镇枹罕、王腾镇晋阳、苻晖镇洛阳、苻叡镇蒲阪，晖、叡固属宗室，毛兴、王腾亦“并苻氏婚姻，氐之崇望也”。[41]显然，以长安为中心，西及枹罕、东抵洛阳、北及蒲阪、晋阳，包括关陇、河洛、河东地区，乃是淝水之战前苻秦帝国的核心区。

前秦是十六国时代唯一真正统一北方的政权，其心脏地带固在以长安为中心的关中，而其核心区则兼跨关陇、河东与河洛。拓跋魏固以代、并为其腹心，然亦在据有关陇、迁都洛阳后，方得全据黄河流域与北方草原地带，并拥有南下江淮之实力；西魏、北周奉行关中本位政策，以关陇为其核心区，亦在合并河东兵甲后，才能吞并高齐，复于入隋后灭陈统一；李唐崛起晋阳，据有关陇，复东并河洛，遂得一统天下。要之，自十六国北朝以迄隋、唐前期，只有全据关陇、河东与河洛，方得统一北方，并进而统一全国，故此一时期之核心区，实在长安、晋阳、洛阳为中心所组成之三角区域。

三 六朝及南唐、南宋的核心区：宁镇与江淮

孙吴政权创建之初，核心集团主要由淮泗诸将及宾客组成。孙策时代及孙权早期，主军征战的周瑜、鲁肃、吕蒙、严畯、步骘等固皆具淮泗背景[42]，主政、谋议的张昭、孙邵、诸葛瑾、张紘也均为寄寓江东的淮泗人物[43]，故淮泗集团实为孙吴初期的核心集团。然其重要人物多为随孙策南来或避难江东者，已脱离淮泗地区，而建安以后，江淮间郡县残破，“不居各数百里”[44]，故客寓失土之淮泗集团无法补充后继力量，不得不兼用江东大族，遂促使孙吴政权逐步“江东化”。[45]故核心集团脱离其赖以成长之区域后，亦往往不能持久，王朝统治者必于其所据之区，另行吸纳力量，建构其核心集团与核心区。[46]

东晋立国江东，其核心集团则以司马氏与南渡高门士族为主体，即所谓“王与马，共天下”[47]；东晋统治集团的“从政能力与社会威望，远较孙吴时以宾旅寄寓之士为其补充的淮泗集团为高。所以东晋吴士可以参与建康政权，却无从取代北士的地位”[48]。东晋统治集团既以南渡士族为主体，其所赖之军兵又主要来源于南来“流民帅”所领之部曲以及征发流民为兵，故东晋王朝统治的核心区，乃在南来士族、流民集聚之区。陈寅恪先生曾详论东晋时代南来北人各阶层择居之地，谓其上层社会阶级即本住洛阳及其近旁之士大夫集团，多移居新政治中心建业（建康）及其近旁；其中层阶级即次等士族则多麇集于京口、晋陵一

带。[49]东晋南朝卿相将帅，乃至创建宋、齐、梁三朝之霸业者，多出自上述地区。故东晋南朝之心脏地带，当在建康、京口一带，即今宁（南京）镇（镇江）地区。其中建康乃首都所在，“望实隆重”，为东晋南朝政权“根本所寄”，故不必论。京口则为南徐重镇，北府兵基地，政治军事地位至为重要。《南齐书》卷十四《州郡志上》“南徐州”条谓：“京城（按：指京口）因山为垒，望海临江，缘江为境，似河内郡，内镇优重。宋初以来，桑梓帝宅，江左流寓，多出膏腴。”正是将京口之于建康，比作汉晋时河内之于洛阳。[50]此外，建康上游的姑孰、芜湖（今安徽马鞍山、当涂、芜湖一带）亦聚有大量流民[51]，频为南豫州治所，又为西府重镇[52]，也是以建康为中心的心脏地带的组成部分。

进入长江下游地区的南来北人除渡江居于丹阳、晋陵、吴兴、会稽诸郡外，还大量留居于江淮之间，麇集在历阳、合肥、寿春、广陵、淮阴等地。[53]《宋书》卷三五《州郡志一》“南徐州刺史”条谓：“晋永嘉大乱，幽、冀、青、并、兖州及徐州之淮北流民，相率过淮，亦有过江在晋陵界者。”则两晋之际南来北人，居于江淮者众，而“过江”者反少。东晋初年诸拥众南来的流民帅，亦多止于江淮之间。[54]大兴二年（319），应詹上表，建议“选都督有文武经略者”，驻节寿春，经营“江西”，“绥集流散，使人有攸依，专委农功，令事有所局”，并比之于“昔高祖使萧何镇关中，光武令寇恂守河内，魏武委钟繇以西事”，认为经略江西可“远以振河洛之形势，近以为徐豫之藩镇”[55]。足见“江西”于东晋政权之重要意义。在东晋王朝以“荆扬之争”为主线索的历次政争中，豫州及扬州之历阳等四郡，皆举足轻重，关涉权势之转移。[56]至于广陵、淮阴，东晋时向为北府兼制之区域，其中广陵与京口唇齿相依，

"本为一体,无京口后援则广陵不足以羁縻江淮,无广陵屏蔽则京口也难于经营成辇下重镇"[57]。《南齐书》卷十四《州郡志上》"南兖州"条谓东晋初年,"百姓遭难,流移此境,流民多庇大姓以为客。元帝太兴四年,诏以流民失籍,使条名上有司,为给客制度,而江北荒残,不可检实"。这些失籍流民,显系郗鉴等组建北府兵的基础。淮阴控扼淮上,"地形都要,水陆交通,易以观衅。沃野有开殖之利,方舟漕运,无他屯阻",故永和中(345—356)北中郎将荀羡即营立淮阴城池。至宋泰始二年(466)失淮北之后,南来之"荒伧"集聚淮阴,于此立北兖州,"临淮守险","田稻丰饶",遂成重镇。[58]刘宋后期,"淮南楚子",已以"天下精兵"著称[59];萧道成代宋,即以淮阴为根据地。[60]

因此,东晋及宋、齐、梁三朝统治的核心区,当在以建康、京口—晋陵、芜湖—姑孰为中心的宁镇地区以及以广陵、淮阴、历阳、合肥、寿春为中心的江淮地区,即长江下游两岸地。这一核心区乃东晋南朝政权命运攸关之所在。侯景之乱,江淮残破;陈划江而治,不复拥有淮南,国势遂衰微不振。南宋名臣真德秀谓:"自古立国东南,未有不以两淮、荆襄为根本。……六朝之能保守江左者,以强兵重镇尽在淮襄,虽曹魏之雄、苻石拓跋之众,卒不能一半窥江表。"而"两淮,藩篱也;大江,门户也。藩篱壮则盗贼无闯门之虑,两淮固则戎马无饮江之忧。"[61]故江淮与宁镇,实唇齿相依之关系,江淮失则宁镇不能久,立国江东之政权亦无以自保。

进而言之,立国江东的南唐(杨吴)、南宋政权,核心区亦在宁镇、江淮间。杨氏以庐州起家,据有广陵,乃得吞并昇、润、宣、池以及鄂岳、江西;徐氏三代谋夺吴祚,更以昇、润为基地,遥制广陵。至周世宗南征，尽有江淮之地，南唐遂不复成国，旋亡于宋。[62]南宋朝野更多将江淮与荆襄并举，认为二者实为南宋存亡之所系。南宋后期成书的《群书考索》卷五八《地理门》“江淮形势”条所论颇可代表南宋朝野的一般看法：

> 江淮之险，天地所以限南北也；而长淮之地，又天地所以蔽长江也。昔立国于南，则守江以为家户，备淮以为藩篱，是故轻重之权不在江而在淮，知有江而不知有淮，是未知有重险者也。夫江东西东极于海，上流江陵、归、峡，则襄阳、随、郢为之藩蔽；中流武昌、九江，则舒、蕲、光、黄为之藩蔽；下流建康、京口，则真阳、楚、泗、庐、寿为之藩蔽。……今自淮而东，以楚、泗、广陵为之表，则京口、秣陵得以蔽遮；自淮而西，以寿、庐、历阳为之表，则建康、姑熟得以襟带。[63]

正因为此，南宋军队之主力，遂集中于江淮、荆襄间。江上三大帅司，分驻于镇江（京口）、建康与鄂州，“故东南惟以润、昇、鄂三军为根本”[64]。与此相对应，为支应大军钱粮而置之总领所，亦分驻润、昇、鄂三地，“凡镇江诸军钱粮，隶淮东总领，治镇江；建康、池州诸军钱粮，隶淮西总领，治建康；鄂州、荆南、江州诸军钱粮，隶湖广总领，治鄂州”[65]。东南三总领所岁支约二千八百万缗、米二百三十万石，约占天下岁收的一半。[66]江淮既得集聚南宋立国所资之武力、财赋，自当为南宋王朝之核心区。

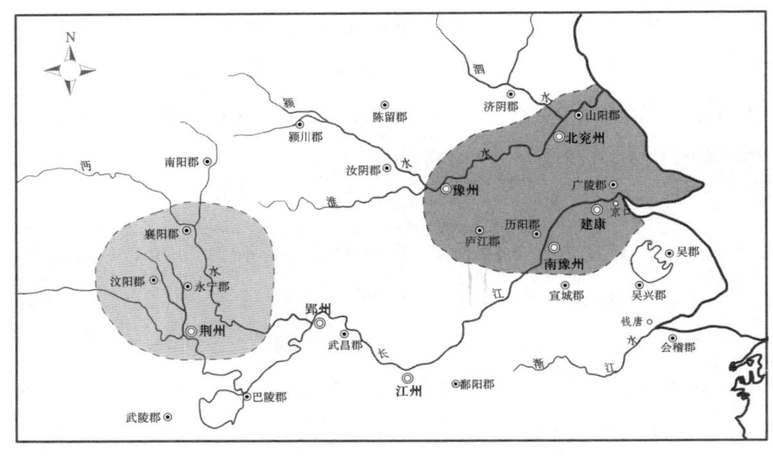

图5 六朝政权的核心区

审图号：GS（2013）2851号

四 中晚唐五代与北宋的核心区：汴洛与河北

唐中后期核心区之由关中渐次向汴洛、河北地区的转移，很早即引起论者注意。赵翼《廿二史札记》卷二十“长安地气”条谓：

> 地气之盛衰，久则必变。唐开元、天宝间，地气自西北转东北之大变局也。秦中自古为帝王州，周、秦、西汉递都之，苻秦、姚秦、西魏、后周相间割据，隋文帝迁都于龙首山下，距故城仅二十余里，仍秦地也。自是混一天下，成大一统。唐因之。至开元、天宝，长安之盛极矣。盛极必衰，理固然也。是时地气将自西趋东北，故突生安、史，以兆其端。

自后河朔三镇，名虽属唐，仅同化外羁縻，不复能臂指相使，盖东北之气将兴，西方之气已不能包举而收摄之也。东北之气，始兴而未盛，故虽不为西所制，尚不能制西；西之气渐衰而未竭，故虽不能制东北，尚不为东北所制。而无如气已日薄一日，帝居遂不能安。……（昭宗）被迁于洛，而长安自此夷为郡县矣。当长安夷为郡县之时，契丹安巴坚（阿保机）已起于辽，此正地气自西趋东北之真消息。特以气虽东北趋而尚未尽结，故仅有幽蓟而不能统一中原。而气之东北趋者，则有洛阳、汴梁为之迤逦潜引，如堪舆家所谓过峡者。至一二百年，而东北之气积而益固，于是金源遂有天下之半，元明遂有天下之全，至我朝不惟有天下之全，且又扩西北塞外数万里，皆控制于东北，此王气全结于东北之明证也。[67]

赵翼从气数之转移论唐五代与辽宋金元乃至明清诸王朝之兴衰，虽出堪舆家言，然实已道出五代及辽、宋、金、元诸王朝大抵皆崛起河北或据河北而统一中原并控制北方草原这一事实。

陈寅恪先生尝论及安史之乱后，大唐帝国名虽统一，实则分为两部：其一部“为安史将领及其后裔所谓藩镇者所统治”之河北，另一部即“拥护李氏皇室之区域”，其统治者则“为汉族或托名汉族之异种”。[68]论者虽未必同意陈先生关于河北已沦为胡化区域之论断，但于河北之崛起及其与唐王室所赖之东南、长安间对立，则并无异辞。在此基础上，毛汉光先生进一步指出：“安史乱后，唐长安中央政府结合东南财赋，尚不能彻底击溃河北藩镇，已显示出关中作为国家重心的形势已经改变；黄巢之起，进一步破坏中央与东南的联系。自此以往,在自然平衡的状态下,关东成为中国的重心。"而契丹复渐成为中原最具威胁的外患,河北遂成为国防重心。毛氏并特别强调藩镇职业军人集团所扮演的重要角色,认为"无论朱梁时代的河南集团或(后)唐、晋、汉、周、宋初的河东河北集团掌权,都证明关中势力的消逝";而正是在五代政权更替的过程中,"河北优势渐次形成":河北地区之文职官吏在梁时居于平均线上,自后唐开始,历晋、汉、周各朝,河北籍文臣皆一倍于其他地区;河东军人集团也大量吸收河北籍军人,使河北地区的文、武官职皆占百分之四十以上,"远远超越其他地区",从而"造成后周北宋初叶之河北优势"。质言之,毛氏认为:"自安史乱起,河北河东河南等地之职业军人成为北中国各地藩镇的统治集团,统一而成为各王朝之核心集团,而魏博、汴梁一带成为核心区,至北宋建国,亦约略二百年。"[69]

仅就军事重心之转移而言,河北武力之成长并不自"安史之乱"始。实际上,"安史之乱"正是河朔武力崛起之结果。《通典》卷一四八《兵》"序"述天宝中内轻外重之局云:"哥舒翰统西方二师,安禄山统东北三师,践更之卒,俱授官名;郡县之积,罄为禄秩。于是骁将锐士、善马精金,空于京师,萃于二统。"[70]其时安禄山所统"东北三师"(范阳、平卢、河东三镇)的兵力多达十八万余人,占十节度、经略所辖总兵力(四十九万)的约三分之一;哥舒翰所统"西方二师"(河西、陇右二镇)的兵力约十五万;在"西方二师"与"东北三师"之间,是朔方军,有兵力六万余。[71]安史乱起,哥舒翰所统之河西、陇右军于潼关战败,唐廷所可依靠者遂只有朔方一军,郭子仪乃藉朔方军而成中兴功业。[72]然即便在肃宗之世,朔方军力已不能与河北诸军相抗,唐廷只能凭借政治优势，将河北诸军分化瓦解，各个击破。此策且成为唐后期对待诸藩镇之一般对策，亦得显示出河北武力已全面超越关陇。

安史乱后，河北藩镇武力虽强盛，却分属各镇，未能凝聚为统一的军事政治集团，亦未出现试图问鼎的强藩，故终唐之世，河北（以及河东）并未能成为“核心区”。《新唐书》卷二一〇《藩镇魏博传》前叙云：“安史乱天下，至肃宗大难略平，君臣皆幸安，故瓜分河北地，付授叛将，护养孽萌，以成祸根。乱人乘之，遂擅署吏，以赋税自私，不朝献于廷。效战国，肱髀相依，以土地传子孙，胁百姓，加锯其颈，利怵逆汙，遂使其人自视由羌狄然。一寇死，一贼生，讫唐亡百余年，卒不为王土。”[73]其所描述的显然是一幅乱世割据、强力自雄的图画，并非可据之以争衡天下的“核心区”景象。在晚唐五代河南、河东两大军事集团的一系列斗争及其各自的内部分裂、演变过程中，河北诸镇（包括魏博镇）皆不过是“配角”。盖其时控扼天下枢纽之核心区，乃当在以汴洛为中心之河南。朱全忠以汴宋为基地，渐次兼并兖、郓、徐、陈、郑、洛诸镇，淄青、河阳、襄邓亦皆纳款，河以南遂无与全忠颉颃者。至魏博、河中相继投附，朱氏囊括大河两岸地，兼据河南与河北两大军事集团之精粹，遂得倾移唐祚，建立朱梁政权。朱温甫即位，即升汴州为开封府，建名东都，而改洛阳为西都，废京兆府为雍州。[74]显然，汴洛乃是朱梁政权之畿内。河东李存勖（后唐庄宗）行险进入汴梁，梁诸藩镇遂皆望风释甲，亦可证汴梁实为朱梁腹心之所在。存勖初于魏州称帝，故以魏州（改为兴唐府）为东京，太原为西京，镇州（改为真定府）为北都。[75]其时存勖尚未拥有河南，所立三都实为河东河北之核心区。灭梁之后，复以洛阳为东都（洛京），兴唐为邺都，太原为北都，是后唐之腹心乃在洛阳、兴唐(魏州)、太原三都所构成之三角区域。[76]后唐虽降开封府为汴州,然汴梁之地位并未稍减。后晋天福三年(938年),复以汴州为东京,仍以洛阳为西京,太原为北都,广晋(兴唐所改)为邺都。晋高祖石敬塘在置立东京的御札中说:"今汴州水陆要冲,山河形胜,乃万庾千箱之地,是四通八达之郊。爰自按巡,益观宜便,俾升都邑,以利兵民。"[77]《资治通鉴》书其事谓:"帝以大梁舟车所会,便于漕运","建东京于汴州"。胡三省注云:"自此历汉、周至宋,皆都于汴。"[78]至此,自中晚唐以来不断演替的河北、河东、河南三大军事集团遂渐次合流,而以汴梁、洛阳、太原、广晋为中心的核心区格局亦得突显出来。

郭威代汉,刘崇据太原自立,后周遂失河东。刘崇举兵前,河东节度判官郑珙尝为崇谋,谓:"晋阳兵雄天下,而地形险固,十州征赋足以自给。"[79]则北汉君臣不过以据地自保为期。北汉与后周、北宋数次征战,实力颇受损折。太平兴国四年(979),北汉平,"凡得州十,军一,县四十一,户三万五千二百二十,兵三万",其户口兵甲实已不足道。[80]故入宋之后,河东遂不预"核心区"之范畴。

北宋时代之核心区,大抵以开封、洛阳、大名(广晋所改)、应天等"四京"为中心。宋初沿后周两京制度,分别以开封、洛阳为东、西京。[81]至真宗大中祥符七年(1014),建应天府为南京[82],仁宗庆历二年(1042)复升大名府为北京[83],遂成"四京"之制。"四京"之中,开封"处四达之会","政教所出,五方杂居",自不必论;西京洛阳"为天下之中","东暨汝颍,西被陕服,南略鄢郢,北抵河津",乃隋唐旧都,"多衣冠旧族";南京应天府"当漕舟之路",又为都畿近辅、宋室肇业之地;北京大名府乃河北雄镇,"南滨大河,北际幽朔”,“控带北地”。[84]“四京”是宋朝军兵集中、财赋汇聚、人才集萃的核心地带。

“四京”特别是东京集中了北宋王朝的大部分军队。《续资治通鉴长编》卷三二七记神宗之言曰:“艺祖养兵止二十二万,京师十余万,诸道十余万。使京师之兵足以制诸道,则无外乱;合诸道之兵足以当京师,则无内变。内外相制,无偏重之患,天下承平百余年,盖因于此。”[85]司马光谓太祖纳赵普之谋,“数遣使者分诣诸道,选择精兵。凡其才力伎艺有过人者,皆收补禁军,聚之京师,以备宿卫。厚其粮赐,居常躬自按阅训练,皆一以当百。诸镇皆知兵力精锐非京师之敌,莫敢有异心者。由我太祖能强干弱支、致治于未乱故也。”[86]《文献通考》卷一五二《兵四·兵制》引《两朝国史志》谓:“太祖太宗平一海内,惩累朝藩镇跋扈,尽收天下劲兵,列营京畿,以备藩卫。其分营于外者,曰‘就粮’。‘就粮’者,本京师兵,而便廪食于外,故听其家往。边防要郡,须兵屯守,即遣自京师。诸镇之兵,亦皆戍更。真宗、仁宗、英宗嗣守其法,益以完密。”[87]仁宗嘉祐七年(1062),枢密院奏建隆以来兵数,称:“开宝之籍总三十七万八千,而禁军马步十九万三千;至道之籍总六十六万六千,而禁军马步三十五万八千;天禧之籍总九十一万二千,而禁军马步四十三万二千;庆历之籍总一百二十五万九千,而禁军马步八十二万六千。”[88]其中,禁军马步主要部署在京畿地区及河北、河东、陕西等沿边三路。仁宗前期,开封地区驻军约占全国兵额三成半,西北沿边三路约占四成,而北方总兵力约占全国的90%。[89]神宗以后,军力部署格局有所改变。熙宁三年(1070),调整在京及京东、河北诸路屯驻禁军,定额在京三万二千四百人,开封府界六万二千人,京东五万一千二百人，河北七万人，两浙、江东、江西、湖南、湖北、福建、广南、川峡四路合计四万六千四百人。[90]其时禁军总额凡五十六万余人，屯驻京畿者约十万，遂一改太祖以来禁军大部屯驻京师之局。王应麟谓熙宁以后，“禁军始遍天下”，庶几近之。[91]然合计京畿、京东、河北屯驻军兵，仍有近二十二万；若加上军兵数不详之京西，则以“四京”为中心之区域，屯驻军兵仍超过全部禁军的一半。熙宁七年，首先在京畿及河北、京东西诸路推行将兵法，定制京畿置七将，河北十七将，京东七将，京西四将，合计领兵二十万，仍占全部禁军总数的三分之一强。[92]然则，即便是在“熙宁更制”后，“四京”所在之京畿及河北、京东西诸路屯驻禁军仍然最为集中，仍得维持“内重外轻”之局。

东京亦为北宋财赋汇聚之地。《文献通考》卷二五《国用考三·漕运》云：“国初以来，四河所运粟未有定制，至太平兴国六年，汴河岁运江淮米三百万石，菽一百万石；黄河粟五十万石，菽三十万石；惠民河粟四十万石，菽二十万石；广济河十二万石。凡五百五十万石，非水旱大蠲民租，未尝不及此数。至道(995)初，汴河运米至五百八十万石。自是京城积粟盈溢。大中祥符初，至七百万石。”[93]宋太宗至道初，参知政事张洎奏称：“今带甲数十万，战骑称是，萃于京师；仍以亡国之民士集于辇下，比汉唐京邑民庶，十倍其人矣。甸服时有水旱，而不至艰歉者，有惠民、金水、五丈、汴水等四渠，派引脉分，会于天邑，舳舻相接，赡足京师，以无匮乏也。唯汴之水横亘中国，首承大河，漕引江、湖，利尽南海，半天下之财赋并山泽之百货，悉由此路而进。”[94]英宗治平二年(1065)，诸路除漕粟六百七十六万石外，“又运金帛缗钱入左藏库、内藏库者，总其数一千一百七十三万”；京西、陕西、河东运入京师的薪又有一千七百余万斤，炭一百万秤。[95]至于广南之金银香药犀象宝货，亦先陆运至虔州，然后水运至京师。真宗天禧末(1021)，“诸州军水运陆运上供金帛缗钱[二]十三万一千余，珠宝香药三十七万五千斤。”[96]张洎所谓“半天下之财赋并山泽之百货”悉由汴河而汇聚于京师，虽属夸张之辞，然开封为天下财赋集聚之地，则可肯定。

“四京”亦为北宋时期人才荟萃之区。首都开封为天下辐辏，官员众多，士子云集。仅就游学京师之士子而言，元丰二年(1079)，太学定额二千四百人(崇宁间增至三千八百人)；元祐七年(1092)，又置广文馆，定额二千四百人，“以待四方游士试京师者”；此外，还有律学、算学、武学、道学、书学、画学、医学等专门之学，定额合计当超过二千人。[97]加上未入诸学的士子，常年留居京师的游学之士或不下万人。西京洛阳则有“衣冠渊薮”之称，聚集了众多的士大夫。司马光谓：“西都缙绅之渊薮，贤而有文者，肩随踵接。”[98]与洛阳毗邻的许州，亦多士大夫，与洛阳合称“许洛”。张邦基《墨庄漫录》卷四谓：“许、洛两都，轩裳之盛，士大夫之渊薮也。党论之兴，指为许、洛两党。”[99]南京应天府的睢阳书院(应天府学、南京国子监)为宋代四大书院之首，“四方从学者辐辏”，由此登科、有声名于朝廷者，数以百计。[100]北京大名府亦置有国子监，宋神宗时，黄庭坚、晁补之均曾担任过北京国子监教授。[101]

宋仁宗皇祐五年(1053)，“以京东之曹州，京西之陈、许、郑、滑州为辅郡，隶畿内，并开封府，合四十二县”，置京畿路；旋将曹、陈、许、郑、滑五州还隶本路，京畿路乃只余开封府；至崇宁四年(1105)，复以颍昌府(许州所改)、郑州、澶州、拱州(以原开封

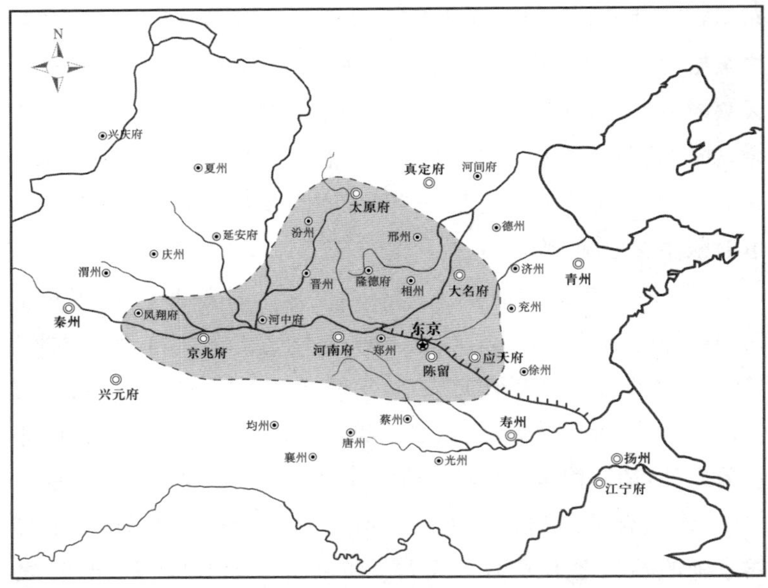

图6 中晚唐五代北宋的核心区　　审图号：GS（2013）2851号

府襄邑县新立）为四辅，并隶京畿。[102]此种范围之京畿路虽存在时间未久，然却颇能反映出宋人的“京畿”与“辅郡”观念。显然，开封府及曹（后改兴仁府）、陈、许（颍昌府）、郑、滑、澶（后改开德府）等七府州构成了所谓“畿辅”，再加上洛阳（河南府）、应天、大名等三京，遂形成北宋政权的“核心区”；而洛阳、应天、大名又分别是京西、京东、河北三路之中心，故京畿、京东西、河北实为北宋王朝兴亡之所系。

五　辽金元三朝的核心区：从草原到燕地

傅乐焕先生尝考证契丹（辽）国政之中心机构乃在游牧式之捺钵，而非在仿照汉制所立之五京，其论至为确当。[103]《辽史・营卫志中》"行营"序云："大漠之间，多寒多风，畜牧畋渔以食，皮毛以衣，转徙随时，车马为家，此天时地利所以限南北也。辽国尽有大漠，浸包长城之境，因宜为治。秋冬违寒，随水草而就畋渔，岁以为常。四时各有行在之所，谓之'捺钵'。"其《营卫志上》"序"则云："有辽始大，设制尤密。居有宫卫，谓之斡鲁朵；出有行营，谓之捺钵；分镇边圉，谓之部族。"[104]"捺钵"即行营、行帐、营盘之义，指辽帝出行时居止之帐幕也。傅氏指出："有辽一代诸帝，终年盘桓四捺钵之间，虽别有五京，而临幸盖鲜。"[105]《辽史・营卫志中》称："皇帝四时巡守，契丹大小内外臣僚并应役次人，及汉人宣徽院所管百司皆从。汉人枢密院、中书省唯摘宰相一员、枢密院副都承旨二员、令史十人，中书令史一人，御史台、大理寺选摘一人扈从。每岁正月上旬，车驾启行，宰相以下，还于中京居守，行遣汉人一切公事。除拜官僚，止行堂帖权差，俟会议行在所，取旨、出给诰敕。"[106]契丹军事重事之权柄，并在辽帝之捺钵，故得谓之"行朝"。至于辽帝四时捺钵之所在，据《辽史・营卫志》中所记及傅氏之考证，春捺钵多在鸭子河泺（鱼儿泺）、挞鲁河（在今松花江上游及其南面支流洮儿河流域、吉林省白城市境）；夏捺钵多在兔儿山或永安山（在今巴林左旗西北境）；秋捺钵多在庆州西境黑、赤、太保、拽剌诸山（今大兴安岭中段、内蒙古巴林左旗西境），其根据地曰伏虎林；冬捺钵多在广平淀（藕丝淀，在潢、土二水即今西拉木伦河、老哈河交汇处）。辽帝四季捺钵所构成之区域，显即契丹帝国之政治核心区，此一区域，大致相当于今大兴安岭以东的赤峰北境、通辽西境、兴安盟南境及白城地区。

契丹诸帝及执政的皇后均置有斡鲁朵（宫帐），拥有直属的军兵、民户、奴隶和州县。《辽史》卷三五《兵卫志中》“宫卫骑军”条云：“太祖以迭剌部受禅，分本部为五院、六院，统以皇族，而亲卫缺然。乃立斡鲁朵法，裂州县，割户丁，以强干弱支。诒谋嗣续，世建宫卫。入则居守，出则扈从，葬则因以守陵。有兵事，则五京、二州各提辖司传檄而集，不待调发州县、部族，十万骑军已立具矣。”[107]则宫卫骑军是辽军中的精锐。契丹前后共置斡鲁朵十二宫一府，统正户及蕃汉转户二十三万三千户，领骑军十万一千人。凡此诸宫帐，主要分布在今内蒙古巴林左旗（弘义宫、永兴宫、长宁宫、延昌宫、兴圣宫、延庆宫、太和宫）及辽宁北镇市境内（积庆宫、彰愍宫、崇德宫、敦睦宫、文忠王府）。[108]同时，契丹王朝的皇族即所谓四帐皇族帐（以横帐三父房族为中心）的牧地也主要分布在今西拉木伦河流域之巴林左旗、扎鲁特旗境内。[109]诸斡鲁朵及其所属之宫卫骑军、皇族帐是契丹王朝统治所依赖的基本力量，它们均集中于此，与辽帝四时捺钵所在之区域相吻合，更说明契丹帝国的核心区即在今大兴安岭中段以东的草原地区。

与辽朝始终坚持“草原本位政策”不同，女真人在入主华北之后，即逐步开始汉化进程，至海陵王迁都燕京，遂确立汉地本位。[110]《大金国志》卷十三《海陵炀王上》记海陵谋迁都，礼部尚书萧玉表示反对，认为“上都之地，我国旺气，况是根本，何可弃之。”[111]《金史・地理志》“上京路”条谓：“即海古之地，金之旧土也。国言‘金’曰‘按出虎’,以按出虎水源于此,故曰金源,建国之号盖取诸此。国初称为‘内地’,天眷元年号上京。海陵贞元元年,迁都于燕,削上京之号,止称会宁府,称为‘国中’者以违制论。”[112]则金初太祖、太宗、熙宗三朝尝目上京路(路治在今黑龙江阿城)为金国之根本,称为“内地”、“国中”。到海陵王奉行“全盘汉化”政策,“命会宁府毁旧宫殿、诸大族第宅及储庆寺,仍夷其址而耕种之。”[113]上京路之“核心区”地位遂彻底丧失。[114]金世宗时,频赴金莲川(在今内蒙古正蓝旗境内)驻夏,薛王府掾梁襄上疏极谏,云:“本朝与辽室异,辽之基业根本在山北之临潢,……我本朝皇业根本在山南之燕,岂可舍燕而之山北乎?”则其时朝野已视燕地为金国之根本。梁襄并述及燕地于全国之重要性,谓:“燕都地处雄要,北倚山崄,南压区夏,坐若堂隍,府视庭宇,本地所生,人马勇劲,亡辽虽小,止以得燕故能控制南北,坐致宋币。燕盖京都之选首也。况今又有宫阙井邑之繁丽,仓府武库之充实,百官家属皆处其内,非同曩日之陪京也。居庸、古北、松亭、榆林等关,东西千里,山峻相连,近在都畿,易于据守,皇天本以限中外,开大金万世之基而设也。”[115]其言除强调燕都形胜、近畿险隘之外,更特别指出燕地“人马勇劲”,井邑繁丽,仓府武库充实。[116]

元帝国则经过了一个核心区由草原向汉地逐步转移的过程。成吉思汗的大斡耳朵在斡难—怯绿涟地区(今蒙古国东部),后来分封给幼子拖雷。伊朗史家志费尼称:拖雷的领地“确实是他们帝国的中心,犹如圆中心一样”[117]。1235年,大汗窝阔台择定在鄂尔浑河上游的哈剌和林建立都城,然在大蒙古国时代,大汗始终保持四时迁徙的习惯。波斯人拉施特主编《史集》

描述窝阔台汗四季所居云:“他春天所在之处是哈剌和林的四周,夏天是月儿灭怯土草地,秋天所在之处是距哈剌和林一日程的兀孙—忽勒附近的古薛纳兀儿之地,冬天则为汪吉。”[118]月儿灭怯土、兀孙—忽勒、汪吉均当在鄂尔浑河流域或其附近。但由于大斡耳朵一直在曲雕阿阑之地,选举大汗的忽里勒台亦必在斡难—怯绿涟地区举行方具有公认的合法性,故大蒙古国时代的核心区当在斡难—怯绿涟地区及鄂尔浑河流域。

至蒙哥继任大汗(1251),忽必烈受命总理漠南汉地军国事务,驻跸金莲川,营建开平府(今内蒙古正蓝旗东),并借由经营汉地而集结之实力,得登大汗之位(1260);中统四年(1263),升开平府为上都,翌年改燕京为大兴府,建为中都(后改称大都),遂形成两都之制。[119]上都位于蒙古草原南缘,北连朔漠,是入主中原后的蒙古皇帝控制草原地带的中心,故元初名臣廉希宪谓“上都,圣上龙飞之地,天下视为根本”[120]。中都(大都)则“东控辽碣,西连三晋,背负关岭,瞰临河朔,南面以莅天下”,是统治中原的中心。[121]因此,并建两都实出于兼控中原汉地与草原地带的政治需求,而两都所在之“腹里”北部亦即元王朝之核心区。元朝诸帝,一般于每年二三月间起程赴上都,八九月返抵大都,在大都过冬[122],即可见出两都在元朝政治生活中的重要性。直属帝室、宿卫禁庭的怯薛以及元军主力侍卫亲军大都屯驻于两都地区。《元史》卷九九《兵志二》“宿卫”条云:“怯薛者,犹言番直宿卫也”;怯薛歹(宿卫之士)“无事则各执其事,以备宿卫禁庭,有事则惟天子之所指使。比之枢密各卫诸军,于是为尤亲贵者也”[123];怯薛歹多是亲贵大臣、文武高官的子弟,其数曾多达一万四千人,其中相当部分后来均出任要职,故怯薛又实为储存人才、培养官员之高级学校。侍卫亲军则主要担任两都和畿甸地区的禁卫,“兼屯田,国有大事,则调度之”。大多数卫军皆驻守大都及其周围,常驻上都的只有虎贲卫,说明元中后期,大都的地位已远远超过上都,元王朝的政治军事重心进一步向汉地倾斜。[124]

《元史·地理志》谓:“中书省统山东西、河北之地,谓之腹里,为路二十九,州八,属府三,属州九十一,属县三百四十六。”[125]中书省直辖之腹里,大抵即蒙古灭金前所据有之地,亦即忽必烈所借以夺取汗位的根据地。腹里北部地区的防卫亦主要由侍卫军负责[126],而非如诸行省一样,由镇戍军屯守。《元史·兵志》云:“元制,宿卫诸军在内,而镇戍诸军在外,内外相维,以制轻重之势。”[127]然则,宿卫诸军所禁卫之腹里北部视为“内”,而镇戍诸军所驻守之诸行省及腹里南部则视为“外”。而在被视为“外”的区域,又可大致以淮、汉为界,别为两大区域。《元史·兵志二》“镇戍”条称:“世祖之时,海宇混一,然后命宗王将兵镇边徼襟喉之地,而河洛、山东据天下腹心,则以蒙古、探马赤军列大府以屯之。淮、汉以南,地尽南海,则名藩列郡,又各以汉军及新附等军戍焉。”[128]换言之,在腹里北部地区之外,元代又将河南、山东(以及陕西、四川)列为蒙古、探马赤军驻守区,而以淮、汉以南之南宋故地列为汉军、新附军镇戍区。[129]元帝国的政治空间格局于此显露无遗:以大都路、上都路为中心的腹里北部地区乃是帝国最重要的核心区,河南、山东及陕川次之,江南更次之。

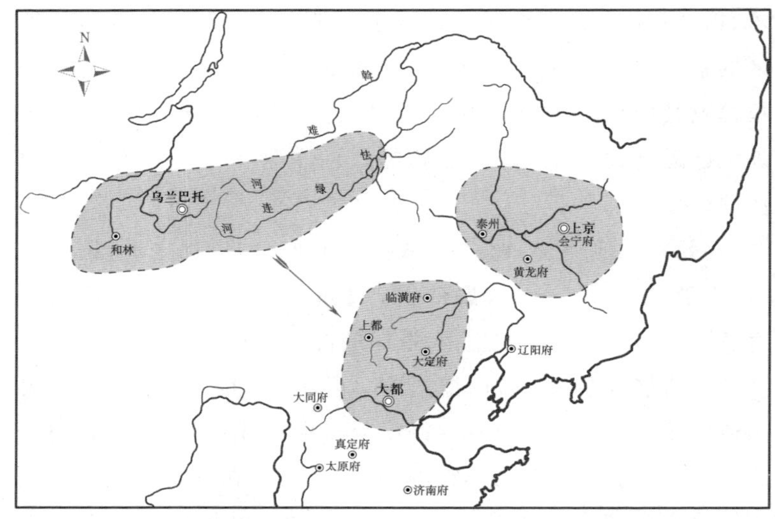

图7 辽金元政权的核心区 审图号：GS（2013）2851号

六 明清两朝的核心区及其变动：南北直隶与畿辅

朱元璋崛起淮西，其所依赖的核心集团大都来自濠、泗二州，即所谓“凤阳集团”[130]；渡江据有太平、集庆二路作为根据地后，势力始大，得渐次攻占镇江、常州、扬州、宁国、徽州、池州，进而击败陈友谅、张士诚，据有长江中下游地区，为北上征服华北奠定了基础。其中，集庆路之占领实为大明建国道路上最重要的转折点。《明太祖实录》卷四丙申（元至正十六年，1356年）三月辛卯记朱元璋占领集庆（今南京）后，周览城郭，对徐达等部将说：“金陵险固，古所谓长江天堑，真形胜地也。仓廪实，人民足，吾今有之，诸公又能同心协力，以相左右，何功不成？”乃改集庆路为应天府。[131]顾祖禹谓:"太祖初定金陵,陈友谅肆其凶狂,争太平,犯龙江,祸且迫于肘腋。迨殪之于鄱阳,进规武昌,而东南之势大定,夫然后措置两淮,兴师北伐。"[132]是以集庆、太平为新兴之吴政权的"肘腋",惟在保有此肘腋之地后,方得稳定东南、兴师北伐。因此,就统治集团的地域构成及明政权建立的地域基础而言,当时的核心区显然是在淮西与宁镇徽池地区。洪武二年(1369),朱元璋诏免应天、太平、镇江等处税粮,诏云:"朕本布衣,率众渡江,首定太平,次居建业,肇兴丕基。其镇江、太平、宣城、广德为京师之翼郡,至如兴师旅、定群雄,六合一家,军需钱粮,供亿浩繁,止此数郡,以足我用。子孙百世,何忘江左之民?"[133]则京畿诸府州在明政权建立过程中发挥了重要作用。

正因为此,虽然颇历周折,但应天府(金陵)的京师地位在洪武年间迄未发生根本性动摇;洪武二年(1369),又立临濠(凤阳)为中都。在议立都城时,朱元璋说:"今建业,长江天堑,龙蟠虎踞,江南形胜之地,真足以立国;临濠则前江后淮,以险可恃,以水可漕,朕欲以为中都。"[134]朱元璋立都南京与中都的出发点,显然是创业之基与立国之本。同时,又以应天等"江淮之南北十有三府、四州为畿内",直隶中书省(罢中书省后,直隶六部),其卫所直隶大都督府。[135]洪武年间的直隶(畿内)不仅是全国的政治军事中心,也是经济资源最为富庶的地区。嘉靖间,翰林院侍讲陈沂在为《南畿志》所写的序言中说:"以区域言之,昔禹敷土九州,排淮导河,注江达海。今畿土得九州之三,河入于淮,汉入于江,皆东流以至于海。其干戈徂定之功者,莫濠、颍、舒、和、徐、亳之雄武;军国之储费,莫三吴之财赋;鱼盐湖海之利,莫过于淮扬;麻枲米谷水陆之产,莫厚于上游诸郡。"[136]盖明初资实兵甲多萃于畿内[137]，故畿内（直隶）实为明初帝国的核心区，而应天、凤阳两都及其周围，又是其中最为重要的地区。

靖难之役，朱棣以燕地兵甲夺取皇位，明王朝的政治格局随之发生一系列变化，帝国的核心区亦由以应天、凤阳为中心的直隶（后被称为“南直隶”）转移到以北平（后建为北京）为中心的幽燕地区（后被称为“北直隶”，今京、津、河北地区）。实际上，核心区的转移是永乐以后对洪武朝的制度与政治格局不断调整的结果，而新核心区的形成则是以朱棣为中心的权力核心集团“自觉地”进行“建构”的结果。这主要表现为三个方面：

第一是迁都北京，设置北直隶。永乐元年（1403），以北平乃“承运兴王之地”，改为顺天府，建为北京，称“行在”；至永乐十八年（1420），正式定北京为京师，南京成为陪都。[138]在建置北京之同时，“罢北平布政使司，以所领直隶北京行部；罢北平都指挥使司，以所领直隶北京留守行后军都督府。”[139]北平行部直接代表在南京的中央政府，用以统治顺天等八府二州[140]；永乐十九年（1421）罢北京行部后，所统府州直隶已迁至北京的六部，即为北直隶。迁都北京与设置北直隶，在制度上确定了帝国政治重心的北移。

第二是军事重心的北移。洪武二十六年（1393）初定天下都司卫所时，北平都司辖有十六卫一所，另有作为燕王护卫的燕山三卫，合计共为十九卫一所。[141]在靖难之役的过程中及其后，朱棣不断增扩卫所，并把原驻南京、山西、河南、山东等处的卫所移驻北直隶或北京城内。到永乐元年（1403），北京行都督府辖下的卫所总计已高达六十一卫三所。[142]此后，北京行都督府所辖卫所又续有增加，据于志嘉先生考证，永乐年间北京行府所属卫所共有八十七卫九所，主要集中在顺天、保定、河间、真定、永平、隆庆、保安等府州及开平、万全、宣府等实土卫所；再加上屯驻于北直隶境内的大宁都司所辖之保定五卫、营州五屯卫，北直隶境内屯驻卫所或近一百卫。[143]据估计，帝国全部部队的25%—30%驻扎在北京及其周围地区。[144]除屯驻卫所之外，永乐二十年(1422)前后，又逐步形成了“京营”，“于中都、大宁、山东、河南附近卫所摘拨官军，轮班上操，以内卫京师，外备征伐，名曰三大营”[145]。每年“春秋番上”的外地卫所班军约为十六万人。[146]与此同时，南京（南直隶）的驻军则大幅度减少[147]，明帝国的军事重心明显地北移至北京与北直隶。

第三是东南财赋的北输。随着政治与军事重心的北移，东南地区的财赋特别是税米亦被大量输送到北方去。《明会典》卷二七《户部十四·会计三》“漕运”称：“国朝自永乐定都于北[京]，军国之需，皆仰给东南。”[148]顾炎武亦云：“成祖择天下形胜，都北平，京师百司庶府卫士编氓，仰东南漕粟为最急。”[149]永乐前期，采用海陆兼运法，最盛时岁运粟米三百余万石至北京（永乐十三年）。永乐十四年(1416)大运河全程浚通之后，每年运至北京的粟米迅速增加到五百余万石（永乐十五年），至宣德七年(1432)，更高达六百七十四万石。[150]永乐年间全国田赋定额约为三千二百万余石，实收不足二千三百万石[151]；以每年输往北京地区五百万石计，约占全国实收田赋粟米的22%。凡此数百万石漕粮，大部分来自南直隶、浙江（约占总额的60%），而苏州一府所出漕粮竟占全部漕额的17.4%。[152]东南所出之财赋，即有相当大部分输往北方。

当永乐十四年(1416)诸臣奏请迁都北京时，曾列举其理由，谓北京乃“圣上龙兴之地，北枕居庸，西峙太行，东连山海，南俯中原，沃壤千里，山川形胜，足以控四夷、制天下，诚帝王万世之都也。”[153]明人论及北京形胜，亦多称其“内跨中原，外控朔漠，真天下都会”[154]。论者或以永乐迁都北京，移帝国核心区于北方，乃是为了兼控华夷，实现“他建立一个扩张的和外向性帝国的幻想，这个帝国包括边陲和内地，既有汉族人，又有非汉族人”[155]。姑不论永乐皇帝是否拥有这样的理想，明王朝并未能实现这样的理想，则可肯定。顾祖禹谓永乐既都幽燕，则“当法汉、唐之成算，以开平、大宁、东胜、辽阳为（唐）河西、朔方之地”，方可称兼控夷夏；不意竟“坐而自削，有日蹙百里之讥，无乃与都燕之初意相刺谬乎？”[156]真正实现“控四夷以制天下”者，则是清朝。故清朝入关、定都北京之后，既将顾氏所言之开平、大宁、东胜、辽阳之地（今内蒙古南部、辽宁）纳入新王朝的核心区范畴。

早在入关之前，清（后金）就已经与蒙古科尔沁、巴林、扎鲁特、奈曼、喀喇沁、敖汉等部结盟，并在征服察哈尔部之后，编组“蒙古八旗”，将漠南蒙古完全置于控制之下，成为最重要的兵马供给基地。在漠南蒙古各部中，又以科尔沁部依附较早，“从龙佐命，世为肺腑，与国休戚。孝端文皇后、孝庄文皇后、孝惠章皇后皆科尔沁女，故世祖当草创初，冲龄践祚，中外帖然，繄蒙古外戚扆戴之力。自天命至乾隆初，额驸尚主者八。有大征伐，辄属櫜前驱，劳在王室，非直懿亲而已”[157]。故向来被视作所谓“满蒙一体”之典范。入关之后，清朝继续奉行与蒙古各部“申以盟誓，重以婚姻”的政策，以封爵、通婚笼络蒙古各部。顺治十三年（1656），顺治帝在给科尔沁及扎赉特、喀喇沁诸札萨克的敕谕中，追述诸部自太祖、太宗以来归诚助讨之功，以“朕世世为天子，尔等亦世世为王”相期，亦足见清朝统治者将内蒙古各部视为腹心的态度。[158]康熙二十二年（1683），在原属喀喇沁旗、翁牛特旗的牧场内划定木兰围场（今河北围场县），清帝每岁行围习武，兼资镇摄，并为适应秋狝之需要，营建起规模宏大的避暑山庄（今河北承德）。康熙四十二年（1703）以后，清帝几乎每年都要在避暑山庄居住约半年时间，一般是四、五月出口，九、十月回京。在此期间，军机处、内阁、各部院司寺的一批王公大臣随行，避暑山庄乃成为清王朝的第二个政治中心。乾隆时，赵翼尝随行木兰，谓清帝避暑热河、秋狝木兰之目的，“非特使旗兵肄武习劳，实以驾驭诸蒙古，使之畏威怀德，弭首帖伏而不敢生心也”[159]。而避暑山庄也确实发挥了“藩服皈依之总汇”的作用。[160]不仅如此，基于“满蒙一体”的理念，清朝皇帝对蒙古各部也一向比较信任。康熙时随侍秋狝的汪灏描述说：“塞外诸部世受国恩，各抒忠悃，每岁如家人趋事其主。而皇上遥临塞外，亦如游内府苑囿，推心置腹，只左右亲随十余人在行围中，毫无疑贰，自有天地以来所未有也。”[161]临塞外如游内府，虽不无夸张，然谓清帝视热河一如京师，则大致可信。

除热河外，留都盛京（今辽宁沈阳）在清王朝的政治空间结构中亦具有特殊意义。盛京是清朝初起时的都城；迁都北京后，乃“尊盛京为留都，监往代两都之制，设官分职，管辖八旗驻防禁旅”[162]。驻防盛京的军政长官初为内大臣，后相继改为昂邦章京、奉天将军、盛京将军，后又渐次设立盛京五部、盛京总管内务府等机构，其职官品秩均高于一般行省。盖盛京为清朝发祥之地，向被视为根本。顺治十八年（1661），奉天府尹张尚贤云：“窃惟天下大势，京都者，犹人之腹心；盛京者，犹木之根本也。”[163]即

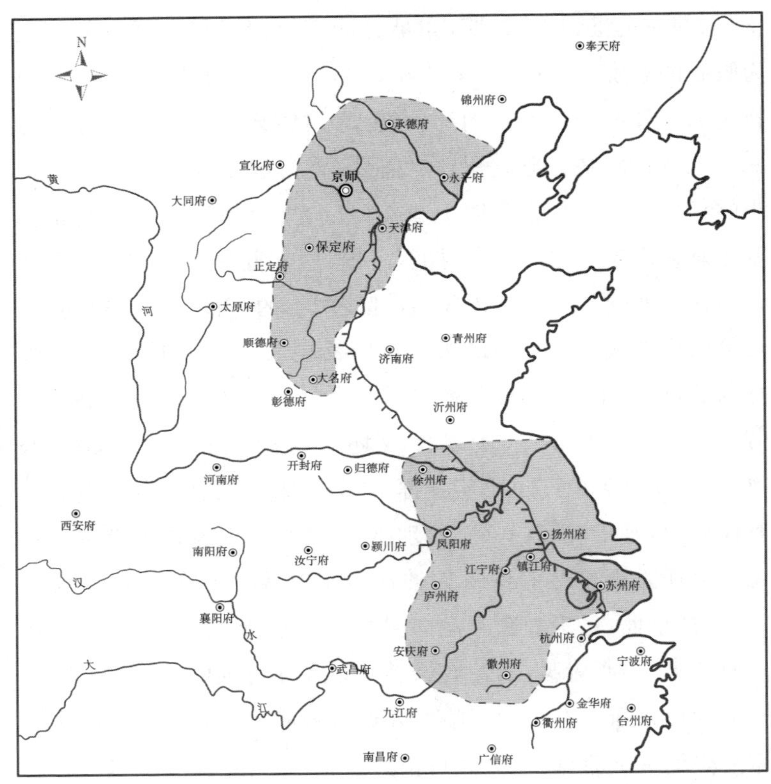

图8　明朝与清朝的核心区　　审图号：GS（2013）2851号

将盛京与京都(北京)并列为腹心、根本。康熙、乾隆、嘉庆帝均曾多次东巡盛京。乾隆四十三年(1778)，乾隆皇帝前往盛京谒陵，谕旨称："盛京根本重地，发祥所自"，谆谆告诫后世帝王"不可不躬亲阅历"。[164]凡此，均可见出盛京的重要性。

许倬云先生说："清代皇权的本质，并不仅是汉人的皇帝，同时是满—蒙—藏三个族群的共主，这是一个两合的结构。清人初起时，第一步统一东北的满族诸部，继而收蒙古族群为盟友，通过结婚联姻，视同自己人。清廷在平喀尔喀蒙古时，是与东部蒙古联合，打击西部蒙古；平准噶尔部，招抚西藏，乃是以中国内地汉人的财富与资源，建立起清朝在北亚的霸主地位。相较于明代在北边的守势，清代收北方为自己的腹地。”[165]在多元的统一帝国内，北京显然是统治汉人的中心，而热河（承德）则是控制蒙古以及青藏地区的中心，盛京是满族的发祥地，此三者，遂共同构成清帝国的核心区。

七　结语

综上所论，我们可以对中国历代王朝统治的核心区之所在及其转移形成一个概括性认识：(1)秦、西汉王朝的核心区，乃在关中及其西北边的北地等六郡，即今陕西中、西部地区；东汉帝国的核心区，则大致相当于今河南中部、山西与河北南部的黄河中下游两岸地，“三河”又是其最基本的核心区。(2)十六国以迄隋、唐前期的核心区，当在长安、晋阳、洛阳为中心所组成的三角区域，只有兼跨关陇、河东与河洛的政权，才能统一北方，并进而统一全国。(3)东晋南朝及南唐、南宋等立国东南的政权，核心区均在以广陵、合肥、寿春、淮阴为中心的江淮地区及以建康、京口、芜湖为中心的宁镇地区，即长江下游两岸地，而非在向以为经济发达之江南腹地。(4)晚唐五代时期，河北、河东、河南三大军事集团渐次合流，逐步形成以汴梁、洛阳、太原、广晋（大名）为中心的核心区；北宋时期，河东（太原）退出核心区范畴，核心区在以开封、洛阳、应天、大名等四京为中心构成的区域，即今河南中部、北部及河北南部的黄河两岸地。(5)契丹(辽)帝国的核心区一直在其上京临潢府,即今大兴安岭中段以西的草原地带;金初的核心区在被称为“内地”的上京路(今黑龙江南境),海陵王迁都燕京之后,即以燕地(今京津地区、河北北部)作为帝国之根本;蒙元帝国也经历了一个核心区由草原向汉地逐步转移的过程:大蒙古国时代的核心区当在斡难—怯绿涟地区及鄂尔浑河流域,元朝建立后,以大都路、上都路为中心的腹里北部即今京津地区、河北、山西北部、内蒙古南部地区乃帝国最重要的核心区。(6)明初的核心区在以南京、中都为中心的畿内(南直隶,今江苏、安徽二省),永乐以后,逐步转移到以北京为中心的幽燕地区(北直隶,今京、津、河北地区);清王朝则在明朝核心区的基础上,进一步将其扩大,包括了邻近草原地带的热河(今承德)与清朝发祥地的盛京(今沈阳)地区。

姑且不论立国东南的六朝、南唐、南宋政权以及主要表现为草原帝国的契丹(辽朝),综括上述历代王朝统治之核心区的转移,又可区分为三个大的阶段:第一阶段,秦汉魏晋南北朝以迄于唐前期,各王朝的核心区虽历有变化,但基本稳定在关中、河洛与河东(太原)地区,长安、洛阳、晋阳乃是构成其核心区的三个基本点,不同朝代在此三个基本点之间有所变动;第二阶段,自中晚唐五代至北宋,政治军事之重心渐次向东移动,后来逐步稳定在以开封、洛阳、大名、应天为中心的黄河中游两岸地区;第三阶段,金元明清时期,虽然情势更为纷杂,但总的说来,四个王朝的核心区主要是在以今北京为中心的华北北部地区。显然,中国历代王朝核心区的转移表现出由西北向东北、由关陇向幽燕移动的轨迹,元、清二代的核心区更是跨越长城,兼括草原与农耕地带，充分说明王朝统治的核心区并不取决于农耕经济的发达与否。至于是哪些因素影响或制约了历代王朝核心区的变动，以及这些变动究竟具有怎样的意义，则尚需作进一步的分析。

注释

1　冀朝鼎:《中国历史上的基本经济区与水利事业的发展》,朱诗鳌译,北京:中国社会科学出版社,1981 年,第 8、10 页。

2　许倬云:《传统中国社会经济史的若干特性》,见氏著《求古编》,北京:新星出版社,2006 年,第 1—14 页。

3　毛汉光:《中古核心区核心集团之转移——陈寅恪先生"关陇"理论之拓展》,见氏著《中国中古政治史论》,上海:上海书店出版社,2002 年,第 1—28 页;王德权:《古代中国体系的抟成——关于许倬云先生〈中国体系网络分析〉的讨论》,《新史学》(台北)14 卷 1 期(2003 年 3 月);王德权:《"核心集团与核心区"理论的检讨——关于古代中国国家权力形成的一点思考》,《政治大学历史学报》(台北)第 25 期(2006 年 5 月)。

4　鲁西奇:《中国历史上的"核心区":概念与分析理路》,《厦门大学学报》2010 年第 1 期。

5　冀朝鼎:《中国历史上的基本经济区与水利事业的发展》,第 65—76 页。关于西汉时期关中水利事业的发展及其与"基本经济区"的关系,另请参阅庄辉明《西汉水利工程与"基本经济区"》,《华东师范大学学报》2002 年第 3 期。

6　毛汉光:《中古核心区核心集团之转移——陈寅恪先生"关陇"理论之拓展》,见氏著《中国中古政治史论》,上海:上海书店出版社,2002 年,第 1—28 页,引文见第 19 页。

7　《史记》卷七十《张仪列传》,北京:中华书局,1959 年,第 2293 页。

8　《史记》卷一二九《货殖列传》,第 3262 页。

9　《汉书》卷二八下《地理志下》,北京:中华书局,1962 年,第 1644 页。

10　冀朝鼎:《中国历史上的基本经济区与水利事业的发展》,第 74—76 页。

11　《汉书》卷九《元帝纪》,永光四年冬十月乙丑诏书,第 292 页。

12　《汉书》卷十《成帝纪》,第 317、320 页。

13　《汉书》卷九九中《王莽传中》,第 4128、4133—4134 页。

14 《汉书》卷九九下《王莽传下》,第 4159、4178、4182 页。

15 参阅王子今《西汉末年洛阳的地位与王莽的东都规划》,《河洛史志》1995 年第 4 期;《王莽“分州定域,以美风俗”的努力》,见氏著《秦汉区域文化研究》,成都:四川人民出版社,1998 年,第 369—382 页。

16 冀朝鼎:《中国历史上的基本经济区与水利事业的发展》,第 76—77 页。

17 在所谓“云台二十八将”中,出自南阳郡者有十一人(邓禹、吴汉、贾复、岑彭、朱祐、马成、陈俊、杜茂、任光、马武、刘隆),出自颍川郡者有七人(冯异、祭遵、傅俊、坚镡、臧宫、铫期、王霸),在河北(信都、上谷等地)投附光武者十人(寇恂、刘植、耿纯、王梁、盖延、邳丹以及耿弇、景丹、李忠、万脩)。在永平中增加的四人中(合“二十八将”成“三十二功臣”),有二人出南阳(李通、卓茂),一人出颍川(王常)。显然,南阳、颍川豪族构成了光武集团的核心。《后汉书》卷三一《郭伋传》记建武十一年(35)郭伋上言:“选补众职,当简天下贤俊,不宜专用南阳人。”(北京:中华书局,1965 年,第 1092 页)也说明东汉初南阳人实占据众多要职。参阅余英时《东汉政权之建立与士族大姓之关系》,见氏著《士与中国文化》,上海:上海人民出版社,1987 年,第 217—286 页;宇都宫清吉:《刘秀与南阳》,黄金山译,见刘俊文主编《日本学者研究中国史论著选译》第三卷,北京:中华书局,1993 年,第 618—645 页。

18 《后汉书》卷一上《光武帝纪上》,第 20—21 页。

19 《后汉书》卷一下《光武帝纪下》,第 68—71 页。

20 《后汉书》卷二《孝明帝纪》,第 104、107—108、110、116、118—119 页。

21 《后汉书》卷三《章帝纪》,第 143—145 页。

22 《后汉书》卷五《安帝纪》,第 222 页。

23 冀朝鼎:《中国历史上的基本经济区与水利事业的发展》,第 78 页。

24 《后汉书》卷七一《皇甫嵩传》,第 2300 页。

25 《续汉书·郡国志》所记永和五年(140)三辅户口数,合计为 107741 户、523860 口,分别是西汉元始二年(2)三辅户口数(647180 户、2436360 口)的 16.6%、21.5%(《续汉书·郡国志》,中华书局校点本《后汉书》,第 3403—3406 页;《汉书》卷二八上《地理志上》,第 1543—

1547 页)。西晋时江统作《徙戎论》,述关中衰败之迹甚详,谓“王莽之败,赤眉因之,西都荒毁,百姓流亡。建武中,以马援领陇西太守,讨叛羌,徙其余种于关中,居冯翊、河东空地,而与华人杂处。数岁之后,族类蕃息,既恃其肥强,且苦汉人侵之。永初之元,骑都尉王弘使西域,发调羌氐,以为行卫。于是群羌奔骇,互相扇动,二州之戎,一时俱发,覆没将守,屠破城邑。……及遣北军中候朱宠将五营士于孟津距羌,十年之中,夷夏俱斃。……汉末之乱,关中残灭。”(《晋书》卷五六《江统传》,北京:中华书局,1974 年,第 1531 页)故关中之衰落,虽可上溯两汉之际,而实自永初(107—113 年)发端,至汉末乃彻底残破,故魏晋人乃视关中为荒残夷狄之区,不复以“核心”视之。参阅葛剑雄《中国移民史》第二卷,第四章《汉代的关中和洛阳》,福州:福建人民出版社,1997 年,第 88—146 页。

26 陈寅恪:《唐代政治史述论稿》,上篇,《统治阶级之氏族及其升降》,上海:上海古籍出版社,1997 年,第 14—15 页。

27 毛汉光:《中古核心区核心集团之转移——陈寅恪先生“关陇”理论之拓展》,见《中国中古政治史论》,第 10—18 页。

28 万绳楠整理:《陈寅恪魏晋南北朝史讲演录》,合肥:黄山书社,1987 年,第 308—324 页,引文见第 311、316—317 页。

29 毛汉光:《西魏府兵史论》,见《中国中古政治史论》,第 188—305 页,引文见第 299 页。

30 毛汉光:《晋隋之际河东地区与河东大族》,《北朝东西政权之河东争夺战》,见《中国中古政治史论》,第 105—187 页。

31 毛汉光:《中古核心区核心集团之转移——陈寅恪先生“关陇”理论之拓展》,见《中国中古政治史论》,第 14—18 页。

32 毛汉光:《北魏东魏北齐之核心集团与核心区》,见《中国中古政治史论》,第 29—104 页。

33 《晋书》卷一〇一《刘元海载记》,第 2648—2652 页。

34 《后汉书》卷八九《南匈奴列传》载:建武二十四年(48),南匈奴八部款五原塞入附,入居云中,复移居西河,置单于庭于西河美稷(在今内蒙古准格尔旗西北),各部分屯于北地、朔方、五原、云中、定襄、雁门、代郡，合西河，为缘边八郡。至永和五年(140)，南匈奴左部句龙王吾斯、车纽等叛汉，寇掠并、凉、幽、冀四州，汉乃徙西河治离石，上郡治夏阳，朔方治五原，单于庭亦移居离石左国城，大批南匈奴部众由缘边八郡南徙，进入西河郡南部及汾水上中游之太原、河东郡。

35 《资治通鉴》卷六七，汉献帝建安二十一年，北京：中华书局，1955 年，第 2146—2147 页；《晋书》卷九七《北狄匈奴传》，第 2548—2549 页；《晋书》卷一〇一《刘元海载记》，第 2645 页。

36 《资治通鉴》卷八八，怀帝永嘉六年六月，第 2780—2781 页。

37 《晋书》卷一〇二《刘聪载记》，第 2665 页。

38 江统《徙戎论》谓："魏武皇帝令将军夏侯妙才讨叛氐阿贵、千万等，后因拔弃汉中，遂徙武都之种于秦川，欲以弱寇强国，扞御蜀虏。"(见《晋书》卷五六《江统传》，第 1531 页)据《三国志》卷十五《魏书·张既传》：建安末，雍州刺史张既徙氐人五万余落出居扶风、天水二郡界内(中华书局，1959 年，第 472—473 页)后武都太守杨阜又徙武都民、氐万余户，使居京兆、扶风、天水界(《三国志》卷二五《魏书·杨阜传》，第 704 页)。曹魏黄初元年(220)，武都氐王杨仆率众内附，被安置在汉阳郡(即天水郡)居住(《三国志》卷二《魏书·文帝纪》，第 60 页)。至正始元年(240)，郭淮又徙陇西氐人三千余落以实关中(《三国志》卷二六《魏书·郭淮传》，第 735 页)。江统《徙戎论》计划"徙扶风、始平、京兆之氐，出还陇右，著阴平、武都之界"(第 1532 页)。说明此三郡当为氐人集聚之区。参阅马长寿《氐与羌》，上海：上海人民出版社，1984 年，第 34—37 页。

39 《晋书》卷一一二《苻洪载记》，第 2867—2868 页。

40 《晋书》卷一一三《苻坚载记上》，第 2895 页。

41 《资治通鉴》卷一〇四，晋孝武帝太元五年(前秦建元十六年，380 年)七月、八月，第 3295—3296 页；《晋书》卷一一三《苻坚载记上》，第 2903 页。

42 周瑜为庐江舒人，鲁肃为临淮东城人，吕蒙为汝南富陂人，三人均是孙氏集团中的头面人物(《三国志》卷五四《吴书·周瑜鲁肃吕蒙传》，北京：中华书局，1959 年，第 1259—1281 页)，自不待言。严畯为彭城人，

"避乱江东，与诸葛瑾、步骘齐名友善。"张昭进之于孙权，后代鲁肃镇陆口(《三国志》卷五三《吴书·严畯传》，第1247页)。步骘为临淮淮阴人，"世乱，避难江东"(《三国志》卷五二《吴书·步骘传》，第1236页)。蒋钦为九江寿春人，周泰为九江下蔡人，陈武为庐江松滋人，丁奉为庐江安丰人，都是孙策在淮南时投附者；而程普虽为右北平土垠人，韩当为辽西令支人，乃孙坚旧部，后随孙策由淮南入江东，亦当属淮泗集团(《三国志》卷五五《吴书·程韩韩蒋周陈董甘凌徐潘丁传》，第1286—1289、1300、1283、1285页)。

43　张昭为徐州彭城人，"汉末大乱，徐方士民多避难扬土，昭皆南渡江。孙策创业，命昭为长史、抚军中郎将，升堂拜母，如比肩之旧，文武之事，一以委昭"(《三国志》卷五二《吴书·张昭传》，第1219页)。孙邵为北海人，"从刘繇于江东"，孙权黄武初为丞相(见《三国志》卷四七《吴书·吴主传》黄武四年五月下裴注引《吴录》，第1131页)。诸葛瑾为琅邪阳都人，汉末避乱江东，后为孙权长史、中司马(《三国志》卷五二《吴书·诸葛瑾传》，第1231页)。张紘为广陵人，避难江东，"孙策创业，遂委质焉。表为正议校尉，从征合肥"，后为孙权长史(《三国志》卷五三《吴书·张紘传》，第1243页)。

44　《三国志》卷十五《魏书·刘馥传》记汉末刘馥曾避乱扬州，"后孙策所置庐江太守李述攻杀扬州刺史严象，庐江梅乾、雷绪、陈兰等聚众数万在江、淮间，郡县残破。"则知建安初，江淮即颇荒废。同书卷四七《吴书·吴主传》记建安十八年(213)，孙、曹于淮南相拒，"自庐江、九江、蕲春、广陵户十余万皆东渡江，江西遂虚，合肥以南惟有皖城"(第1118页)。《宋书》卷三五《州郡志一》扬州"淮南太守"条："三国时，江淮为战争之地，其间不居者各数百里，此数县并在江北淮南，虚其地，无复民户"(第1033页)。

45　参阅田余庆《孙吴建国的道路》、《暨艳案及相关问题——兼论孙吴政权的江东化》，见氏著《秦汉魏晋史探微》，北京：中华书局，1993年，第244—304页。

46　孙吴政权的核心区，当在丹杨、吴、会稽三郡，即狭义的"江东"。黄武以后，江东文臣武将，大抵皆出自三郡，而以吴、会为最。顾雍、朱桓、朱据、陆绩、陆逊、陆凯、张温等并为吴郡吴人，凌统、吾粲、全琮、周鲂等亦皆吴郡人，阚泽、董袭、虞翻、骆统、贺齐、钟离牧、吴范、贺邵等则皆为会稽人，故以统治集团主要成员所出之地域论，吴、会二郡实最为集中。这些大族多拥有部曲，其子弟多出而领兵，故孙吴政权所赖之军事力量亦或集中于吴、会、丹杨。左思《吴都赋》描述吴郡大族高门鼎贵、冠盖云集、走马舞剑之况云："其居则有高门鼎贵，魁岸豪杰，虞、魏之昆，顾、陆之裔，岐嶷继体，老成奕世，跃马叠迹，朱轮累辙，陈兵而归，兰锜内设，冠盖云荫，闾阎阒噎。"（见《六臣注文选》卷五，1987 年，影印本，第 109 页）正说明其时吴、会大族多文武并重，出将入相。

47　参阅田余庆《释"王与马共天下"》，见氏著《东晋门阀政治》，北京：北京大学出版社，1989 年，第 1—37 页。

48　田余庆：《孙吴建国的道路》，见《秦汉魏晋史探微》，第 244—275 页，引文见第 274 页。

49　陈寅恪：《述东晋王导之功业》，见氏著《金明馆丛稿初编》，上海：上海古籍出版社，1980 年，第 48—68 页，特别是第 57—62 页。

50　参阅周一良《魏晋南北朝史札记》，《〈晋书〉札记》，"东晋南朝地理形势与政治"条，北京：中华书局，1985 年，第 75—82 页；田余庆：《论郗鉴——兼论京口重镇的形成》，见《东晋门阀政治》，第 38—104 页，特别是第 73—101 页；田余庆：《北府兵始末》，见《秦汉魏晋史探微》，第 305—349 页；章义和：《地域集团与南朝政治》，第一章"晋末宋初的京口集团"，上海：华东师范大学出版社，2002 年，第 1—22 页。

51　《宋书》卷三五《州郡志一》扬州"淮南太守"条："其后中原乱，胡寇屡南侵，淮南民多南度。成帝初，苏峻、祖约为乱于江淮，胡寇又大至，民南度江者转多，乃于江南侨立淮南郡及诸县，晋末遂割丹阳之于湖县为淮南境。"（第 1033—1034 页）姑孰、芜湖并属淮南郡。

52　成帝咸和四年（329），侨立豫州，治芜湖，至咸康四年（338）移治邾城；咸康八年，庾怿为豫州刺史，又镇芜湖；永和元年（345），移镇牛渚，二年，复镇芜湖，至四年移镇寿春；孝武宁康元年（373），又镇姑孰，至太元十年（385）移戍马头；安帝义熙二年（406），豫州复治姑孰；至十二年，复移镇寿春（《宋书》卷三六《州郡志二》"南豫州刺史"条，第 1071—

1072 页）。义熙二年，刘毅为豫州刺史镇姑孰，上表称：豫州“地不为旷，西界荒余，密弥寇虏，北垂萧条，土气彊犷，民不识义，唯战是习。逋逃不逞，不谋日会。比年以来，无月不战，实非空乏所能独抚。”（《南齐书》卷十四《州郡志上》，“豫州”，第 250 页）则知豫州亦为流民所聚，民风粗犷。又，钱大昕《廿二史考异》卷二二《晋书五》“庾楷传”条：“考南渡以后，豫州或治历阳，或治寿春，或治姑孰，而都督例以‘西’为号。”（上海：上海古籍出版社，2004 年，第 380 页）关于西府军力及其变化，请参阅田余庆《北府兵始末》之第四部分，“北府与西府的协同呼应”，见《秦汉魏晋史探微》，第 318—322 页。

53 参阅谭其骧《晋永嘉丧乱后之民族迁徙》，见氏著《长水集》上册，北京：人民出版社，1987 年，第 199—233 页；胡阿祥：《东晋南朝侨州郡县的设置及其地理分布（下）》，《历史地理》第 9 辑，上海：上海人民出版社，1990 年，第 210—227 页。

54 如祖逖率众南来，达于泗口，“元帝逆用为徐州刺史”；渡江居京口未久，又受命“将本流徙部曲百余家渡江”，进屯淮阴、谯、沛（《晋书》卷六二《祖逖传》，第 1694—1695 页）。祖约继领逖众，“归卫京都”，得预平定王敦之役，事平之后仍受命屯寿阳，“为北境藩扞”（《晋书》卷一〇〇《祖约传》，第 2626 页）。苏峻“率其所部数百家泛海南渡”，即到广陵，复除淮陵（分临淮立）内史，还屯淮上；预平王敦之乱后，迁历阳内史，仍不得过江，朝廷但“以江外寄之。”（《晋书》卷一〇〇《苏峻传》，第 2628—2629 页）郗鉴南来，受委为兖州刺史、都督扬州江西诸军事，镇合肥，所部流民亦当留住合肥一带（《晋书》卷六七《郗鉴传》，第 1796—1797 页）。

55 《晋书》卷二六《食货志》，第 792 页。

56 如田余庆先生尝论及：永和四年（348）以后，十五年内，豫州一直由谢尚、谢奕、谢万兄弟相继掌握，成为建康的可靠门户。“上游桓温虽然权势很盛，但由于不能控制豫州，因而也不能得心应手地影响朝政。”至太和四年（369）桓温借第三次北伐之机，压平豫州刺史袁真，方清除其独揽朝政的障碍（《东晋门阀政治》，第 170—186 页）。此事足可见出豫州在东晋政争中的重要性。

57　田余庆:《北府兵始末》,见《秦汉魏晋史探微》,第 305—349 页,引文见第 309 页。

58　《南齐书》卷十四《州郡志上》"北兖州"条,第 257 页。

59　《宋书》卷八七《殷琰传》,第 2207 页。

60　《南齐书》卷二八《崔思祖、刘善明、苏侃、垣荣祖传》后"史臣曰":"太祖作牧淮、兖,始基霸业,恩威北被,感动三齐。青、冀豪右,崔、刘望族,先睹人雄,希风结义。"(第 532 页)关于萧道成作镇淮阴、团聚青徐豪族,请参阅罗新《青徐豪族与宋齐政治》,《原学》第一辑,北京:中国广播电视出版社,1994 年,第 148—175 页;韩树峰:《南北朝时期淮汉迤北的边境豪族》,北京:社会科学文献出版社,2003 年,第 1—25 页;章义和:《地域集团与南朝政治》,第 23—60 页。

61　真德秀:《西山先生真文忠公文集》卷三,《使还上殿札子》(甲戌二月一日),《四部丛刊》本,第十五页;《直前奏事札子》(甲戌七月二十五日),《四部丛刊》本,第二十五页。

62　《新五代史》卷六一《吴世家》,卷六二《南唐世家》,北京:中华书局,1974 年,第 747—781 页。

63　章如愚:《群书考索》卷五八《地理门》,"江淮形势"条,北京:书目文献出版社,1992 年,影印本,第 392 页。

64　李心传:《建炎以来朝野杂记》甲集卷十八《兵马》,"绍兴内外大军数",北京:中华书局,2000 年,第 404—405 页。南宋绍兴初,张俊大军屯驻建康,韩世忠大军驻镇江,岳飞军驻鄂州,刘光世大军屯驻淮上,构成对金防御战线,四镇兵力占南宋内外大军总数(不包括川陕军)的八成以上。"淮西兵变",刘光世军主力叛投伪齐,余部并入张俊军,"由是三衙外但有韩、张、岳三军"。三大帅虽于绍兴和议前后渐次被剥夺军权,但三大军屯驻格局并未变化,"今镇江大军,韩氏部曲也;建康大军,张氏部曲也;鄂州大军,岳氏部曲也"。三大军之外,"惟荆南、江、池皆绍兴末新创,荆南则刘信叔所招效用,而颇以鄂军益之;江池军则三衙之疲弱者,而江州一军又杂以江西茶盗,近岁皇甫倜为帅,始训齐之",实力甚为单弱。至乾道中,内外大军总数(包括川陕军)为 41.8 万人,其中殿前司 7.3 万,步军司 2.1 万(二军屯驻于临安及其附近);建康都统司 5 万，马军司 3 万（二军屯驻建康及其周围）；镇江府都统司 4.7 万，楚州武锋军 1.1 万；池州都统司 1.2 万，江州都统司 1 万；鄂州都统司 4.9 万，荆南都统司 2 万。合计镇江、建康、楚州、江、池、鄂州、荆南诸司所统大军约为 23 万，占内外大军总数的一半强。（《建炎以来朝野杂记》甲集卷十八《兵马》，“乾道内外大军数”，第 405—406 页）

65 李心传：《建炎以来朝野杂记》甲集卷十一《官制二》，“总领诸路财赋”，第 225—226 页。

66 东南三总领所度支财用，向抑“朝廷科拨诸州县财赋及榷货等钱与之”。乾道中（1165—1173 年），淮西岁费一千一百余万缗，米七十万石，淮南岁费七百万缗、米七十万石，湖广岁费九百六十余万缗、米九十万石，合计东南三总领所岁费约二千八百万缗、米二百三十万石（《建炎以来朝野杂记》甲集卷十七《财赋四》，“淮东西湖广总领所”，第 390—391 页）。南宋岁收数，据《建炎以来朝野杂记》甲集卷十四《财赋一》“国初至绍熙天下岁收数”所记，淳熙末（1189）为六千五百三十余万缗（第 289 页）；马端临《文献通考》卷二四《国用考二・历代国用》称“宁宗时岁入六千余万”（北京：中华书局，1996 年，影印本，第 235 页）。则南宋中后期岁收盖在六千万缗以上。东南三总领所岁费几占南宋王朝可支配岁收的一半。

67 赵翼：《廿二史札记》卷二十，“长安地气”，北京：中国书店，1987 年，第 276 页。

68 陈寅恪：《唐代政治史述论稿》，上海古籍出版社，1997 年，第 25 页；《论李栖筠自赵徙卫事》，见《金明馆丛稿二编》，北京：生活・读书・新知三联书店，2001 年，第 1—8 页。

69 毛汉光：《中古核心区核心集团之转移——陈寅恪先生“关陇”理论之拓展》，《中国中古政治史论》，第 19—20 页；另请参阅氏著《魏博二百年史论》、《五代之政治延续与政权转移》，见《中国中古政治史论》第 349—474 页。

70 《通典》卷一四八《兵一》，“序”，北京：中华书局，1988 年，第 3780 页。

71 据《资治通鉴》卷二一五天宝元年正月壬子条（北京：中华书局，1956 年，第 6847—6851 页）所记计算。

72 参阅黄永年《〈通典〉论安史之乱的“二统”说释证》,见氏著《文史探微》,北京:中华书局,2000 年,第 292—311 页。

73 《新唐书》卷二一〇《藩镇魏博传》,北京:中华书局,1975 年,第 5921 页。

74 《旧五代史》卷三《梁书·太祖纪三》,开平元年四月,北京:中华书局,1976 年,第 48 页。

75 《新五代史》卷一五《庄宗纪下》,同光元年夏四月,第 44 页;《资治通鉴》卷二七二,庄宗同光元年四月己巳,第 8883 页。

76 《新五代史》卷五《庄宗纪下》,同光元年十一月,第 46 页。按:其时另以永平军(京兆府)为西都,盖李氏以继唐为号,追思唐都而为之。

77 《旧五代史》卷七七《晋书·高祖纪三》,天福三年十月庚辰,第 1020 页。

78 《资治通鉴》卷二八一,高祖天福三年十月丙辰,第 9191 页。

79 《新五代史》卷七〇《东汉世家·刘旻》,第 863 页。

80 《续资治通鉴长编》卷二十,太平兴国四年五月甲申,北京:中华书局,2004 年,第 452 页。

81 后周显德元年,废邺都留守,依旧为天雄军大名府(《五代会要》卷十九,“大名府”条,上海:上海古籍出版社,2006 年,第 310 页)。故后周即只有东京开封府、西京河南府。

82 景德三年(1006)升宋州为应天府诏书谓:“睢阳奥区,平台旧壤,两汉之盛,并建于戚藩;五代以还,荐升于节制。地望椎于征镇,疆理接于神州,实都畿近辅之邦,乃帝业肇基之地。”建置北京诏书称:“睢水名区,实一方之都会;商邱奥壤,为三代之旧邦。形势表于山河,忠烈存于风俗。惟文祖之历试,盖王命之初基。”(《宋会要辑稿》方域二之一,“南京”, 北京:中华书局,1957 年,影印本,第 7331 页)则应天府建为南京,主要是因其为都畿近辅,又是宋室帝业肇基之地。

83 建置北京诏书谓:“相邑设都,所以因地形之胜;省方展义,所以考民风之宜。乃眷魏郊,实当河麓,席万盈之懿兆,冠千里之上腴,隐然北门,壮我中夏。”(《宋会要辑稿》方域二之二,“北京”,第 7332 页)则建大名府为北京,主要是以其战略地位之重要。

84 《宋史》卷八五《地理志一》,"开封府,京东路"后叙,"京西路"后叙;卷八六《地理志二》,"河北路"后叙,北京:中华书局,1977 年,第 2112、2117、2130—2131 页。

85 《续资治通鉴长编》卷三二七,元丰五年六月壬申,第 7883 页。

86 司马光:《涑水记闻》卷一,"收诸道精兵"条,北京:中华书局,1989 年,第 13 页。

87 马端临:《文献通考》卷一五二《兵四·兵制》,北京:中华书局,1986 年,第 1327 页。

88 《宋史》卷一八七《兵一·禁军上》,第 4576 页。

89 王曾瑜:《宋朝兵制初探》,北京:中华书局,1983 年,第 32—54 页。

90 《宋史》卷一八七《兵一·禁军上》,第 4576—4577 页;《续资治通鉴长编》卷二一八,熙宁三年十二月壬申,第 5305 页。

91 王应麟:《玉海》卷一三九《兵制四》,"庆历兵录、赡边录、嘉祐兵数"条,扬州:广陵书社,2003 年,影印本(光绪九年浙江书局刊本),第 2597 页。

92 《续资治通鉴长编》卷二五六,熙宁七年九月癸丑,第 6257 页;《宋史》卷一八八《兵志二·禁军下》,第 4627—4628 页;《文献通考》卷一五三《兵五·兵制》,第 1335 页;王应麟:《玉海》卷一三九《兵制四》,"熙宁将兵"。至元丰二年(1079),将兵法全部推行,总天下为 92 将,则京畿及京东北、河北诸路所占将数约 40%。

93 《文献通考》卷二五《国用考三·漕运》,第 245 页。

94 《续资治通鉴长编》卷三八,太宗至道元年九月,北京:中华书局,2004 年,第 820 页。

95 《文献通考》卷二五《国用考三·漕运》,第 245 页。

96 《玉海》卷一八二《食货·漕运》,"宋朝水运、太平兴国四河漕运"条,第 3353 页。

97 《宋史》卷一五七《选举志三》,第 3657—3663、3673—3689 页;《文献通考》卷四三《学校考三·太学》,第 395—398 页。

98 司马光:《司马温公文集》卷十三,《竚瞻堂记》,《丛书集成补编》本,北京:中华书局,1985 年,第 1920 册,第 302 页。

99　张邦基:《墨庄漫录》卷四,“戊己四先生”条,北京:中华书局,2002 年,第 112 页。

100　范仲淹:《南京书院题名记》,见范能濬编集《范仲淹全集》(《范文正公文集》卷八),南京:凤凰出版社,2004 年,第 165—166 页。

101　《宋史》卷四四四《文苑传六》,“黄庭坚”,第 13109 页;“晁补之”,第 13111 页。

102　《宋史》卷八五《地理志一》,“京畿路”条,第 2106 页。

103　傅乐焕:《辽代四时捺钵考五篇》,见氏著《辽史丛考》,北京:中华书局,1984 年,第 36—172 页。

104　《辽史》卷三二《营卫志中》,“行营”,北京:中华书局,1974 年,第 373 页;卷三一《营卫志上》,第 361 页。

105　傅乐焕:《辽代四时捺钵考五篇》之第三篇,“四时捺钵总论”,见《辽史丛考》,第 90 页。

106　《辽史》卷三二《营卫志中》,第 376—376 页。

107　《辽史》卷三五《兵卫志中》,“宫卫亲军”,第 402 页。

108　岛田正郎:《大契丹国——辽代社会史研究》,何天明译,呼和浩特:内蒙古人民出版社,2007 年,第 101—121 页;武玉环:《辽代斡鲁朵探析》,《历史研究》2000 年第 2 期。

109　岛田正郎:《大契丹国——辽代社会史研究》,第 86—92 页。

110　刘浦江:《女真的汉化道路与大金帝国的覆亡》,见氏著《松漠之间——辽金契丹女真史研究》,北京:中华书局,2008 年,第 235—274 页。

111　宇文懋昭撰,崔文印校证:《大金国志校证》卷十三《海陵炀王上》,北京:中华书局,1986 年,第 186 页。

112　《金史》卷二四《地理志上》,“上京路”条,北京:中华书局,1975 年,第 550 页。

113　《金史》卷五《海陵纪》,正陵二年十月壬寅,第 108 页。

114　世宗大定十三年(1173),复以会宁府为上京,并采取一系列措施,以强化上京路之重要性,如大定二十四年,迁速频一猛安、胡里改二猛安二十四谋克以实上京率、胡剌温之地,“盖欲上京兵多,它日可为缓急之备也”(《金史》卷四四《兵志》,第 996 页)。然上京毕竟“僻在一隅,转漕艰而民不便”(《大金国志校证》卷十三《海陵炀王上》,第 187 页),而女真猛安谋克大部迁往华北,上京路已完全没有可能成为金王朝的“根本”了。

115 《金史》卷九六《梁襄传》,第 2136、2134 页。

116 金人所说之“燕地”,初指燕京及涿、易、檀、顺、景、蓟等六州。《大金国志》卷二《太祖武元皇帝下》记天辅六年(宋宣和四年,1122)宋金交涉,谓“以燕京六州归于宋”,其下则迳称所议交之地为“燕地”(第 30 页)。同书卷三七录《大宋与大金国誓书》,谓宋朝“遣使计议五代以后陷入契丹燕地,幸感好意,特与燕京、涿、易、檀、顺、景、蓟并属县及所管户民。”《金国回大宋誓书》亦称“故与燕地,兼同誓约”。是金初所称之燕地,即燕京及涿、蓟等六州。海陵王贞元中置中都路,所领除上述七府州外,另有通、平、滦、雄、霸、保、遂、安肃诸州(见《金史》卷二四《地理志上》,“中都路”,第 572—578 页),其地大致相当于今京、津二市及河北省东北部。

117 志费尼:《世界征服者史》,何高济译,北京:商务印书馆,2004 年,上册,第 43 页。

118 拉施特主编:《史集》第二卷,余大钧、周建奇译,北京:商务印书馆,1985 年,第 70—71 页。

119 《元史》卷五八《地理志一》,“大都路”、“上都路”,北京:中华书局,1976 年,第 1347、1349—1350 页。

120 苏天爵:《元朝名臣事略》卷七《平章廉文正王(希宪)》,《丛书集成初编》本,第 3358 册,第 113 页。

121 郝经:《郝文忠公陵川文集》卷三二《奏议》,《便宜新政》,《北京图书馆古籍珍本丛刊》本(据正德二年刻本影印),北京:书目文献出版社,1991 年,第 91 册,第 767 页。

122 傅乐焕:《辽代四时捺钵考五篇》之第三篇,“四时捺钵总论”,见《辽史丛考》,第 101—105 页。参阅《马可波罗行记》,沙海昂注,冯承钧译,北京:中华书局,2004 年,第 377—378 页;熊梦祥著,北京图书馆善本组辑:《析津志辑佚》,“风俗”,北京:北京古籍出版社,1983 年,第 205 页。

123　《元史》卷九九《兵志二》,"宿卫",第 2524—2525 页。

124　萧启庆:《元代的宿卫制度》,见氏著《内北国而外中国——蒙元史研究》,北京:中华书局,2007 年,第 216—255 页。

125　《元史》卷五八《地理志一》,"中书省",第 1347 页。参阅李治安《元中书省直辖"腹里"政区考略》,见李治安等著《元代华北政区研究》,天津:南开大学出版社,2009 年,第 1—61 页。

126　除屯驻大都城内外的侍卫军外,武卫屯营于涿州南,左右都威卫屯营于易州,贵赤卫屯营于檀州,隆镇卫屯营于长城居庸关等关口,忠翊侍卫屯营于大同等处,宗仁卫屯营于大宁路与蓟州,左右钦察卫屯营于清州,镇守海口侍卫亲军屯驻直沽沿海(《元史》卷一百《兵志三》"屯田",第 2599—2562 页)。参阅周良霄、顾菊英《元代史》,上海:上海人民出版社,1993 年,第 436—443 页。

127　《元史》卷九九《兵志二》,"宿卫",第 2523 页。

128　《元史》卷九九《兵志二》,"镇戍",第 2538 页。

129　参阅萧启庆《元代的镇戍制度》,见《内北国而外中国——蒙元史研究》,第 256—275 页。

130　荻原淳平:《明朝の政治體制》,《京都大学文学部研究纪要》第 11 号(1967 年),第 49—125 页。

131　《明太祖实录》卷四,丙申三月辛卯,台北:"中央研究院"历史语言研究所,1964 年,影印本,第 43 页。

132　顾祖禹:《读史方舆纪要》卷十九,"南直方舆纪要序",北京:中华书局,2005 年,第 869 页。

133　闻人铨、陈沂纂修:嘉靖《南畿志》卷三《户口田赋志》,"再免应天太平镇江等处税粮诏",《北京图书馆古籍珍本丛刊》第 24 册,北京:书目文献出版社,1990 年,据明嘉靖刻本影印,第 67 页。

134　《明太祖实录》卷四五,洪武二年九月癸卯,第 881 页。

135　《明史》卷四十《地理志一》,"南京",北京:中华书局,1974 年,第 910 页。

136　陈沂:《〈南畿志〉序》,见嘉靖《南畿志》,"序",第 35 页。

137　洪武中南京(京师)驻军,据洪武二十八年(1395)成书的《京城图志》

所记，有锦衣、旗手等上十二卫及神策、天策等所谓“在京各卫”三十卫，合计为四十二卫（王俊华纂修：洪武《京城图志》，《北京图书馆古籍珍本丛刊》第 24 册，据清抄本影印，北京：书目文献出版社，1990 年，第 19—20 页）。其屯驻兵兵力，据于志嘉先生估计，当在二十万上下[于志嘉：《明代两京建都与卫所军户迁徙之关系》，见《“中央研究院”历史语言研究所集刊》（台北）第 64 本第 1 分，1993 年，第 135—174 页]。这些京卫军，主要屯驻于京城内外及江北浦子口。除此之外的畿内驻军，据嘉靖《南畿志》卷三《戎备志》（第 70—72 页）、成化《中都志》（《天一阁藏明代方志选刊续编》第 33—34 册，上海：上海书店，1990 年，据隆庆刊本影印）卷三《军卫》（第五五页上）、万历重修本《明会典》（北京：中华书局，1989 年，影印本）卷一二四《兵部七·城隍一·都司卫所》（第 636—644 页）、《明史》卷九十《兵志二》（第 2196—2204 页）所记，中都留守司领有八卫一所，五军都督府领在畿内京外者十九卫一所，共计二十七卫二所。然则，洪武中直隶（畿内）境内驻军约为七十卫。洪武二十六年，全国共有三百二十九卫，则畿内屯驻卫所约占全国的五分之一强。

138 关于永乐迁都北京的过程及其原因，论著甚多，最重要者有：吴晗：《明代靖难之役与国都北迁》，见《吴晗史学论著选集》第一卷，北京：人民出版社，1984 年，第 557—575 页；华绘：《明代定都南北两京的经过》，《禹贡半月刊》2 卷 11 期（1935 年）；万明：《明代两京制度的形成及其确立》，《中国史研究》1993 年第 1 期；Edward L. Farmer, *Early Ming Government: The Evolution of Dual Capitals*. Cambridge, Mass.: Harvard University Press, 1976, pp.109—117；新宫学：《北京遷都の研究》，东京：汲古书院，2004 年。

139 《明史》卷四十《地理志一》，“京师”，第 883 页。

140 徐泓：《明北京行部考》，《汉学研究》（台北）2 卷 2 期（1984 年），第 569—598 页。

141 《明史》卷九十《兵志二》，“卫所”，第 2203 页。

142 《明太宗实录》卷十七，永乐元年二月辛亥，第 302 页。

143 于志嘉：《明北京行都督府考》，《“中央研究院”历史语言研究所集刊》

(台北)第 79 本第 4 分,2008 年 12 月,第 683—747 页。

144　牟复礼、崔瑞德编:《剑桥中国明代史》,张书生等译,北京:中国社会科学出版社,1992 年,第 271—275 页。

145　万历重修本《明会典》卷一三四《兵部十七・营操》,第 685 页。

146　彭勇:《明代班军制度研究》,北京:中央民族大学出版社,2006 年,第 63—73 页。

147　永乐十八年(1420),即正式迁都北京之前,将原在南京的亲军上十二卫及镇南等十四卫分调北京,另将南京留守五卫之一半军兵调往北京(《明太宗实录》卷二三一,永乐十八年十一月丁卯),南京及南直隶驻军在全国军队中所占的比例,乃大幅度降低。综合《明史》卷九十《兵志二》"卫所"、万历《明会典》卷一二四《兵部七・城隍》"都司卫所"所记统计,永乐二十年后南直隶境内的卫所共有四十九卫,约为北直隶境内屯驻卫所的一半。

148　万历重修本《明会典》卷二七《户部十四・会计三》,"漕运",第 195 页。

149　顾炎武:《天下郡国利病书》,"四部丛刊三编"本(据昆山图书馆藏稿本影印),上海:上海书店,1985 年,第 12 册,"扬州备录",第十二页上。

150　吴缉华:《明代海运及运河的研究》,《"中央研究院"历史语言研究所专刊》(台北)之四十三,1961 年,第 63—104 页。

151　吴缉华:《论明代前期税粮重心之减税背景及影响》,见氏著《明代社会经济史论丛》,台北:台湾学生书局,1970 年,第 75—124 页,特别是 106—114 页;黄仁宇:《十六世纪明代中国之财政与税收》,阿风等译,北京:生活・读书・新知三联书店,2001 年,第 54—56 页。

152　吴缉华:《明代海运及运河的研究》,第 161—169 页。

153　《明太宗实录》卷一八二,永乐十四年十一月壬寅,第 1964—1965 页。

154　孙承泽:《天府广记》卷一《形胜》,北京:北京古籍出版社,1984 年,第 6 页。

155　Edward L. Dreyer, *Early Ming China: A Political History, 1355—1435*. Stanford, Calif.: Stanford University Press, 1982. pp.

182—186。参阅毛佩琦《永乐皇帝大传》，沈阳：辽宁教育出版社，1994年，第418—432页。

156 顾祖禹：《读史方舆纪要》卷十，“北直方舆纪要序”，第404页。

157 魏源：《圣武记》卷三《外藩》，“国朝绥服蒙古记一”，北京：中华书局，1984年，第99页。

158 《清史稿》卷五一八《藩部一》，“科尔沁部”，北京：中华书局，1977年，第14322—14323页。

159 赵翼：《簷曝杂记》卷三，“蒙古诈马戏”条，北京：中华书局，1982年，第13页。

160 参阅王思治《清帝兴建承德避暑山庄与绥抚漠南蒙古》，见氏著《清史论稿》，成都：巴蜀书社，1987年，第326—345页。侯仁之：《承德市城市发展的特点和它的改造》，见氏著《历史地理学的视野》，北京：生活·读书·新知三联书店，2009年，第368—398页。

161 汪灏：《随銮纪恩》，见王锡祺编《小方壶斋舆地丛钞》第一帙，杭州：杭州古籍书店，1985年，影印本，第276页。

162 嘉庆《重修一统志》卷五七《盛京统部》，北京：中华书局，1986年，影印本，第2118—2119页。

163 张尚贤：《根本形势疏》，见贺长龄编《清经世文编》卷八十《兵政十一·塞防上》，北京：中华书局，1992年，影印本，第1965页。

164 《清史稿》卷八六《礼志五》，“谒陵”，第2591—2592页。

165 许倬云：《历史大脉络》，桂林：广西师范大学出版社，2009年，第134页。

“内地的边缘”：传统中国内部的“化外之区”

许倬云先生在探讨中华帝国的体系结构及其变化时，曾论及中华帝国体系之成长，有两个层面：一是向外扩大，即帝国体系在空间上的扩展；二是向内充实，即帝国体系内部的充实。许先生说：“一个体系，其最终的网络，将是细密而坚实的结构。然而在发展过程中，纲目之间，必有体系所不及的空隙。这些空隙事实上是内在的边陲。在道路体系中，这些不及的空间有斜径小道，超越大路支线，连紧各处的空隙。在经济体系中，这是正规交换行为之外的交易。在社会体系中，这是摈于社会结构之外的游离社群。在政治体系中，这是政治权力所不及的‘化外’；在思想体系中，这是正统之外的‘异端’。”[1]在这里，许先生实际上揭示了两种类型的“边陲”或“边疆”：一是我们平常所说的“边疆”或“边陲”(border 或 frontier)，指靠近国家边界的地区或地带，它相对于帝国统治的核心地带而言，属于政治军事控制的“边缘”，并随着王朝国家军事政治势力的进退而发生变动。二是许先生所谓“内在的边陲”(internal frontier)，指那些虽然在中华帝国疆域之内、却并未真正纳入王朝控制体系或官府控制相对薄弱的区域。这些区域多处于中华帝国政治经济乃至文化体系的空隙处，是帝国政治经济体系的“隙地”。

在许倬云等前辈学者的启发下，我们提出了“内地的边缘”这一概念。本文即试图对这一概念作出初步界定，分析其区域特征，并就此种区域在中国古代历史进程中的地位与意义略作申论。

一 隙地、蛮荒以及帝国疆域内部的“化外之区”

春秋战国时期，诸国之间有所谓“隙（郤）地”。《礼记·曲礼下》：“诸侯未及期相见曰遇，相见于郤地曰会。”郑玄注云：“郤，间也。”吕大临曰：“郤地，竟上之地也。”[2]则“郤（隙）地”在诸侯国之间的边界上。《左传》哀公十二、十三年（前483、前482）记有郑、宋二国围绕所谓“隙地”发生的一场冲突，谓：

> ［传］宋、郑之间有隙地焉。曰弥作、顷丘、玉畅、嵒、戈、锡。子产与宋人为成，曰：“勿有是。”及宋平、元之族自萧奔郑，郑人为之城嵒、戈、锡。（十二年）九月，宋向巢伐郑，取锡，杀元公之孙，遂围嵒。十二月，郑罕达救嵒。丙申，围宋师。

是宋、郑二国之间本有一块隙地，郑国方面的子产与宋国先达成和议，“勿有是”，即双方都不占有这块地方；后来，郑国为安置投奔而来的宋国平公、元公的子孙，在这块地方筑城，遂引发冲突，以致发生战争；郑师打败宋军之后，“以六邑为虚”，杜注云：“空虚之，各不有”，即重新回到子产当年与宋国订立的和约。[3]值得注意的是，郑国用这块隙地作为安置投附之宋国贵族的地方，然则，这样的隙地，并非没有开垦的闲田，不过是没有明确归属的地方，其地必已有相当的开发，也有相当的户口。[4]又，《管子·轻重篇》记桓公问于管子，谓其国境内不能征发赋役之区有三种，其一即“列稼缘封十五里之原，强耕而自以为略，其民，寡人不能籍斗升焉”。马非百释云：“此谓靠近封疆边缘宽达十五里之平地，皆为无数大小不等之农田所布满。此等农田为强人所私垦而自成村落者，故下文云‘其民，寡人不得籍斗升’也。”[5]此类封疆边缘而布满农田之地，自即《左传》所见之“隙地”，其民不属版籍，不纳税赋，正是“隙地”的根本特征。

魏晋南北朝时期，诸政权之边境地域往往存在称为“荒”的地区。《南齐书·州郡志》“豫州”总序下录东晋义熙二年(406)豫州刺史刘毅上表称：“忝任此州，地不为旷，西界荒余，密弥寇虏，北垂萧条，士气强犷，民不识义，唯战是习。逋逃不逞，不谋日会。比年以来，无月不战，实非空乏所能独抚。”[6]则知豫州西、北二界均接连“荒余”，其特点是“士气强犷，民不识义”，而诸多“逋逃不逞”之徒则会聚其中。其“雍州”总序亦称：“自永嘉乱，襄阳民户流荒。”并引咸康八年(342)尚书殷融之言，谓：“襄阳、石城，疆场之地，对接荒寇。诸荒残寄治郡县，民户寡少，可并合之。”[7]南齐雍州所领诸郡中，有弘农等四十五郡“荒或无民户”。然则，“荒”之要义在于“民户流荒”、“寡少”或竟至“无民户”，即官府不能掌握居住其间的民户版籍，自亦不能征发赋役。居于“荒”中之人，被称为“荒人”，包括南北政权中失意的贵族(所谓“亡命”，如桓玄起兵失败后的桓氏族人)、没有归属的土豪以及未纳入任何一方版籍的“蛮民”。[8]《宋书》卷九五《索虏传》记元嘉

二十五年(448)北魏宁南将军、豫州刺史若库辰树兰移书刘宋豫州刺史刘铄,称:

> 比者以来,边民扰动,互有反逆,无复为害,自取诛夷。死亡之余,雉菟逃窜,南入宋界,聚合逆党,频为寇掠,杀害良民,略取资财,大为民患。此之界局,与彼通连,两民之居,烟火相接,来往不绝,情伪繁兴。是以南奸北入,北奸南叛,以类推之,日月弥甚。奸宄之人,数得侵盗之利,虽加重法,不可禁止。[9]

据此可知,南北朝两豫州之间(时北魏豫州治虎牢,在今河南荥阳;刘宋豫州治寿阳,在今安徽寿春。南北朝两豫州之间即汝、颍之间,正是亡命汇聚之区,亦为坞壁林立之地),虽然分属南北朝的“民”“烟火相接,来往不绝”,但其间也混杂了诸多“南奸”、“北奸”,他们叛离了本国,却并未投入敌方,而是在边境地带“聚合逆党,频为寇掠,杀害良民,略取资财”,“数得侵盗之利,虽加重法,不可禁止”。然则,真正控制这种边境“荒”地者,就是这些不入南北版籍的豪强。[10]

隋唐统一,原则上此类逸出于王朝控制体系的“荒”已不再存在,但事实上,在很多地区,特别是郡县交界地带,仍有相当多官府不能或并未有效控制的区域。《隋书·地理志》“梁州”后叙下述梁州之俗,谓“傍南山杂有獠户,富室者颇参夏人为婚,衣服居处言语,殆与华不别”。则南山(大巴山区)的一般獠户,当与“华”有别。又称:“其边野富人,多规固山泽,以财物雄,役夷、獠,故轻为奸藏,权倾州县。”[11]是边野之地多由“规固山泽”、拥有财富的“富人”称雄，役使夷、獠，藏纳奸轨，州县不能制。其“荆州”后叙则称：“南郡、夷陵、竟陵、沔阳、沅陵、清江、襄阳、春陵、汉东、安陆、永安、义阳、九江、江夏诸郡，多杂蛮左，其与夏人杂居者，则与诸华不别。其僻处山谷者，则言语不通，嗜好居处全异。”这些僻处山谷的蛮左，既言语不通、嗜好居处全异，其是否纳入版籍，颇值得怀疑。而长沙郡“杂有夷蜒，名曰莫徭，自云其先祖有功，常免徭役，故以为名”，则至少有部分僻处山谷的“夷蜒”曾经不服徭役。[12] 此类蛮区既不入版籍、不纳赋役，自与上述南北朝时代的“荒”相似，惟其地域较小、且多僻处山谷而已。

《元和郡县图志》卷二九《江南道五》记福州尤溪、古田二县，谓为开元二十九年(741)“开山洞置”。[13] 这里的“山洞”，当是指山区的小盆地。《隋书》卷八二《南蛮传》总序称：“南蛮杂类，与华人错居，曰蜒，曰獽，曰獠，曰㐌，俱无君长，随山洞而居，古先所谓百越是也。”[14] 同书卷八〇《列女传》“谯国夫人”(即冼夫人)条谓：“谯国夫人者，高凉冼氏之女也。世为南越首领，跨据山洞，部落十余万家。”[15] 山洞之渠帅则被华夏士人称为“洞酋”、“洞主”。如《隋书》卷六八《何稠传》记开皇末年(600)何稠受命征桂州叛俚，“师次衡岭，遣使者谕其渠帅，洞主莫崇解兵降款”[16]。又《册府元龟》卷一六二《帝王部·命使》载开元二十九年(741)五月诏书称：“江淮之间，有深居山洞，多不属州县，自谓莫徭，何得因循致使如此？”[17] 则知其时江淮之间“不属州县”之“山洞”仍相当普遍。《太平寰宇记》卷一一二记鄂州崇阳县，原为蒲圻县地，“唐天宝元年，江西采访使奏以蒲圻梓洞中二千余户，去县六百余里，若不别置县则难以统摄；二年，敕于其洞桃花溪口置唐年县”[18]。此梓洞中有二千余户，户口繁庶，在未置县前却并无“统摄”，显然处于“王化”之外。《元和郡县图志》卷二九《江南道》“汀州”条下谓：“开元二十一年，福州长史唐循忠于潮州北、广州东、福州西光龙洞，检责得诸州避役百姓共三千余户，奏置州，因长汀溪以为名。”[19]是在“山洞”中居住者除土著的蛮夷外，还有大量的“避役百姓”。

“开山洞”所置之县，辖境大都局限于“山洞”即山谷小盆地之内，仍无法控制其周围的山地。《元和郡县图志》卷二九记福州永泰县，谓为“永泰二年观察使李承昭开山洞置。县东水路沿流至侯官，县西泝流至南安县，南北俱抵大山，并无行路。”在永泰二年（即大历元年，766 年）置县之前，其地亦属“山洞”；置县之后，官府能够控制的也只是沿“水路”（大漳溪）的河谷地带，“南北俱抵”之“大山”，既无行路，是无以控制的。同书卷二九又记漳州龙溪县，谓其“县东十五里至山，险绝无路，西二十里至山，南三里至山，北十六里至山”[20]。则唐中后期龙溪县的辖境，即是以县治为中心、东西三十五里、南北十九里、沿龙溪（今九龙江）河谷伸展的狭长地带，在此地带之外，南到漳浦百余里，西至龙岩二百余里，其间的山地，显然皆无所统属。此类未置县之前之“山洞”，以及“山洞”置县之后其周围无所统属之山地，既不入版籍，亦不纳赋役，官府并未进入其中，故其性质实与春秋时期宋郑之间的“隙地”及南北朝时期的“荒中”相似。

自中晚唐以迄于两宋，随着南方地区经济开发的不断深入，官府不断“开山洞”置县，并在置县之后逐步将其控制区域由河谷盆地向周围山区拓展，故此种“隙地”或“帝国疆域内的化外之区”越来越少。但“隙”与“化”都是相对的，在辽阔的中华帝国疆域内，仍有一些官府控制相对薄弱或未能控制的区域。万历《郧台志》卷十录赵贞吉《郧阳追祀抚治大理少卿吴公（道宏）记》云：

> 予尝浮汉江横郧而东者屡矣。其地枕秦跨楚，包络险阻，幅员数千里。元季弃之为荒，国初歼之为墟，间置数县，以领其遗民，而在三省之徼，司燎击柝，弃而不守者殆数十年。[21]

然则，在明前期，楚豫川陕交界地区的郧阳山地实被视为“荒”、“墟”，“弃而不守”。正统元年（1436）四月，陕西巡抚李新奏称：“河南南阳府邓州、内乡等州县及附近湖广均州、光化等县，居民鲜少，郊野荒芜，各处客商有自洪武、永乐间潜居于此，娶妻生子、成家业者，丛聚乡村，号为‘客朋’，不当差役，无所钤辖。”[22]这些客朋“不当差役，无所钤辖 ”，显未入籍。成化二年（1466），王恕在《处置地方奏状》中说：“荆襄一带山林深险，土地肥饶，刀耕火种，易于收获，各处流民、僧道人等，往往逃移其中，用强结庵立产，官吏不敢科征，里甲不敢差遣，以致骄慢日生，纵横日炽。”[23]显然，流民麇集的荆襄山区，正是官府控制薄弱的边缘区域。直到清中后期，秦巴山区仍多有此类流民萃聚的“隙地”。道光初，严如熤在《三省山内风土杂识》中描述南山（即秦岭）山地之情形谓：“穹岩邃谷，老林深菁，多人迹所不至，时虞伏莽，故往史所称，动曰‘南山盗贼’。”又述大巴山区，谓：“巴山老林，跨川陕两省，周遭千余里，老树阴森，为太古时物。春夏常有积雪，山幽谷暗，入其中者，蒙蔽不见天日，官府稽防难周，宜其为逋逃薮也。”[24]当然，其所述“深山老林”，较之明代流民所聚之区，则处于更深的大山之中。

综上所论，可以认知：在中华帝国的疆域内，一直存在着并未真正纳入王朝控制体系或官府控制相对薄弱的区域，这些区域多处于中华帝国政治经济乃至文化体系的空隙处，是帝国政治经济体系的“隙地”。这些边缘区域虽处于王朝统治的整体版图之内，但却并未真正纳入王朝统治体系之中，故仍得称为“化外”，因其地实在帝国政治疆域版图之内，故可视为“帝国疆域内的‘化外之区’”。[25]

二 “内地的边缘”的区域特征

上引许倬云先生文以高度的洞察力，概括了此类“内在的边陲”在他所说的四大体系中的地位：在道路体系中，它是空隙，是小径交叉的地方；在经济体系中，是走私贸易等非正规贸易的地盘；在社会体系中，是游离的社群；在政治体系上，是政治权力不及或较为薄弱的地区。在此基础上，我们注意到，此类“内地的边缘”区域在政治经济与社会文化方面，主要具有四个方面的特征：

第一，国家权力相对缺失，政治控制相对较弱，地方社会秩序之建立多有赖于土豪等地方势力；而国家为达到控制此类地区之目的，多采取因地制宜的变通方法，充分利用地方各种势力，遂形成了政治控制方式的多元化。

汉魏六朝时期，长江中游地区诸蛮所居，多在“深山重阻，人迹罕至”的边缘地区。《宋书·夷蛮传》“荆雍州蛮”条谓：诸蛮“分建种落，布在诸郡县”；“蛮民归附者，一户输谷数斛，其余无杂调，而宋民赋役严苦，贫者不复堪命，多逃亡入蛮。蛮无徭役，强者又不供官税，结党连群，动有数百千人，州郡力弱，则起为盗贼，种类稍多，户口不可知也”。[26]则官府于蛮民集聚区之控制实相当薄弱，而真正控制其地者，则为诸蛮渠帅。《后汉书·蛮传》谓长沙武陵蛮“有邑君长，皆赐印绶，冠用獭皮。名渠帅曰精夫，相呼为姎徒”。在其下的记载中，又见有武陵蛮精夫相单程、零阳蛮五里精夫、充中五里蛮精夫等。[27]《三国志·吴书·朱然传》裴注引习凿齿《襄阳记》称：“柤中在上黄界，去襄阳一百五十里。魏时夷王梅敷兄弟三人，部曲万余家屯此，分布在中庐、宜城西山鄢、沔二谷，土地平敞，宜桑麻，有水陆良田，沔南之膏腴沃壤，谓之柤中。”[28]则夷王梅敷兄弟实为“柤中”的实际控制者。南北朝之世，南北政权为控制、利用诸蛮势力，采取封爵、授官、别建蛮左郡县等多种手段，以笼络蛮酋。如刘宋中期，西阳蛮酋田益之、田义之、成邪财、田光兴等起兵助明帝有功，明帝乃“以益之为辅国将军，都统四山军事，又以蛮户立宋安、光城二郡，以义之为宋安太守，光兴为龙骧将军、光城太守。封益之边城县王，食邑四百一十户；成邪财阳城县王，食邑三千户”[29]。北魏延兴中(471—475)，大阳蛮酋桓诞“拥沔水以北、滍叶以南八万余落”。投附北魏，孝文帝“拜诞征南将军、东荆州刺史、襄阳王，听自选郡县”[30]。质言之，南北政权多依靠当地豪酋，因俗而治。[31]

唐前中期，歙、宣、饶三州之间仍多为隙地，官府的控制力极为薄弱。永泰初(765)，“宣、饶二州人方清、陈庄聚众据山洞，西绝江路，劫商旅以为乱”[32]。乱平之后，唐于其地增立池州，分置绩溪、祁门、归德、石埭、旌德、太平等六县。其中，歙州祁门县“本名阊门，著于秦汉之代……唐永泰元年，土人方清作乱，屯石埭城，故取其城置邑，因权立阊门县。其城拒险作固，以为守备。至二年平方清，因其城邑定为县，分饶州浮梁县及歙县、黟县六乡广焉，遂以所近祁山为名，因曰祁门县”[33]。归德县乃分歙县立，在歙州西南五十里，“永泰元年，草贼方清陷郡城，而县人自割据八乡之地，保于此山，不属贼。贼平，因请置县。大历五年废”[34]。又宣州旌德县，“本汉泾县地，唐初为太平县地。永泰初以兵寇初平，尚储戎器，此土征赋或有不供者，因聚而为盗，以其山谷深邃，舟车莫通，不立城邑，无以镇抚，遂割太平县九乡以置焉，冀其邑人从此被化，故以旌德为县名”[35]。则凡此数县在立县之前，实处于边缘地带，官府并无有效控制，故方清、陈庄得据其地而为乱。而在方清之乱中，歙县西南之民割据八乡之地，与“贼”相抗，乱平后请求置县而获准，可知据有其地的土豪势力较大。增置诸县之后，境内仍或有官府所不及之“隙地”。《太平寰宇记》记黟县境内有谯贵谷，谓：“《舆地志》云：黟县北缘岭行，得谯贵谷。昔土人入山，行之七日，至一斜穴，廓然周三十里，地甚平沃，只有十余家，云是秦时离乱，人入此避地。又按《邑图》，有潜村，昔有十余家，不知何许人，避难至此。入石洞口，悉为松萝所翳。每求盐米，晨出潜处。今见数十家，同为一村。”[36]这里的谯贵谷，当即黟县境内的“隙地”之一。

明清时期，郧阳府地处湖广(湖北)之西北隅，毗邻豫、陕、川三省，是典型的“内地的边缘”。万历《湖广总志》卷三十五《风俗》总论郧阳府风俗，谓其地乃“荆楚之上游，犬牙雍蜀，直通宛洛。旧因箐林啸聚乌合，致烦大兵抚宁，肇建府治。七邑之民，什九江南流寓，土著无几。故其流俗户别巷盭，不可揽摄。大都冠裳礼仪之风落落，而市井椎埋欢呼、酗逞积沿，酿之渐矣。同姓婚媾，习以固然，父子异姓，紊无统系”。而“顽民潜匿其中者，恃险负固，贡赋不输”[37]。自明中叶始，为加强对此一地区的控制，相继采取了诸如增置州县、屯驻大军、建立关堡、推行保甲等一系列措施，但直到清中期，此一区域仍然变乱频生，官府控制力相当薄弱。[38]事实上，崎岖的地形、复杂的道路、险恶的生存环境，使这样的边缘区域很难建立起较完备的统治秩序。道光初年，严如熤在谈到秦巴山区的地方治安制度时说：

> 保甲本弥盗良法，而山内州县则只可行之于城市，不能行于村落。棚民本无定居，今年在此，明年在彼，甚至一岁之中，迁徙数处。即其已造房屋者，亦零星散处，非有望衡瞻宇、比邻而居也。甲长、保正相距恒数里、数十里，讵能朝夕稽查？而造门牌、取户结，敛钱作费，徒滋胥吏之鱼肉。[39]

不仅治安秩序难以建立，包括赋税征收在内的经济秩序也难以确立。边缘山区赋役负担本即相对较轻，又难以征收，遂使官府常常在财政上陷入困境，也就削弱了其统治能力。统治秩序的混乱与官府力量的削弱又极大地加剧了边缘山区的“自由”程度，从而吸引了更多的逃亡与流离人口。

第二，可耕地资源相对匮乏，且开发利用难度较大，而山林、矿产资源则相对丰富，从而使边缘区域民众采取多种多样的生计方式，并由此形成了经济形态的多样性。

一般说来，与核心区大都位于河谷或低地地带不同，边缘地带多位于区域周边的高地、沼泽、盐碱滩和绵亘的山区，其可耕地数量与垦殖指数均低于核心区；同时，土地开发利用的难度既较大，而土壤肥力以及人力、资金方面的投入均无法与核心区相比，故边缘区域单位面积的农业生产率一般远低于河谷平原地带的核心区。[40]总的说来，在边缘区域，单纯依靠种植业很难维持生计，必须想方设法，开发利用边缘山区较为丰富的矿产与山林资源，种植经济作物，经营手工业。

商洛山区位于陕、豫交界地带，属于本文所讨论的“内地的边缘”。北宋中期，王禹偁曾贬官于商州，对商洛地区的物产民情所知甚详，其《畬田词》“序”云：“上雒郡南六百里，属邑有丰阳、上津，皆深山穷谷，不通辙迹。其民刀耕火种，大抵先斫山田，虽悬崖绝岭，树木尽仆，俟其干且燥，乃行火焉。火尚炽，即以种播之。然后酿黍稷，烹鸡豚。先约曰：某家某日有事于畬田。虽数百里，如期而集，锄斧随焉。至则行酒啖炙，鼓噪而作，盖劚而掩其土也。掩毕则生，不复耘矣。”[41]数百年后，商洛山区的农业生产条件仍大致如此，甚至更为恶劣。嘉庆《山阳县志》卷十二《杂集志》录何树滋《禀恳山地免升科》云：商州所属雒南、山阳诸县“跬步皆山，平川可耕之地不过百分之一。其可耕者大半皆山水冲刷，非同平原。民间力耕之外，半恃采樵、饲猪。屡丰之年，仅供正赋；岁歉，则多逋逃。……其山皆峭壁险崖，间有带土者，无非石棱错杂，仅生树木。乾隆二十年(1755)以后，始有外来流民向业主写山，于陡坡斜岭之间开作耳机、木筏。迨机筏罢后，或种包谷，或种苦荞。而山地寒冷，三月布种，九月乃获，从无可种两季者。幸而雨旸时若则有收，少或愆期则无获。又必初开之山方可成实，至三四年后则不堪再种，故旋开旋弃，迁徙靡常”[42]。据此可见边缘山区民众生计之艰难。

因此，在边缘山区，除从事农耕之外，开发利用山区林特产资源与矿冶资源，实为基于资源与环境条件的自然选择。乾隆《续商州志》卷八《风俗》云："民间生计，农事而外，担柴、烧炭、锯板、割漆、采药、植果、猎禽取兽，皆可度日。故虽不称殷富，而饥寒交迫者亦少。"[43]严如熤说："山内木、筍、纸、耳、香蕈、铁、炭、金各厂，皆流寓客民所藉资生者，而木厂为大。"[44]实际上，充分利用山区林木与矿产资源，很可能是一种"原始的倾向"，并不一定是进入山区的人口大幅度增加、形成人口压力之后才出现的现象。《宋书》卷四七《刘敬宣传》记东晋末年，刘敬宣为宣城内史（治宛陵，辖境在今皖南），"宣城多山县，郡旧立屯以供府郡费用，前人多发调工巧，造作器物。敬宣到郡，悉罢私屯，唯伐竹木，治府舍而已。亡叛多首出，遂得三千余户"[45]。刘宋宣城郡所属广德、宁国、怀安、泾、安吴、广阳、临城诸县皆在山区，故得称为"山县"。据上所引，则知凡此诸县出产山货竹木，其民则多"工巧"，以致宣城郡竟置立私屯，专事营求财货，"供府郡费用"。[46]这说明其地民众生计多靠经营山货，砍伐竹木，并"造作器物"。刘宋中期，宣城郡著籍户口为10120户、47992口[47]，其晋末实际户口即使倍于此数，也无以形成人口压力。又如：唐代饶州乐平县东北境有银山，出产银、铜。高宗总章二年（669），"邑人邓远上列取银之利。上元二年（675），因置场监，令百姓任便采取，官司什二税之，其场即以邓公为名，隶江西盐铁都院"[48]。显然，邓远与百姓，都不是因为受到人口压力而入山采矿的。《太平寰宇记》卷一〇二《江南东道十四》"汀州"条下引牛肃《纪闻》称："江东采访使奏于虔州南山洞中置汀州，州境五百里，山深，林木秀茂，以领长汀、黄连、杂罗三县。地多瘴疠，山都、木客丛萃其中。"[49]其时今闽赣粤边界地带人烟稀少，木客入山伐木，亦非受人口压力所驱使。南宋乾道九年(1173)正月，范成大经过严州(治在今浙江建德东)，见到“歙浦杉排毕集”于浮桥之下，故而述及：“休宁山中宜杉，土人稀作田，多以种杉为业。杉又易生之物，故取之难穷。”[50]则知种杉已成为歙州山区的重要产业。

第三，人口来源复杂多样，很多为逸出于社会体系之外的流民、亡命等，属于所谓“边缘人群”；其社会关系网络多凭借武力，或以利相聚，或以义相结，或以血缘、地缘相类，具有强烈的“边缘性”。

“内地的边缘”地带居民多未入版籍，未得纳入官府之有效控制范围，已见上述；而其地乃流民、亡命汇聚之“乐土”、盗寇之渊薮，亦自不待言。《三国志·吴书·诸葛恪传》记孙权时诸葛恪请讨丹杨郡所属山区的山越，而众议咸以为难，谓：

> 丹杨地势险阻，与吴郡、会稽、新都、鄱阳四郡邻接，周旋数千里，山谷万重，其幽邃民人，未尝入城邑，对长吏，皆仗兵野逸，白首于林莽。逋亡宿恶，咸共逃窜。山出铜铁，自铸甲兵。俗好武习战，高尚气力，其升山赴险，抵突丛棘，若鱼之走渊，猨狖之腾木也。时观间隙，出为盗寇，每致兵征伐，寻其窟藏。其战则蜂至，败则鸟窜，自前世以来，不能羁也。[51]

是边缘地带之“民人”既不隶版籍，“仗兵野逸”，逸出于官府之控制；又有诸多“逋亡宿恶”，逃窜其中；“民人”与“逋亡”且伺机出山掠略，乃成为盗寇。又，《太平寰宇记》卷一〇〇《江南东道十二》南剑州"尤溪县"条称:"其地与漳州龙岩县、汀州沙县及福州侯官县三处交界。山洞幽深,溪滩崄峻,向有千里,其诸境逃人,多投此洞。开元二十八年(740),经略使唐修忠使以书招谕其人,高伏等千余户请书版籍,因为县,人皆胥悦。"[52]是尤溪洞内多杂"诸境逃人"。同书卷一〇六洪州"分宁县"条引《邑图》称:"本当州之亥市也。其地凡十二支,周千里之内,聚江、鄂、洪、潭四州之人,去武宁二百余里,豪富物产充之。唐贞元十六年(800)置县,以分宁名之。"[53]则武宁县西北境汇集江、鄂、洪、谭四州之人,其间多有豪富,并形成一个中心市镇(亥市),故得以据市而立县。

"内地的边缘"区域人口来源的复杂性,在明清时期更形突出。在楚、豫、川、陕交界的秦巴山区,上引万历《湖广总志》谓郧阳"七邑之民,什九江南流寓,土著无几";而万历《郧阳府志》卷十四《风俗》则称:郧阳府境内"陕西之民五,江西之民四,德、黄、吴、蜀、山东、河南北之民二,土著之民二,皆各以其俗为俗焉"[54]。至乾隆四十六年(1781),陕西巡抚毕沅在《兴安升府奏疏》中称:兴安州及所属六县,"从前俱系荒山僻壤,土著无多。自乾隆三十七、八年以后,因川楚间有歉收处所,穷民就食前来,旋即栖谷依岩,开垦度日。而河南、江西、安徽等处贫民,亦多携带家室,来此认地开荒,络绎不绝,是以近年户口骤增至数十余万,五方杂处,良莠错居。……兼有外来无业匪徒,因地方僻远,易于匿迹潜踪,出没无定"[55]。嘉庆《汉南续修郡志》卷二一《风俗》附"山内风土"谓:"土著无多。……所云老民不过元、明、国初,若新民则数十年内侨寓成家。南(郑)、褒(城)、城(固)、洋、沔平坝之中,老民尚多;南北两山及西、凤、宁(羌)、略(阳)、留

(坝)、定(远)之属,则老民十之二三,余均新民矣。新民,两湖最多,川民亦多,次(湖籍)则安徽、两广,次则河南,贵州间亦有之。”[56]边缘区域人口来源之多元性由此可见一斑。

“内地的边缘”区域既逸出于官府之控制或官府控制薄弱,其人口来源又复杂多元,故其社会关系网络与社会组织的原则乃与核心区域不同,而表现出强烈的“边缘性”。《三国志·吴书·贺齐传》记东汉末(建安十三年,208年)贺齐奉命讨丹阳黟、歙山越,“歙贼帅金奇万户屯安勒山,毛甘万户屯乌聊山,黟帅陈仆、祖山等二万户屯林历山”[57]。此处不言诸“贼帅”团聚民众之原则,然上引《诸葛恪传》谓丹杨郡山区“俗好武习战,高尚气力”,则知“贼帅”赖以团聚民众者,当即“气力”。又《陈书·熊昙朗传》记熊昙朗初起时据地自专,谓:“熊昙朗,豫章南昌人也,世为郡著姓。昙朗跅弛不羁,有膂力,容貌甚伟。侯景之乱,稍聚少年,据丰城县为栅,桀黠劫盗多附之。梁元帝以为巴山太守。荆州陷,昙朗兵力稍强,劫掠邻县,缚卖居民,山谷之中,最为巨患。”[58]又同书《周迪传》云:

> 周迪,临川南城人也。少居山谷,有膂力,能挽强弩,以弋猎为事。侯景之乱,迪宗人周续起兵于临川,梁始兴王萧毅以郡让续,迪召募乡人从之,每战必勇冠众军。续所部渠帅,皆郡中豪族,稍骄横,续颇禁之,渠帅等并怨望,乃相率杀续,推迪为主,迪乃据有临川之地,筑城于工塘。[59]

则熊昙朗、周迪等土豪得以称霸乡里者,多借其膂力武技;而赖以团聚乡人、豪族者,则为劫掠之利。

称雄边缘之豪强，除多具膂力武技、且有豪族背景外，又往往以“侠义”称。《三国志·吴书·甘宁传》记甘宁居巴郡临江县，“少有气力，好游侠，招合轻薄少年，为之渠帅；群聚相随，挟持弓弩，负毦带铃，民闻铃声，即知是宁”[60]。甘宁吸引诸轻薄少年群随的原因，即在其“有气力，好游侠”。又《周书·韦祐传》记韦氏世为州郡著姓，祐“少好游侠，而质直少言。所与交游，皆轻猾亡命。人有急难投之者，多保存之。虽屡被追捕，终不改其操。……正光末(524)，四方云扰，王公被难者或依之，多得全济，以此为贵游所德”[61]。韦氏于乱离之际而得据地自保，所赖者当即其游侠所交结之“轻猾亡命”及诸“贵游”。《太平御览》卷四七三《人事部·游侠》引荀悦《汉纪》曰：“立气势，作威福，结私交，以力强于时者，谓之游侠。”又引刘劭《赵都赋》称：“游侠之徒，晞风拟类，贵交尚信，轻命重气，义激毫毛，节成感槩。”[62]然则，任侠之要旨乃在“立气势，作威福”，而其基本原则则是尚信重义。一些土豪往往借其武力财富，以信、义为基础，广结私交，逐步营立地域社会关系网络。因此，任侠尚义也是将边缘地带的人群组合起来的重要途径之一。

上引《三国志·吴书·贺齐传》另记贺齐少时，尝为剡县长，“县吏斯从轻侠为奸”，为山越所附，齐斩之；“从族党遂相纠合，众千余人，举兵攻县”。又记建安十六年(211)，“吴郡余杭民郎稚合宗起贼，复数千人”[63]。都是土豪藉宗亲关系而得团聚之例。又《周书·泉企传》记泉氏“世雄商洛”，世袭上洛丰阳县令；企少年丧父，“乡人皇平、陈合等三百余人诣州请企为县令”，朝命依其所请；至萧宝夤据关中反，袭据潼关，“企率乡兵三千余人拒之，连战数日，子弟死者二十许人”[64]。则泉氏之据有上洛，除凭借宗族关系外，尚多赖地缘关系。然血缘、地缘关系乃传统中国社会关系的基本原则，边缘区域借血缘、地缘关系而形成的社会关系网络并不特别突出。事实上，在一些人口来源复杂多元的地区，如明清时期的秦巴山地，血缘、地缘关系的作用是相当有限的。严如熤指出："川陕边徼土著之民十无一二，湖广客籍约有五分，广东、安徽、江西各省约有三四分，五方杂处，无族姓之联缀，无礼教之防，维呼朋招类，动称盟兄；姻娅之外，别有干亲，往来住宿，内外无分，奸拐之事，无日不有。"[65]他又描述被称为"啯匪"的一种山区组织形式，谓："啯匪之在山内者，较教匪为劲悍。往往于未辟老林之中，斫木架棚，操习技艺，各有徒长，什伯为群，拜把之后，不许擅散，有散去者，辄追杀之。其长曰老帽，曰帽顶，其管事之人曰大五、大满。"[66]然则，盟誓、拜把等乃是边缘地区社会关系网络得以建立的重要途径，而其基础仍是所谓"侠义"、"信义"。

第四，文化上的多元性，特别是异于正统意识形态的原始巫术、异端信仰与民间秘密宗教在边缘区域均有相当的影响，使这些地区在文化上表现出独特性来。

《隋书·地理志》"荆州"后叙述长江中游诸郡，"多杂蛮左，其与夏人杂居者，则与诸华不别。其僻处山谷者，则言语不通，嗜好居处全异，颇与巴、渝同俗。诸蛮本其所出，承盘瓠之后，故服章多以班布为饰。其相呼以蛮，则为深忌"[67]。蛮人所居之偏僻山谷，显然属于"内地的边缘"，其文化面貌自与"夏人"所居之核心区域大不相同。又同书卷二九《地理志上》"梁州"后叙述汉中"傍南山杂有獠户，富室者颇参夏人为婚，衣服居处言语，殆与华不别"，则獠户平民之"衣服居处言语"，殆与"华夏"有别。汉中介川、陕之间，早即纳入帝国控制体系之内，然其文化面貌却长期表现出强烈的边缘性。《汉书·地理志》谓："汉中淫失枝柱，与巴蜀同俗。"[68]《华阳国志·汉中志》称魏兴郡（治在今陕西安康）"土地狭隘，其人半楚，风俗略与荆州、沔中同"[69]。《隋书·地理志》所述较详，谓："汉中之人，质朴无文，不甚趋利，性嗜口腹，多事田渔，虽蓬室柴门，食必兼肉。好祀鬼神，尤多忌讳，家人有死，辄离其故宅。崇重道教，犹有张鲁之风焉。每至五月十五日，必以酒食相馈，宾旅聚会，有甚于三元。"[70]然则，汉中地区的文化既受巴蜀、荆楚诸地域文化因素之影响，又兼有獠人文化特色，故表现出强烈的多元性。

上引《隋书·地理志》谓汉中之人"好祀鬼神"，又"崇重道教"，则其原始巫术及宗教信仰之影响较大。此点亦为"内地的边缘"区域的重要文化特征之一。北宋时期，浙南温、台二州仍较偏僻，"宣和间，温、台村民多学妖法，号吃菜事魔，鼓惑众听"，"结集社会，或名白衣礼佛会，及假天兵，号迎神会。千百成群，夜聚晓散，传习妖教"。[71]至南宋庆元四年（1198），臣僚上言在述及浙右所谓"道民"时说：

> 浙右有所谓道民，实吃菜事魔之流，而窃自托于佛老以掩物议，既非僧道，又非童行，辄于编户之外，别为一族。……一乡一聚，各有魁宿。平居暇日，公为结集，曰烧香，曰燃灯，曰设斋，曰诵经，千百为群，倏聚忽散；撰造事端，兴动工役，夤缘名色，敛率民财，陵驾善良，横行村疃。[72]

显然，以"吃菜事魔"为标志的摩尼教在两浙边缘地区特别是温、台、睦、婺等州的影响非常大，方腊之起事即是在这一背景下发生的。[73]

明清时期，楚豫川陕间的秦巴山区向为异端信仰与民间秘密宗教之策源地。洪武、永乐间，即有妖贼王金刚奴、高福兴等聚于沔县黑山寺等处作乱，“以佛法惑众”，“其党田九成者，自号汉明皇帝，改元龙凤；高福兴称弥勒佛，金刚奴称四天王”[74]。天顺初(1457)，“妖僧”王斌、韦能于洋县天台山、胡城山作乱，“制斧钺及五方日月旗，号所居为‘钱龙川八宝台’，建国名曰极乐，改年号曰天绣”，“且假天将言：斌乃紫薇星下世，当王天下。至正月元旦，衣黄朝众，号令之，斩男子一人祭旗，即率以攻掠傍近诸县，得众数千人”[75]。至成化元年(1465)，刘通(刘千斤)、石和尚(石龙)在房县大木厂山区树旗起事。乱平后，抚宁伯朱永与总督军务白圭在捷奏中称刘通“伪造妖言，聚众作乱”[76]，则刘千斤自必利用秘密宗教作为起事之手段。这些利用秘密宗教发动的起事，显然有其区域性的民间信仰作为基础。万历《湖广总志》卷三五《风俗》称，郧阳府上津县“地滨汉江，邻秦境，顽民潜匿其中者，恃险负固，贡赋不输。每年四月十八日各于寺观结立坛场，会集男女千百余人，罗跪于野，执经授受，谓之‘传经’”[77]。其所传之“经”虽不详，但绝不是儒家经典，却可肯定，这里的“传经”很可能是某种民间秘密宗教的活动。清乾隆中后期，白莲教进入楚豫川陕交界地区后，迅速传播开来，并最终酿成规模巨大的白莲教大起义，更充分说明民间秘密信仰在这一地区有着悠久的传统和深厚的社会基础。[78]

三 “内地的边缘”在中国古代史上的地位

那么，这种“内地的边缘”，在中国古代历史进程中究竟具有怎样的地位呢？换言之，研究这样的区域，究竟有怎样的意义？

首先，“内地的边缘”区域往往是古代中国诸种社会动乱的策源地。许倬云先生曾分析两汉时期社会变乱发生最集中的地区，既不在核心区，也不在边陲区，而多在“隙地”。因为“核心区是中国体系的政治权力能充分控制的地区，一方面资源较丰富，穷民不致完全走投无路；另一方面，政治权力的控制力强，足以迅速地应付挑战。边陲地区犹未完全纳入中国体系之内，却有土皇帝一类的地方豪强，为了自己的利益，就近控制，不许可变乱产生，向体系挑战的活动也不易成形。在核心的外围区，大路干线是核心区的延长，叛乱也不易产生；只有在干线的外围区，甚至是密迩干线而因天然限制而成的隙地，这里一般生活环境差，又有一些由核心排出来的亡命者担任组织与领导的工作，大规模的变乱最易滋生。”[79]所论虽然以汉代社会为基础，却也基本适用于中国古代的大部分时段。

以宋代为例。据不完全统计，两宋时期所发生的导致武力冲突的诸种社会变乱共有 376 起[80]，其最为集中的地区有三处：(1)江南西路、福建路与广南东路交界地带（即今闽粤赣交界地带），包括赣州（虔州，21 次）、南安军（3 次）、汀州（9 次）、建州（7 次）、南剑州（4 次）、邵武军（4 次）以及韶州（4 次）、潮州（4 次）、南雄州（2 次）等九个州军，共发生社会变乱 58 次，其中又以虔（赣）、汀二州为最多。《舆地纪胜》卷三二《江南西路赣州》“风俗形势”栏称:“虔之风俗,固有儒良美秀之家,然地广人稠,大抵嗜勇而好斗,轻生而敢死。”[81]南宋初年,虔、吉二州“盗贼群起,吉州则彭友、李动天为之魁,及以次首领号为十天王。虔州则陈颙、罗闲十等,各自为首,连兵十数万,置寨五百余所。表里相援,捍拒官军,分路侵寇循、梅、广、惠、英、韶、南雄、南安、建昌、汀、潮、邵武诸郡”[82]。如此大规模的社会变乱,虔州还曾发生过数起。汀州处万山之中,“崇山复岭,民生尚武”[83],而生计维艰,故变乱频生。朱熹尝称:“汀州在闽郡最为穷僻,从来监司巡历,多不曾到,州县官吏,无所忌惮,苛敷刻削,民不聊生,以致逃移,抛荒田土。其良田则为富家侵耕冒占,其瘠土则官司摊配亲邻,是致税役不均,小民愈见狼狈。逃亡日众,盗贼日多,每三四年一次发作,杀伤性命,破费财物,不可胜计。虽为王土,实未尝得少沾惠泽,殆与化外羁縻州军无异。”[84]汀州“每三四年一次发作”,则未见于文献记载的社会动乱要更多。(2)江南东路与两浙路交界地带,即今浙赣交界山区,包括信州(7 次)、衢州(5 次)、婺州(5 次)、睦州(严州,4 次)等四州,共发生 21 次社会变乱。信、衢、婺、睦四州既为群山环绕,山叠水重,“山谷居多,地狭且瘠,民贫而啬,谷食不足,仰给他州,惟蚕桑是务,且蒸茶割漆,以要商贾贸迁之利”[85];又当江、吴、闽越之会,所谓“地控闽越,邻江淮,引二浙,隐然实要冲之会”[86],故流移亡命汇聚其间,商贾土豪称雄于内,偶或不安,即生变乱。方腊起义即初兴于睦州(严州)青溪县,而迅速扩展到睦、歙、杭、衢、婺、处及台、温诸州,声摇江淮,成为宋代规模最大的农民起义。宋人方勺《泊宅编》记方腊事甚详,谓:“青溪为睦大邑,梓桐、帮源等号山谷幽僻处,东南趋睦而近歙,民物繁庶,有漆楮林木之饶,富商巨贾多往来江、浙。地势迂险，贼一旦发，焚荡无一存者。群党据险以守，因谓之洞……不逞小民，往往反为贼乡导，劫富室，杀官吏士人，以徼货利。”[87]则知变乱之发生实有深厚的地域社会经济基础。(3)荆湖南路与广南东路交界地带的郴州(7次)、桂阳监(桂阳军，2次)、韶州(4次)三郡，共发生社会变乱13次。郴、桂阳、韶三郡之变乱，则多由所谓“蛮猺”而起。《宋史》卷四九三《蛮夷传·西南溪峒诸蛮》谓：“蛮猺者，居山谷间，其山自衡州常宁县属于桂阳、郴、连、贺、韶四州，环纡千余里，蛮居其中，不事赋役，谓之猺人。”[88]庆历三年(1043)以后，桂阳蛮猺屡次出山寇掠，并引发郴、韶、贺、循诸州的变乱。魏了翁《鹤山集》卷八七《曹公(彦约)墓志铭》述宁宗开禧、嘉定间(1205—1224)郴州黑风洞猺人之乱称：“桂阳当湖南、江西、广东三路之脊，山川险绝，盗窟其间，江西群不逞相挺而起，东践吉、南安，西逼郴、衡，南蹂韶、石，北抵攸，环数千里盗区。”[89]其影响之大由此可见。

上述三个地区，显然都属于“内地的边缘”地带。在两宋时期，这三个地区共发生社会变乱92次，平均每州军约6次，也就是说约50年一次，最为频繁的虔(赣)州大约15年一次。而那些处于核心区的州军，则较少发生社会变乱，即便发生，地点也都位于其边缘地带。如北宋时河南府只发生过一次较大变乱，即在渑池县，其境内多山，“青灰山尤阻险，为盗所恃”；北宋景祐中(1034—1038)，“恶盗王伯者，藏此山，时出为近县害”[90]。偏僻山地显然是“盗寇”的根据地。

其次，“内地的边缘”区域有可能成为新生力量与新生因素的发源地。如所周知，沃勒斯坦在其名著《现代世界体系》中提出了一个新因素产生于边缘区的理论。他认为，“世界经济体中的边缘是世界经济体中主要生产低级商品(即生产这种商品的劳动得到较低报酬)的地区”,由于世界经济体的发展进程趋向于在本身发展过程中扩大地区间的经济和社会差距,不同地区受益不均的情况可能会不断扩大,而此种受益不均有可能导致原有的边缘区域成为下一个发展阶段的非边缘区乃至中心区域。正是在边缘区,由于原有政治经济体系较为松散,从而使新因素的产生成为可能。更为重要的是,由于边缘区力求留在世界体系之内,为了加强它在世界体系内的地位与作用,它力争增加它可能提供给世界经济体的商品,从而激发了新因素的产生。换言之,新因素之产生于边缘区域内,是边缘区域内部发展的必然;而中心区域在原有体系中是既得利益者,产生新因素的动力就相对较小。[91]沃勒斯坦所论世界体系中的边缘区与本文所论中华帝国疆域内部的“边陲”区域,颇多契合之处,这促使我们思考:在中华帝国体系下,“内地的边缘”区域是否可能或必然会产生新的因素呢?

已有的研究还远不足回答这一问题,但已然提供一些思考的素材。傅衣凌曾指出:在中国封建社会后期,中国有些山区的经济,商品性颇有一定程度的发展。这主要表现在两方面:一方面,“我国有不少商人,即出现于山区里,河南的武安商人,系在太行山下。福建的将乐、建宁、永定、连城,江西的金溪、南城、瑞金、雩都、吉安等,都有不少的商人,他们都在闽赣山区之中”;另一方面,在一些边缘山区的某些行业,有可能出现资本主义生产的萌芽因素,如明末浙东山区蓝靛种植业中,拥有山地所有权的“山主”将山地出租给“颇有资本”的“寮主”,寮主建好“寮蓬”,招徕“菁民”,“给所艺之种,俾为锄植,而征其租”;“菁民”则“数百为群，赤手至各邑，依蓑主为活，而受其佣值”。显然，蓑主与菁民的关系，是不同于租佃关系的新型经济关系。[92]傅先生还曾主要依据《三省边防备览》的有关记载，论证清中期川、陕、湖三省边区的手工业形态，“已不是原始的家内工业的生产形态，而极接近于工场手工业的发展阶段”[93]。其说虽不无可商之处，然将这些新型经济关系与生产形态视为新因素，则应无疑义。

“内地的边缘”也可能比核心区域更容易产生一些新的社会力量和新型的社会组织方式。《三国志·魏书·田畴传》记东汉末年，田畴“举宗族他附从数百人”，入于徐无山中，“营深险平敞地而居”，“百姓归之，数年间至五千余家”。田畴乃与父老共议，“为约束相杀伤、犯盗、诤讼之法，法重者至死，其次抵罪，二十余条；又制为婚姻嫁娶之礼，兴举学校讲授之业，班行其众，众皆便之”[94]。田畴于徐无山中团聚百姓五千余家，“北边翕然服其威信，乌丸、鲜卑并各遣译使致贡遗”，袁绍亦“数遣使招命”，说明其势力已蔚然不可小觑。田畴与父老所约之法已不能详，然非遵从汉法；其婚姻嫁娶之礼与学校所授之业，盖亦别有新创。《晋书》卷八八《孝友·庾衮传》所记与此相类，谓西晋末庾衮“率其同族及庶姓保于禹山”，带领百姓“峻险阸，杜蹊迳，修壁坞，树藩障，考功庸，计丈尺，均劳逸，通有无，缮完器备，量力任能，物应其宜，使邑推其长，里推其贤，而身率之”[95]。庾衮在所团聚的百姓当中“均劳逸，通有无”，“量力任能，物应其宜”，即各尽其力、互通有无，很接近共同占有财产、平等承担责任的自治状态，不能不说是新的因素。

一些新的思想因素也可能在正统思想控制或影响较弱的“内地的边缘”区域萌蘖、成长。如南宋中期，吕祖谦、薛季宣、郑伯熊、郑伯英、陈傅良、叶适、戴溪、蔡幼学、陈亮、唐仲友、倪朴诸氏相继居于壤地相接的婺、温二州，相互间多得斟酌商讨，便逐渐形成了偏重于实用之学的共同趋向，成为南宋极为重要的学术思想派别之一，即“浙东学派”。浙东学派之形成固然有其复杂的政治经济与社会文化背景，然与婺、温二州在南宋政治经济格局中所处之相对边缘的位置，亦不无关联。万历《金华府志》卷五《风俗》谓兰溪县“在上古僻处荒服，不迩王化；降用中世，风气渐开，文教日兴；……迨乎宋之南渡，中原名胜之所萃，诸贤道学之讲明，然后蔚然为文献之邦”[96]。所说虽为兰溪一县之状况，然亦大抵适用于婺、温二州。盖其地既处群山之间，相对安全，又山清水秀，物阜风华，故衣冠萃止，名士辈出，切磋学问，砥砺思想，故得独领风骚，成就一影响甚巨之学术派别。

最后，“内地的边缘”的普遍存在，使我们对传统中国体系的空间结构及其形成过程提出新的认识。如所周知，传统中国并非一个均质的政治经济与社会文化实体，而是由政治控制与经济发展极不平衡、族群构成与社会结构各不相同、文化内涵与价值取向千差万别的各个地方、区域，在历史的长河中，不断互动、整合而形成的一个巨大系统。很多研究者已充分注意到这一系统的内部差异，并致力于探究这一系统的“形成过程”(making process)或“结构过程”(structuring process)。然已有研究的关注点，主要集中于中华帝国体系逐步由核心区向边疆区不断拓展的过程，特别是以中原为核心区的汉地社会(“华夏文化”)与各边疆区的非汉族社会(“蛮夷文化”)之间互动与整合的历史过程。这一研究理路实际上描述了一个“同心圆式”的结构模式：从帝国体系的腹心地带(核心区)，向遥远的帝国边疆(边缘区)，王朝国家的政治控制能力与控制强度依次递减,经济形态依次由发达的农耕经济向欠发达的半农半牧、落后的游畜牧经济过渡,社会结构亦由相对紧密、典型的汉人社会向相对松散的非汉人社会渐变,文化内涵则由以所谓“儒家文化”为核心的华夏文化向尚武、“好巫鬼”的“蛮夷文化”递变,甚至各地民众对王朝国家的忠诚程度也随着其居地距王朝核心越来越远而越来越低。与此种同心圆式的结构相配合,其形成过程就被表述为从王朝国家统治的核心,不断向外辐射其政治、经济与文化支配力的军事扩张、政治控制与开展“教化”的单向的“融合”或“同化”的过程。

对“内地的边缘”区域的关注与思考,使我们倾向于认为这种从核心到边缘的“同心圆式”结构很可能并不存在,即便存在,也是“千疮百孔的”,因为在这个体系的内部,到处都是大小不一的“空隙”——即使是在帝国统治的腹心地带,也存在着这样的空隙。这些空隙的普遍存在,不仅使中华帝国的政治经济与社会文化版图不再能被描绘为从核心向边缘扩散的几何图案,而表现为“支离破碎”、“漏洞百出”、“凹凸不平”的复杂画面;更重要的还在于,它引导我们将更多的注意力集中于这些“空隙”(内地的边缘)是如何“被填充的”(即王朝国家是如何进入此类地区的),这些空隙及居于其间的人群是如何组织自己的社会、并将自己融入到帝国体系之中去的(即他们是如何参与到国家建构过程之中的);而对这些问题的探讨,很可能极大地改写我们对中华帝国政治经济与社会文化体系之形成过程及其空间格局与变迁的认识。

注释

1 许倬云:《试论网络》,见《许倬云自选集》,上海:上海教育出版社,2002年,第30—34页。

2 孙希旦:《礼记集解》卷六《曲礼下第二之二》,北京:中华书局,点校本,1989年,第140页。

3 杨伯峻编著:《春秋左传注》,北京:中华书局,1990年,第1673、1675—1676页。

4 参阅陈伟《关于宋、郑之间"隙地"的性质》,唐晓峰主编《九州》第三辑,北京:商务印书馆,2003年,第172—179页。

5 马非百:《管子轻重篇新诠》,十四,《轻重乙》,北京:中华书局,1979年,第605—606页。

6 《南齐书》卷十四《州郡上》,"豫州"条,北京:中华书局,1972年,第249—250页。

7 《南齐书》卷十五《州郡下》,"雍州"条,第281页。

8 参阅北村一仁《"荒人"試論——南北朝前期の国境地域》,《东洋史苑》(日本龙谷大学东洋史研究会编)第60、61号(2003年);《南北朝国境地域の社會形成過程及びその実態》,《东洋史苑》第63号(2004年)。

9 《宋书》卷九五《索虏传》,北京:中华书局,1974年,第2342页。

10 关于南北朝时期南北政权交界地带的豪强势力及其作用,论者颇多,最重要者有韩树峰《南北朝时期淮汉迤北的边境豪族》,北京:社会科学文献出版社,2003年;陈金凤:《魏晋南北朝中间地带研究》,天津:天津古籍出版社,2005年;章义和:《地域集团与南朝政治》,上海:华东师范大学出版社,2002年。其他论著尚多,不具举。

11 《隋书》卷二九《地理志上》,"梁州"后叙,北京:中华书局,1973年,第829—930页。

12 《隋书》卷三一《地理志下》,"荆州"后叙,第897—898页。

13 《元和郡县图志》卷二九《江南道五》,福州"尤溪县"、"古田县"条,北京:中华书局,1983年,第717—718页。

14 《隋书》卷八二《南蛮传》,"总序",第1831页。

15 《隋书》卷八〇《列女传》,“谯国夫人”,第1800页。

16 《隋书》卷六八《何稠传》,第1596页。

17 《册府元龟》卷一六二《帝王部·命使》,北京:中华书局,1960年,影印本,第1956页。

18 《太平寰宇记》卷一一二《江南西道十》,鄂州“崇阳县”条,北京:中华书局,2007年,第2286页。

19 《元和郡县图志》卷二九《江南道五》,“汀州”条,第722页。

20 《元和郡县图志》卷二九《江南道五》,福州“永泰县”条,漳州“龙溪县”条,第718、722页。

21 万历《郧台志》卷十《著述下》,赵贞吉:《郧阳追祀抚治大理少卿吴公记》,万历十九年刻本,日本名古屋市蓬左文库藏,第四十九页上、下。

22 《明英宗实录》卷十六,正统元年四月甲子,陕西巡抚李新奏,台北:“中央研究院”历史语言研究所,1964年,第十三册,第323页。

23 王恕:《处置地方奏状》,见陈子龙编《明经世文编》卷三九,北京:中华书局,1962年,影印本,第304页。

24 严如熤:《三省山内风土杂识》,《丛书集成初编》本(第3114种),北京:中华书局,1985年,第1—2页。

25 唐宋(以及元明清)法律中对“化外”的界定,是一个复杂的问题。《唐律疏议》卷六《名例》“化外人相犯”条:“诸化外人,同类自相犯者,各依本俗法;异类相犯者,以法律论。”[疏]议曰:“化外人,谓蕃夷之国,别立君长者,各有风俗,制法不同。其有同类自相犯者,须问本国之制,依其俗法断之。异类相犯者,若高丽之与百济相犯之类,皆以国家法律,论定刑名。”(见刘俊文《唐律疏议笺解》卷六,北京:中华书局,1996年,第478页)。则按照唐律,“化外”乃专指“别立君长”的“蕃夷之国”。同书卷十六《擅兴》“征讨告贼消息”条“若化外人来为间谍,或传书信与化内人并受,及知情容止者,并绞”句下疏议曰:“化外人来为间谍者,谓声教之外,四夷之人,私入国内,往来觇候者,或传书信与化内人,并受化外书信,知情容止停藏者,并绞。”(第1191页)“声教之外,四夷之人”与上条所说“蕃夷”相同。又,同书卷八《卫禁》“越度缘边关塞”条:“诸越度缘边关塞者,徒二年。共化外人私相交易若取与者,一尺徒二年半，三疋加一等，十五疋加役流。”[疏]议曰：“缘边关塞，以隔华夷。……若共化外蕃人私相交易，谓市买博易，或取蕃人之物及将物与蕃人，计赃一尺徒一年半。”是以“化外人”等同于关塞之外的蕃夷。疏议于“私与禁兵器者，绞”句下复称：“越度缘边关塞，将禁兵器私与化外人者，绞；共为婚姻者，流二千里。其化外人越度入境，与化内交易，得罪并与化内人越度、交易同，仍奏听敕。”（第669—670页）在这里，“化内人”与“化外人”之别，显然即在于处于“缘边关塞”之内外，亦即是否居于唐王朝直接统治疆域之内。《白氏六帖事类集》卷十《使绝域》“没蕃人还户贯令”条：“没蕃得还，及化外归朝者，所在州镇给衣食，具状送省奏闻。化外人于宽乡附贯安置；落蕃人依旧贯，无旧贯，任于近亲附贯也。”此“令”所及之“化外人”，与《唐律疏议》相同。《宋刑统》有关“化外人”之条文基本沿袭唐律之旧。因此，唐宋时期，至少在制度规定上，“化外”即指王朝统治疆域之外。反过来说，从王朝统治的角度言之，在王朝统治疆域之内，即当属于“化内”，即便王朝未能在其地设官立治，也当适用王朝的各项制度。这是王朝统治者将其控制力不断渗透进那些“隙地”、“荒中”的基础。因此，这些帝国疆域内的“化外”，与真正处于帝国统治疆域之外的“化外”有着根本的不同。

26 《宋书》卷九七《夷蛮传》，“荆雍州蛮”条，北京：中华书局，1974年，第2396页。

27 《后汉书》卷八六《南蛮西南夷列传》，北京：中华书局，1965年，第2829—2833页。

28 《三国志》卷五六《吴书·朱然传》，“赤乌五年，征柤中”句下裴注引，北京：中华书局，1959年，第1307页。

29 《宋书》卷九七《夷蛮传》，第2398页。

30 《魏书》卷一〇一《蛮传》，北京：中华书局，1974年，第2246页。

31 参阅周一良《南朝境内之各种人及政府对待之政策》，《北朝的民族问题与民族政策》，见氏著《魏晋南北朝史论集》，北京：北京大学出版社，1997年，第33—101、127—189页，特别是第45—50、96—101、180—187页；川本芳昭：《六朝における蠻の理解についての一考察——山

越・蠻漢融合の問題を中心としてみた》，见氏著《魏晋南北朝時代の民族問題》，东京：汲古书院，1998 年，第 443—486 页；谷口房男：《華南民族史研究》，东京：绿荫书房，1996 年，特别是其第一编《古代華南民族史研究》，第 11—154 页；陈金凤、姜敏：《南北朝时期北魏与中间地带蛮族合作探微——以北魏和桓诞、田益宗合作为中心》，《中南民族大学学报》2002 年第 6 期；程有为：《南北朝时期的淮汉蛮族》，《郑州大学学报》2003 年第 1 期；鲁西奇：《释“蛮”》，《文史》2008 年第 3 期；罗新：《王化与山险——中古早期南方诸蛮历史命运之概观》，《历史研究》2009 年第 2 期。

32　《旧唐书》卷一三二《李芃传》，北京：中华书局，1975 年，第 3654 页。

33　《太平寰宇记》卷一〇四《江南西道二》，歙州“祁门县”条，第 2068 页。另请参阅《元和郡县图志》卷二八《江南道四》，歙州“祁门县”条，第 688 页。

34　《太平寰宇记》卷一〇四《江南西道二》，歙州歙县“废归德县”条，第 2063 页。

35　《太平寰宇记》卷一〇三《江南西道一》，宣州“旌德县”条，第 2050 页。另请参阅《元和郡县图志》卷二八《江南道四》，宣州“旌德县”条，第 685 页。

36　《太平寰宇记》卷一〇四《江南道二》，歙州黟县“谯贵谷”条，第 2067—2068 页。

37　万历《湖广总志》卷三十五《风俗》，“郧阳府”条，“上津县”条，《四库全书存目丛书》本（据万历刻本影印），济南：齐鲁书社，1996 年，第 196—197 页。

38　参阅李景林《从〈三省边防备览〉一书看十八世纪至十九世纪二十年代陕川鄂三省交界地区社会关系的一些特点》，《史学集刊》1956 年第 2 期；樊树志：《明代荆襄流民与棚民》，《中国史研究》1980 年第 3 期；张建民：《明清长江流域山区资源开发与环境演变——以秦岭—大巴山区为中心》，武汉：武汉大学出版社，2007 年，第 202—241 页。

39　严如熤：《三省边防备览》卷十二《策略》，扬州：江苏广陵古籍刻印社，1991 年，据清道光刻本影印，第二十五页上、下。

40 参阅 G. William Skinner，“Presidential Address：The Structure of Chinese History”，*Journal of Asian Studies*，Vol.44，No.2.（Feb. 1985），pp. 271—292。中译本见《中国封建社会晚期城市研究》，王旭译，长春：吉林教育出版社，1991 年，第 1—24 页，特别是 10—12 页。

41 王禹偁：《畬田词》，见王延梯选注《王禹偁诗文选》，北京：人民文学出版社，1996 年，第 28—29 页。

42 嘉庆《山阳县志》卷十二《杂集志》，《故宫珍本丛刊》本（据嘉庆元年刻本影印），海口：海南出版社，2001 年，第 327 页。

43 乾隆《续商州志》卷八《风俗》，《中国地方志集成·陕西府县志辑》本（据清乾隆二十三年刻本影印），南京：凤凰出版社，2007 年，第三十册，第 288 页。

44 严如熤：《三省边防备览》卷十《山货》，第一页上。

45 《宋书》卷四七《刘敬宣传》，第 1412 页。

46 《元和郡县图志》卷二八《江南道四》“宣州”下称：“汉有铜官。《舆地志》云：宛陵县铜山者，汉采铜所理也。”又于“南陵县”下记有利国山，“出铜，供梅根监”；“梅根监，在县西一百三十五里。梅根监并宛陵监，每岁共铸钱五万贯。”（第 681—682 页）。《太平寰宇记》卷一〇五《江南西道三》池州“铜陵县”条下称：“本汉南陵县，自齐梁之代，为梅根冶，以烹铜铁。庾子山《枯树赋》云：‘东南以梅根作冶地。’元管法门、石棣两场。隋升法门为义安县，又废入铜官冶，后改为铜官县。”（第 2089 页）则宣城向来以产铜著称。推测晋时宣城郡守所立之“私屯”，主要目的当即营求铜货。

47 据《宋书》卷三五《州郡志一》，扬州“宣城太守”条，第 1034 页。

48 《太平寰宇记》卷一〇七《江南西道五》，饶州“德兴县”条，第 2146 页。

49 《太平寰宇记》卷一〇二《江南东道十四》，“汀州”条，第 2034 页。

50 范成大：《骖鸾录》，乾道九年正月三日，见《范成大笔记六种》，北京：中华书局，2002 年，第 45 页。

51 《三国志》卷六四《吴书·诸葛恪传》，第 1431 页。

52 《太平寰宇记》卷一〇〇《江南东道十二》，南剑州“尤溪县”条，第 2000 页。

53 《太平寰宇记》卷一〇六《东南西道四》,洪州"分宁县"条,第 2110 页。

54 万历《郧阳府志》卷十四《风俗》,万历六年刻本,第二页下。

55 毕沅:《兴安升府奏疏》,见《三省边防备览》卷十七《策略下》,第三页上、下。

56 嘉庆《汉南续修郡志》卷二一《风俗》附"山内风土",《中国地方志集成·陕西府县志辑》本(据民国十三年刻本影印),南京:凤凰出版社,2007 年,第五十册,第 308 页。

57 《三国志》卷六〇《吴书·贺齐传》,第 1378 页。

58 《陈书》卷三五《熊昙朗传》,北京:中华书局,1972 年,第 477 页。

59 《陈书》卷三五《周迪传》,第 478—479 页。

60 《三国志》卷五五《吴书·甘宁传》,第 1292 页。

61 《周书》卷四三《韦祐传》,北京:中华书局,第 774 页。

62 《太平御览》卷四七三《人事部·游侠》,北京:中华书局,1960 年,影印本,第 2171—2172 页。

63 《三国志》卷六〇《吴书·贺齐传》,第 1377、1379 页。

64 《周书》卷四四《泉企传》,第 785—786 页。

65 严如熤:《三省边防备览》卷十二《策略》,第二十一页上、下。

66 严如熤:《三省边防备览》卷十二《策略》,第二十二页下。

67 《隋书》卷三一《地理志下》"荆州"后叙,北京:中华书局,1973 年,第 879 页。

68 《汉书》卷二八下《地理志下》,北京:中华书局,1962 年,第 1666 页。

69 常璩撰,任乃强校注:《华阳国志校补图注》卷二《汉中志》,上海:上海古籍出版社,1987 年,第 83 页。

70 《隋书》卷二九《地理志上》,"梁州"后叙,第 829 页。

71 《宋会要辑稿》刑法二之一一一,绍兴七年十月二十九日,枢密院奏,北京:中华书局,1957 年,影印本,第 6551 页。

72 《宋会要辑稿》刑法二之一三〇,庆元四年九月一日臣僚言,第 6560 页。

73 参阅竺沙雅章《喫菜事魔について》,《方臘の亂と喫菜事魔》,《浙西のについて道民》,见氏著《中国佛教社會史研究》,京都:同朋舍,1982

年，第 199—292 页。

74　沈德符：《万历野获编》卷二九《叛贼》，“再僭龙凤年号”，北京：中华书局，1959 年，第 748 页。

75　《明英宗实录》卷二七七，天顺元年四月戊午，台北：“中央研究院”历史语言研究所，1964 年，第 5927 页。

76　《明宪宗实录》卷二九，成化二年四月辛酉，第 574 页。

77　万历《湖广总志》卷三五《风俗》，郧阳府“上津县”条。

78　参阅刘广京《从档案材料看一七九六年湖北省白莲教起义的宗教因素》，中国第一历史档案馆编《明清档案与历史研究》，北京：中华书局，1988 年，下册，第 776—815 页；李健民：《清嘉庆元年川楚白莲教起事原因的探讨》，《“中央研究院”近代史研究所集刊》（台北）第 22 期，1993 年。

79　许倬云：《汉代中国体系的网络》，见许倬云等编《劳贞一先生八秩荣庆论文集》，台北：商务印书馆，1986 年，第 19—31 页，引文见第 23 页。

80　20 世纪 60 年代，何竹淇先生采录 380 余种宋代及后世文献中所记两宋农民战争史料，辑成《两宋农民战争史料汇编》，由中华书局于 1976 年别为 4 册出版。何先生所理解的“农民战争”实颇为宽泛，实际上涵盖了诸种发展至武力冲突阶段的社会变乱，包括了兵变、流寇以及茶商、盐贩的武装走私等类型的反抗斗争。本文使用的数据，即根据何先生的史料汇编统计而来。

81　《舆地纪胜》卷三二《江南西路赣州》，“风俗形势”栏，北京：中华书局，1992 年，影印本，第 1417 页。

82　岳珂：《鄂国金佗稡编》卷五，《行实编年》卷二，绍兴三年，见王曾瑜《鄂国金佗稡编・续编校注》，北京：中华书局，1989 年，第 199 页。

83　《舆地纪胜》卷一三二《福建路汀州》，“风俗形势”栏，3786 页。

84　朱熹：《朱子大全》卷二七，《与张定叟书》，见《朱熹集》，成都：四川教育出版社，1996 年，第三册，第 1165 页。

85　《舆地纪胜》卷八《两浙西路严州》，“风俗形势”栏，第 461 页。

86　《舆地纪胜》卷二十《江南东路信州》，“风俗形势”栏，第 949 页。

87　方勺：《泊宅编》卷三，北京：中华书局，1983 年，第 30 页。

88　《宋史》卷四九三《蛮夷传·西南溪峒诸蛮》,北京:中华书局,1977年,第14183页。

89　魏了翁:《重校鹤山先生大全文集》卷八七,《宝章阁学士通议大夫致仕赠宣奉大夫曹公(彦约)墓志铭》,《四部丛刊》本,第十七页下。

90　欧阳修:《欧阳修集》卷六六《桑怿传》,北京:中华书局,2001年,第970页。

91　伊曼纽尔·沃勒斯坦:《现代世界体系》,尤来寅等译,北京:高等教育出版社,1998年,特别是第一卷第399—473页。参阅王正毅《边缘地带发展论:世界体系与东南亚的发展》,上海:上海人民出版社,1997年。

92　傅衣凌:《关于中国资本主义萌芽的若干问题的商榷》,见氏著《明清社会经济史论文集》,北京:中华书局,2008年,第1—15页,引文见第10—11页。

93　傅衣凌:《清代中叶川陕湖三省边区手工业形态及其历史意义》,见《明清社会经济史论文集》,第160—177页。

94　《三国志》卷十一《魏书·田畴传》,第341页。

95　《晋书》卷八八《孝友·庾衮传》,北京:中华书局,1974年,第2282—2283页。

96　万历《金华府志》卷五《风俗》,"兰溪县"条下,《中国方志丛书》本(华中地方第498号,据万历六年刊本影印),台北:成文出版社,1983年,第320页。

“边缘”的“核心”：白莲教“襄阳教团”的形成与扩散

一　问题之提出：传统中国秘密社会的结构性特点

中国秘密社会是中国历史上一种奇特的社会现象。作为一种具有秘密宗旨和礼仪、从事特殊的宗教、社会和政治活动的秘密团体，中国秘密社会在其长期的演化、发展过程中，势力由弱到强，能量越来越大，对中国的社会政治生活产生了重大影响。什么是秘密社会？很多人从不同角度给予了不同的定义。秦宝琦先生说：“秘密社会只不过是封建社会下层群众自发结成的一种社会群众体。因为它有秘密的组织、活动方式与联络暗号，有神秘而独特的礼仪，严格的规约，从事历代政府所禁止的政治、经济或宗教活动，只能在民间秘密流传，因而被称为秘密社会或秘密结社。”[1]换言之，秘密社会的“秘密”是因为官府的禁止与压制而产生的，也是由于它本身即处于官府的对立面而产生的。尽管如此，如果我们排除了它的秘密性，其本来面目也不过是一种社会组织形式而已。

只有在这个意义上,我们才能讨论秘密社会的组合或组织方式。第一,它是群众的自发组织,由于受到官府的禁止和抑压,所以其自发性、自组织特征与自治功能,较之于其他社会组织,更少显示出国家的直接干预,在这个意义上,我们可以假定它是一种“比较纯粹的民间社会组织”。第二,由于受到官府的禁止与抑压,秘密社会的组织过程不能借助“合法的”或公开性的已有体制与社会结构,而只能另外寻求联系途径与组织渠道,因此,至少在理论上,它的结构与结构过程是相对独立于已有的诸种合法性结构及其结构过程的。如果我们承认这一点假设,那么,就可以而且必须去追问:秘密社会的结构及其结构过程,究竟有什么特点?它与我们已经比较了解的诸种社会组合方式,有怎样的差别?第三,秘密社会是有秩序的,其秩序的法则,基本上可以概括为“力”(强力与暴力)和“义”(义气与忠义)。这两点秩序法则,与传统中国的“合法性社会”秩序赖以建立的基本法则——“法”和“礼”,在功能与内涵上既有相当明显的对应关系,又有很大的不同。那么,秘密社会秩序法则及其来源究竟是什么?

以往的诸多研究已充分揭示出:在一些秘密社会特别是秘密教门活动的核心区,以秘密社会(包括秘密教门与秘密会党)为主体,形成了相对独立、自成体系的地域社会。在这样的地域社会中,是什么因素在发挥主导性作用?更为重要的是,几乎任何一种形式的秘密社会,都超越了村落或城市社区的层面,而成为一种分布广泛的社会关系网络。这种社会网络虽然看似松散,但却相当有效。这种溢出于官府控制之外甚至与官府主导的诸种体制相对立的、以下层民众为主体的社会网络系统，在中华帝国的政治、经济与社会、文化系统中，究竟具有怎样的意义？我们如何认识它？

学术界关于秘密社会的研究，一般是将其放在国家与“合法性社会”（或“正统社会”）的对立面而展开的。许多学者都强调中国传统社会中所谓上层社会的政权结构与基层社会的群体社团结构的分离（傅衣凌先生将之区分为“公”、“私”两个系统），并认为这两种不同的系统实际就是两个不同的层次，体现了传统中国社会政治结构的一个显著特征，即社会表层的相对有序和社会深层的相对无序的二元相背。如清朝庞大的官僚和军队系统、完备的法律条令、严密的档案制度，在通常情况下有效地保证了社会表层的权力和信息的有序运行。权力的网络一直延伸到州县，但并没有延伸到农村。在农村，最多只有带有准行政机构色彩的里社、保甲，而更主要的则是民间自然形成的、具有道德教化作用的组织如家庭组织、宗族组织以及一些地域性组织在较大程度上发挥着相对独立的治理作用。[2]中国秘密社会正是借助于中国传统政治社会二元结构中的权力失控，在表层社会和基层社会之间的“缝隙”中游离、滋生、发展、壮大，在社会大舞台背后演出着一幕幕活剧。在这个阐释体系中，秘密社会被看作是基层社会的异端表现形式。[3]正因为此，很多学者研究秘密社会特别是秘密教门的组织方式，就自然而然地与普通基层社会的结合方式对应起来，认为民间秘密宗教一般是沿着固有的社会结构进行扩散和组合的，血缘、地缘关系是民间秘密教门的传播扩散的重要途径和组织的重要途径。有的学者强调血缘关系在民间教门传播中发挥着核心的作用。如王尔敏就认为，秘密教门的传授途径“多循血缘关系，姻亲关系，主仆关系，即使外出他省传教，亦必就一立足点，再寻他乡之血缘关系、姻亲关系、主佃关系以求发展”[4]。有的学者则强调经济活动特别是市场活动在秘密社会形成与建构过程中的重要性，认为集市、庙会活动也是民间秘密宗教在城乡社会中传播扩散的重要途径。如宋军通过考察清嘉庆年间弘阳教在通州地区的传播，指出民间秘密宗教在乡土社会中的传播与农民的空间移动具有相当程度上的关联。与长途跋涉的远距离移动相比较，县际、乡际、村际间的中短距离移动更为频繁。在农民日常生活中，农民通过集市参与经济、社交活动，通过庙会参加信仰与娱乐活动。因庙会在持续时间与影响范围上都超过集市，所以同一中心地的“祭祀圈”的服务半径一般都大于“市场圈”的服务半径。换言之，通过庙会活动，民间秘密宗教的扩散范围会更远。[5]

应当承认，这些研究揭示了秘密社会形成、组织与扩展的重要路径与方式，血缘关系、地缘关系、市场关系在秘密社会的形成、组织、扩散与活动中确实发挥了重要的作用，但是，秘密社会不是依靠血缘关系、也不是依靠地缘关系、更不是根据市场关系建立起来的——依靠这些关系建立的社会组织不是秘密社会。那么，秘密社会究竟是依靠怎样的原则、以什么为基础建立起来的呢？这是我们考虑问题的出发点。

很多研究已经指出，秘密社会中的秘密教门主要以宗教信仰的面貌出现，以师徒递传的方式组成，以入教可以消灾获福作为维系内部联系与团结的纽带。即构成秘密教门群体的纽带是个人间结成的师徒关系，这种师徒关系或师徒纽带是秘密教门赖以形成并维系的基础，而且，任何秘密教门都很难成为一种超越这种师徒关系纽带的存在。[6]喻松青说：

> 中国民间秘密宗教的教团，教徒之间信仰的一致固然是联络团结的维系力量所在，但人情也是一个重要因素，并且有它不容忽视的、十分突出的作用。教徒和神，例如和无生老母之间，就充满了亲子之爱。每个教团，实际上都具体体现了教徒和神之间的依赖信仰关系，它是一个组成总体信仰的细胞。教首是人，同时是神的化身，由神转世而来，或有其他超凡的地方。他和教徒们的关系，如同教徒们和无生老母的关系一样，充满依赖、尊敬，并有亲子之情。所以教首又是一个家长，具备了封建家长的特点。他威严专制，然而又亲切慈爱。他吸引着信众，使他和他的徒众之间既充满了未来天国的幻想，又有着人间的情谊和安慰。这种感情往往是通过和教首个人的关系而存在的。所以当老教首死了，新的教首再履行一次收徒的手续，是为了使教徒们对老教首的依赖和感情不致因老教首的归天而中断，并使这种依赖和感情移植到新教首身上去。[7]

这种"人情"（包括人与神之间的感情）涵盖了依赖、保护与慈爱、责任等因素，对于下层民众来说，在这个冷漠无助的世界上，是如此可贵与重要，几乎成为信仰的唯一动因，至少是重要的动因之一。那么，这种情感关系如何建立起来呢？这就是拟制血亲的师徒关系。和传统中国各种不同性质的师徒关系的建立一样，秘密教门中师徒关系的确立也是通过一定的仪式即"传徒"和"拜师"来实现的，拜师的目的就是确立彼此间的师徒关系即拟制的血亲关系，同时也是入教的开始。一般说来，受戒是拜师仪式中最为多见、也是最主要的内容。受戒，就是接受师傅传授的有关戒律（三皈五戒）。然后是纳根基钱或福果钱，然后师傅口授咒语、教授基本教义或日常的功课内容等。

由于师徒关系是秘密教门的群体结构形成的基本途径，而一个师傅，无论其具有怎样的影响力，其收徒的范围总是有限的，这就在很大程度上限制了秘密教门的规模。不少秘密教门，如弘阳教、清茶教、八卦教等，虽然对外拥有一个统一的教名，实际上同一教派下各支群体独立活动，互不统属，因为是不同的师傅发展起来的。在空间结构上，各支群体的信徒的组成与分布基本上是以小区域为范围，具有明显的地方性与亲缘性，这样，就形成了秘密教门在空间扩散与地理分布的一个重要特点，即可以概括成“大分散、小集中”，就是说，从整体上看，其传播、扩散的范围非常广泛，但构成各个群体的范围其实却很小，即使是在同一区域内，各支群体之间也较少往来，彼此互不统属，独立活动，平行发展。梁景之曾这样描述秘密教门的社会网络：由于在传教方式上是辗转授徒，递相传习，由此而形成了以师徒关系为主体的关系网络。网络的核心或中心是大大小小的教主或师傅，网络的各个“结点”为信徒或教徒、弟子，而填充网络或者说网络赖以存在的基础则是乡土社会的广大民众。就群体网络的特点而言，就是构成网络的各个要素或因子，即成员是相对独立的，并无严格的控制关系，这意味着如果缺掉一环，即便是作为网络核心的教主或师傅缺失，都不会影响整个网络的联系或功能。因为很快就会有某一个或几个比较活跃、比较有能量的“结点”取而代之而成为新的核心。[8]这是秘密教门在空间扩散与空间结构中最重要的特点。

这样,我们理解的秘密教门的组织结构,就不是金字塔式的层级结构,也不是市场体系的中心地层级式的结构。韩书瑞(Susan Naquin)通过对清乾隆三十九年(1774)山东王伦清水教起义的研究,发现参与起义的教徒有长工、短工、雇工、戏子、推车工,以及出售鱼、豆腐干和马匹的商贩,僧人道士,私盐贩子,胥吏等。这些教徒遍布华北数省诸县,他们流动的范围已经超越了他们所处集市的影响区域。同时,对于那些社会交往活动不多的人(如妇女)及来回不定的流动人口而言,这些民间教派提供了一套新的人际关系网络。她的研究展现了民间秘密教派所特有的组织形式。这些民间秘密教派由一些互不联系的小经堂所组成,它们的信徒可能是从附近若干个村落吸收进来的。更高一级的教派并不集中在商业城镇,这些教派活动往来的路线也不能反映市场等级关系。[9]孔飞力将这种形式看作是与蜂巢式科层结构或"嵌入式层级体系"(nested hierarchies)的商业—行政体系并存的一种活动形式,称之为"流动商贩"形式。按照这种形式生活的人,他们在各村之间的横向移动,比他们沿市场贸易的路线向城镇或县城移动的情况要多。他们的移动及相互联系的路线与商业—行政等级体系的路线无关。这种"流动商贩式"的活动形式的特点是出没无常,等级模糊。[10]通过"流动商贩式"的活动形式,这些民间秘密教门在广阔的地域内形成松散的教派网络。

毫无疑问,秘密社会处于中国传统社会的边缘——构成秘密社会的基本群众是社会的"边缘群体",其所处地域既是地理空间意义上的"边缘",也是社会空间意义上的"边缘"。尽管如此，在这样位于边缘区域、由边缘群体所组成的边缘社会中，仍然存在着某种“核心”——以“师傅”及其最亲近的信徒或徒弟们所构成的“核心集团”，以及以这一核心集团为中心、信徒较集中居住与活动的“核心区”。秘密社会特别是秘密宗教往往在以一个师傅或教首为中心、凝聚为一个“核心集团”后，落脚于一处较为偏僻的村落或集市，逐步经营其核心区；然后采取“流动商贩”式的活动方式，再经营另一个核心集团与核心区。各个核心集团与核心区之间的联系虽然是松散的，但在每个核心集团与核心区内部，却是相对紧密的，表现出程度不同的内聚性。

关于秘密社会中是否存在“核心集团”与“核心区”，如果存在的话，它又是如何形成或构建的，迄未见有细致的讨论。本文试图通过对清乾隆、嘉庆之际白莲教“襄阳教团”之形成过程的考察，论证秘密社会特别是秘密宗教中核心集团及其核心区的存在，分析其形成与扩散过程，并进而讨论秘密社会的核心集团、核心区与“合法性社会”的核心—边缘结构之间的关系，以及秘密宗教在传播与扩散过程中所表现出来的特点。[11]

二　明清时期的鄂西北地区："异端的渊薮"

万历《湖广总志》卷三五《风俗》总论襄阳府风俗云：

襄阳，自古重镇，拥岘湟汉，控扼荆楚，郁乎当南北之交，钟其气以生者多特达不群，渢渢乎大国之风，民多尚文，渐于侈竞。四方辏会，绎骚繁黑，奇袤杂廛，惰窳僭忒，犷虓险健，夺攘矫虔。近俗敝矣，且冠礼不明，丧服无制，尤宜所亟变者云。

又述襄阳府所属之均州"风俗"云：

> 均地居天下之中，四方道里适均，山川明秀，风气淳固。士生其间，多知礼义，人才彬彬。滨山土薄而瘠，民贫而野，少储蓄，□借贷。比来流逋滋蔓，习俗轻悍，互相牵诱，不特本土之民也。其信巫鬼、重淫祀，自昔然也。

其述郧阳府上津县"风俗"则云：

> 俗尚朴直，民性真率，业耕桑，服商贾。文事疏阔，衣食粗粝。地滨汉江，邻秦境，顽民潜匿其中者，恃险负固，贡赋不输。每年四月八日各于寺观结立坛场，会集男女千百余人，罗跪于野，执经授受，谓之"传经"。

在叙述枣阳、南漳、房县、竹山、郧西、竹溪、保康等县风俗时，编者也大都提到"南北亡命"多逃窜其间，"商贾游艺，藏匿难制"，"山僻地瘠，民皆各处流移"，"多强悍健讼"，"四方寓处，醇梗相半"，"信鬼尚巫，风俗醇厚，依山而居，织纺而衣，烧畲而田，载种击鼓歌讴。四方流寓杂处，民风不纯"，"土俗烧野为田，广种薄收。病不服药，信鬼。治丧葬用浮屠。岁时聚众立会社饮"，等等。[12]这说明鄂西北地区特别是其山区生计艰辛，各种流移人口萃于其间，往往滋生事端；而其俗则多"信巫鬼、重淫祀"，自古以来就是孕育诸种异端信仰的温床。上引郧阳府上津县"传经"之习俗,其所传之"经"虽不能详知,但由其于"寺观结立坛场,会集男女千百余人,罗跪于野,执经授受"的传经场所与方式观之,所传绝非正统儒释道经典,很可能就是某种民间秘密宗教的经典。

在今见文献记载中,至迟到元代中期,鄂西北地区即已见有异端宗教活动的踪迹。

《元典章》卷五二《刑部十四》"诈伪·伪造佛经"条载,元成宗元贞元年(1295),河南行省报告说:

> 峡州路远安县太平山天量寺人袁普昭,自号无碍祖师,伪造论世秘密经文,虚谬凶险,刊板印散,煽惑人心。取讫招伏,于元贞元年十二月奏过:"京南府一个山里普昭小名的和尚,伪造佛经,那经里写着犯上的大言语有,交抄与诸人读有。"么道。今夏南京省官人每与将文书来呵,俺上位奏了。差人与宣政院官一同问去来。如今问将来也。实有和他一处作伴当、徒弟,每总廿四人。那的廿一个和尚,三个俗人。普昭小名的和尚根脚里造伪经来,着木头雕着自己的形,伪用金妆着,正面儿坐着,左右立着神道。那经里更有犯上的难说的大言语,又印写的。[13]

普昭自称无碍祖师,住居寺庙称为"无量寺",又刻自己木像,饰以金妆,是自比弥陀佛(无碍光佛),以耸动俗人视听。其所伪造之经文,"更有犯上的难说的大言语",很可能是宣扬"劫变"、鼓动造反的言辞。文中的"京南府"当即指荆南府,"南京省"即河南行省。峡州路远安县即今湖北远安县，北与襄阳路的南漳、宜城县相邻。普昭在远安县的山里宣传带有强烈白莲教色彩的异端宗教，说明鄂西北地区早在元前中期即已存在异端宗教活动。[14]

普昭虽然于事发之后被"敲了"，其伴当、徒弟则被杖责之后远流或放还，这一支异端信仰（且不论其是否属于白莲教）看来并未彻底被消灭，应当还有余绪，只是未再被官府发现，故不见于官方记载而已。五十多年后，韩山童、刘福通红巾军起，荆、襄诸处皆起而响应。权衡《庚申外史》卷上谓：

> （元顺帝至正十一年，1351 年）五月，颍川、颍上红军起，号为香军，盖以烧香礼弥勒佛得此名也。其始出赵州滦城县韩学究家，已而河、淮、襄、陕之民翕然从之，故荆、汉、许、汝、山东、丰、沛以及两淮红军皆起应之。[15]

《元史》卷一八三《脱脱传》亦称："汝、颍之间妖寇聚众反，以红巾为号，襄樊、唐、邓皆起而应之。"则知唐、邓、襄、荆诸府州乃是率先响应刘福通起事的地区，在此前当就有"烧香礼弥勒佛"的群众基础。其时襄阳、南阳一带响应刘福通及徐寿辉起事的有邓州的布王三、均州郧县人田端子、襄阳孟海马以及未见领导人的"竹山贼"、"房州贼"等，他们迅速地攻下唐、邓、南阳、嵩、汝、河南府（北锁红军）及均、房、襄阳、荆门、归、峡诸府州（南锁红军）。[16]《元史》卷一四二《答失八都鲁传》记至正十二年（1352）答失八都鲁以四川行省参知政事领本部探马赤军三千，随平章正事咬住沿江而下，进攻荆襄地区的红巾军，"进次荆门，时贼十万,官军止三千余”。虽然有所夸大,但仍可见出荆襄红军势力之盛。我们虽然无以确知布王三(王权)、孟海马等人的宗教信仰如何,但其所部即以“红军”为称,且与刘福通、徐寿辉部红巾军协同作战,遥相呼应,很可能也是白莲教徒或与之类似的异端宗教信徒。

明朝初建,对诸色异端宗教采取严厉压制政策,兼以封禁荆襄山区,“空其地,禁流民不得入”[17],并在武当山大举营造宫观,提倡真武信仰,故在明前期,鄂西北地区未见有异端宗教活动的记载。然到明英宗正统八年(1443)十一月,在湖北襄阳府均州境内,河南汝州人张端卞更名清古潭,假借“佛法扇众”,扬言宁山下卒张清乃紫薇星降生,推张清为教主。他们准备甲子岁(正统九年,1444 年)于光化县九龙冈起事,计划先攻陷泌阳、枣阳、舞阳,然后进攻襄阳、汴梁诸处,然事泄而未成,被官府擒获百余人。时任郧阳巡抚于谦在上报朝廷的奏章中说:“河南地连湖广,逋逃所萃,中多奸顽无赖。如曩者张普祥、李普昇等,俱以修善诵佛惑人,自速杀身[亡](忘)家之祸。今此曹仍迹前非,请审实诛之以徇。于逃民聚居处,并敕湖广、河南三司官常巡视其地,但有啸聚或为不法者,即收治之,重则奏请,轻则械归本乡。其僧人无度牒而号为师父、师兄、善人、善友,庀集礼佛者,俱问遣戍边;寺观庵院非古额者即毁之没官。庶法令昭明,妖妄杜绝。”[18]则在此之前,襄、郧地区已发现张普祥、李普昇等“以修善诵佛惑人”之“妖妄”,他们以僧人面目出现,而没有度牒,号师父、师兄、善人、善友等,很可能也属于白莲教系统。正统末,河南开封府西华县人刘通(刘千斤),“惑于妖言,潜往襄阳房县,与妖僧允天峰谋乱”。至天顺八年(1464),又有石龙者(即石和尚)

纠合冯子龙等四处劫掠，刘通令其子刘聪邀约冯子龙等举事。他们于房县北大木厂地方，“立黄旗聚众，移住梅溪寺，伪称王，建伪号为汉，称德胜年，立伪国师、总兵等官，聚徒至四万人，大肆劫掠，攻陷城池”[19]。乱平后，抚宁伯朱永与总督军务白圭在捷奏中称刘通“伪造妖言，聚众作乱”[20]，则刘千斤自必利用秘密宗教作为起事之手段。[21]官府在镇压此次起义后，一改以往封禁之政策，允许流民附籍，并开设郧阳府，析置竹溪、郧西等县。这些举措虽在一定程度上缓解了荆襄地区的社会矛盾，但并未清除民间秘密宗教的影响。反之，民间秘密宗教还因大量流民编入军籍而得到广泛流传。[22]在明王朝处置荆襄流民的诸多举措中，重要的一条即是“禁异端之教”。这恰恰说明，“异端之教”在荆襄流民中有着相当广泛的流传和影响。

因此，虽然并没有资料证明有些异端信仰最初是在鄂西北地区滋生、孕育的，但今见材料至少表明：这一毗连楚、豫、川、陕四省的边缘地区，至少是最为适合这些异端信仰传播、成长与发展的肥沃土壤。

三　清中期鄂西北白莲教传播的“核心区”及其“核心集团”

清代中期，鄂西北（襄阳、郧阳二府）地区影响最大的民间秘密教派当数收元教和混元教（即三阳教）。乾隆三十二年（1767），收元教自河南进入湖北襄阳地区。河南许州直隶州的徐国泰是收元教的教首，其传承关系如下：张仁→王五钧→孙士谦→徐国泰。乾隆二十一年（1756）张仁、王五钧等人因倡立“荣华会”被正法；乾隆二十三年（1758）王五钧之徒孙士谦自号“真人”，与其弟孙士信及任洪钧、徐珮等人“骗钱惑众”，先后被拿问罪，孙士谦、孙士信被枷号游示，行至泌阳县时先后患病去世。在病亡之前，孙士谦已将自张仁处抄得的经卷及《推背图》授予徐国泰。乾隆二十八年(1763)徐国泰与徐珮等倡意复教，改“荣华会”为“收元教”，四五年的时间内授徒颇众。至乾隆三十三年(1768)十月案发，官府共查拏教徒八十六人。其时收元教似尚未进入湖北。[23]乾隆三十二年(1767)间，襄阳府枣阳县民李从呼来到表哥徐国泰家，同行的还有安陆府钟祥县的罗教教徒叶正远，他们此行目的是访问教术。徐国泰吸收他们习从收元教后，并派遣徒弟过永城等人，携带经卷，随同李从呼、叶正远前赴湖北襄阳、钟祥一带传教。过永城等招得钟祥县张青顾、袁大鹏、袁住、袁士开及枣阳县周言、杨秉志、杨秉忠等人。[24]这样，收元教进入了湖北襄阳、安陆二府境内。

乾隆三十三年(1768)八月初二日，襄阳、枣阳交界地区的枣阳石匠孙贵远在李从呼家钻磨。李从呼称奉收元教，吃斋念经，可以消灾免祸。孙贵远即交根基钱百文，拜李从呼为师入教。李从呼口传十字经、八字真言等，令孙贵远念诵，并给《九莲》、《苦难》、《五女传道》经卷各一本，咒语单一份(即前引四句歌词)，还嘱咐孙贵远劝人入教以赚钱。

此时全国很多地区正处于“叫魂”的恐慌之中，乾隆皇帝督责各省进行搜捕，地方官府在查访“叫魂”案件时，也破获了多起“邪教”。[25]这年九月间，河南汝宁府汝阳县收元教徒刘世禄等人被查获，许州徐国泰、祥符县过永城等人也相继被捕获。李从呼、叶正远等人则于湖北省被拿获，他们或被正法，或被徒流。[26]孙贵远因未被供出而得以逃脱。

孙贵远居住在襄阳、枣阳交界地区，他有三个儿子，长子又有三子一女。蛰伏了十余年之后，乾隆四十九年(1784)冬，孙贵远因病困苦，忆及李从呼从前有传教可以赚钱的话，遂起意复行倡教。十二月二十四日，孙贵远在王易荣家叙谈，告以收元教吃斋念经，可以消灾获福，王易荣信从，即拜他为师。孙贵远口传“南无天元太保阿弥陀佛”十字，令其每日念诵。“月余即有二十多人听从入教”，孙贵远共收得根基银 3500 文。虽然孙贵远供称:“(乾隆三十三年，1768 年)因见李从呼等俱已破案，不敢传习，十余年间俱在各处石匠营生”，但湖广总督特成额、湖北巡抚吴垣仍然怀疑他“漏网十有余年，恐踵行邪教不止一处”。果然，在乾隆五十九年(1794)三省教案时，发现房县獐落河(县西南)石岭沟的王全与艾秀都是孙贵远的徒弟。[27]

乾隆五十年(1785)二月初一日，襄阳县的严大邦因其母严黄氏被诱出钱入教，与詹正林争吵起来。这一争吵被官府发觉后，初八日官府遂派人在詹正林家搜查，抄获一些经卷及经咒。通过审讯詹正林等人，孙贵远等人先后被一一供出。至乾隆五十年(1785)四月，孙贵远等人或被正法，或被徒流，或被杖责枷号。这二十余人中有詹正林、詹之富、詹世贵、刘起荣、姚应彩、萧允题、周添贵、周添才等。其中刘起荣是襄阳县东南黄龙垱人，詹世贵与詹世爵应是族内兄弟，詹世爵与刘起荣及李淮、李潮兄弟同是黄龙垱人[28]，周添贵、周添才与周天绪应是族人。[29]姚应彩为枣阳鹰架山人。[30]因此，从这些教徒所在地理位置，可知孙贵远收元教一支的核心区域，大致在以襄阳县东南与枣阳交界的黄龙垱地区。

混元教则晚至乾隆五十四年(1789)二月才进入湖北。这一支的传承关系是:樊明德→王怀玉→刘松→刘之协。樊明德、王怀玉、刘松三人都是河南鹿邑县人,刘之协为安徽颍州府太和县人,两县相隔甚近。乾隆四十年(1775)三月,河南、安徽交界地区的混元教被官府破获,樊明德等人被正法。刘松、王怀玉之子王发僧等人被先后发配甘肃,刘之协则逃逸。乾隆五十三年(1788)三月,刘之协赶到甘肃平凉府隆德县,与流放在这里的刘松商量复教之事。刘松遂改"混元教"为"三阳教",改《混元点化经》为《三阳了道经》,改灵文为口诀。同时,欲觅一人为牛八,伪称明朝皇室后裔。刘之协以刘松之子刘四儿为弥勒佛转世,以保辅牛八,入其教者可免一切水火刀兵灾厄,推刘松为老教主。乾隆五十四年(1789)二月,刘之协来到湖北襄阳县,劝服收元教教首宋之清改奉三阳教。这样,三阳教在湖北境内逐渐扩散开来。[31]

乾隆五十年(1785)特别是乾隆五十四年(1789)混元教进入鄂西北地区之后,白莲教在鄂西北地区的传播逐渐呈现出"遍地开花"之势,并逐步形成了分别以黄龙垱、宋湾—三合镇(夹河洲)、襄樊城厢—刘家集为中心的三个"核心区",并在每个传教核心区内团聚成分别以刘起荣、张汉潮,宋之清—高均德(高新德),齐林—姚之富为首的传教"核心集团"。

(一)黄龙垱与刘起荣、张汉潮集团

乾隆五十年孙贵远被拿获后,收元教在襄阳、枣阳一带的发展受到重大挫折。但收元教仍得以在社会下层扩散,那些未被官府拿获的教徒仍在乡村社会中传徒授众。黄龙垱的李淮于嘉庆四年(1799)二月供称:"自乾隆四十九年习教传授,徒弟有一千多人。嘉庆元年(1796)五月内,被拿情急,起意谋反,就在本

处传集弟子邱得朋等，于钟祥、襄阳一带焚掠报仇。”[32]有些教首甚至改变教名继续传教，如姚应彩因贫苦难度，于乾隆五十三年(1788)十月复倡收元教，恐为人知是收元教余党，所以改名三益教，以制卖膏药、念咒治病为名，收得数人为徒。[33]

考察白莲教(收元教)在黄龙垱一带的活动，须关注刘起荣一族。刘起荣供称："小的向从詹之林习教，传过徒弟阮学明等，约有千余人，实记不清名数。"[34]刘起荣的师傅詹之林，可能是孙贵远再传徒弟詹之富的兄弟。刘起荣是收元教忠实的信徒，习教时间较早当为事实。乾隆五十年(1785)，刘起荣因教案被杖责一百，枷号两月；回到家后并没有放弃收元教的信仰，而是继续在族内以及地方上传徒授众。刘氏一族可知有刘起荣、刘永盛父子、刘起华、刘启(起)学、刘启(起)凤、刘永太、刘永恭、刘开玉等人，他们大都是教徒。乾隆五十四年(1789)，刘启[起]学(刘起荣的族弟)收得同村的农民阮子时、阮学胜父子为徒；阮学明即阮学胜的族内兄弟，黄龙垱阮氏有阮子时、阮学胜、阮学贤三父子以及阮学明、阮正潍父子。[35]刘氏一族在本地有很多教徒，同村的阮氏一些族人都是刘起荣、刘启[起]学的徒弟。阮氏的阮学明等人又到处收徒，宜城的张什就是阮学明的徒弟。刘起荣还曾在黄龙垱西南 20 里的方家集一带活动，在那里也收了一些徒弟。[36]

乾隆五十年前后在黄龙垱地区传教的，还有李淮、李潮兄弟一支。李氏兄弟自乾隆四十九年(1784)习教，至乾隆末共传授有一千多徒弟。[37]嘉庆元年(1796)五月内李淮纠集在本处弟子邱得朋等人起事，其徒众也以当地人为主。李氏兄弟一系当出于张汉潮。张汉潮的儿子张正潍供称："白莲教有南北二会：南会是小的父亲传习刘起荣、张时、阮正潍、詹世爵、李槐、李潮、张世泷、张世虎等"。[38]关于张汉潮的居住地，其子张正潍称为襄阳县东南之鹿门寺，其徒李潮则称为枣阳县张家楼。[39]很可能原为枣阳张家楼人，后移住襄阳鹿门寺。张汉潮的徒弟除了李氏兄弟外，还有陈家集的张世龙（又作"张世泷"）、张世虎（又作"张士虎"）、张世凤三兄弟等人，他们的父亲也是教徒。[40]

襄阳东南王家集一带也活跃着一些白莲教徒。嘉庆元年（1796）二月底，王家集的孙应元父子已聚有三百多人，其徒王开俊纠集兄弟王开群及李芝、李兰、谢毓秀、王应贵等人起事。孙应元对徒弟王开俊说"有信来叫他聚众起事"，攻打襄阳府城。[41]这一支教徒的师承源自何人，无以确知，但很可能与刘起荣或张汉潮有关。

虽然张汉潮的儿子张正潍在供词中称刘起荣也是张汉潮的徒弟，但大抵不可信，很可能是出于教派内部对教徒的争夺而捏造的虚词，或者张正潍对其父与刘起荣的关系也不甚知悉，想当然地认为如此而已。从现在材料看，刘起荣与张汉潮虽然同属收元教，同在黄龙垱地区传教，但二者应当并无师徒关系，很可能是两个传教的集团。[42]在总的传播、发展方向上看，刘起荣集团似乎重点向黄龙垱西南方向各村落扩展，甚至进入与之相邻的宜城县境内。宜城人张什是黄龙垱阮学明的徒弟，他于嘉庆元年（1796）"夏秋间，约了一百二十多人，入了阮学明、阮正潍的营"[43]。张什口供中没有说他是宜城什么地方的人，但他提到其师父阮学明是在丰乐河被官军打死的。他很可能是宜城东北境王集、丰乐河一带（在汉水东岸）的人。而张汉潮集团大抵主要向黄龙东北方向上的枣阳境内发展。早在乾隆三十二年

(1767)，收元教就自河南传入枣阳县，所以枣阳县有老教首戴新及其子戴世杰。嘉庆七年(1802)戴世杰被捕时，他还保存了其父戴新的一张传教灵文。襄阳县陈家河的教首赵鉴供称：

> 原与戴四的父亲戴新，同张汉潮一同起事。戴四名叫戴四杰，二十四岁。他家传教已久，辈分最大。戴新死了，众人就尊他为老掌柜。[44]

枣阳县的胡明远兄弟二人就是戴世杰（当即戴四杰）的徒弟。嘉庆元年(1796)初，胡明远父母、兄弟都随戴世杰一同起事。[45]枣阳县的另一个教徒崔宗和供称：

> 张汉潮是小的师傅。张汉潮起事时，小的就随同入伙。还有戴世杰父亲戴新、小的叔子崔连乐、胡明元、赵鉴都在一处。[46]

戴新、戴世杰与张汉潮一同起事，应属同教。张汉潮本来居住在枣阳县西南境张家楼，戴新父子、胡明远一家及崔宗和等都可能是在枣阳县西南境与襄阳县毗邻处居住。

总之，至迟到嘉庆元年(1796)初，以黄龙垱为中心，已经形成分别是刘起荣、张汉潮为首领的两个白莲教活动的“核心集团”：刘起荣集团源自詹之林（詹正林），主要成员除刘起荣、刘起华等刘氏家族成员外，还包括阮学明等阮氏家族成员，以及宜城东北境的张什等人；其活动地域除黄龙垱外，主要向黄龙垱西南方向今襄阳、宜城交界地带的方家集、王家集一带发展。张汉潮集团可能源自枣阳西南境的戴新一系，或与戴新一系同源，其核心成员包括黄龙垱李淮、李潮，陈家集的张世龙、张世虎、张世凤兄弟，陈家河的赵鉴，枣阳县西南境的戴世杰、胡明远等，主要在黄龙垱东北与枣阳县交界地带活动。但这两个核心集团的总源头既均可上溯至孙贵远，所传经咒基本相同，又在同一地区活动，不可能没有交流、融汇，所以刘起荣口供说"不认得"张汉潮，是无法令人信服的。

襄阳黄龙垱是白莲教教众最早起事的地方之一。嘉庆元年(1796)二月间，黄龙垱教众在白龙观商量起事。[47]参加白龙观会议的，应当是刘起荣集团的主要成员和部分张汉潮集团的成员。二月二十七日，襄阳县吕堰驿巡检王翼孙在家信中写道：

> 数日前，宜城忽有讹言贼至，遂尔闭城，此信传至府。在男汛尚属安静，近日襄阳捕衙汛黄龙垱地方逆匪起事，约有数千，官兵两次前往，以众寡不敌，未能动手。此时贼聚宜城县界山内，距吕堰有百里之遥，正不知如何也。[48]

二、三月间率先起事的，应当是刘起荣集团，张汉潮父子并未参加。刘起荣、张什起事后，当即盘踞在襄阳、宜城交界的山区，并向大洪山西端移动，在宜城北境丰乐河、九龙山(在大洪山西端)一带被官军打散后，可能又回到襄阳境内的黄龙垱地区。张正潞供词中说："嘉庆元年(1796)三月间，先是刘起荣、张时在襄阳起手叛逆，齐王氏也随后反的。到八月间，刘起荣、张时才接小的父子进去。"[49]张时，当即张什。李淮供词则说："嘉庆元年(1796)五月间，被拿情急，起意谋反，就在本处传集弟子邱得朋等，于钟祥、襄阳一带焚掠报仇。……到八月内，寻着我师父张汉潮进营，就请他为总帅。”[50]李潮供词说得更清楚：

> 嘉庆元年(1796)，有本县匪棍李奎、刘相、刘大刀，奉县主给顶戴令旗，同捐职理问刘滋、牌甲刘二贼，沿乡托名查拿邪教。李奎等借此勒索，贿赂即为良民，无钱财即为教匪，混行擅杀，抄掳家财，作践妇女。小人不依，同他理论，殴杀刘相是实。就把我们算了叛逆。有乌大人带兵来剿，我们拒敌是真。弟兄商量，难以下场，只得聚众。到二年上，才同枣阳县张家楼住家的张汉潮合营。张汉潮进营时，带妻陈氏、子张牧，均在营病故。……张汉潮素不掌事，因他会占课，名字好，就以他出名。营里商量一切，都是我管。阮学盛系着管探马。……我们被逼初商量时，有刘起荣、刘起华、阮学明、阮学盛、詹世爵、张时、张世龙、张世凤、张世虎等。[51]

然则，当五月份李氏兄弟起事时，张汉潮父子仍未参加。李氏兄弟起事后，大抵向黄龙垱东南方向、襄阳与钟祥交界地带的山区移动，与刘起荣、张什(张时)并不在一起。刘起荣、张什所部在宜城北境受挫后，方北上与李氏兄弟会合。虽然李氏兄弟起事略晚，但他们显然参加了二月间的白龙观会议。参加此次会议的，据李潮供词中的名单，刘起荣、刘起华、阮学明、阮学盛、詹世爵、张什(张时)皆属于刘起荣集团，而李氏兄弟与张世龙、张世凤、张世虎兄弟则属于张汉潮集团。这说明其时黄龙垱地区的两支白莲教力量实际上已初步联合起来。张汉潮没有参加白龙观会议，在起事之后的近半年时间里也未入营，盖因为其时在领导起事的乃是刘起荣，张汉潮不能居其下之故。直到刘起荣、张什所部实力大损之后，才迎接张汉潮父子入营，推张汉潮为总帅。虽然李潮称张汉潮在营中并无实权（其说未必可信），但张汉潮之入营，确实标志着黄龙垱地区白莲教的两个核心集团正式合而为一，形成一个统一的核心集团。

（二）夹河洲与宋之清—高均德集团

大约在孙贵远于襄阳东南境与枣阳西南境毗邻地带传教授徒的前两年，宋之清（又作“宋志清”）已开始在襄阳县北境、靠近河南新野县的宋湾（今属襄樊市襄阳区古驿镇）一带开始传播收元教。在此之前，新野县南境宋家岗（当即今属新野县新甸铺镇的宋庄）已有人习教，如宋文世夫妻二人等。[52]乾隆四十七年（1782），家住襄阳县北部宋湾的宋之清到新野县赶集，遇到了素识的宋家岗的宋文高。在宋文高的劝说下，宋之清拜他为师习教，缴纳了根基银一千文，宋文高传授其《太阳经》及灵文、咒语。宋之清供称“（回籍后）闻说此咒是奉禁的邪教，因未诵习。到（乾隆）五十七年（1792）冬月间，因家贫难度，想起宋文高已故，其所授《太阳经》可以骗钱”[53]，遂开始传教。其言并不确实。事实上，他从新野习得《太阳经》及灵文、咒语回到宋湾后，很快就广为授徒传教。乾隆四十八年（1783）三月，宋之清收得宋湾南数里三合镇（今属襄阳区朱集镇刘湾村）高家湾的高成功、高成杰（高二）兄弟为徒，说明白莲教很快越过白河，在三合镇一带扩散开来。[54]乾隆五十年（1785）三月，高成功之子高新德（即高均德）亦拜宋之清为师。[55]

到乾隆五十四年（1789），宋之清已成为襄阳县北境最重要的教首之一。乾隆五十三(1788)年刘之协与刘松商量改教之后，次年二月自甘肃隆德县来到襄阳，很快说服宋之清改习三阳教。[56]在此之后，宋之清亦不断遣人向老教主刘松进贡，自乾隆五十四年至五十八年(1789—1793)间四年多的时间，刘松已收得根基银达2000两。乾隆五十七年(1792)年初，宋之清“因传徒日多，不肯将敛得银钱与刘之协、刘松分用”，借口未见牛八，刘松之子刘四儿亦不像弥勒佛，遂自立西天大乘教，另拜河南南阳人李三瞎子为师，称李三瞎子为真弥勒佛转世，并向众人声称必须学习西天大乘教以躲避灾难。宋之清收得齐林、宋相、薛国玺、李成贵、张添美等人为徒，并令他们“各自收徒，不拘何处，四季升丹，各出银钱，交伊收用”。[57]这样，宋之清遂得以确立起自己在襄北地区白莲教(西天大乘教)中的独特地位，并建立起以他自己为首，包括宋显功(当即宋相)、高成功等人在内的“核心集团”。

自乾隆四十八年(1783)白莲教自宋湾扩散至三合镇，白莲教遂在唐河与白河之间的“夹河洲”一带传播开来。[58]夹河洲以泥河为界，分为上泥河与下泥河两个地方。下泥河古城营(今襄阳区双沟镇古城村)的黄世昌是白莲教信徒；邻近的郝家庄也有一些教徒，如郝以谦，同村的散允恭及其妻李氏是齐王氏的徒弟；李家桥亦有数百人为信徒。[59]三合镇北部十余里崔营村也有白莲教活动的踪迹。嘉庆二十三年(1818)，崔姓订立十二条族规，第二条即为“国课早完，耕获为本，不许私入邪教”[60]。这应当是崔姓在白莲教乱后重整家族的一大训诫，正说明崔氏族人中当年亦曾有传习“邪教”者。

乾隆末年，夹河洲一带已有相当众多的白莲教教徒。乾隆五十九年(1794)“三省教案”,宋之清、高成功、齐林等人被正法。乾隆六十年十一月至嘉庆元年(1795—1796)二月,襄阳县知县又查办白莲教徒,高新德(高均德)等十余人被拿获,高新德因坚称自己系良民才得以释放。在宋之清等人被镇压之后,逃逸的高新德遂成为夹河洲地区白莲教的教首。他担心日后再被官府查拏,就令马朝礼纠集王四诰等一千多人,于嘉庆元年(1796)三月在三合镇树旗起事。[61]嘉庆二年(1797)三月二十二日湖北巡抚汪新奏称:

> 窃照夹河洲地方,绵亘五十余里,附近之彭家疃、刘家集、龙潭寺等处,本系逆首姚之富等起事啸聚之区,林深路杂,最易藏奸,在洲村民,大半俱曾习教。……臣查夹河洲地方辽阔,全洲村落甚多,各犯四散分居,措手不易。……本年正月,在邓州李观桥被官兵打散回来,夹河洲同教先后脱回者大约有八百余人。[62]

“在洲村民,大半俱曾习教”虽可能有所夸张,但夹河洲地区,信奉白莲教的教徒相当众多,应当是可以肯定的。

高新德(高均德)在三合镇起事时的核心班底,据高均德自己的供词,主要有马朝礼、王四诰、贾智谟、王林高(王临高)、曹明魁等,大都是他的徒弟。高均德起事略迟于刘起荣,是在嘉庆元年(1796)三月间,“五月到枣阳,八月又到丰乐河,又回襄阳”。看来高均德所部曾赶赴襄阳东南境与枣阳西南境及宜城北境,与刘起荣、张什所部会合,并参与了在宜城北境丰乐河一事与官军的战事。高均德初起时,以马朝礼为大头目;嘉庆二年(1797)

进入陕西后，分为白、黄、蓝三号，以马朝礼为总元帅，贾智谟为白号元帅，王临高（王林高）为黄号元帅，曹明魁为蓝号元帅，而“营里一切事情，俱交叔子成杰同马朝礼出名经管，其实还是我指拨调度。”[63]高成杰供称：“我是四十八年（1783）三月间从宋志清（宋之清）习教。因地方官查拿邪教，把我哥子同师傅先后拿去杀了，渐渐地跟究到我们身上。元年春间，侄子新德起意谋反，叫马朝礼纠约王四诰们，起立白号一千多人，竖起白旗，在三合镇起事。”[64]显然，在宋之清、宋显功、高成功、齐林等被捕杀后，夹河洲一带白莲教徒在官府的根究穷治之下，逐渐团聚在三合镇高家湾的高均德（高新德）周围，从而形成了以高均德、马朝礼等为首的新核心集团。张什供词中称：“高二、高三、马五在高家湾起事。……高二、高三、马五又是一路。高家的人最多，原叫‘高半边’。”[65]“高二”当指高成杰（“高大”当即其兄高成功），“高三”当指高均德（排行第三，大哥新贤，二哥新孔），“马五”当指马朝礼。马朝礼家居三合镇南面十余里、唐河东岸的双沟（今襄阳区双沟镇），是高成杰妻子的族兄弟，乾隆五十年（1785）即拜高新德（高均德）为师。马朝礼的堂侄马应祥则拜高成杰习教。马应祥供称：

> 乾隆五十九年（1794），拜从姑爷高成杰习教念经。高成杰的儿子高二，是小的表弟。马五即王朝礼，是小的堂叔。都是同教。嘉庆元年二月里，张汉潮手下聚有一万多人，就在枣阳县起手造反。小的住在双沟，离枣阳八九十里。师父高成杰，并高二、高三、高均德、马五们，听见张汉潮造反，就同小的于三月二十八日竖起白旗，称作“高家

> 营”。小的同他们都是掌柜的，就在双沟扎营。手下连男妇大小共有一万余人，是高成杰领头。[66]

显然，这一支白莲教的核心首领是三合镇高家湾的高氏叔侄和双沟的马氏叔侄，其团聚的教徒应主要来自三合镇、双沟为中心的夹河洲地区及白河西岸的宋湾、唐河东岸的程河一带。[67]

(三)刘家集与齐林—姚之富集团

刘家集位于双沟西南十余里，在唐白河西岸，西南约十五公里即为樊城。这里应当是齐林—姚之富集团活动的中心。刘之协曾在供词中述及嘉庆元年春、夏间襄阳县各处白莲教众的态势，说：

> 嘉庆元年(1796)四月内，我在新野郭里集同教的张杰家住。离刘家集、黄龙垱等处不过几里地。那时，因拿邪教紧急，听见杀了不少人。姚之富、高成杰们都是同教的人，与我商量：“与其拿去正法，我们不如大家反了吧。”我劝他们使不得，他们不依。姚之富就在刘家集，高成杰在高家湾，张汉潮在黄龙垱，都在四月内起事动手。我见他们已经反了，就回新野，并不曾住在他们贼营内。[68]

虽然刘之协所供不尽切实，但姚之富树旗造反，是在刘家集，应当是没有疑问的。姚之富为襄阳彭家疃人，刘之协说他家住在姚家冲，应当就是刘家集西北数里处刘湖村所属的自然村姚家山。[69]上引嘉庆二年(1797)三月二十二日湖北巡抚汪新奏称：“彭家疃、刘家集、龙潭寺等处，本系逆首姚之富等起事啸聚之区”。彭家疃当即今彭冲，龙潭寺当即今寺湾（在刘家集南约五六里）。这一区域应是姚之富传教活动的核心区域。

姚之富与刘之协的关系似极为密切，刘之协曾多次住在姚之富家。刘之协供称：“我于乾隆六十年（1795）二月，到过襄阳姚家冲地方姚之富家藏匿。白日不敢与人见面，躲在夹墙里。姚之富与我商量说话，总在晚上。他家内并没有地窖。”“我同姚之富、齐王氏们商量：‘若不造反，也站不住了。’彼此商定，原约嘉庆元年（1796）三月初十日，是辰年辰月辰日辰时，所有入教的人一齐起事。”[70]虽然刘之协供词前后矛盾冲突之处甚多，但仍然见出他与姚之富、齐王氏的联系较为密切，而对高均德（高新德）、高成杰则不甚熟稔。按：姚之富本出于齐林一系，齐林则是宋之清之徒，但在宋之清与刘之协闹翻之后，姚之富与刘之协仍来往甚密，很可能齐林当年在刘、宋之争中，就比较倾向于刘之协。

齐林的身份，一般说是襄阳县的“总差役”。[71]他在生前的主要活动区域，应当是在襄樊城厢周围，特别是在胥吏衙役群体中。嘉庆元年（1796）三月初，襄阳府知府胡齐仑同襄阳县知县张瑢“于旬日之内，亲拿城内城外书役奸细，正法二百数十名。又搜捕附近数处贼匪甚多”[72]。道光二年（1822），时任襄阳知府的周凯叙述了分巡道王正常、襄阳知县张翱等人如何捕杀城内教徒的情况，谓其所获教众名册，“半皆道、府、县吏以及各营卒”[73]。虽然不尽可信，但襄阳城内胥吏役群体中有不少白莲教徒，应是没有疑问的。光绪《襄阳府志》卷二十三《人物一》“汪履安传”云：

邪匪起，助守西门，诇得县户书段琼、段玙暨县役侯朝纲通贼状。密白于知县张瑢，捕琼、玙，已飏去。讯其母，则曰："朝纲备知之"。质之朝纲，弗承也。将加以刑，伍伯捽以下，于其蔽膝中得红笺，有八字云："分郡之事，速来商议"。朝纲始服输，盖受伪职都督，实期以是夜在各官署后举火，为内应也。所牵引城内数十百人，骈诛之，城守乃益固。琼、玙后亦见获伏诛。[74]

段琼、段玙为襄阳县户书，侯朝纲是县役，都是襄阳县的胥吏。侯朝纲讯伏牵引者有数十百人，其中或多为胥吏，其先曾约定于"各官署后举火"为内应，则各衙署均有入教之胥吏。侯朝纲、段琼、段玙虽被拿获，仍多有漏网者。同治《襄阳县志》卷四《武备志》"兵事"记载，嘉庆元年(1796)四月七日，襄阳教众自樊城渡河攻打襄阳城时，"县役王林为内应，(教众)大呼都督王林开城"。显然，王林就是未被破获的入教县役之一。襄阳县的胥吏入教之众既如此之多，合计襄阳府、县及安襄郧荆道衙署与其他衙署中的胥吏，入教之数必更多。这些教徒很可能就是当年齐林发展的。或许正因为有众多的信众，齐林曾试图取代宋之清在襄郧白莲教教众中的地位，所以在刘、宋之争中，试图借重刘之协的支持；也正是这个缘故，在齐林被杀之后，齐王氏才能得到齐林生前所传教众的支持，在起事前后发挥了重要作用。

姚之富在襄阳县北境的传教则显然以其家乡姚家山、刘家集一带为中心，北至吕堰驿附近，南至寺湾附近。嘉庆元年(1796)三月二十九日吕堰驿巡检司王翼孙称：

> (三月)二十八日晚,难民禀称:贼人约二千人在邵家冲、陈家港一带烧杀。又红菱铺郭维周之子禀称:伊父、伊叔均被十箭张家贼人杀死。又晚间,贼在敖家寨、前后刘家冈、李家冈等各处放火,彻夜未息。距吕堰十余里及四里不等,附近邨庄已被烧尽,吕堰断难再保。[75]

邵家冲、陈家港、红菱铺、敖家寨、前后刘家冈、李家冈等村落都在吕堰驿地区。其中,陈家港当即今陈家港村,在姚家山西约十里处;邵家冲即今邵冲村(属古驿镇小营村),在陈家港北约十余里。在这里活动的这支二千人的“贼人”应当就是姚之富组织起来的。红菱铺、敖家寨、前后刘家冈、李家冈则都在今古驿镇南数里处,应即今之红岭铺(属外沟村)、敖寨(属前刘村)、前后刘岗、李岗等村。王翼孙提到的“十箭张家贼人”,当即“石泉张家村”的白莲教信徒张氏家族。嘉庆七年二月,张廷举在供词中说称:

> 小的襄阳县石泉张家村人,年二十岁。祖父张必达,父亲张添美,母邵氏,都在营里死了。小的兄弟三人:大哥张廷容,二哥张廷科,早故。小的排行第三。张添伦是小的胞叔。父亲与叔子都从王廷诏习教的。嘉庆元年三月间,有同教的枣阳县人张世龙、张世虎弟兄在黄龙垱造反,小的父亲张添美与胞叔张添伦也于三月十六日在襄阳双沟地方起事。[76]

当嘉庆元年(1796)起事时,张廷举年仅十三四岁,故所述不甚切实，然其家乡为“襄阳县石泉张家村”当不致有误。所谓“石泉张家村”（“十箭张家”），当即在今古驿镇南境的大张村，包括大张、小张、十二张等自然村落。张家显然是世传的白莲教家族。张喜供称：

> 年二十二岁，湖北襄阳县人。父亲张得国、堂叔张添美、张添伦。嘉庆元年（1796），同时起事。父亲得国、叔父添美并老小家口，在湖北地方先后俱被官兵杀了。我们都是王廷诏徒弟，从前在他营里。叔父手下原有几千人；我是他侄子，众人称我为“喜掌柜”。[77]

在乾隆五十九年（1794）“三省教案”之前，张添美已是宋之清之徒。[78]所以说张家均为“王廷诏徒弟”，当系张廷举、张喜之伪供或不知实情所致。张添伦之子张建国在嘉庆三年（1798）就被官军捕获，年龄也较大一些。其供词称：

> 我系湖北襄阳县人，在侯家湾居住，年二十一岁。父亲张添伦，母亲已故，兄弟张建侯。我父亲向习邪教。前年正月内，因各处查拿邪教紧急，父亲就约同教的人，在侯家湾起事。先在附近村庄焚抢，后来人越多了，就同李述们攻襄阳城。[79]

所谓“侯家湾”，当即与十二张自然村相邻的“胡家洼”（今属大营村）。这里应当是张氏一支教徒的起事地点，其地南距刘家集仅十余里。与张廷举、张喜一同被官军捕获的魏洪升供称：

> 年三十五岁，湖北襄阳县刘家集人。父母早已亡故。兄弟、妻子，元年起手，跟随入营，后来俱被官兵杀死。我与张添伦、杨开甲同为元帅。[80]

魏洪升为刘家集人，当是随姚之富在刘家集起事入营的，后来与张添伦并为一伙，说明刘家集姚之富与张家村张氏家族的关系十分密切，而他们与白河以东地区的三合镇高均德（高新德）却并非同一集团。

综合上述口供材料，我们可以大致理清齐林—姚之富与张添美、张添伦集团的组成及其活动地域：齐林、张添美大抵皆系出宋之清，然在宋之清与刘之协的纷争中，很可能比较倾向于刘之协（而三合镇高氏则比较倾向于宋之清）。齐林利用其襄阳县差役的身份，在襄樊城厢传教，在襄阳城内拥有较大的潜势力；姚之富则主要在其家乡姚家山、刘家集一带授徒，并奔走于谷城及郧阳府属的竹山、竹溪、保康各县；张添美、张添伦等则主要在家乡石泉张家村（十箭张家）及其周围地区活动。宋之清、齐林等被捕杀后，襄樊城厢的教徒网络大抵转由齐王氏掌握，姚之富、姚文学父子则远赴谷城及郧属各县传教，故在襄阳县北境、白河西岸地带（大致相当于今张湾镇、古驿镇所辖地域）影响较大的教众首领，应当是张家村的张添美、张添伦兄弟，但齐王氏、姚之富也有相当大的潜势力。至嘉庆元年春，姚之富在刘家集起事，张添伦、张添美、张得国等则在张家村附近的胡家洼（侯家湾）起事。两股起事教众大抵很快就汇合在一起，先向北吕堰驿方向移动，动员或挟裹这一带的教徒参加；然后南下进攻襄阳城。

我们认为齐林、姚之富、张添伦间的关系比较密切，当属同一个传教的核心集团，还有一些间接证据。嘉庆二年(1797)即被官府拿获的高名贵原籍襄阳县，后来移居四川夔州府云阳县硐溪坝。他供称自己乃从干兄弟陈世敬习教，而陈世敬的师傅是赵名扬，“赵名扬的师傅是刘世泰，刘世泰的师傅是叶光绪，叶光绪的师傅是萧贵，萧贵的师傅是樊学鸣，樊学鸣的师傅没有知道，只听得说是齐琳(即齐林——引者)一支传下来的。齐琳是五十九年(1794)上在襄阳正法过了。他有女人齐二师娘，我是知道的。五十八年(1793)九月，我到滔河见了萧贵，又到襄阳见了樊学鸣。”这个传承源流扑朔迷离，无须具论，但高名贵源自齐林一系，而且对齐林系的内部情况较为了解，应是没有疑问的。他说：

> 襄阳一教原有三会，又叫三线。我是中会的。那东会老师傅是马德龙，(乾隆)五十八年(1793)我在襄阳见过他。西会的老师傅是宋之清，(乾隆)五十九年(1794)已经正法了。还有孙老五，即孙赐俸，也是大师傅。徐添德们是他的徒弟，与我不是同会的人。[81]

然则，中会的老师傅就是齐林，西会老师傅是宋之清，东会的老师傅马德龙情况不详，也未见其他人提及，或许是由于高名贵误听或捏造。显然，在系出齐林一支的高名贵看来，齐林系与宋之清系并非同一集团，而是两个“会”(且不论“中会”、“西会”的说法是否可靠)。源自孙贵远的黄龙垱集团张汉潮之子张正

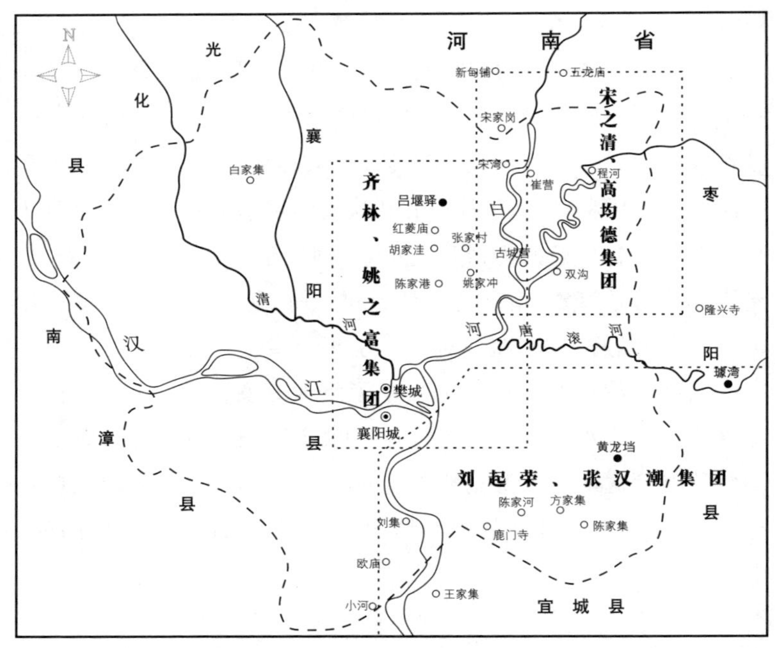

图9 清乾隆后期白莲教"襄阳教团"的核心区 审图号：GS（2013）2851号

瀍则在供词中称：

> 白莲教有南、北二会：南会是小的父亲传习刘起荣、张时、阮正瀍、詹世爵、李槐、李潮、张世泷（即张世龙——引者）、张世虎等；北会是齐王氏传习姚之富、张天伦、张富国、胡宗潮、高成杰、高均得、樊人杰。[82]

张正瀍对齐王氏、姚之富与高成杰、高均得（高均德、高新德）之间的关系显然并不清楚，故将之同归于"北会"，而把黄龙垱集团称为“南会”，是从黄龙垱集团的角度出发的。尽管如此，张正潞的供词，仍足以说明：在当时襄阳地区的教众心目中，齐王氏（及其夫齐林）与姚之富属于一个集团，而张汉潮、刘起荣则属于另一个集团。

在上述三个传教集团中，刘起荣、张汉潮系出孙贵远，属于传统的收元教；宋之清在与刘之协闹翻后，独创西天大乘教，是从三阳教（混元教）中衍生出来的新教派；齐林、姚之富则在宋、刘之争中倾向于刘之协，比较接近传统的三阳教（混元教）。因此，虽然三个传教集团所传教义、仪式大同小异，且相互融汇，但其传承统绪与经咒、合同还是有差异的。

四　跳跃式传播：“襄阳教团”的扩散及其方式

齐林—姚之富集团不仅在襄樊城厢及樊城以北的刘家集、张家村一带有广泛而深入的影响，拥有众多的信徒，而且采用跳跃式的传播方式，在鄂西北襄、郧二府所属的谷城、光化、保康、房县以及陕南兴安州所属安康等县、川楚边境的云阳县、鄂东南地区的蒲圻县等地，分别建立了传播白莲教的据点，并以这些新据点为中心，逐步形成范围不太大的扩散面，构建成新的教众密集区。根据被官军捕获的教徒口供，可以确信在襄阳县以外、源自齐林—姚之富系的传教集团主要有谷城南乡的李长富集团，保康西境岣峪沟、房县东境三里坪的曾世兴、祁中耀集团，蒲圻县洋泉团的王添万集团，以及四川云阳县硐溪坝的高名贵集团。

(1)谷城南乡廖家坞、小岔沟为中心的李长富、王兰集团。乾隆五十四、五十五年间（1789—1790），姚之富带着妻儿至谷城南乡廖家坞的李长富家居住，租种李长富的土地。姚之富时年六十岁，是个驼子，面色微黑，有皱纹，胡须并不多，但已半白。随同搬住的两个儿子——大儿子三十余岁，小儿子十八九岁。此前李长富已拜姚之富为师习教，并收王兰之父王渭为徒。[83]嘉庆元年(1796)五月被官府捕获的王兰供称：

> 小的系谷城县人，住南乡小岔沟。父母俱故，并无兄弟，师傅姚之富，襄阳县人。我们白莲教共有四十八线，姚之富系第十九线教头。小的与他，一年四季，共交过打丹根基银一万有零。小的就使过银六七百两，置买田产。小的传教徒弟五百余人。有王正龙、李长富与小的送信，地方官要捉拿邪教人，内有小的名字。小的于三月初八日，带领小的首下人入王正龙、李长富伙内，在白云寺与官兵打仗一次。十五日，在祖师观打仗，小的妻子被官兵杀了，败至罗圈岭。十七日，又被官兵杀败。是夜，至鱼梁寨喇吧洞山。小的带领男妇二千多人在中寨，王正龙带男妇一千三百多人在前寨，李长富带领一千四五百人在后寨，被官兵四面围困甚急。[84]

据此，则知王兰、李长富均为姚之富的徒弟；王正龙的身份不详，但王兰将其置于李长富之前，很可能也是姚的徒弟，可能还在李长富之前入教。小岔沟及廖家坞当即今谷城县南境南盛墉镇小沟村所属的小沟与廖家畈两个自然村，二者相距不过八里，老百姓时常往来。[85]显然，这个传教集团以谷城县南境的廖家坞、小岔沟为中心，以王正龙、李长富、王兰等为核心成员。

(2)保康西境岮峪沟、房县东境三里坪的曾世兴、祁中耀集团。嘉庆元年(1796)五月,曾世兴(又名曾公允)、祁中耀等起事未久,就被官府拿获。据曾世兴供称:他是湖南新化县人,父亲曾顺武才搬到郧阳府保康县岮峪沟居住。“小的父亲曾拜姚之富、姚文学为师,出过根基银五十两。小的也就听从入教的。”“小的先年听从已经被杀的刘义,出根基银五十两习教。襄阳姚之富并其子姚文学,是我们的老师傅。”[86]曾顺武、曾世兴父子作为移居保康未久的移民,所出根基银高达五十两,说明他们可能也收徒传教,并收取根基银。祁中耀供称:“小的是房县三里坪人。父母兄弟俱故。五十六年(1791),听从已经被杀之胡立入教,出过根基银一两。”[87]岮峪沟,又作岜峪沟,位于保康县北境,谷城、保康间官路上,与房县三里坪间有“捷径相通”。[88]三里坪,当即今房县东境榔口乡三里坪村。[89]两地相距不远。祁中耀在乾隆五十六年(1791)入教,保康岮峪沟的曾氏父子之入教大约亦在此前后。曾世兴、祁中耀都供称曾到襄阳县姚之富家,并见过刘之协。曾世兴说:“小的曾世兴于上年十二月内,因贩卖柴炭,前往襄阳。到姚之富家,见过刘之协。”祁中耀供词说:“小的祁中耀因贩猪前赴襄阳,也在姚之富家见过刘之协。听说从前缉拿刘之协时,刘之协从太和地方逃至河南姚三猴儿家居住。后来又逃到襄阳,在姚之富家地窖内,白日藏匿,晚间二更后方始出来。小的们都是夜间见他的。”[90]显然,曾世兴、祁中耀都是姚之富集团的重要成员,见到过刘之协,与闻教中秘事,参与了起事的策划。

保康、房县毗邻地带的这个传教核心,除曾世兴、祁中耀之外,当还有徐林、龚士贵、杨招及吴国正、吴国义等人,而姚文学则处于总领保康、房县、竹山、竹溪诸处教徒的地位。曾世兴、祁中耀供称：

> 竹溪、竹山、房县、保康各处之教，皆姚之富、姚文学父子所传，教中之人皆称为老师傅。今年二月初间，姚文学忽然来说：劫数已到，要起手谋逆避劫。……各处以家道富裕及纠集人多之人为头目，一处或两三人或四五人不等。竹溪、竹山是已经正法之吴名山、翁名远、曹海扬等为首；房县是已经正法之石魁、温见道、刘志明等为首；三里坪就是小的祁中耀，同已经被杀之吴国正、吴国义、吴允华、曾元亮、曾老三，及已正法之雷汉林、雷凤贵等为首；至保康，是小的曾世兴，并已经被杀之徐林、龚士贵、杨招等为首。

二月二十日，姚文学纠合保康、房县诸处教众，攻下了保康县城，姚文学自称都督，封曾世兴为正元帅，徐林为副元帅。[91]曾世兴供说："姚之富、姚文学父子是分路纠人。姚文学在郧阳一路纠伙焚抢。听得姚之富在襄阳一带，率领同教，在那附近地方，四出抢劫，是以未到郧阳。"显然，姚文学是保康、房县及竹山、竹溪地区教众的总首领，而这一地区的教徒也很可能主要是姚文学发展的。

(3)蒲圻县洋泉团的王添万集团。洋泉团在蒲圻县东七十里，地处蒲圻、咸宁、崇阳、通城四县交界处。嘉庆三年(1798)七月，王添万在这里起事，被官兵擒获。王添万供词称：

> 小的向做木匠，常在襄、郧一带营生，与襄阳县人齐林

熟识。乾隆五十八年,小的同刘肇开、陈纯祖、佘魁先、佘青海、刘名怀们,都拜齐林为师,学习灵文邪教。原说不久必有大劫,可以消灾避难。小的转传姊夫黄贵远们多人。五十九年,闻知齐林犯案正法,小的逃避。

据此,则知王添万一系源自齐林。嘉庆三年(1798)五月间(齐王氏死于三月初六日),王添万听说齐王氏已被官兵杀了,“因齐王氏平素相待甚好,要想替她报仇。……就与刘肇开、陈纯祖、佘魁先、佘青海、刘名怀商量停当,先后邀约本县同教八百多人,崇阳同教一千多人,劝允入伙。有些不情愿的,也被小的们吓逼听从。小的自称都督、应劫大元帅,封陈纯祖、刘肇开、佘魁先、佘青海、刘名怀做总兵、师长,同掌兵权。因洋泉团地方都是深山,又与崇阳、咸宁、通城三县连界,向来没人来往。小的们就在左边山顶砌了石墙,建造茅草房屋七十多间,右边山顶竖了木栅。各人暗地收买废铁硝磺,邀了素识铁匠陈耀田入伙,派他监造军器、火药。又做各色布旗,刊刻木印。收拾粮草,一起收藏山内”[92]。然则,王添万集团在此四县交界地带经营颇久,做了长期准备,亦拥有相当好的教众基础。

(4)四川云阳县硐溪坝的高名贵集团。高名贵的师承关系虽然不太清楚,但大抵源自齐林一系,已见上文。嘉庆二年(1797)七月,被拿获的高名贵在供词中说:

我传的是林廷相,林廷相传张长清,张长清传方正潮、方正爵、方正秀兄弟,他们又各自传徒,男女大小约有一万多人,都是我一支传下来的。六月里,知道襄阳教内的人来了，我就齐起人来，分作前、后、中、左、右五营，整顿军器，只等中会的人到来，就好一同行走。[93]

硐溪坝位于云阳县北境，当即今农坝镇硐坪村，其北接城口县，西邻开县。高名贵在这一带转相授徒，习教者多达万余人，其核心成员当即高名贵、张长清及方氏兄弟。他多次提到自己属襄阳中会一系，起事后集合教众，等待中会的人到来，才“一同行走”；后来被乡勇谎称“齐二师娘那一起人来了，要我去见他”，从而被拿获。他虽然到滔河去见过萧贵，但并不认为自己源出萧贵一系，而是强调与襄阳齐林一系的关系。

受到资料限制，我们无法确知襄阳白家集以及光化、均州、郧县、郧西等州县境内散布的教众的渊源如何，但大致可以相信，齐林—姚之富集团在这一地区有较大的影响力，只是我们无法弄清其各个传教核心集团的主要成员及各自的活动区域。[94]

安康县南境滔河地区的萧贵集团（当属宋之清集团）则直接源自宋之清集团（西天大乘教系统）。滔河位于川、陕交界之处，即今岚皋县南境滔河镇。乾隆四十一年（1776），襄阳县的萧贵移至滔河种地营生；五十四年（1789）五月，萧贵妻弟樊学鸣来滔河探亲。时值滔河瘟疫流行，樊学鸣代人烧香拜佛，收取银两，很快被官府发觉并解回襄阳。乾隆五十七年（1792）六月，萧贵回到襄阳，樊学鸣劝他入西天大乘教，“说将来五魔下降水、火、瘟疫诸劫，必须尊奉弥勒佛，烧香念经，方能躲避”。他在王元兆家发誓愿，交根基银一两，王元兆授予他《太阳经》、灵文合同二本。随后他又至宋之清家，宋之清嘱咐他《太阳经》可传授给信徒，灵文合同则必须慎密传授。乾隆五十八年（1793）三月，萧贵回到安康滔河后，“起意在陕自立一教”，邀平日相好的萧正杰、张大用、薛文斌、刘大进、赵显彰、邱正魁等六人，告以念经避劫之语，招认为徒，随后他又收孙赐俸（即孙老五）、尚贵为徒。这些人又各自收徒，赵显彰收刘自恭为徒，孙赐俸收韩陇为徒，尚贵收冉文酧为徒，等等。[95]据此，则知樊学鸣当系出宋之清，应是与齐林并列的教首。萧贵在滔河传教后，在短短的几年内，就收徒七十余人，其转相收徒盖有数百人。

乾隆五十九年（1794），萧贵等被官府破获，后被斩首，追随者大多被处死或流放，但白莲教在这一地区的传播并未中止。嘉庆元年（1796）十一月，安康县二郎铺（当即今岚皋县官元镇所属之二郎村，在滔河镇西）的冯得仕供称：

> 年三十岁，湖北孝感县人，住居安康县二郎铺。父亲冯金贵，已故多年，母亲丁氏，两个兄弟：冯得禄、冯得喜。儿子招财儿。女人赵氏，早已死了。乾隆五十八年九月内，族兄冯得先传我灵文、合同，给他根基钱三百文，传了四个徒弟，是陈绪、赵可珍、汪仲元、胡大才。五十九年，邪教破案，刘自恭正法，冯得先发去口外。我当时害怕，再没传徒打丹。[96]

安康县桑园铺（当即今岚皋县北境佐龙镇所属之桑树湾村）的王可秀供称：

> 年五十九岁，安康县桑园铺人。乾隆五十九年，有滔河人张佑传授我的灵文经咒，并教了儿子王柏，都出了根基钱

> 五百文。我就传徒打丹。那年张佑就被查拿治罪。我心上怕惧。躲在老林扒里过了几月,才敢出来。[97]

冯得仕所供之刘自恭即萧贵再传之徒;桑园铺虽距滔河较远,但张佑为滔河人,则王可秀及其子王柏所习之教亦源自滔河萧贵一支。这样,在萧贵等被捕杀之后,滔河地区的白莲教教众遂分散在二郎铺、桑园铺等处,分别以冯得仕、王可秀等人为首。王可秀供称:

> (嘉庆元年1796年)十月内,儿子王柏同成自智、王自起、汪可相等来到家中,说四川人娄道前来告诉:太平县教内的人已经起手,闻得各处行了文书,要将教中人全行剿灭。我们若不起事,也就是死数里的人了。我听了他这几句话,因此将徒弟周德章、陈洪信、黄印、高德、余恺、魏成林、刘学贤这些人都唤到家中,告诉他们快些动手。他们分头纠约众人入伙。到十一月初二日,就在磨沟铺扯起白旗祭了,同儿子王柏并徒弟等一起上了安岭,扎起大寨。他们与儿子王柏都是异姓弟兄,因我年长,又能讲经打丹,就称我为寨主。

成自智供称:“那王可秀原是老师傅,年纪又大,众人推为寨主。他吩咐安设五座营寨。王自起、汪可相、周德章、陈洪信与我,都是各营掌旗头目,手下都呼我等为元帅。汪尔典管理粮务。每营都有七八百人。”[98]显然,王可秀及其子王柏等是这个传教集团的核心成员。冯得仕在述及其起事前后时说:

> 今年八月内，有紫阳洞河口的王木匠，到小的家中，说四川动了刀兵，叫我约人起事，要从汉阴、西乡奔到四川，会合一处，将来定有一场富贵。我一时听信，约了教内一千多人，以及沿路裹胁的，通共有三千余人之数。初七日，我就在将军山扎营。我们山上分为左右两营，我是左营，胡大才是右营。……那王木匠本是湖北襄阳人，都叫他王老大，曾在二郎铺住过，因此认识。[99]

这一传教集团以冯得仕兄弟与胡大才为主，虽然都源出于滔河萧贵一系，但与桑园铺王可秀集团并无直接联系，是两个分立的传教集团。冯得仕集团可能与襄阳县白莲教众之间的联系要密切一些。

五　边缘区域内边缘人群中“核心集团”的凝聚与分散

毫无疑问，绝大多数白莲教教徒（包括大多数教首）都属于社会的边缘群体。孙贵远育有三子，农闲时给人打磨，因病困苦，方立意传教。刘起荣供称“父母妻子俱已亡故”，若所供属实，其生活亦当十分困苦。李潮“平日务农，父宏文，母魏氏，俱没；妻陶氏，早没”[100]。冉学胜“原在家里务农”。[101]姚之富六十多岁带着妻儿离开家乡，到谷城县佃种土地。曾世兴是第二代移民，在保康岮峪沟“种地多年”。高名贵“平日务农，并贩猪生理”。王添万“向做木匠”。从口供材料看，张汉潮、三合镇高均德（高新德）家族、石泉（十箭）张家村张添美张添伦家族以及齐林等地位较高的教首，经济状况较好，大抵皆有家业。但其家业很可能主要是传教后、挪用教徒交纳的根基银置办的，其本来的经济状况可能并不好。如王兰就供称曾“使过银六七百两，置买田产”。新野县宋家岗的宋应伏供称“父亲宋文世，母亲张氏，都是吃教的”；襄阳陈家集人张士虎（张世虎）也供说“父母原是吃教的”。[102]说明部分教首在传教后主要依靠教徒交纳的根基银、打丹银作为生计来源，其经济地位有较大抬升。即便如此，白莲教“襄阳教团”的教首与普通教众中，迄未见拥有功名者，其在官方政治体系中地位最高的齐林，也只不过是“襄阳县总差役”而已（“总差役”之称，虽然值得怀疑，但其为县衙差役，则是肯定的）。

大部分教徒所居住的地方或教众密集分布的“核心区”，都处于官方军政控制体系的边缘或空隙地带——黄龙垱位于襄阳东南境，处襄阳、枣阳、宜城、钟祥四县交界地带；宋湾、三合镇（夹河洲）位于襄阳县北境，紧邻鄂豫边界；刘家集、姚家山及张家村虽然靠近襄樊，但实际上已靠近襄阳县西北境的低山丘陵，也比较偏僻。至于襄阳白家集、保康岮峪沟、房县三里坪以及安康南境滔河等教徒集中的传教中心区，更全部是僻远的边缘山区。乾隆六十年（1795）四月，陕甘总督勒保在议请添设滔河千总的奏疏中说：“兴安府安康县界连川、楚，所管有大道河之麻柳坝，坝之东为滔河，两处系川、楚民人聚集之所，离县城数百里。上年楚匪在滔河地方兴立邪教，实因离县窎远、稽查不到所致。”[103]严如熤《三省边防备览》卷十二《策略》谓：

安康南与平利、西与紫阳交界，西南至南天门，与四川

> 之城口厅交界。密地数百里，崇山峻岭，沟汊分歧，有滔河、岚河、大道河等名地方，极其幽暗，距县窎远，稽防难周。往时楚中传教之人，潜相煽惑，故清查叛产绝业，安康为最多。[104]

移民（或流民）萃聚、地理位置僻远、官府稽查不到，实为白莲教等异端宗教在此种边缘区域孕育、成长并得到稳定发展的重要原因。

许倬云先生曾论及中华帝国体系形成的过程，“纲目之间，必有体系所不及的空隙。这些空隙事实上是内在的边陲。在道路体系中，这些不及的空间有斜径小道，超越大路支线，连紧各处的空隙。在经济体系中，这是正规交换行为之外的交易。在社会体系中，这是摈于社会结构之外的游离社群。在政治体系中，这是政治权力所不及的‘化外’；在思想体系中，这是正统之外的‘异端’”[105]。显然，白莲教教众最为集中的区域，都是这种“内在的边陲”区域：在地理位置上，是边缘地带；在交通网络方面，是小径交叉的地方；在经济体系中是走私贸易等非正规贸易的地盘；在社会体系中，是游离的人群；在政治体系上，是政治权力不及之区。

正是在这样的边缘区域中，部分边缘人群在宗教的吸引下，逐步凝聚成一种结构松散、但却有颇强内聚力的、以异端信仰为标志的社会群体，并形成了自己的“核心集团”。毫无疑问，无论是黄龙垱的刘起荣、张汉潮集团，夹河洲的宋之清—高均德集团，刘家集、襄樊城厢的齐林—姚之富集团，还是谷城李长富—王兰集团，保康与房县交界地带的曾世兴、祁中耀集团，以及安康滔河的萧贵集团，其凝聚、形成与发展，都是建立在异端信仰与师徒关系基础之上的，然其所处“内在的边陲”的地理与社会经济与政治环境，则为其生存与发展提供了必不可少的空间。因此，异端宗教社会或秘密社会的“核心区”，正是在“合法性”或“正统的”政治社会经济体系的“边缘区”中孕育形成的，秘密社会的“核心—边缘”结构，与“合法性社会”的“核心—边缘”结构，正是相反的：“合法性”社会体系中的边缘，正可能产生秘密社会的“核心”；而“合法性”社会的“核心”，则是秘密社会的边缘。

表面观之，白莲教“襄阳教团”的核心—边缘结构与“合法性”政治经济社会体系的核心—边缘结构之间存在着某种“契合”或“对应”关系：齐林“襄阳总差役”的合法身份及其在襄、郧地区白莲教传播网络中的较高地位，似乎暗示白莲教在鄂西北地区的传播中心，就在官府控制鄂西北的军政中心以及鄂西北乃至汉水中上游地区的经济中心（或市场中心）襄樊；而白莲教起事后，向黄龙垱、双沟、刘家集等乡村集镇的集中以及对襄樊、保康、房县等行政中心的围攻，也似乎反映出他们至少表现出向经济中心和军政中心集聚的倾向。然而，本文的研究则揭示出：(1)齐林—姚之富集团最为重要的核心据点实际上是在刘家集以北的姚家山、张家村，襄樊城厢不过是这一传教核心区的边缘。尽管齐林在襄樊城厢特别是差役群体中拥有较大的潜在影响，但襄樊城厢并非这一传教集团的中心据点，差役群体在这一核心集团中也并不占有重要地位，在白莲教起事后的领导集团中也甚少见到出身于差役群体者，即为证明之一。(2)乾隆年间至嘉庆初年，黄龙垱、三合镇、刘家集等都还只是规模较小的乡集或村落，襄阳县境内重要的市镇除樊城外，主要有吕堰镇（置有巡检司，今古驿镇）、双沟镇（置有巡检司，有小城）、牛首市（在襄阳县西北境，今牛首镇）、王基埠（在襄阳县西北七十里，为水陆之会）、邓城铺、马家集、龙王集、薛家集等[106]。因此，黄龙垱、三合镇、刘家集等白莲教活动的中心，并不是乾隆、嘉庆年间襄阳境内的市场中心，也不是官府控制地方社会的基层据点。双沟镇的地位较为重要，是襄阳县境内的几个大镇之一。但在起事前后，夹河洲地区白莲教活动的中心实际上是在双沟镇北面、隔有唐白河的三合镇（高家湾），并非在双沟镇。因此，很难将白莲教"襄阳教团"的几个核心区及其中心据点，与襄阳县境内的经济中心和军政控制中心，对应起来。

这种在"合法性"社会体系的边缘区域、由边缘人群凝聚而成的异端宗教的传教核心区，受到"合法的"政治控制体系与经济、社会体系的阻隔和抑压，不太可能由一个核心区逐步扩散开来，形成相对完整的区域性结构：当它扩散到"合法性体系"较为核心的区域时，就必然受到限制。因此，其空间扩散的方式，实际上是从一个"合法性"社会的边缘地带，跨越其核心地带，直接进入另一个边缘区域，或者说，从一个空隙跳到另一个空隙。与此相适应，其核心集团也往往采取"裂变"的方式，以实现扩散的目的：由一个传教的核心集团中，分出一个或几个核心成员，通过不同途径，到另一个边缘区域传教授徒，营构另一个核心集团。齐林—姚之富集团的扩散，就是这种裂变方式的典型例证。姚之富、姚文学父子离开其故乡（也当是其传教活动的中心），来到谷城南乡廖家坞，并在那里建立起李长富、王兰为中心的传教集团；保康西境峌峪沟、房县东境三里坪的曾甘兴、祁中耀集团也可能是这样建立起来的。而王添万则自齐林集团中分出来，回到故乡蒲圻洋泉团，组织起又一个传教中心。这些新的传教中心与原有的传教核心区相隔数十里、数百里乃至千余里，彼此之间并不相连，犹如无数火种先后撒落在山野间，分别形成相互隔离的“燃烧圈”。

注释

1　秦宝琦:《中国地下社会》第一卷《清前期秘密社会卷》,北京:学苑出版社,2004 年,第 1 页。

2　参阅傅衣凌《中国传统社会:多元的结构》,初刊于《中国社会经济史研究》1988 年第 3 期,后收入氏著《休休室治史文稿补编》,北京:中华书局,2008 年,第 208—220 页。

3　参阅麻国庆《秘密社会与传统汉族社会结构》,《思想战线》2000 年第 3 期。

4　王尔敏:《秘密宗教与秘密会社之生态环境及社会功能》,《"中央研究院"近代史研究所集刊》(台北)第 10 期,1981 年。

5　宋军:《清代弘阳教研究》,北京:社会科学文献出版社,2002 年,第 209—227 页。

6　佐佐木卫:《中国の宗教集團——その結構的特性について》,《民族学研究》第 53 卷第 1 期(1988 年);梁景之:《清代民间宗教与乡土社会》,北京:社会科学文献出版社,2004 年,第 102—138 页。

7　喻松青:《明清白莲教研究》,成都:四川人民出版社,1987 年,第 140—141 页。

8　梁景之:《清代民间宗教与乡土社会》,第 134 页。

9　韩书瑞(Susan Naquin):《山东叛乱:1774 年王伦起义》,刘平、唐雁超译,南京:江苏人民出版社,2008 年,特别是第 56—73 页;韩书瑞:《中华帝国后期白莲教的传播》,载韦思谛(Stepehn C. Averill)编《中国大众宗教》,陈仲丹译,南京:江苏人民出版社,2006 年,第 18—56 页。

10　孔飞力(Philip A. Kuhn):《中华帝国晚期的叛乱及其敌人》,谢亮生、杨品泉、谢思炜译,北京:中国社会科学出版社,2002 年版,平装本序言,第 5 页。

11　本文原为江田祥博士学位论文《清乾嘉之际川楚陕白莲教的空间扩散与组织过程之初步研究》(武汉大学,2007 年;指导教师:鲁西奇)的第二章。其主要论点见江田祥《乾嘉之际白莲教"襄阳教团"的地理分布与空间结构》,《宗教学研究》2008 年第 3 期。鲁西奇在此基础上,经与江田祥多次讨论，作了较大修改，论点与原文不尽相符，特此说明，以示负责。

12 万历《湖广总志》卷三五《风俗》，《四库全书存目丛书》本（据福建省图书馆藏明万历刻本影印），史部第195册，济南：齐鲁书社，1996年，第196—197页。

13 《大元圣政国朝典章》卷五二《刑部十四·诈伪》“伪造佛经”条，北京：中国广播电视出版社，影印元刊本，1998年，第1895—1896页。

14 《元史》卷十八《成宗纪一》于元贞元年十二月丙辰条下记其事，谓：“荆南僧晋昭等伪撰佛书，有不道语，伏诛。”（北京：中华书局，1976年，第398页）晋昭，当即“普昭”之误。

15 任崇岳：《庚申外史笺证》卷上，郑州：中州古籍出版社，1991年，第58—59页。

16 《庚申外史笺证》卷上，第60页；《元史》卷一九五《孛罗帖木儿传》，第4418页。

17 高岱：《鸿猷录》，孙正容、单锦珩点校，北京：中华书局，1992年，第256页。

18 《明英宗实录》卷一一〇，正统八年十一月辛未，台北：“中央研究院”历史语言研究所，1964年，影印本，第2223—2224页。

19 《明宪宗实录》卷三一，成化二年六月癸亥，第593页。

20 《明宪宗实录》卷二九，成化二年四月辛酉，第574页。

21 参阅曹新宇、宋军、鲍齐《中国秘密社会》第三卷《清代教门》，福州：福建人民出版社，2002年，第63页。关于此次起义与白莲教之关系，参阅赖家度《明代郧阳农民起义》，武汉：湖北人民出版社，1956年，第29—30页；喻松青：《明清白莲教研究》，成都：四川人民出版社，1987年，第7页；马西沙、韩秉方：《中国民间宗教史》，上海：上海人民出版社，1992年，第161页。

22 参阅《中国秘密社会》第三卷《清代教门》，第64页。

23 中国第一历史档案馆编：《清代档案史料丛编》第九辑，《乾隆末年白莲教秘密反清斗争》，北京：中华书局，1983年，第158—164页。参阅马西沙、韩秉方《中国民间宗教史》，第1278页。

24　《清代档案史料丛编》第九辑,《乾隆末年白莲教秘密反清起义》,第160—162页。

25　参阅孔飞力(Philip A. Kuhn)《叫魂:1768年中国妖术大恐慌》,陈兼、刘昶译,上海:上海三联书店,2002年。

26　《清代档案史料丛编》第九辑,《乾隆末年白莲教秘密反清起义》,第160—164页。

27　《清代档案史料丛编》第九辑,《乾隆末年白莲教秘密反清起义》,第173—176页。有学者认为孙贵远的供词是假供,从资料看他活动范围决不局限于襄阳、枣阳两县,而是远播四方;其倡教时间亦不仅"月余",参阅《中国民间宗教史》,第1284页。这一推测在一定程度上是合理的,但从刘起荣、李淮等人的供词看,此说亦还有待完善之处。乾隆三十三年(1768)收元教破案后,孙贵远逃离家乡外出佣工,收得房县王全及艾秀为徒(王全原籍监利,后迁居房县獐落河),而没有证据说明他在枣阳本地收徒传教。直到乾隆四十九年(1784)因病穷苦,才于本地复教收徒。黄龙垱的李淮供称"自乾隆四十九年习教传授",刘起荣的师傅是詹之林,詹之林应是詹之富的兄弟,詹之富是孙贵远的再传徒弟,也都说明孙贵远大约在乾隆四十九年才在家乡枣阳县收徒传教。

28　中国人民大学历史系、中国第一历史档案馆合编:《清代农民战争史料选编》第五册,《白莲教农民起义军布告》之一,北京:中国人民大学出版社,1983年,第1页。

29　中国社会科学院历史研究所清史室、资料室编:《清中期五省白莲教起义资料》,南京:江苏人民出版社,1981年,第二册,第59页。

30　参阅庄吉发《清代乾隆年间的收元教及其支派》,《大陆杂志》(台北)第63卷第4期。

31　《清代档案史料丛编》第九辑,《乾隆末年白莲教秘密反清起义》,第167—171、202—203页。

32　中国社会科学院历史研究所清史室、资料室编:《清中期五省白莲教起义资料》,第五册,南京:江苏人民出版社,1981年,第79页,"李淮供单"。

33 参阅庄吉发《清代乾隆年间的收元教及其支派》,《大陆杂志》(台北)第63卷第4期。

34 《清中期五省白莲教起义资料》,第五册,第55页,“刘起荣供单”。一说其师傅是孙贵远再传之徒彭永升,见《清代档案史料丛编》第九辑,《乾隆末年白莲教秘密反清起义》,第175页。我们以为当以刘起荣本人的供单为据。

35 《清中期五省白莲教起义资料》,第五册,第129页,“冉学胜供单”。

36 《清中期五省白莲教起义资料》,第五册,第54—55页,“刘起荣供单”。

37 《清中期五省白莲教起义资料》,第二册,额勒登保奏中所录陈杰(黄龙垱人)口供,第69页。

38 《清中期五省白莲教起义资料》,第五册,第76—77页,“张正潮供单”。阮学胜、张什亦供称刘起荣为张汉潮的徒弟(见同书第118、129页),似不太可信。

39 《清中期五省白莲教起义资料》,第五册,第76、80页。

40 《清中期五省白莲教起义资料》,第五册,第154页。但张氏兄弟供称自己的师傅是刘学仁,但这个“刘学仁”却不见于其他记载,很可能并无其人,是张氏兄弟为了掩盖真相而捏造的。

41 《清中期五省白莲教起义资料》,第五册,第12—13页,“王开俊供单”。王家集即庞居寺地方,今属宜城县王集镇,其北有庞居村、庞居洞,在鹿门寺之南。

42 刘起荣供单中说:“那杨应邦及张洪潮,小的都不认得。是实。小的师傅詹之林,已于五十年间被地方官查拿充发却了。”(《清中期五省白莲教起义资料》,第五册,第54页)刘起荣所说的张洪潮,当即张汉潮。刘起荣说自己不认得张汉潮(张洪潮),固然未必“是实”,但他们不是师徒关系,应当是可以相信的。

43 《清中期五省白莲教起义资料》,第五册,第118—119页,“张什供单”。

44 《清中期五省白莲教起义资料》,第二册,第171页,德楞泰奏中所录赵鉴口供。

45 《清中期五省白莲教起义资料》,第五册,第149—155页,“胡明远供单”。

46 《清中期五省白莲教起义资料》,第五册,第147—148页,"崔宗和供单"。

47 《清中期五省白莲教起义资料》,第五册,第54页,"刘起荣供单"。属于刘起荣一系的张什(阮学明的徒弟)则供称"嘉庆元年三月间,张汉潮等先在黄龙垱桃山庙起事",似不尽可信,盖张什试图将"首先起事"之责推到张汉潮身上。见《清中期五省白莲教起义资料》,第五册,第118页,"张什供单"。

48 王翼孙:《波余遗稿》,见王芑孙《渊雅堂全集》第四函,清嘉庆九年长洲王氏家刻本,抄录时未记页次。

49 《清中期五省白莲教起义资料》,第五册,第77页,"张正潞供单"。

50 《清中期五省白莲教起义资料》,第五册,第79页,"李淮供单"。

51 《清中期五省白莲教起义资料》,第五册,第79—80页,"李潮供单"。

52 《清中期五省白莲教起义资料》第五册,第146页,"宋应伏供单"。宋应伏为河南新野县宋家岗人,他称父亲宋文世、母亲张氏都是吃教的,齐林是他父亲的徒弟。乾隆四十六年(1781)他五岁时,父母俱死,可见他父母习教的时间更早。从派行及传承关系看,宋文高、宋文世当是同族兄弟。

53 《清代档案史料丛编》第九辑,《乾隆末年白莲教秘密反清起义》,第190页。

54 三合镇乃刘、郝、袁三姓联合兴集得名。见襄阳县地名领导小组编《湖北省襄阳县地名志》(内部资料),1983年,第260页。同治《襄阳县志》(《中国地方志集成·湖北府县志辑》据同治十三年刻本影印,南京:江苏古籍出版社,2001年,第64册)卷一《地理志》"乡镇"称:"三合镇,下泥河地方,距城七十里,西界白河,东达官庄"(第34页),说明至同治年间它已成为一个集镇。

55 《清中期五省白莲教起义资料》,第五册,第82页,"高均德供单"。

56 乾隆五十九年(1794)九月底,宋显功(宋之清之徒)供称:乾隆五十三年(1788)九月,宋之清派他与李邦殿至隆德县送给刘松五十两根基银,似乎表明宋之清与刘松早已有联系;刘松称乾隆五十四年至五十八年(1789—1793),宋之清曾到过隆德县六次,见《清代档案史料丛编》第九辑，第 199、201 页。然则，宋之清与刘松之早已建立起联系，故刘之协径直至襄阳宋之清处。

57 《清代档案史料丛编》第九辑，《乾隆末年白莲教秘密反清起义》，第 203、207 页。

58 同治《襄阳县志》卷一《地理志》"乡镇"谓："夹河洲，距城六十里，唐河界其东，白河界其西，夹流五十余里，交会处曰两河口；泥河自东北至西南朱家集入白河，北为上泥河，南为下泥河。夹河洲，总名也，豫楚交界之区。"(《中国地方志集成·湖北府县志辑》本，第 64 册，第 34 页)

59 《清代农民战争史资料选编》，第五册，第 372—374 页。

60 叶植主编：《襄樊市文物史迹普查实录》，北京：今日中国出版社，1995 年，第 794 页。

61 《清中期五省白莲教起义资料》，第五册，第 82—83 页，"高均德供单"。

62 《清代农民战争史资料选编》，第五册，第 372、374 页。

63 《清中期五省白莲教起义资料》，第五册，第 82—83 页，"高均德供单"。

64 《清中期五省白莲教起义资料》，第五册，第 84 页，"高成杰供单"。

65 《清中期五省白莲教起义资料》，第五册，第 118—119 页，"张什供单"。

66 《清中期五省白莲教起义资料》，第五册，第 116 页，"马应祥供单"。

67 今襄阳区东北境程河镇三房大队灰保张村流传这样一个故事：相传此村群众曾参加白莲教起义，遭清军洗劫，人口几乎杀绝。唯有一张姓老太婆，在房屋周围撒了一圈灶灰，才幸免杀害，故名"灰保张"(见《湖北省襄阳县地名志》，第 249 页)。这个传说透露出程河一带曾有较多群众参加白莲教。

68 《清中期五省白莲教起义资料》，第五册，第 101 页，"刘之协又供"。

69 姚之富为姚家山人，可参阅湖北省襄阳县地方志编纂委员会编纂《襄阳县志》，武汉：湖北人民出版社，1989 年，第 675 页。姚家山因姚姓居住而得名，附近有彭冲(今属郑岗村)，此说是可以成立的。参见《湖北省襄阳县地名志》，第 24、26 页。

70 《清中期五省白莲教起义资料》，第五册，第 105 页，"刘之协又供"。

71 周凯：《纪邪匪齐二寡妇之乱》，《内自讼斋文集》卷一，清道光二十年爱吾庐刻本，抄录时未记页次。“总差役”并非职官名称，其意或指衙役三班或一班总头役，亦为衙役的一种。参阅瞿同祖《清代地方政府》，范忠信、晏锋译，何鹏校，北京：法律出版社，2003 年，第 97 页。一说为“襄郧总教，号大师父”，见邓之诚《骨董琐记全编》卷六“齐王氏”条，邓珂点校、赵丕杰整理点校，北京：北京出版社，1996 年，第 190 页。他可能是今黄龙镇西北范湾大队祁湾人，参阅襄樊文化局、襄樊群众艺术馆编《襄樊民间故事集》，北京：中国民间文学出版社，1989 年，第 200—201 页。

72 《清中期五省白莲教起义资料》，第一册，第 80 页，湖广总督毕沅奏。

73 周凯：《纪邪匪齐二寡妇之乱》，《内自讼斋文集》卷一，抄录时未记页次。按：这一记载不尽切实，当时襄阳知府是胡齐仑、知县是张瑢，且齐林已于乾隆五十九年(1794)被正法。

74 光绪《襄阳府志》卷二十三《人物一》“汪履安传”，《中国地方志集成·湖北府县志辑》本（据光绪十一年刻本影印），第 63 册，第 403—404 页。

75 王翼孙：《临难禀稿》，收入所著《波余遗稿》，见王芑孙《渊雅堂全集》第四函，嘉庆九年(1804)刻本，抄录时未记页次。此稿乃嘉庆二年王翼孙族弟王中光从武昌军需局抄出。

76 《清中期五省白莲教起义资料》，第五册，第 134 页，“张廷举供单”。

77 《清中期五省白莲教起义资料》，第五册，第 136 页，“张喜供单”。

78 《清代档案史料丛编》第九辑，《乾隆末年白莲教秘密反清起义》，第 207 页、190—191、206—208 页。

79 《清中期五省白莲教起义资料》，第五册，第 75 页，“张建国供单”。

80 《清中期五省白莲教起义资料》，第五册，第 136 页，“魏洪升供单”。

81 《清中期五省白莲教起义资料》，第五册，第 58 页，“高名贵供单”。

82 《清中期五省白莲教起义资料》，第五册，第 76—77 页，“张正潞供单”。

83 《清中期五省白莲教起义资料》，第二册，第 239—240 页，“军机大臣奏，为审讯王兰之情形事”。

84 《清中期五省白莲教起义资料》，第五册，第 21 页，“王兰供单”。

85 谷城县地名领导小组办公室编：《湖北省谷城县地名志》（内部资料），

1982 年,第 180—181 页。

86 《清中期五省白莲教起义资料》,第五册,第 23—24 页,“曾世兴供单”。

87 《清中期五省白莲教起义资料》,第五册,第 24 页,“祁中耀供单”。

88 《清中期五省白莲教起义资料》,第一册,第 90 页,西安将军恒瑞等奏章。

89 房县地名领导小组办公室编:《湖北省房县地名志》,1984 年,第 303—304 页。

90 《清中期五省白莲教起义资料》,第五册,第 27 页,“曾世兴、祁中耀同供”。

91 《清中期五省白莲教起义资料》,第五册,第 23—24 页,“曾世兴、祁中耀同供”。

92 《清中期五省白莲教起义资料》,第五册,第 64 页,“王添万供单”。

93 《清中期五省白莲教起义资料》,第五册,第 58 页,“高名贵供单”。

94 关于乾隆末年至嘉庆初年间白莲教在襄阳县西境白家集及光化、均州、郧县、郧西等州县境内的传播与活动情况,可参阅《清中期五省白莲教起义资料》第五册,第 10—12 页,申维选、周添禄、周柱、刘经黄、李林等人的供词;第 17—18 页,王全礼供词;第 31—32 页,刘世珍供,等。

95 《清代中期五省白莲教起义资料》,第一册,第 7 页,湖广总督毕沅、湖北巡抚惠龄奏疏所引萧贵供词;第 16 页,陕西巡抚秦承恩奏所引萧贵供词。

96 《清代中期五省白莲教起义资料》,第五册,第 53 页,“冯得仕供单”。

97 《清代中期五省白莲教起义资料》,第五册,第 51 页,“王可秀供单”。

98 《清代中期五省白莲教起义资料》,第五册,第 51—52 页,“王可秀供单”、“成自智供单”。

99 《清代中期五省白莲教起义资料》,第五册,第 53 页,“冯得仕供单”。

100 《清代中期五省白莲教起义资料》,第五册,第 79 页,“李潮供单”。

101 《清代中期五省白莲教起义资料》,第五册,第 129 页,“冉学胜供单”;

102 《清代中期五省白莲教起义资料》,第五册,第 146 页,“宋应伏供单”;第 154 页,“张士虎供单”(张世虎)。

103 《清高宗实录》卷一四七七，乾隆六十年四月戊戌，北京：中华书局，1986年，第732—733页。

104 严如熤：《三省边防备览》卷十二《策略》，扬州：江苏广陵古籍刻印社，据清道光兴安府署刻本影印，1991年，第七页B面。

105 许倬云：《试论网络》，见《许倬云自选集》，上海：上海教育出版社，2002年，第30—34页。

106 乾隆《襄阳府志》卷十一《里社》，乾隆二十五年刻本，第三至四页；嘉庆《重修一统志》卷三四八，襄阳府"关隘"栏，北京：中华书局，影印本，第17597—17600页。特别是乾隆《襄阳府志》卷十一《里社》"村镇"下详记襄阳县村镇之目，共有74个，然其中并无黄龙垱、刘家集、三合镇，亦无白家集。

卷三　城市与村庄

空间与权力:中国古代城市形态与空间结构的政治文化内涵

一　城市:权力运作的场所和工具

中国古代城市的任务首先是要进行统治——不仅是政治的、军事的统治,还包括经济的、文化的统治,有时后者的意义还超过了前者。因此,我们可以将"城市"界定为各种"中心"——政治中心(包括行政、军事中心)、经济中心(包括交通、商业中心)以及文化中心(包括宗教中心)。于是,大大小小的城市,就作为不同层级的中心地,共同组合成一个庞大的控制网络;帝国政府通过这一控制网络,实现对各地区的统治。

我们非常熟悉这一图景。城市作为权力的中心和权力运作的场所,是非常易于理解的,无须论证。事实上,虽然并非所有的权力中心(特别是宗教权力中心)都位于城市,但几乎所有的城市都集聚了其所在社会的大部分权力,此点向无疑问。然而,究竟是城市为权力的集中和运作提供了场所,还是权力"制造"

或“产生”了城市?

这一颇似于“鸡生蛋抑或蛋生鸡”的命题,关涉中国古代城市的实质。正是由于城市集聚了大部分权力和权力关系,使我们有理由相信:城市产生与存在的“理由”和“目的”,乃是为了给权力的集中和运作提供场所;换言之,是权力“制造”了城市,并在很大程度上决定了城市的性质及其发展方向。

关于中国古代城市的起源及其特征,学术界历有争论。近年来,越来越多的学者倾向于认同最初由张光直提出的观点:中国古代早期“城”的出现,不是手工业与农业分离的结果,更不是由于商业贸易发展的结果,而是作为政治权力的工具与象征出现的,“与其说它是用来压迫被统治阶级的工具,不如说它是统治阶级用以获取和维护政治权力的工具”;早期城邑的标志建筑——夯土城墙、大型宫殿,既“是统治者统治地位的象征,也是借其规模气氛加强其统治地位的手段”;“宗庙、陵寝和青铜、玉等高级艺术品的遗迹遗物,以及祭仪的遗迹如牺牲或人殉之类,一方面作为政权基础的宗法制度的象征,一方面是借宗教仪式获取政治权力的手段”[1]。因此,城市是“建”起来的,是统治者为了获取更大的权力、利用已掌握的权力“建造”出来的;城市构筑本身就是一种预先经过周密规划的政治行动,“新的宗族以此在一块新的土地上建立起新的权力中心”。[2]

沿着同样的分析理路,则西周初期诸封国普遍地营都建邑,都是为了获取权力,在“新的土地上建立起新的权力中心”;而战国时代列国争相拓展、增修城池,城邑规模普遍逾越礼制的规定,形成所谓“千丈之城、万家之邑相望”的局面,则正是“礼崩乐坏”、诸侯权力扩张的具体体现;至秦始皇翦灭六国,毁山东“名城”以崇高咸阳，显然是为了摧毁列国权力的象征，并突显咸阳作为一统天下之权力中心的独特地位。[3]进而言之，中国历代王朝都动用大量的人力物力，营建以都城为中心的各层级中心城市，固然有很多具体的考虑，但最基本的动因则仍主要是借此以宣示王朝的合法性或正统性权威、突显凌驾于臣民之上的国家权力，并在更大空间范围和社会范围内攫取更多的权力。

牟复礼(Frederick W. Mote)在分析明初大规模建设南京城的动因时指出："明时重建南京城及其他诸城，主要还是起到重新肯定汉人国家存在的心理作用，而不是为了保卫城市及其居民免遭可能的危险而建严城峻垒的纯防御作用"，因而城市的首要作用是"标志着政府的存在"；同时，建城本身就是一种统治手段，明太祖主要"是以民政手段进行统治的，这些手段首先就包括社会与政府的尊卑之礼，与依赖表现于'天命'正统的神秘性。南京的城正像政府的其他行动一样，是为加强这种神秘性与维持政府所在的威严而设计的"[4]。完全可以说，汉初经营长安城、东汉北魏重建洛阳城、东晋南朝不断调整建康城的布局、隋初兴建大兴城(长安)、北宋经营东京及南宋经营临安，其动机与明初重建南京城大致相同。特别是崛起于草原地带的契丹、蒙古在入主汉地之后，即大规模地营建五京、上都与大都，其目的显在借此以获取、昭示其对汉地统治的正统或合法性。[5]汉、唐、明、清诸朝代初年均曾明令郡(州)、县整治城池，本身就是重建统治秩序的重要举措。[6]

汉、唐、清三朝强盛之时，在东北、北、西北及西南诸边广泛置立边城，直接动因固然是为了据城以守、构建边疆防御体系[7]，却也不无以此作为华夏王化及王朝权威之象征的意味。《史记·匈奴列传》谓匈奴“逐水草迁徙，毋城郭常处耕田之业”；《汉书》卷四九《晁错传》称：“胡人食肉饮酪，衣皮毛，非有城郭田宅之归居，如飞鸟走兽于广野。”显然，在汉人观念中，华夏(汉)与匈奴的重要区别之一即在是否定居城郭。因此，在边地筑起城郭、移民屯守之后，其地即入于汉，其民即为华夏之民。[8]唐武德九年(626 年)诏“命州县修城隍，备突厥”，其《修缘边障塞诏》云：“城彼朔方，周朝盛典；缮治河上，汉室宏规。所以作固京畿，设险边塞，式遏寇虐，隔碍华戎。”[9]边城的重要作用既在“隔碍华戎”，则其作为华夏文明与王朝权力之象征的符号意义，于此毕见。

我们无意于重复中国古代城市主要是政治中心或行政型城市的旧调，而意在指出：中国古代城市不仅是政治统治的中心，它本身就是统治者获取或维护权力的一种手段或工具；同时，城市还是一种文化权力，是用以标识统治者的正统或合法性，区分华夏与非华夏、王化之内与王化之外的象征符号。

城市何以具有“文化权力”？或者说，城市的文化权力从何而来？这不仅因为城市本身既是文化发展的结果，更是一种“文化建构”。芮沃寿(Arthur. F. Wright)曾经指出：中国古代城市在城址选择和城市规划上，“存在着一种古老而烦琐的象征主义，在世事的沧桑变迁中却始终不变地沿传下来。”这种象征主义传统集中体现在《周礼·考工记》中，包括：(1)把都城当作天地所合、四时所交、风雨所会、阴阳所和的宇宙中心点，“从这个中心点可使自然力适应于整个国家利益，或根据国家利益去控制它”(依次类推，各层级城市亦即其控制地区的中心点)；(2)把城市布置成正方形，因为“大地是方方正正的，让天下至尊居于仿照大地并象征大地的建筑里，自然是最合适不过的了”[10]；(3)将宗庙、社稷坛、宫殿、市场等重要建筑按特定的方位布局，即所谓“左祖右社，面朝后市”，以突显政治权力的两个主要来源，并标识所谓“阴阳相成”之义。虽然这些古典宇宙论原则并非得到全面遵行，不宜过分高估《考工记》对中国古代城市(特别是都城)建设与布局的影响，但历史上城市(特别是都城)的规划者确曾程度不同地利用其中某些特选的基本原则，以标举、强调或重申某一政权的合法性(“天命所归”)或正统性，当是无可置疑的。

当然，《考工记》的“帝王宇宙论”毕竟有些神秘，城市规划者并不一定能理解其中的奥义玄旨，而只是遵行有关制度和惯例的规定。实际上，我们认为古代城市的“文化权力”更主要的是来自对礼制的遵行。至少在原则上，各级治所城市的城周、城门、城墙高度等方面均严格地与其行政层级相对应，把层级制官僚体系“物化”为一个整齐有序的城市体系，从而使城市体系成为权力体系的“化身”。更重要的是，城市(特别是都城)在空间布局上适应了礼制的需要，并具体体现了礼制的精义。杨宽尝分析中国古代都城布局变化的原因，认为它与礼制及其变迁之间存在密切关系：从西周到西汉，礼制以室中西南隅为尊长所居、祭仪以东向为尊，故都城布局采用坐西朝东的方式；东汉以后，天子祭天之礼成为大典，定制在国都南郊举行，兼以须配合举行盛大的元旦朝贺(“元会仪”)之需要，都城布局遂一变而成为坐北朝南；到隋唐时代，为了“适应规模越来越大的元旦大朝会的需要”，又设计了以都城中北部的宫城为主体的、对称的中轴线布局。[11]都城布局对礼制原则的体现，影响到州县治所城市在布局上也尽可能遵行礼制的规定。在唐代，这主要表现为两个方面：一是州（府、军）治所城市普遍实行子城制度，“子城为一州政治核心，政府、廨舍、监狱皆设其间”，实与京都中宫城在制度设计上一脉相承；[12]二是根据《考工记》城中置社的原则，普遍置立社稷坛，特别是由市和军镇发展起来的新县，往往“通过县级社稷坛的礼制的整备，来实现‘正统化’”[13]。如所周知，礼仪在中国古代政治生活中具有至关重要的地位，遵行礼制规定，将礼制的精义通过空间展布的方式表现出来，这是城市“文化权力”的重要来源之一。

城市“文化权力”的另一个来源是所谓“风水”。芮沃寿尝谈到：自东汉至清末，城市宇宙论中新增添的唯一成分就是“风水”的观念体系。宋元以后风水观念逐渐普及（特别是在南方地区），“无疑也使城址好坏的意识传入平民中间，使他们判断某些城要比另一些吉利”，从而赋予了某些城市特别的神秘力量。[14]同时，“风水”的南方来源及其对地形地物的强调，使我们相信，它在城址选择、城市布局规划方面的运用，与礼制形成对立，并在很大程度上“消解”了礼制的硬性规定。明清时期，许多州县治所城市（特别是在南方地区）在城门方位及启闭、城郭形制、祠庙寺塔布局等方面，均受到风水观念的强烈影响；而在此过程中，强调风水的地方绅民与主张遵行礼制规定的官员之间往往发生矛盾、冲突[15]，说明“风水”理论及其在城市布局中的运用，表现的乃是一种“地方性”与“地方文化权力”。

二 城墙：威权的象征

一般认为，中国古代的主要城市大都围绕着城墙。章生道说:“对中国人的城市观念来说,城墙一直极为重要,以致城市和城墙的传统用词是合一的,‘城’这个汉字既代表城市,又代表城垣。在帝制时代,中国绝大部分城市人口集中在有城墙的城市中,无城墙型的城市中心至少在某种意义上不算正统的城市。”[16]陈正祥也说:“城(walled town or walled city)是中国文化的特殊产物,很突出的标志,构成了汉文化圈人文地理的独有景观。”[17]虽然将中国古代城市概括为“城墙内的城市”并不恰当,但城墙乃是中国古代城市的标志,却并无疑问。

为什么要构筑城墙?一个显而易见的理由是为了安全防御的需要。事实上,城墙在古代战争特别是城市防御战中确实也发挥了非常重要的作用。[18]正由于城墙具有明显的防御作用,所以历代王朝往往在安全受到全面威胁的王朝中后期才更重视修筑、维护城墙,很多州县治所城市的城墙也是在王朝中后期社会动乱背景下修筑或加固的。[19]

这一阐释,至少存在两个问题。首先,几乎所有都城及大部分重要城市的城墙,都是在“国泰民安”、安全局势并未受到明显或重大威胁的王朝前期或其强盛期兴建的。很难论证历代王朝在其初期或强盛期内大规模营建都城是为了抵御某种直接、间接的军事威胁。同样,当汉高祖下令天下县邑均要筑城、明太祖洪武时期各府州治所均普遍修筑城垣以及清初要求各级官员着意修复州县城池之时,也并不存在将要发生大动乱和外来入侵的迹象。其次,事实上,城墙也并未能有效地保护全部城市区域。正如牟复礼所指出的那样:“南京的深沟高垒,并不能保护天坛地坛、先王陵墓,或者甚至是官府的仓库与监局。因为这些都在城外。城(墙)也保护不了大批政府的最高级文武官员,因为他们住在政府建造在城外的邸宅里。城……也并不保护一大批最重要的市场或基本经济财政活动所集中的豪华大厦。”[20]在州(郡)治所城市,至迟自唐中后期始,在城门外的交通要道两旁或码头、渡口,均普遍兴起、发展了附郭的街区,有些城市城下街区的面积、居住人口、商业规模都超过城内,甚至数倍于城内。[21]这些附郭街区显然也不在城墙的保护范围内。因此,所谓“城墙的主要功用在于保护城市”,严格说来,并不符合事实。

凡此,均使我们倾向于认为:在帝制时代的政治意象中,城墙更主要的乃是国家、官府威权的象征,是一种权力符号。雄壮的城楼,高大的城墙,宽阔的城濠,共同组成了一幅象征着王朝威权和力量的图画,发挥着震慑黔首、“宵小”乃至叛乱者的作用,使乡民们匍匐在城墙脚下,更深切地领略到官府的威严和“肃杀”。

城墙的这种象征意义,在各种“筑城记”中不时得到阐发。唐大顺二年(891)刁尚能撰《唐南康太守汝南公新创抚州南城县罗城记》谓南城县增筑罗城后,“于是崇墉截汉,昆阳不足以为坚;峭崿凌云,金城不足以为壮。控五岭封疆之要,扞七州寇徼之虞。觊觎者不得动其心,睢睚者无以运其智。可以拒鹳鹅之陈,可以拔乌合之徒。内则轨辙齐驱,堪敷权略;外则民人侧目,愕以坚劳。护吾君租税之封,授黎庶安居之业”[22]。“护吾君租税之封,授黎庶安居之业”固然是增筑罗城的目的之一,而借之以使“民人侧目”,觊觎、睢睚者畏慑,也是其重要动因。刁尚能所强调的仍然是城墙的潜在威慑作用。清康熙七年(1668),时任湖南永州府祁阳知县的王颐则主要着眼于城池营建与治理的关系:“古今建邦设邑,必壮其声与势,而后规模立焉。盖达天下之气也以声，而聚天下之形也以势。其所为得声与(执)[势]者，千秋上下，又莫不以营建成之。大哉营建，信有关于政治也。”举凡城壁楼橹之类的营建，都是为了聚形达气以壮官府之声势，故营建“有关于政治也”。他还特别强调鼓楼“盖县治首起嵯峨以耸斯民观听者”，城壁楼橹之立可“振民之力而使兴也，动民之情而使和也，呼民之性而使觉也。仰之使知所载也，望之使知所归也”。[23]换言之，营建城壁楼橹，有助于树立官府的权威，凝聚“民心”，最终达到稳定统治秩序的目的。

我们强调城墙乃是王朝威权的象征，并不意味着否定其军事意义。事实上，城墙确实发挥着军事防御设施的作用，但相对于为数众多、存在数百年之久的城墙来说，其受到攻击的几率并不大，发挥其防御设施作用的时间也较短。换言之，城墙作为威权的象征而发挥作用，乃是常态；而作为防御设施发挥作用，却是异态。

三　城墙内外：城市的空间分划及其意义

中国古代的城墙不仅是王朝、官府威权的象征，还是一种界线：城墙之内是“城内”，城墙之外就都是“城外”。在城市语境中，“城外”不仅是指城市之外的乡村，更是指附郭的城市街区。

城墙作为划分城市内部区域和居民群体的工具，可能是一种“原始的功能”。《吴越春秋》谓：“鲧筑城以卫君，造郭以居(人)[民]，此城郭之始也。”[24]则“君”居城中，“民”处郭内。《管子·度地》云：“内为之城，城外为之郭，郭外为之土阆。”在这种由双重城垣环绕的“回”字形城市里，城(内城)的城墙将“君”与

“民”（“国人”）分隔开来，外郭城墙则将“民”与“乡野之人”分隔开来。虽然城与郭未必表现为小城（内城）之外套外郭的“回”字形，郭也未必筑有土垣，而更可能利用固有山川地物加以联结用作屏障，但城墙、郭垣（或自然与人为屏障）的界线作用，却是无可怀疑的。

杨宽曾论证西周以至秦汉城市均流行西城连结东郭的布局，认为这种布局乃周公建设东都成周时所开创——成周的王城即周王所居的宫城，东郭则主要用于屯驻大军（由“国人”组成）和迁居殷贵族；春秋战国时期，列国都城的“郭”区逐渐“成为官僚、地主、商人、手工业者的居住区”，与“宫城”形成对立；秦都咸阳的“东郭”、汉长安城外东面和北面的郭区、汉魏洛阳城西东南三面的郭区，也都是大规模的居民区。[25]张继海进一步论证了汉代郡县治所城市中城、郭布局的普遍性，认为“汉代很多大城市和县城的确存在内城外郭的形态”，而官寺、吏舍、狱、武库、仓等主要官署建筑均集中在城内，市、里则散布于城墙内外。[26]虽然城墙分隔官署区与居民区的功能渐次弱化，但官署区居于城内、主要居民区居于郭内，应当仍然是汉代城市的基本格局。

魏晋南北朝时期，各地遍布城壁坞堡，著籍户口多居于城壁之内；有的城市在城壁之外形成附郭街区，大抵为非著籍的商人、流移户口所居。特别是北朝后期所筑城郭，多属戍城，规模很小，城内除官署外，就是以军兵及其家属为主体的所谓“城民”[27]，普通民众大多居于城外，形成附郭居住。这样，城墙复将不同身份的居民群体分隔开来，形成“城内”与“城外”的对立。

隋唐时期，城墙的分隔作用在许多城市仍很明显。隋唐长安城（大兴城）分为内城与郭城，内城又分宫城和皇城（宫城与皇城之间并无隔墙)。在大部分州府治所城市,则依照都城制度,形成子、罗城二重城垣分隔城市的布局:子城为衙署区,为各级官署衙门、仓储、官员宅舍之所聚;罗城内主要安置居民里坊和市场,亦即"坊市"所在。罗隐《杭州罗城记》谓:"余始以郡之子城,岁月滋久,基址老烂,狭而且卑。每至点阅士马,不足回转。遂与诸郡聚议,崇建雉堞,夹以南北,矗然而峙。帑藏得以牢固,军士得以帐幕,是所谓'固吾圉'。"[28]可见子城为官署、军营、仓储所聚之地,并无普通居民。[29]唐僖宗乾符中(874—879),高骈为剑南节度使,增筑成都罗城。高骈《筑罗城成表》述及其修筑罗城的原因,谓成都"频遭蛮蜓之侵凌,益以墙垣之湫隘,寇来而士庶投窜,只有子城,围合而闾井焚烧,更无遗堵。且百万众类,多少人家,萃集子城,可知危敝。井泉既竭,沟池亦干,人气相蒸,死生共处,官僚暴露,老幼饥悽"[30]。显然,在正常情况下,士庶百姓是不能入居子城的,只能居于子城之外的"闾井"中;只有在受到围攻时,士庶才能"投窜"子城以避难。为了维护官署区与坊市区的分隔,唐律对翻越墙垣的行为规定了处罚。《唐律疏议》卷八《卫禁》"越州镇戍城垣"条云:"诸越州、镇、戍城及武库垣,徒一年;县城,杖九十。(原注:皆谓有门禁者。)[疏]议曰:诸州及镇、戍之所,各自有城。若越城及武库垣者,各合徒一年。越县城,杖九十。纵无城垣,篱栅亦是。"[31]这里的州、镇垣,显然是指州、镇衙署所在的子城城垣。城垣的分隔功能,借此而具有了法律依据。

在没有修筑罗城的州县治所城市,居民区多在城墙之外。如江南东道的睦州城,濒临新安江,"江皋硗确,崎岖不平,展拓无地,置州筑城,东西南北,纵横才百余步。城内惟有仓库、刺史宅、曹司官宇，自司马以下及百姓，并沿江居住，城内更无营立之所”[32]。显然，睦州城内是官署区，城外方为居民区。这种情形，到五代以后，更趋明显。宋哲宗元祐七年（1092），苏轼在《乞罢宿州修城状》中说：“宿州自唐以来，罗城狭小，居民多在城外。本朝承平百余年，人户安堵，不以城小为病。兼诸处似此城小人多、散在城外、谓之草市者甚众，岂可一一展筑外城？”[33]照苏轼所说，则像宿州这样居民多在城外的治所城市相当普遍，而且这种情况由来已久。[34]然则，在晚唐五代以迄于两宋，很多州县治所城外的附郭街区即成为主要的商业区和居民区。到明清时期，城外街区的发展更为普遍，大部分州县治所城市都存在着规模不等的附郭街区。[35]

这里涉及城内与城外街区的功能分野。《说文》云：“城，以盛民也。”这一解释在诸多地方志所见的“筑城记”中多次被重复。然而，对于大多数发展了一定规模城外街区的城市来说，城实际上主要被用来“盛官”——诸色官署公廨、营房及官员、士绅（官员候选人）、衙吏住宅与园圃占据了城内最优越、最重要的位置，并构成城内街区的主体。对于普通百姓来说，城内并不是最佳的居住选择，因为它所提供的谋生机会较少，而生活费用（以住宅支出为主体）又较高。城外则不然，相对低廉的地价、便利的交通、较低的捐税以及与乡村的广泛联系，都提供了更多的谋生机会。因此，如果存在选择可能的话，大多数普通百姓的最佳选择显然是在城外。这就自然地形成了城内与城外的功能分野：城内主要是行政、文教与士绅住宅区，而城外则是商业、手工业与普通民众聚居区。当然，这种分野仅是就宏观方面而言的，它既时常被频繁发生的社会动乱所打破（值得注意的是战乱发生时，普通民众大量涌入城内，而部分士绅则避到乡下），又以较为发展的城外街区为前提；而且即便在平常状态下，城内也不同程度地存在着服务于官吏士绅的各种店铺及店铺主与贫民的住宅。由此，我们注意到城内零售店铺的服务对象主要是居住在城内的官吏、士绅及其他诸色人等，而城外零售店铺则面向乡村，批发商业则主要面向远距离贸易。这种服务对象的不同揭示了城内商业与城外商业的不同功用：前者是城市经济生活的组成部分，而后者则主要是乡村生活与区域经济活动的组成部分。

由此，我们触及到中国古代城市的功能区划及其成因。在中国古代城市形态与空间结构的研究中，大多研究者均强调城市功能区的分划乃是一种自然过程，是因应于城市功能需求、人口增长、商业发展的必然结果。如斯波义信就指出："在城市的空间划分方面，自然而然地表明了功能的分化，必然会形成中心区和边缘区、富民区与贫民区、住宅区与工商区等这种有机的功能分化。"[36]这种城市生态论揭示了中国古代城市形态与空间结构的一些重要方面，但是，当我们试图以此作为分析工具，考察中国古代城市特别是地方城市的空间结构时，却往往遭遇到诸多困难：在大多数城市中，这种功能区划并不明显，甚或根本不存在。章生道注意到古代城市内部"商业与市场很分散"的情形，并没有类似西方城市那样的中心商业区[37]；在一般是城市地理中心的衙署区，很可能有倚山临池，空旷寥落；而在城市地理边缘的城门口、渡口码头，则可能车马交错、店铺密集、热闹非凡；城市内部的空间分划往往既不遵守土地利用的"经济理性"，也不符合适应与生存的"生态理性"。总之，立基于西方城市发展经验的城市功能分区及其自然形成过程的解释，并不能较好地适用于中国古代城市空间结构的分析与解释方面。

因此，我们更倾向于强调中国古代城市的空间分划主要是基于某些制度（不仅是政治制度）安排而产生的，是权力（不仅是政治权力）运作与各种社会经济因素共同作用的产物，而并非"自然的"或"必然的"结果。换言之，城市内部的区划，主要是王朝国家利用权力对城市空间进行"切割"、"划分"的结果，是国家权力从外部对城市功能作出的强制分划，而不是城市据其自身发展需求而"自然发展或演化的结果"。在国家权力"切割"而成的城市空间结构中，城墙发挥了一种标识性工具的作用。正如李孝聪所指出的那样："用不同的'墙'进行隔离，用追求等级观念的思想来规划城市，以实现不同功能的需求，是中国古代城市的一大特点。宫墙、坊墙、垣墙、城墙分别承担着各自的功能，成为中国古代城市中最明显的标志和印象。"[38]

四 中国古代城市形态与空间结构的研究理路

通过以上讨论，我们初步形成了两点认识：

第一，在中国古代，城市、城墙、城市布局都不仅是一种地理存在，还是统治者获取或维护权力的一种手段或工具：王朝国家通过营建以都城为中心的各层级中心城市，宣示王朝的合法性或正统性权威、突显凌驾于臣民之上的国家权力，区分华夏与非华夏、"化内"与"化外"；城墙的安全防御功能固然不能低估，但它更主要的乃是国家、官府威权的象征，是一种权力符号；同时，王朝国家还利用垣墙分隔城市的功能区与不同身份的居民群体，以达到控制的目的；城市（特别是都城）在空间布局上也基本适应礼制的需要，将礼制的精义通过空间展布的方式表现出来，从而也被赋予了某种“文化权力”。

第二，中国古代的城市及其形态和空间布局，在很大程度上乃是王朝国家权力的空间展布，主要是基于某些制度安排而形成的，是权力运作与各种社会经济因素共同作用的产物，而并非“自然的”或“必然的”结果：子城、罗城、附郭街区的形成，主要是基于制度的规定；功能分区的模糊化，中心与边缘区的“倒错”，既不符合西方式的“经济理性”与“生态理性”，而只能符合中国式的“权力理性”。质言之，是权力“制造”了城市，“制度”安排了城市的空间结构。

这两点初步认识，促使我们重新思考有关中国古代城市形态与空间结构的研究理路：

首先，以往有关中国古代城市史与城市历史地理的研究，虽然强调古代城市的政治或行政中心特征，但一般只将城市的规模与其行政层级相联系（也未必恰当）；而在具体讨论城市形态与空间结构时，则一般与区域经济（特别是商业经济）发展、水平联系起来，强调城市形态与空间结构对经济发展需求的“适应”，并据此分析古代城市的功能分区。这一研究理路的方法论背景显然是西方式的，即城市形态及其空间结构受经济和地理“法则”的支配，所以这种研究理路也比较倾向于运用人文生态学、城市土地利用等理论与方法考察、分析中国古代城市的空间结构。应当承认，这种研究理路有助于揭示城市形态、空间结构与经济特别是商业经济发展之间的关联，但却忽视了中国古代城市的“权力”本质，在很大程度上掩盖了城市形态、空间结构与权力运作、制度变迁之间的关系。

因此,我们认为,应当首先将中国古代城市(特别是治所城市)视作王朝权力运作的场所和工具,从王朝权力的获取、维护与运作的角度出发,探讨历代王朝在城市营建、布局等方面所做出的制度性安排及其变迁,进而考察在这种制度安排下城市的具体营建与布局;然后,反过来,从城市选址、形态、布局等方面,分析城市的形态与空间结构是如何通过空间展布的形式,显现或反映王朝国家对以正统性或合法性为核心的“文化权力”的诉求的。换言之,即着意于考察古代城市形态、空间结构与王朝国家权力运用、制度变迁之间的“互动”关系及其过程。

其中的关键乃是制度安排及其变迁。在这方面,杨宽、郭湖生、贺业钜等前辈学者已做了很多工作[39],但仍有诸多不明,有待探析,特别是已有的论著主要集中在都城的规制与布局方面,对地方城市营建、布局方面的制度安排多不甚着意。姜伯勤在谈到唐代城市史研究时曾指出:“礼制研究是今后研究唐代城市史的一把重要钥匙。”他举出城市祭礼与王朝权力的“合法化”、宾礼与城市中的流寓蕃客、礼令对城市工商的禁制等方面,以说明礼制对唐代城市发展、规制与布局的影响。他还特别强调唐令中有关市制、市法、市籍的规定对城市市场发育的制约。[40]沿着同样的理路,考察历代王朝有关城市的礼制与法律规定,探究这些制度安排的蕴涵及其具体实施,很可能是城市史与城市历史地理研究的一个重要突破点。

其次,以往的研究虽然也强调中国古代城市乃是不同区域的文化中心,但一般将其视为其政治、经济中心的延伸,重视其作为文化活动场所与辐射中心的作用,而比较忽略城市本身、布局及城市中重要建筑物的文化意义。而如上所述，在中国古代，城市本身就是一种“文化建构”：城郭被作为华夏文明的象征，城市形态与空间布局是礼制精义的空间展布形式，城墙则不仅是王朝威权的象征，还标识着不同群体的身份特征。凡此，又都表现为一种“文化权力”，它将某一或某些社会群体包括在“城内”或城市的某一空间（如子城）之内，而将另一些群体排除出城市。在这里，我们进一步注意到城墙的意义。显然，城市中的各种垣墙（包括城墙、坊墙、衙署府舍的围墙等）“制造”了一个个大小不等的、相对封闭的“排他性”空间——都城的皇城、唐代地方城市的子城及后世地方城市里的衙署区，排斥普通居民的入居；在很多情况下，粮米、牲畜、竹木等大宗货物的交易及其经营者事实上被排斥在城外的河街、码头区，不能进入城内。这些现象，或可概括为强势群体借助王朝国家权力为自身营造一种“排他性空间”，而“权力正是通过某些群体的空间垄断以及将某些弱势群体排斥到其他空间而表现出来的”。[41]同时，居住于城内的强势群体则借助城墙、城门及城隍庙等礼制建筑的“文化权力”，强化了其作为“城里人”的群体优势，构建了一个凌驾于城外乡村民众之上的“城里人群体”。

以往有关城市社区与社会结构的研究，主要从行业（同业）、地方来源（同乡）及阶层等角度展开讨论，揭示了城市社会经济结构的一些重要方面。然而，我们固然可以在很多城市里找到借同业、同乡或同阶层结合形成的社区，但更多的城市社区，却并不借助这些关系而结合，而仅仅据其地理空间存在，以牌坊、十字街、庙宇等标识性建筑或其他具有标识作用的地理事物作为标志，从而形成社区。在这种情况下，此一社区的地理空间、牌坊等标志性建筑，就成为社区产生、形成的根本性因素。宋代平江府城的各坊在街巷两头跨街建立“坊表”，坊表上书写坊名，坊表遂成为坊的标识。[42]明清地方志中所记各州县治所城市中所立的牌坊，也多具有标识其所在街区的功能；其所在街区的居民也主要根据这些标识性建筑或地理事物来确定自己的社群成员身份。显然，古代城市中牌坊、街巷、庙宇等标志性建筑，在城市社区的形成、城市空间分划方面具有十分重要的意义，这种意义不仅是由城市居民通过自己的“解读”而给定的，还是城市社区得以成立的主要凭借。因此，考察中国古代城市社区与社会结构，就需要充分重视此类标识性建筑或地理事物在社区形成过程中所发挥的作用。

总之，制度安排、运作及其变迁，城市空间、城墙、标识性建筑或地理事物的象征意义，特别是其蕴含的文化权力及其在城市社区构建中所发挥的作用，应当是中国古代城市形态与空间结构研究的两个新切入点。由此出发，通过城市个案研究的不断积累，或许可以形成一种更适用于中国古代城市形态与空间结构之实际的分析方法和阐释，它将不同于目前占主导地位的、主要立基于西方工业化城市经验的、以功能分析为主线索的传统方法和阐释体系。

注释

1　张光直:《关于中国初期“城市”这个概念》,原载《文物》1978 年第 2 期,后收入张光直《中国青铜时代》,北京:生活・读书・新知三联书店,1999 年,第 28—41 页,引文见第 33—34 页。另请参阅张光直《美术、神话与祭祀》,沈阳:辽宁教育出版社,2002 年,特别是第 6—14、84—103 页;张光直:《中国古代王的兴起与城邦的形成》,见氏著《中国考古学论文集》,北京:生活・读书・新知三联书店,1999 年,第 384—400 页;刘庆柱:《中国古代文明起源、形成与中国古代都城考古研究》,见《法国汉学》第 11 辑,《考古发掘与历史复原》,北京:中华书局,2006 年,第 117—127 页。

2　张光直:《美术、神话与祭祀》,第 6 页。

3　关于西周、春秋、战国时代城市的兴起与发展,请参阅杨宽《中国古代都城制度史研究》,上海:上海古籍出版社,1993 年,第 43—108 页;许倬云:《周代都市的发展与商业的发达》,见《许倬云自选集》,上海:上海教育出版社,2002 年,第 69—99 页;杜正胜:《周代城邦》,台北:联经出版事业股份有限公司,2003 年;许宏:《先秦城市考古学研究》,北京:北京燕山出版社,2000 年。

4　牟复礼:《元末明初时期南京的变迁》,见施坚雅主编《中华帝国晚期的城市》,叶光庭等译,北京:中华书局,2000 年,第 112—175 页,引文见 151—152 页。

5　关于契丹(辽)五京之制及其结构与政治意象,请参阅杨宽《中国古代都城制度史研究》,第 427—455 页;杨若薇:《契丹王朝政治军事制度研究》,北京:中国社会科学出版社,1991 年,第 172—194 页;关于蒙古、元朝营建上都、大都及其政治蕴含,请参阅 Chan Hok-lam . “Liu Ping-chung 刘秉忠(1216—74): A Buddhist-Taoist Statesman at the Court of Khubilai Khan”. *T'oung Pao*, Vol.53, No.1 (1967), pp.98—146;侯仁之:《试论元大都城的规划设计》,见《侯仁之文集》,北京:北京大学出版社,1998 年,第 135—143 页。

6　如《汉书・高帝纪下》记高祖六年(前 201)冬十月,“令天下县邑城”。

颜师古注云:"县之与邑,皆令筑城。"唐高祖武德九年(626)春正月《修缘边障塞诏》称:"其北道诸州所置城寨,粗已周遍,未能备悉。……其城塞镇戍,须有修补,审量远近,详计功力,所在军民,且共营办,所司具为条式,务为成功。"(《唐大诏令集》卷一〇七,北京:商务印书馆,1959 年,第 552 页)命"所司具有条式",则筑城已成为制度。明清两代均提倡筑城,州县官的职责之一就是负责修筑、维护城垣濠池,如有疏失,要被追究责任(参阅瞿同祖《清代地方政府》,范忠信等译,北京:法律出版社,2003 年,第 261—262 页)。

7 关于汉、唐、清三个朝代在边疆地区营建边城的情况,请参阅周长山《汉代城市研究》,北京:人民出版社,2001 年,第 22—33 页;程存洁:《唐代城市史研究初篇》,北京:中华书局,2002 年,第 155—240 页;

8 参阅王明珂《华夏边缘:历史记忆与族群认同》,北京:社会科学文献出版社,2006 年,第 186—189 页。

9 《唐大诏令集》卷一〇七,北京:商务印书馆,1959 年,第 552 页。

10 芮沃寿:《中国城市的宇宙论》,见施坚雅主编《中华帝国晚期的城市》,第 37—83 页,引文见第 37、52 页。章生道虽然也认为古代城市被设计成方形与中国古代的宇宙观有关,但具体的分析与芮沃寿略有不同。他指出:"在中国古代,大地被认为是方方正正的,而且各级官员据其地位以王朝高级祭司的身份,使用方形祭坛来祭祀大地。人们相信统治者与地神存在着某种对应性关联,作为象征主义的自然延伸,也就把王朝治理天下的各级治所建成了方形。"Sen-Don Chang, "Some Observation on the Morphology of Chinese Walled Cities", *Annals of the Association of American Geographers*, Vol.60, No.1. (Mar., 1970), pp.61—91.引文译自 p.70。

11 杨宽:《中国古代都城制度史研究》,第 191—203 页。

12 郭湖生:《子城制度——中国城市史专题研究之一》,《东方学报》(京都)第 57 册(1985 年 3 月),第 665—683 页,引文见第 683 页。

13 姜伯勤:《唐代城市史与唐礼唐令》,《唐研究》第 10 卷,北京:北京大学出版社,2004 年,第 265—282 页,引文见第 267 页。

14 芮沃寿:《中国城市的宇宙论》,见《中华帝国晚期的城市》,第 58—60

页,引文见第 60 页。

15 参阅魏幼红《官绅之间:试论明清时期江西府县城的“城门事件”》,《江汉论坛》2006 年第 6 期。

16 章生道:《城治的形态与结构研究》,见《中华帝国晚期的城市》,第 84—111 页,引文见第 84 页。

17 陈正祥:《中国的城》,见氏著《中国文化地理》,北京:生活·读书·新知三联书店,1981 年,第 59—100 页,引文见第 59 页。

18 参阅陈正祥《中国的城》第三部分,“城的功用”,见《中国文化地理》,第 67—72 页。

19 参阅爱宕元《唐末五代期における城郭の大规模化——华中、华南の场合》,见所著《唐代地域社会史研究》,京都:同朋舍,1997 年,第 415—488 页;斯波义信:《宋代的城市城郭》,见氏著《宋代江南经济史研究》,方健、何忠礼译,南京:江苏人民出版社,2001 年,第 291—320 页;黄宽重:《宋代城郭的防御设施及材料》,《大陆杂志》(台北)81 卷第 2 期(1990 年);成一农:《宋、元以及明代前中期城市城墙政策的演变及其原因》,见中村圭尔、辛德勇编《中日古代城市研究》,北京:中国社会科学出版社,2004 年,第 145—183 页。

20 牟复礼:《元末明初时期南京的变迁》,见《中华帝国晚期的城市》,第 152 页。

21 参阅加藤繁《宋代都市的发展》、《唐宋时代的草市及其发展》,《中国经济史考证》第 1 卷,吴杰译,北京:商务印书馆,1959 年,第 239—277、310—336 页;张泽咸:《唐代城市构成的特点》,《社会科学战线》1991 年第 2 期;程郁:《宋代城郊发展的原因与特点》,《上海师范大学学报》1992 年第 1 期;杨果:《宋代的鄂州南草市》,《江汉论坛》1999 年第 12 期。

22 刁尚能:《唐南康太守汝南公新创抚州南城县罗城记》,见《全唐文》卷八一九,北京:中华书局,1983 年,影印本,第 8623—8624 页。今本《全唐文》此记末所署日期作“大顺三年龙集辛亥三月四日”。今按:“三年”误,当作“二年”。

23 王颐:《重建(祁阳县)鼓楼记》,见康熙九年刻《永州府志》卷二一,《艺文志·记》,北京:书目文献出版社,1992 年,影印本(《日本藏中国罕见地方志丛刊》本),第 611 页。

24 《太平御览》卷一九三《居处部二一·城下》引《吴越春秋》,北京:中华书局,1960 年,影印本,第 933 页。

25 杨宽:《中国古代都城制度史研究》,《序言》第 2—4 页;正文第 88—91、101—133、144—154 页。

26 张继海:《汉代城市社会》,北京:社会科学文献出版社,2006 年,第 28—60、119—149 页,引文见第 54 页。

27 关于北魏中后期的"城人"("城民")及其城居情形,请参阅唐长孺《北魏南境诸州的城民》,见《山居存稿》,北京:中华书局,1989 年,第 96—109 页;谷川道雄:《北魏末的内乱与城民》,见《隋唐帝国形成史论》,李济沧译,上海:上海古籍出版社,2004 年,第 132—162 页。

28 罗隐:《杭州罗城记》,见《全唐文》卷八九五,第 9346—9347 页。

29 参阅李孝聪《唐代城市的形态与地域结构——以坊市制的演变为线索》,见李孝聪主编《唐代地域结构与运作空间》,上海:上海辞书出版社,2003 年,第 248—306 页,特别是第 295 页。

30 高骈:《筑罗城成表》,见《全唐文》卷八〇二,第 8428—8429 页。

31 刘俊文:《唐律疏议笺解》卷八,北京:中华书局,1996 年,第 632—633 页。

32 沈成福:《议移睦州治所疏略》,见《全唐文》卷二〇〇,第 2027 页。

33 苏轼:《乞罢宿州修城状》,见《苏轼全集》,中册,《文集》卷三五,上海:上海古籍出版社,2000 年,第 1317 页。

34 关于此点,论者已多,请参阅加藤繁《宋代都市的发展》、《唐宋时代的草市及其发展》,《中国经济史考证》第 1 卷,吴杰译,北京:商务印书馆,1959 年,第 239—277、310—336 页;张泽咸:《唐代城市构成的特点》,《社会科学战线》1991 年第 2 期;程郁:《宋代城郊发展的原因与特点》,《上海师范大学学报》1992 年第 1 期;杨果:《宋代的鄂州南草市》,《江汉论坛》1999 年第 12 期。

35 参阅鲁西奇《城墙内外:明清时期汉水下游地区府、州、县城的形态与结构》,见陈锋主编《明清以来长江流域社会发展史论》,武汉:武汉大学出版社,2006 年,第 228—291 页;鲁西奇:《山城及其河街:明清时期郧阳府、县城的形态与空间结构》,见陕西师范大学西北历史环境与经济社会发展研究中心编《历史环境与文明演进》,北京:商务印书馆,2005 年,第 538—559 页。

36 斯波义信:《宋都杭州的城市生态》,胡德芬译,见唐晓峰、黄义军编《历史地理学读本》,北京:北京大学出版社,2006 年,第 413—432 页,引文见第 415 页。

37 Sen-Dou Chang. "Some Aspects of the Urban Geography of Chinese Hsien Capital", in *Annals of the Association of American Geographers*, Vol.51, No.1.(Mar.,1961),pp.23—45 特别是 pp.37—39。

38 李孝聪:《唐代城市的形态与地域结构——以坊市制的演变为线索》,见《唐代地域结构与运作空间》,第 298 页。

39 参阅杨宽《中国古代都城制度史研究》,上海:上海古籍出版社,1993 年;郭湖生:《中华古都——中国古代城市史论文集》,台北:空间出版社,1997 年;贺业钜:《考工记营国制度研究》,北京:中国建筑工业出版社,1985 年。

40 姜伯勤:《唐代城市史与唐礼唐令》,《唐研究》第 10 卷,第 265—282 页,引文见第 276 页。另请参阅姜伯勤《从判文看唐代市籍制的终结》,《历史研究》1990 年第 3 期。

41 D. Sibley, *Geographies of Exclusion: Society and Difference in the West*. London: Routledge, 1995, pp.17—19.

42 汪前进:《南宋碑刻平江图研究》,见曹婉如等编《中国古代地图集(战国—元)》,北京:文物出版社,1990 年,第 50—55 页。

城墙内的城市？——关于中国古代城市形态的再思考

一　问题之提出

一般认为，中国古代的主要城市大都围绕着城墙。章生道教授说："对中国人的城市观念来说，城墙一直极为重要，以致城市和城墙的传统用词是合一的，'城'这个汉字既代表城市，又代表城垣。在帝制时代，中国绝大部分城市人口集中在有城墙的城市中，无城墙型的城市中心至少在某种意义上不算正统的城市。"[1]陈正祥先生也说："城（walled town or walled city）是中国文化的特殊产物，很突出的标志，构成了汉文化圈人文地理的独有景观。"[2]因此，在众多研究者的笔下，中国古代的城市一般被描述为四周用夯筑或砖砌的高大的城墙环绕着（一些城市还筑有二至三道城墙），城墙的四方开着三四个至七八个城门（较少的城有少于三个或多于八个乃至多达十二个城门），城墙外通常有护城河（并不一定环绕城墙，往往借助自然河流作为城壕，靠山的部分或多未掘壕)。城郭的形状通常呈不规则的正方形或长方形,个别呈圆形;城的规模(通常用城墙的周长来衡量)虽然因城的行政等级而异,但一般较大,“城内土地面积到达一两平方公里是很平常的事”,“远较欧洲及日本的城堡为大”。城内不仅包括各种官署衙门、民居、店铺,还有大片的空地(包括园圃、山林、川泉,甚至农田)。城内的格局则受到其行政职能与城门数量的制约:官署衙门等公共权力建筑物一般位于城的中北部,谯楼则常位于正中央;城门的数量与布置在很大程度上决定着城内的街道布局。[3]

毋庸置疑,上述认识是建立在大量的历史文献记载、实地观察与细心研究基础之上的,揭示了历史事实的重要方面。然而,仔细分析上述认识,我们注意到,其所依据的文献主要有两方面:(1)以明清地方志为中心的官方文献。几乎每一种地方志都有关于城池、公署廨舍、坛庙、桥梁以及城内街衢的详细记载,这是我们认识治所城市空间形态与内部结构的主要依据。然而,出于对权力机构的重视以及这些权力与信仰设施所具有的显而易见的象征意义,在这些历史文献中,城池、公署等权力设施的地位、作用乃至其空间形态都被明显地夸大了。关于这一点,我们只要注意一下各种明清地方志所附地图中城池在舆地图上以及官廨衙署在城池图上所占据的完全不成比例的空间位置,就会留下深刻的印象[4]。这种文字记载与古地图对城池的强调与夸大强化了中国古代城市“为城墙所环绕”的特征及其作为军政中心的政治控制功能,相应地,也就引导人们忽视了某些细节,比如城墙外街区的存在以及城市的商业经济功能。(2)早期来华传教士及其他西方人士有关中国城市的记述,这是西方学者认识并描述中国古代城市的主要依据。[5]这些主要出自目击者的记述，感性色彩随处可见：当这些西方人来到一座繁荣富庶的城市里，显然更易于被宏伟壮丽的城垣及宽敞高大的廨舍所吸引，而对欧洲城市中同样具有的熙熙攘攘的市场和拥挤的居民区则较为忽视。[6]无需引述马可·波罗那些颇有争议的夸张性描写，即使是最为直接可靠的西方目击者留下的记录，对城垣、道路及廨舍的描述也占据着突出的优势地位。这与中国传统文献中对城池、官署的重视相互印证，为中国古代城市主要表现为“城墙内的城市”这一观点提供了强有力的证据。

还需要指出的是：迄今为止有关中国古代城市空间形态与结构的认识主要来源于一些总概性的描述和典型城市的个案研究，前者以观察资料为基础，后者则主要集中在一些历史上的重要城市（特别是都城）的研究上。事实上，虽然中国城市史与历史城市地理的研究一直较受学术界关注，但有关地方城市空间形态与结构的研究却相对薄弱。[7]研究的薄弱也是使我们对中国古代城市空间形态与结构的认识基本上停留在感性阶段的重要原因。

因此，我们认为，所谓中国古代城市的主要特征之一乃是“城墙内的城市”这一论点，并未得到切实而全面的实证性证明，而只是以一些直观认识与典型个案研究为基础的，其中还存在若干疑点：(1)在中国古代，具体地说，从秦汉以迄于清代，大部分治所城市由城墙所围绕的时间究竟有多长，即是否在大部分时间里，大部分治所城市均筑有城垣、而且这些城垣确实在发挥作用？(2)在不同的历史阶段，筑有城垣的治所城市是否占据全部治所城市的大多数？(3)古代治所城市的街区与居民是否大部分均包括在城墙所围绕的范围内，换言之，是否大部分城区均由城墙所包围？

显然，要切实地回答这些问题，最可靠的途径乃是进行更多的、细致的个案研究，通过大量个案研究的积累，逐步形成对中国古代城市形态与空间结构及其演变过程的总体性认识。斯波义信曾经指出："在中国城市史的研究方面，通常总是以长安、洛阳或北京之类的模式，千篇一律地概括中国的城市，而且满足于这种研究的思想非常根深蒂固，因此很难作出，诸如一般的和正规的城市论、城市形态论或城市生态论之类的研究。"他认为，只有通过对诸多个别城市的研究和比较，找出普遍性与特殊性，才能提炼出有关中国城市发展史的正确论述。[8]遵循这一研究理路，我们对古代汉水流域治所城市的城郭形成与演变、外缘形态及城市内部的空间结构，开展了尽可能细致的考察。本文即以此为基础，结合其他地区的城市个案及有关研究，对上述问题作些探讨。

二　城墙之有无

在中国古代史上，历代王朝是否一直奉行修筑城垣的政策？如果王朝奉行这一政策的话，那么，它是否在各地均得到普遍执行，即事实上地方城市是否普遍修筑起城墙？对此，近年来，已有学者提出了质疑，并得出了一些初步认识，认为"至少在中国王朝后期的宋、元两朝以及明代的前中期这长达五百年的时间内，中国很多地方城市长期处于城垣颓圮、甚至无城墙的状态"。[9]在此基础上，结合对古代汉水流域城市的研究以及对其他地区城市的认识，我们认为，可以将中国古代城市城墙的修筑、存废情形，大致区分为四个时期：

(1)汉晋南北朝时期，各王朝普遍奉行筑城政策，事实上各地城市也普遍兴筑起城垣。

《汉书·高帝纪下》记高祖六年(前 201)冬十月，“令天下县邑城”。颜师古注云：“县之与邑，皆令筑城。”论者多据此认为汉代奉行筑城政策。从今见史料看，这一政策也确实得到较普遍的执行，大多数郡县治所均筑有城郭(虽然其中有相当部分是沿用先秦特别是战国时期所筑之旧城)，而且经常得到维护、修缮。[10]在汉水流域，南阳郡治宛(在今河南南阳)、汉中郡治西城(西汉，在今陕西安康)与南郑(东汉)、江夏郡治西陵(在今湖北云梦县城关镇)及宜城、冠军、博望、育阳、西鄂、棘阳、比阳、堵阳、湖阳、郦、安众、新都、邓、襄乡、舂陵、朝阳、临沮等县均筑有城郭，且已得到考古勘查或发掘之证明[11]，从而进一步说明汉代郡县治所较普遍地筑有城垣，没有城垣的县治当不会太多。[12]

魏晋南北朝时期可谓中国古代史上的“城居时代”：一方面，自汉末三国以迄于隋唐之际，中原板荡，变乱频仍，“百姓流亡，所在屯聚”——“其不能远离本土迁至他乡者，则大抵纠合宗族乡党，屯聚坞堡，据险自守，以避戎狄寇盗之难”[13]；西迁、北徙、南来的移民，亦大多据城壁以自保，从而形成以城邑、坞堡、戍垒为中心的聚居状态。[14]另一方面，各政权对于地方的统治，或藉豪族所筑之坞堡，因其地而立州郡县，遂使坞堡成为州郡县治所；或由地方长吏“敛民保城郭”，选择险要处另立城郭，以为据守之资。于是，这一时期各地普遍兴筑了很多城郭。据刘淑芬统计，这一时期魏晋北朝所筑城郭见于记载者共有 137 座[15]；而章生道的统计则表明，自西晋以迄于隋统一(265—589)，南北方新筑的城郭共有169座，其中位于秦岭—淮河以南地区者有121座，显然，这一时期南方地区新筑的城郭要比北方地区多得多。[16]因此，虽然很难估计此一时期所筑城郭的总数，但认为此一时期各地均普遍兴筑各种类型的城壁坞堡、著籍户口多居于其中或附城而居，当无大误。

(2)隋唐五代时期，王朝虽然提倡筑城，但各地往往因地制宜，或沿用旧城垣，或新筑、增筑城垣，或根本没有城垣。

《隋书·炀帝纪下》记大业十一年(615)二月庚午诏称："今天下平一，海内晏如，宜令人悉城居，田随近给，使强弱相容，力役兼济，穿窬无所厝其奸宄，萑蒲不得聚其逋逃。"于是，"郡县乡邑，悉遣筑城，发男女，无少长，皆就役。"[17]则隋炀帝时尝奉行筑城政策。然其时大乱之势已成，欲"令人悉城居"以强化其统治，实无可能，故虽天下郡县悉皆筑城，而成者则甚鲜。

唐初，至少在北方诸边，曾颇提倡筑城。高祖武德七年(624)六月，"遣边州修堡城，警烽候，以备胡。"[18]武德九年春正月《修缘边障塞诏》称："其北道诸州所置城寨，粗已周遍，未能备悉。……其城塞镇戍，须有修补，审量远近，详计功力，所在军民，且共营办，所司具为条式，务为成功。"[19]诏命"所司具有条式"，则筑城或已成为制度。《唐律疏议》卷八《卫禁》"越州镇戍城垣"条云："诸越州、镇、戍城及武库垣，徒一年；县城，杖九十。(原注：皆谓有门禁者。)[疏]议曰：诸州及镇、戍之所，各自有城。若越城及武库垣者，各合徒一年。越县城，杖九十。纵无城垣，篱栅亦是。"[20]则按照制度规定，诸州镇戍县皆当"各自有城"，"纵无城垣，篱栅亦是。"

然而，这些制度规定并不意味着唐代州（府）县治所即皆普遍筑有城郭。在爱宕元所列的《唐代州县城郭一览》表中，共有164个州县城郭注明了筑城年代，其中有90个是唐天宝以后（不含天宝年间）所筑，占全部已知筑城年代之州县城的55%。[21]注明筑城年代在唐天宝以前（含天宝年间）的74座州县城中，注明其筑城年代在先秦时期者实颇为可疑，不足凭信[22]；几个注为后汉或三国孙吴所筑的城郭，也须详加考定。[23]那么，唐天宝以后所筑城郭在全部已知筑城年代的州县城郭中所占的比例，只能更大；更遑论未注明筑城年代的那些州县城郭，也有相当部分为天宝以后所筑。换言之，这些天宝以后方修筑城郭的州县治所，在天宝以前，也就是唐前中期100多年里，并未修筑城垣；而在唐前中期，可能有一半以上的州县治所，并未修筑城垣。

当然，文献中未见有关筑城的记载，并不说明州县治所本身即无城垣，而很可能沿用汉魏以来旧有城郭，只是在唐前中期未加维修而已。研究表明，在唐前中期汉水流域的58座州县治所城市中，隋及唐初新筑或重修的城郭只有2座，占全部治所城市的3.4%；沿用魏晋南北朝时期的旧城垣有40座，占全部治所城市的69%；其余16座州县治所在唐前期很可能并无城垣，占全部治所城市的27.6%。显然，沿用旧城与基本可断定没有城郭的州县城，占据了全部治所城市的绝大多数。[24]唐代汉水流域的58座州县城，虽然仅占唐帝国1500余座州（府）县城的4%弱，其城郭之有无、沿用与修筑情形可能并不具有代表性；然结合爱宕元对331座唐代州县城郭的细致考察，基本可以断定：在隋以至唐前中期，绝大部分州县治所均沿用前代遗留下来的城垣，或者根本没有城郭，只有极少部分州县治所新筑或改筑了城垣。[25]

因此，只是到“安史之乱”后，各地才普遍地兴筑、增修或扩修城垣，特别是很多州府治所城市，普遍修筑了罗城，这就是爱宕元曾充分论证过的“唐末五代州县城郭规模的扩大化”。[26]后世文献及考古发现所见的唐代城郭，大部分都是晚唐五代兴筑、扩修或重修的。换言之，只是在晚唐五代，大部分州县治所才渐次筑起城郭。

(3)宋元时期，王朝基本不提倡筑城，内地州县亦普遍不筑城，只在边地城市和部分重要城市，才兴筑或注意维护城垣。

宋初，惩于晚唐五代藩镇割据之弊，曾令江淮诸郡毁废城垣，故淮南、荆襄、江南东西、两浙、福建、广南、四川等南方地区，被迫或自发毁弃城壁的现象较普遍，导致许多府州县治所城市长期没有城郭，或虽有旧城而长年不加修理，使其自然废弃。这种在内地州县不提倡筑城的政策，基本上延续了整个宋代；事实上，两宋时代的内地(虽然南北宋间“内地”的含义并不相同)州县治所亦大部分没有较完整的城郭，基本上处于无城状态。[27]在我们所研究的宋代汉水流域 49 个州县治所中，北宋中期可以确定仍存有城郭的只有 11 个，占全部治所城市的 22％稍强；可以确定在南宋时得到维修、重修或新修城垣的，只有 7 个，占全部治所城市的 14％；到了元中后期，可以确证仍存有城垣的只有襄州、郢州和均州 3 座了。换言之，自北宋以迄于元，汉水流域筑有城郭的州县治所城市呈现出逐步减少之势。我们认为，这应当是内地的普遍趋势。

与在内地不提倡筑城、内地州县确亦普遍不筑城郭形成鲜明对比的是，宋代比较重视边地的筑城，很多边地州县治所确也筑起了城垣。北宋前期，主要是在北边与西北边的河北、河东、陕西诸路筑城[28]；北宋中后期以迄于南宋，主要是在广南西路、荆湖南路的缘边地带及福建、广东路的沿海地区筑城。[29]但是，对边地州县筑城的普遍性也不宜估计过高。熙宁十年(1077)，中书门下在回复神宗诏问的奏疏中说："看详天下城壁，除五路州军城池自来不阙修完、可以守御外，五路县分及诸州县城壁多不曾修葺，各有损坏，亦有无城郭处。"则即便是沿边的河北东、西路及河东、秦凤、永兴军等五路也只有州、军城得到定期修护，五路县城及其他地区的州、县城则多久不修葺而自然废隳，有的州县治所则并"无城郭"。[30]

一般说来，蒙古、元朝统治时期，在各地普遍推行了毁城和禁止修城的政策，特别是在蒙古军队数遭挫折的四川、襄汉、荆湖、两淮地区，平毁了大量的城郭。[31]元朝法律也曾禁止在汉人地区特别是南宋故地修筑城郭。[32]因此，虽然元末一些地方曾自发兴筑了不少城垣，但总的说来，蒙古、元朝统治时期，基本上可视作"毁城"时代。

(4)明清时期，王朝比较提倡筑城，但这一政策的实施存在很大的阶段性与区域性差别；实际上，大部分州县治所城市只是到明中叶以后，才普遍修筑起城郭；清代，主要是在中后期，又兴起了一次普遍的筑城、修城运动。

一般说来，明清两代均奉行提倡筑城的政策，州县官的职责之一就是负责修筑、维护城垣濠池，如有疏失，要被追究责任。[33]但是，这一政策在具体的实施过程中，却因时因地各有不同。概言之，明代有两个筑城高潮期：一是明初洪武、永乐朝(1368—1424)，不仅在山东、南直隶、两浙、福建、广东等沿海地区及部分内地修筑了大量的卫所城市[34]，而且大部分府、州(包括散州)的治所均在这一时期兴筑或重筑了城郭[35]；二是明中后期，特别是景泰至万历初(1450—1573)的百余年间，不仅重修了大多数府州城郭(主要是甃以砖、石)，而且兴筑、改筑了多数县城，到明后期，估计全国三分之二以上的县城均筑有城垣。[36]显然，明代府州县治所筑城之先后与其军事、行政地位之间存在对应性关联。

在明清之际的动乱中，大部分府(州)县城郭均受到程度不同的破坏，故顺治、康熙、雍正时期，各地均普遍修葺了残毁倾圮的旧城郭。清朝前期的修城主要是在明代旧城基础上培土、甃砖、加高以及修理楼堞，特别注意城门、城楼的维修，但较少有新的创制，也很少兴筑新城。直到嘉庆以后，为因应社会动乱加剧而引发的治安、防守问题以及火器使用越来越普遍对于城池攻守所带来的影响，又兴起了一场修治城郭的高潮：主要是加固城垣，增高马面，添设炮台，疏浚濠池等；在这一过程中，原来一直没有城郭的一些山区县治也兴筑了城垣。[37]因此，到清朝末年，绝大部分府(州)县治所均筑有城郭，而且得到不同程度的维护。各地今存城郭残迹，大多即为清代城郭的遗存。

综上可知：自两汉以迄于明清，历代王朝对于州县治所修筑城郭的政策与重视程度既历有变化，其政策在各地的实施又往往因时因地乃至因人(地方官)而各有不同，故州县治所城垣之兴筑、维护亦各不相同，不能简单地认定历史时期大部分州县治所在大部分时间里均有城垣环绕，形成所谓“城墙内的城市”。我们认为：至少需要有超过一半的州(郡)县治所筑有城郭，而且这些城郭至少在制度规定上是得到经常性维修的，方可以将这一时期称为“筑城时代”。那么，概言之，两汉魏晋南北朝(前206—589)、中晚唐五代(755—960)、明中期至清末(1450—

1911)这三个时段或可得称为“筑城时代”;其余的隋唐前中期(589—755)、宋元至明前期(960—1450),则基本可以断言,其筑有城郭的州(郡)县城在全部州县治所城市中不会超过50%。虽然“筑城时代”占据了1500余年,而“不筑城时代”只有600多年,但这已足以说明:以“城墙内的城市”概括中国古代治所城市的特征,至少是不完全准确的,它既不能适用于所有历史时段,也不能适用于所有治所城市。

三 附郭街区的形成与发展

将中国古代城市概括为“城墙内的城市”的观点,不仅认为在中国古代史上的大部分时段里、大多数城市都有城垣所环绕,而且认为几乎全部的城市人口都集中在城里,绝大部分城区都包括在城墙围绕的范围内;只是到了晚唐特别是南宋以后,由于商业经济的发展,人口增加,城市管理也开始放松,许多城市才在城门口形成附郭的街区;而“出于对附郭安全的关心,在一些比较重要的城市构筑了新的城墙”,从而又把附郭街区围进城里。[38]换言之,“城墙内的城市”,意味着绝大部分的城市人口、街区都应当包括在城墙之内,城外附郭部分即使形成居住和商业街区,也较晚,且规模不大,不影响对中国古代城市特征的概括。

我们认为,这一认识同样至少是不全面的,也是不准确的。

早在汉代,就有不少城市在城下形成了居住街区。东汉时洛阳城上西门与津城门外都有居民,很可能已形成一定规模的街区。[39]《续汉书·五行志二·灾火》记光武帝建武(25—56)中,“潞县火,灾起城中,飞出城外,杀人”。显然,城外的街区当与城内紧密相连，否则大火无以延烧。汉宜城县治在今湖北宜城楚皇城遗址之“金城”内；楚所筑之大城至汉时已废弃，然城内仍有居民住宅，且形成街区，然则，大城遗址中的居住街区实际上就处于汉宜城县城（金城）之外，也是城外的街区。[40]

魏晋南北朝时期，各地遍布城壁坞堡，著籍户口多居于城壁之内，但也有不少城市的城下存在居民、商业区。南朝萧梁天监初（502 年），曹景宗为郢州刺史，“鬻货聚敛。于城南起宅，长堤以东，夏口以北，开街列门，东西数里”[41]。景宗“起宅”，乃为“鬻货聚敛”，当是商业店铺。郢州城下的街区，在长堤以东、夏口（夏水入江之口）以北，显然靠近码头，属河街性质。特别是南北朝后期所筑城郭多属戍城，规模很小，城内除官署外，大抵就是以军兵及其家属为主体的所谓“城民”[42]，普通民众大多居于城外，形成附郭居住。只有在少数情况下，地方长吏才会考虑附郭居民的安全而另立土垣以为保护。如北周丰州（唐均州）刺史令狐整在移治延岑城、营筑新州城时，曾因“丰州旧治，不居人民”而广事抚纳，并在治城外另立罗城，作为民、吏之居所[43]；西魏末年营建安州时，曾“迁江夏民二千余户以实安州”，其中也当有部分民户居于州城之外。[44]

唐前中期，在许多沿用旧城垣的州县治所城市里，也有部分居民附郭居住。如江南东道的睦州城濒临新安江，“江皋硗确，崎岖不平，展拓无地，置州筑城，东西南北，纵横才百余步。城内惟有仓库、刺史宅、曹司官宇，自司马以下及百姓，并沿江居住，城内更无营立之所。”[45]睦州城的主要居住街区，显然是在城外沿江地带。这些附郭的城下街区，大抵皆存在规模不等的商业活动。早在唐前中期，襄州城外东北面、汉水岸边的大堤上即酒楼林立、车马驰突、伎乐繁盛，显然是以码头、渡口为中心形成的市场[46]；夔州西市“俯临江岸，沙石下有诸葛亮八阵图”，亦在城外无疑。[47]以情理论，在以舟船为主要交通工具的南方城市，竹木、米粮之类大宗商品的贸易地点当以码头、渡口为便，而不太可能位于城中，更不太可能居于封闭的市坊里。晚唐五代文献中所见许多南方城市在城外码头、桥渡的“鱼市”、“桥市”，虽然见于文献记载的时间较晚，但其渊源当甚早，很可能早在唐前期即已存在。[48]在一些北方城市的城门外，特别是交通要道所经的城门外，也很可能形成市场。《通典》卷七《食货七・天下盛衰户口》记开元中之太平景象云：

> 至（开元）十三年（725）封泰山……自后天下无贵物，两京斗米不至二十文……东至宋汴，西至岐州，夹路列店肆待客，酒馔丰溢。每店皆有驴赁客乘，倏忽数十里，谓之驿驴。南诣荆、襄，北至太原、范阳，西至蜀川、凉府，皆有店肆，以供商旅。[49]

这些店肆虽然“夹路”而列，但必以城门外的通途两旁最为集中，从而形成店肆密集的附郭商业区。“因为城门沟通城市与腹地扇形区域间来来往往的全部交通，所以紧靠城门外的地区是为乡村居民服务的集市和商业最有利的地方。客栈和迎合客商需要的其他服务设施设置在通远距离商路的几座特定的城门之外。”[50]

附郭街区的发展，至晚唐五代以至于宋元，更趋于普遍。宋哲宗元祐七年（1092），苏轼在《乞罢宿州修城状》中说：“宿州自唐以来，罗城狭小，居民多在城外。本朝承平百余年，人户安堵，不以城小为病。兼诸处似此城小人多、散在城外、谓之草市者甚众，岂可一一展筑外城？”[51]照苏轼所说，则像宿州这样居民多在城外的治所城市相当普遍，而且这种情况由来已久。关于此点，论者已多[52]，兹不再赘。

在基本上可称为“筑城时代”的明清时期，附郭街区的发展也相当普遍。在明清时期汉水下游地区的12座治所城市中，均存在着规模不等的城外街区，其中在明后期至清代的大部分时间里，汉阳府城、沔阳州城、随州城、京山县城、天门（景陵）县城的城外街区在面积与人口方面，基本上可以肯定比其城内还要大一些、多一些；安陆府城城外街区的规模大致接近城内，在清后期可能也超过城内；而德安府城、荆门州城及潜江、汉川、应城、云梦等4个县城的城外街区则比较小。[53]鄂西北山区郧阳府属的7座治所城市，至迟到明后期嘉靖万历年间，也都已形成了城外街区。[54]显然，无论其规模如何，大部分治所城市都存在着附郭街区。

对于附郭街区的形成与发展，一般均将其归因于城市居民数的增加和商业的发展。但是，正如章生道所指出的那样，“在许多（如果不说大多数的话）出入最频繁的城门外的附郭，早在城内空间全部变成建成区之前就发展了起来”[55]。实际上，城外街区的发展，与其说是由于社会经济特别是商业的发展、人口的增加而引发的对城垣的突破，毋宁说是一种原始的趋向：城外街区较之于城内，更便于体现城市的另一方面（也是必要的方面）功能：生产（手工业生产）与交流（包括物资、人力乃至文化交流）功能，具备实现这些功能更有利的条件。正因为此，即使城内还有大片的空地，人们依然还是会选择城外建立自己的商铺、作坊及住宅，只是在动乱开始时，才会被迫搬进城内，或避往乡下(又以后者为主)。《资治通鉴》胡三省注尝释“草市”云：“时天下兵争，凡民居在城外，率居草屋以成市里，以其价廉功省，猝遇兵火，不至甚伤财以害其生也。”[56]胡三省释“草市”为“草屋所聚而成之市里”，未必确当，然其谓城外(城郭下)之居住成本低廉，当是事实。因此，我们认为，附郭街区及其商业活动的发展，也很可能是一种“原始的倾向”，因为它比较符合商业发展的需求，居住成本也较为低廉(相对于城内而言)。

这里涉及城内与城外街区的功能分野。《说文》云：“城，以盛民也。”这一解释在诸多地方志所见的“筑城记”中多次被重复。然而，对于大多数发展了一定规模城外街区的城市来说，城实际上主要被用来“盛官”——诸色官署公廨、营房及官员、士绅(官员候选人)、衙吏住宅与园囿占据了城内最优越、最重要的位置，并构成城内街区的主体。对于普通百姓来说，城内并不是最佳的居住选择，因为它所提供的谋生机会较少，而生活费用(以住宅支出为主体)又较高。城外则不然，相对低廉的地价、便利的交通、较低的捐税以及与乡村的广泛联系，都提供了更多的谋生机会。因此，如果存在选择可能的话，大多数普通百姓的最佳选择显然是在城外。这就自然地形成了城内与城外的功能分野：城内主要是行政、文教与士绅住宅区，而城外则是商业、手工业与普通民众聚居区。当然，这种分野仅是就宏观方面而言的，它既时常被频繁发生的社会动乱所打破(值得注意的是战乱发生时，普通民众大量涌入城内，而部分士绅则避到乡下)，又以较为发展的城外街区为前提；而且即便在平常状态下，城内也不同程度地存在着服务于官吏士绅的各种店铺及店铺主与贫民的住宅。由此，我们注意到城内零售店铺的服务对象主要是居住在城内的官吏、士绅及其它诸色人等，而城外零售店铺则面向乡村，批发商业则主要面向远距离贸易。这种服务对象的不同揭示了城内商业与城外商业的不同功用：前者是城市经济生活的组成部分，而后者则主要是乡村生活与区域经济活动的组成部分。

需要说明的是：城外附郭街区发展到一定规模后，确有一些重要城市，主要“出于对附郭安全的关心”，构筑了新城墙，从而将原先的附郭街区包括在城墙之内。但是，这种情况并不普遍。晚唐五代州府治所城市普遍修筑或扩修罗城，的确将大部分原来的附郭街区围进了罗城，但罗城的修筑主要集中在州、府治所城市，而且不少城市很快又在罗城之外形成了新的附郭街区。[57]明清时期扩建城郭以包括附郭街区的例证，在章生道所列的 20 个主要首府城市中，也只有北京、广州、兰州、济南 4 例；所举的另两个例证大同府城与汾州府城则都是北方城市。[58]在我们研究的汉水流域 59 座明清州(府)县治所城市中，虽然均普遍存在附郭街区，但并无一例曾增筑城墙以包围附郭街区。

据上所论，我们认为：在州县治所城市筑有城墙的情况下，城下附郭街区的形成与发展，乃是一种“原始的趋向”，是城市发展的必然。事实上，相当部分筑有城垣的治所城市，都普遍形成了规模不等的城下街区，有些城市城下街区的面积、居住人口、商业规模都超过城内，甚至数倍于城内。因此，即使在所谓“筑城时代”，城墙也未能完全限制城市的发展特别是城市街区的扩展，“城墙内的城市”不能涵盖大部分城市的形态与功能特征。

注释

1 章生道:《城治的形态与结构研究》,见施坚雅主编《中华帝国晚期的城市》,叶光庭等译,北京:中华书局,2000 年,第 84 页。

2 陈正祥:《中国文化地理》,北京:生活·读书·新知三联书店,1981 年,第 59 页。

3 参阅前揭章生道、陈正祥文,以及芮沃寿《中国城市的宇宙论》、牟复礼《元末明初时期南京的变迁》(分别见《中华帝国晚期的城市》,第 37—83、112—175 页);Sen-Dou Chang. "Some Aspects of the Urban Geography of the Chinese Hsien Capital", *Annals of the Association of American Geographers*, Vol. 51, No. 1, Mar., 1961, pp. 23—45; Sen-Dou Chang. "The Historical Trend of Chinese Urbanization", *Annals of the Association of American Geographers*, Vol.53, No.2, Jun., 1963, pp.109—143; Sen-Dou Chang. "Some Observation on the Morphology of Chinese Walled Cities", *Annals of the Association of American Geographers*, Vol.60, No.1, Mar., 1970, pp.63—91);马正林:《中国城市历史地理》,济南:山东教育出版社,1998 年,第 51—84 页;林立平:《封闭结构的终结》,南宁:广西人民出版社,1989 年。国外最具代表性的描述则可参阅布罗代尔《15 至 18 世纪的物质文明、经济和资本主义》第 1 卷,顾良、施康强译,北京:生活·读书·新知三联书店,1992 年,第 586—588、643—651 页。

4 参阅范德(Edward L. Farmer)《图绘明代中国:明代地方志插图研究》,《中国社会历史评论》第 2 卷,天津:天津古籍出版社,2000 年,第 1—12 页。

5 比如:在前揭布罗代尔有关中国城市的阐述中,就大量引用了传教士的通信与著作;马克斯·韦伯关于中国古代城市性质与特征的讨论,也主要依靠这些资料(参阅 Max Weber, *The City*, New York, 1958; 韦伯:《儒教与道教》,王容芬译,北京:商务印书馆,1999 年;等等)。在施坚雅及其同行们的论文中,也大量使用了这些资料,特别是近代来华西人的游记。

6 当然,这种忽视是相对的。事实上,西人文献中有关市场、居民区(包括城外街区)的记载较之中国文献中的记载要丰富得多。如伯来拉关于梧州的报道中,就曾谈到城内的贵族住宅区、市集、街头流动的小贩以及居住在郊区的商人,并解释说:因为每晚都要关闭城门,商人为更好照顾他们的生意,宁愿住在郊区(C.R.博克舍编注:《十六世纪中国南部行纪》,何高济译,北京:中华书局,1990 年,第 27—29 页)。

7 重要的研究成果主要有:(1)宿白:《隋唐城址类型初探(提纲)》,北京大学考古学系编《纪念北京大学考古专业三十周年论文集(1952—1982)》,北京:文物出版社,1990 年,第 279—285 页;《现代城市中古代城址的初步考查》,《文物》2001 年第 1 期。(2)郭湖生:《子城制度——中国城市史专题研究之一》,《东方学报》(京都)第 57 册(1985 年),第 665—683 页。(3)李孝聪:《唐宋运河城市城址选择与城市形态的研究》,《环境变迁研究》第 4 辑,北京:北京古籍出版社,1993 年,第 156—179 页;《唐代城市的形态与地域结构》,李孝聪主编《唐代地域结构与运作空间》,上海:上海辞书出版社,2003 年,第 248—306 页;《明、清时期地方城市形态试析》,武汉大学历史地理研究所编《石泉先生九十诞辰纪念文集》,武汉:武汉大学出版社,2007 年,第 496—536 页。(4)齐东方:《魏晋隋唐城市里坊制度——考古学的印证》,《唐研究》第 9 卷,北京:北京大学出版社,2003 年;(5)加藤繁:《宋代都市的发展》,《中国经济史考证》第 1 卷,吴杰译,北京:商务印书馆,1959 年,第 239—277 页。(6)爱宕元:《唐代地域社会史研究》,京都:同朋舍,1997 年。(7)伊原弘:《中国人の都市と空間》,东京:原书房,1993 年;《蘇州——水生都市の過去と現在》,东京:讲谈社,1993 年;《中国中世都市紀行——宋代の都市と都市生活》,东京:中央公论社,1988 年;《中国開封の生活と歳時——描かれた宋代の都市生活》,东京:山川出版社,1991 年。(8)斯波义信:《南宋都城杭州的商业中心》、《南宋都城杭州的城市生态》,见《宋代江南经济史研究》,方健、何忠礼译,南京:江苏人民出版社,2001 年,第 321—374 页。

8 斯波义信:《宋都杭州的城市生态》,胡德芬译,见唐晓峰、黄义军编《历史地理学读本》,北京:北京大学出版社,2006 年,第 414 页。

9 成一农:《宋、元以及明代前中期城市城墙政策的演变及其原因》,中村圭尔、辛德勇编《中日古代城市研究》,北京:中国社会科学出版社,2004 年,第 145—183 页,引文见第 145 页。有关城市城墙史研究的概况,请参阅成一农《中国古代城市城墙史研究综述》,《中国史研究动态》2007 年第 1 期。

10 参阅宫崎市定《关于中国聚落形体的演变》,黄金山译,刘俊文主编《日本学者研究中国史论著选译》第 3 卷,北京:中华书局,1993 年,第 1—29 页;周长山:《汉代城市研究》,北京:人民出版社,第 34—61 页;张继海:《汉代城市社会》,北京:社会科学文献出版社,第 28—95 页。张继海并遵循宫崎市定的思路,进一步论证汉代县治以下的乡、聚、亭、里均普遍筑有城郭,认为"从总体上说,城郭(或城邑)仍是汉帝国疆域内最普遍的居住形式"(第 95 页)。我们对这一认识持审慎的怀疑态度,但赞同县邑以上治所均较普遍地筑有城郭的看法。

11 韩维周、王儒林:《河南西峡县及南阳市两处古城调查》,《考古通讯》1960 年第 2 期;河南省文化局文物工作队:《南阳汉代铁工厂发掘简报》,《文物》1960 年第 1 期。陕西考古所汉水队:《陕西安康专区考古调查报告》,《考古》1960 年第 3 期;徐信印编著:《安康史略》,西安:三秦出版社,1988 年,第 117—118 页。湖北省文物考古所等:《1992 年云梦楚王城发掘简报》,《文物》1994 年第 4 期;楚皇城考古发掘队:《湖北宜城楚皇城勘查简报》,《考古》1980 年第 2 期。南阳地区地方史志编纂委员会:《南阳地区志》下册,郑州:河南人民出版社,1994 年,第 212—215 页;国家文物局主编:《中国文物地图集·河南分册》,北京:中国地图出版社,1991 年,第 531、566—567、572、558、543、457、572、543、539、549、559 页。叶植主编:《襄樊市文物史迹普查实录》,北京:今日中国出版社,1995 年,第 2、183—184、74—76、319—320 页。参阅鲁西奇《区域历史地理研究:对象与方法——汉水流域的个案考察》,南宁:广西人民出版社,2000 年,第 258—277 页。

12 也有不少县邑治所可能未筑城垣,如东莱郡不夜县(在今山东荣成)、犍为郡汉阳县(在今贵州赫章)即基本可断定没有城垣(见烟台市文物管理委员会《山东荣成梁南庄汉墓发掘简报》,《考古》1994 年第 12 期;

贵州省博物馆考古组:《赫章可乐发掘简报》,《考古学报》1986 年第 2 期)。很难估计这些未筑城垣的县、邑在全部县、邑、道中所占的比例。从现有考古资料看,秦岭—淮河以南的南方地区,特别是长江以南地区发现的汉代城址较少(在周长山《汉代城市研究》第 46—54 页所列《考古所见汉代城址一览表》中,江苏省只有 8 处城址,全部在江北,其中只有 2 处在淮南;湖北省有 5 处,湖南、四川各有 4 处,江西有 3 处,福建、广东、广西各有 2 处,则全部秦岭—淮河线以南地区的城址共有 24 处)。但考古发现的城址带有很大的偶然性,所以这些数据并不足以说明南方地区没有城郭的县治,比北方地区没有城垣的县治要多。

13 陈寅恪:《桃花源记旁证》,《金明馆丛稿初编》,上海:上海古籍出版社,1980 年,第 168 页。

14 参阅鲁西奇《〈水经注〉沔水篇所见汉水上游地区的聚落形态》,武汉大学历史地理研究所编《石泉先生九十诞辰纪念文集》,武汉:湖北人民出版社,2007 年,第 125—147 页;《〈水经注〉所见南阳地区的城邑聚落及其形态》,《燕京学报》新 24 期。

15 刘淑芬:《魏晋北朝的筑城运动》,《六朝的城市与社会》,台北:台湾学生书局,1992 年,第 353—407 页。

16 Sen-Dou Chang. "The Historical Trend of Chinese Urbanization", *Annals of the Association of American Geographers*, Vol.53, No.2, Jun.,1963, pp.109—143, esp. Fig. 12 and Fig. 14, pp. 124—127.

17 《隋书》卷二二《五行上》,"旱",大业十三年下记事,北京:中华书局,第 636 页。

18 《册府元龟》卷九九〇《外臣部·备御三》,北京:中华书局,1960 年,第 11634 页。

19 《唐大诏令集》卷一〇七,北京:商务印书馆,1959 年,第 552 页。

20 刘俊文:《唐律疏议笺解》卷八,北京:中华书局,1996 年,第 632—633 页。

21 爱宕元:《唐末五代期における城郭の大规模化——华中、华南の场合》,附《唐代州县城郭一览》,《唐代地域社会史研究》,第 451—488 页。

22 如项城、南顿、内乡三县城，爱宕元注为先秦楚国所筑；襄城县城，注为楚灵王所筑，即未必可信。

23 如江州城，爱宕元据《元和郡县图志》所记，定为汉初所筑，亦不可信靠。

24 考详拙著《城墙内外：古代汉水流域城市的形态与空间结构》，北京：中华书局，2011 年。本文有关汉水流域城市认识的详细考证，均见是书，不另注明。

25 在爱宕元注明筑城年代为唐天宝以前（含天宝年间）的 74 座州县城中，确知修筑或重筑于隋及唐前期（“安史之乱”前）的州县城郭共有 46 座，占其注明筑城年代的 164 座州县城的 28%，占其所研究的全部 331 座州县城的 14%弱。这两个比例远比我们研究的汉水流域唐前期新筑或重修城垣的州县城所占的比例高，很可能是由于爱宕元所列唐前期所筑城郭中，边城占据了相当大的比例。不管怎样，可以确定属于唐前期新筑或重修城垣的州县城，在全部州县治所中所占的比例，最高的估计也不会超过 15%。

26 爱宕元：《唐末五代期における城郭の大规模化——华中、华南の场合》，《唐代地域社会史研究》，第 415—488 页。

27 成一农细致地讨论了宋代的毁城与不修城政策（《宋、元以及明代前中期城市城墙政策的演变及其原因》，第一部分，“宋代毁城和不修城的政策”，第 146—160 页），其结论大致可以信从，故本文不再赘论。需要略作补充的是：成一农的讨论主要着眼于全国的总体情形，其出发点是有宋一代存在一个基本适用于全国的不提倡或不鼓励筑城的倾向或政策，认为“在两宋时期，无论面对何等艰巨的内忧外患的局面，两宋政府都一再坚持不修城的政策”。这在表达上多少有些“绝对”。事实上，成一农也论述了很多地区筑城的事例，从而与上述“绝对”的结论不甚相符。我们认为，合理的分析途径是区分宋王朝的“内地政策”与“边地政策”：在内地不提倡筑城，在边地提倡甚至要求筑城。至于南宋时也并不提倡在已是南宋“边疆”的荆襄、淮南等地区筑城，则是因为这些地区在南宋君臣的政治意象与政治话语中，恰不是“边地”，而是“内地”。

28　《宋史》卷五《太宗纪二》载：雍熙四年(987)二月丁酉，“缮治河北诸州、军城隍。”(北京：中华书局，1977 年，第 80 页)真宗、仁宗、英宗、神宗朝，亦多次诏令河北、陕西诸路州军修浚城隍，详见《宋会要辑稿》“方域八之一”至“方域八之六”，北京：中华书局，1957 年，第 7441—7443 页。

29　《续资治通鉴长编》卷一七二，仁宗皇祐四年(1052)六月庚子，“朝廷惩岭表无备，命完城。”(北京：中华书局，1992 年，第 4154 页)关于广南东西、福建、湖南诸路的筑城情形，请参阅黄宽重《宋代城郭的防御设施及材料》，《大陆杂志》(台北)第 81 卷第 2 期；斯波义信：《宋代的城市城郭》，《宋代江南经济史研究》，方健、何忠礼译，南京：江苏人民出版社，2001 年，第 291—321 页；成一农：《宋、元以及明代前中期城市城墙政策的演变及其原因》，“附表一，宋代地方城市修城统计表”，第 180—182 页。

30　《宋会要辑稿》“方域八之五”，第 7443 页。

31　《元史》卷九《世祖纪六》载：至元十三年(1276)九月丁未，“命有司隳沿淮城垒”；十一月庚申，“隳襄汉、荆湖诸城”；十四年二月壬午，“隳吉、抚二州城，隆兴滨西江，姑存之。”同书卷十《世祖纪六》：至元十五年三月丁酉，“命塔海毁夔府城壁”；八月甲戌，“安西王相府言：‘川蜀悉平，城邑山寨洞穴凡八十三，其渠州礼义城等三十三所，宜以兵镇守，余悉撤毁。”(北京：中华书局，第 185、186、188、199、204 页)参阅成一农《宋、元以及明代前中期城市城墙政策的演变及其原因》，第二部分，“元代毁城和禁止修城的政策”，第 160—173 页。

32　《大元圣政国朝典章》卷五九《工部二・造作》“修城子无体例”条记载：至元十五年(1278)十月，江州路申称，“目今草寇𠀍发，合无于江淮一带城池，西至峡州，东至(杨)[扬]州，二十二处，聊复修理，斟酌缓急，差调军马守御，似为官民两便”。江西行省将此咨𥫃移告上都枢密院，枢密院与中书省一同上奏世祖，得圣旨谓：“待修城子里，无体例。”(北京：中国广播电视出版社，1998 年，第 2140 页)据此，则元世祖以“无体例”为由拒绝了地方官修复城壁的请求。在今见史料看，元朝主要是禁止中原汉地和南宋旧地(所谓“南人”区域)修复城壁，毁城政策也是在这些地区实行得较为彻底。考另详。

33 《明会典》卷一八七《工部七・营造五・城垣》记洪武二十六年(1393)定制:"若在外藩镇府州城隍,但有损坏,系干紧要去处者,随即度量彼处军民工料多少,入奏修理;如系腹里去处,于农隙之时兴工。"(北京:中华书局,1989年,第944页)。关于清代州县官员在修护城垣方面的职责,请参阅瞿同祖《清代地方政府》,范忠信等译,北京:法律出版社,2003年,第261—262页。

34 参阅成一农《宋、元以及明代前中期城市城墙政策的演变及其原因》,第三部分,"明代前中期城墙政策的演变",第173—180页;徐泓:《明代福建的筑城运动》,《暨大学报》(南投)第3卷第1期(1999年)。

35 以湖广行省为例:明代湖广布政使司所属15府、2直隶州,除成化中方设置的郧阳府外,洪武中全部兴筑或重修了府(州)城;14个散州中,有12个为洪武中筑城,1个(均州)永乐中筑,1个(兴国州)正德中筑。而在91个县(不包括府州附郭县)中,只有11个在洪武、永乐时修筑了城垣。此外,大部分卫所也均在这一时期修筑了城垣。因此,洪武、永乐朝的筑城主要集中于府州(包括散州)治所、卫所及部分军事政治地位较重要的县治。据万历《湖广总志》卷十四《建置志・城郭》部分统计(《四库存目丛书》史部第194册,济南:齐鲁书社,1996年,第529—541页)。

36 仍以湖广行省为例:到万历初年(1573),在91个县中,没有城郭的县治只剩下13个。如果加上17个府(州)与14散州城,则筑有城郭的府、州、县城占全部治所城市的89%。换言之,只剩下约十分之一的治所未筑城垣。

37 参阅鲁西奇《城墙内外:明清时期汉水下游地区府、州、县城的形态与结构》,见陈锋主编《明清以来长江流域社会发展史论》,武汉:武汉大学出版社,2006年,第228—291页;《山城及其河街:明清时期郧阳府、县城的形态与空间结构》,见陕西师范大学西北历史环境与经济社会发展研究中心编《历史环境与文明演进》,北京:商务印书馆,2005年,第538—559页。

38 章生道:《城治的形态与结构研究》,施坚雅主编《中华帝国晚期的城市》,第 108 页;陈正祥:《中国的城》,《中国文化地理》,第 74 页;马正林:《中国城市历史地理》,第 81—84 页。

39 参阅 Hans Bielenstein(毕汉斯),“Lo-Yang in Late Han Times”, *The Museum of Far Eastern Antiquities*, 48(1976), pp.5—142。毕汉斯认为这些居民区都位于洛阳城外的“郭”内,并推测洛阳郭的面积比城内面积还要大。张继海赞同毕汉斯的推断,认为“‘郭’可能是当地居民约定俗成的一个概念,指城墙外不太远的环城地带,而以某些自然景观如河流、湖沼或山丘等作为郭的外侧标志”,并进一步推论,“‘郭’是经济发展的产物,是城墙的局限与城内人口增长不能协调的产物……人口增长到一定程度,就突破了城墙的限制。”(张继海:《汉代城市社会》,第 47—52 页)这里涉及对“郭”之形态、性质的认识问题,不能具论,但认为汉代许多城市的城外,已形成了规模不等的街区,应无疑问。

40 《水经注》卷二八《沔水中》,“夷水”条。另请参阅鲁西奇《区域历史地理研究:对象与方法——汉水流域的个案考察》,南宁:广西人民出版社,2000 年,第 265—266 页。

41 《梁书》卷九《曹景宗传》,北京:中华书局,1975 年,第 179 页。

42 关于北魏中后期的“城人”(“城民”)及其城居情形,请参阅唐长孺《北魏南境诸州的城民》,《山居存稿》,北京:中华书局,1989 年,第 96—109 页;《二秦城民暴动的性质和特点》,《武汉大学学报》1979 年第 1 期;谷川道雄:《北魏末的内乱与城民》,《隋唐帝国形成史论》,李济沧译,上海:上海古籍出版社,2004 年,第 132—162 页。

43 《周书》卷三六《令狐整传》,北京:中华书局,1971 年,标点本,第 643 页。

44 《周书》卷二五《李贤传》,第 416 页。

45 沈成福:《议移睦州治所疏略》,《全唐文》卷二〇〇,北京:中华书局,1983 年,第 2027 页。

46 参阅严耕望《荆襄驿道与大堤艳曲》,《唐代交通图考》第 4 卷,上海:上海古籍出版社,2007 年,第 1039—1079 页;张伟然:《湖北历史文化地理研究》,武汉:湖北教育出版社,2000 年,第 180—186 页;鲁西奇、潘晟:《汉水中下游河道变迁与堤防》,武汉:武汉大学出版社,2004 年,第 177—182 页。

47　《太平广记》卷三七四“八阵图”(北京:中华书局,1961 年,标点本,第 2969 页)条所记。按:此条出自韦绚《刘宾客嘉话录》。“四库全书”本《刘宾客嘉话录》无此条,而书前有大中十年(856)自序,谓为江陵少尹时,追述长庆元年(821)在白帝城时所闻于刘禹锡者,则其所记大抵为元和间事。然此条记载所见之夔州西市,则当在唐前中期即已存在。理由有二:一是既以“西市”为称,当系据制度而置,其渊源当可上溯至唐前期;二是西市下江岸沙石上有八阵图,而据《太平寰宇记》卷一四八夔州奉节县引《荆州图副》所云:“永安宫南一里渚下平碛上,周回四百十八丈,中有诸葛武侯八阵图。”(南京:金陵书局,1882 年,第 4 页 b)则西市所在当即永安宫故址,其渊源甚远,不会是“安史之乱”后方崛起者。

48　李孝聪《唐代城市的形态与地域结构——以坊市制的演变为线索》列举了南方城市外鱼市、桥市以及夜市的情形,把这些市场的出现作为唐中叶以后地方城市中日益活跃的经济活动逐步突破“市”的约束的表现之一(第 284—285 页)。有关鱼市、桥市的文献记载确实均出自中晚唐及五代,但这很可能是由于唐前中期文献记载较为缺失的缘故。加藤繁在其有关唐宋草市的著名研究中(加藤繁:《唐宋时代的市》、《关于唐宋的草市》、《唐宋时代的草市及其发展》,见《中国经济史考证》第 1 卷,吴杰译,北京:商务印书馆,1959 年,第 278—336 页)也指出大部分草市均设在州县城附近(第 304—308 页)。关于唐代草市最早的文献记载,一般仅可举出《唐会要》卷七一《州县改置下》河北道“德州”条下所记开元十三年(725)横海军节度使郑权奏称中的德州安德县灌家口草市(北京:中华书局,1955 年,标点本,第 1264 页);但加藤繁也承认,至迟到东晋时代,建康城外已见有草市(第 316—318 页)。我们认为,至少在一些主要依靠舟船水路交通的南方城市,在城外码头、渡口处形成市场,很可能渊源甚早,甚至是一种“原始的倾向”,即在筑城之初或不久就在城外出现了市场或其雏形。

49　《通典》卷七《食货七》“天下盛衰户口”,第 152 页。

50　章生道:《城治的形态与结构研究》,见施坚雅主编《中华帝国晚期的城市》,第84—111页,引文见第108页。

51　苏轼:《乞罢宿州修城状》,见《苏轼全集》,中册,《文集》卷三五,上海:上海古籍出版社,2000年,第1317页。

52　参阅加藤繁《宋代都市的发展》、《唐宋时代的草市及其发展》,《中国经济史考证》第1卷,第239—277、310—336页;张泽咸:《唐代城市构成的特点》,《社会科学战线》1991年第2期;程郁:《宋代城郊发展的原因与特点》,《上海师范大学学报》1992年第1期;杨果:《宋代的鄂州南草市》,《江汉论坛》1999年第12期。

53　鲁西奇:《城墙内外:明清时期汉水下游地区府、州、县城的形态与结构》,见陈锋主编《明清以来长江流域社会发展史论》,武汉:武汉大学出版社,2006年,第228—291页。

54　鲁西奇:《山城及其河街:明清时期郧阳府、县城的形态与空间结构》,见陕西师范大学西北历史环境与经济社会发展研究中心编《历史环境与文明演进》,北京:商务印书馆,2005年,第538—559页。

55　章生道:《城治的形态与结构研究》,见《中华帝国晚期的城市》,第108页。

56　《资治通鉴》卷二八一《后晋纪二》天福二年(937)六月甲午天雄节度使范延光谋反、遣兵焚滑州城外草市条下胡三省注,北京:中华书局,1956年,第9174页。

57　如常州在杨吴时曾两次展拓,入宋以后,仍继续突破罗城城垣的限制,在朝京、通吴门外夹运河形成新的市街和民坊区。参阅李孝聪《唐宋运河城市城址选择与城市形态的研究》,《环境变迁研究》第4辑,北京:北京古籍出版社,1993年,第156—179页。

58　章生道:《城治的形态与结构研究》,见《中华帝国晚期的城市》,第108页。

散村与集村：传统中国的乡村聚落形态及其演变

一　问题之提出

所谓"乡村聚落形态"，是指乡村聚落的平面展布方式，即组成乡村聚落的民宅、仓库、牲畜圈棚、晒场、道路、水渠、宅旁绿地以及商业服务、文化教育、信仰宗教等公用设施的布局。地理学者一般主要根据农家房舍集合或分散的状态，将乡村聚落形态分为散漫型和集聚型两种类型。[1]散漫型村落又称散村，每个农户的住宅零星分布，尽可能地靠近农户生计依赖的田地、山林或河流湖泊；彼此之间的距离因地而异，但并无明显的隶属关系或阶层差别，所以聚落也就没有明显的中心。[2]集聚型村落又称集村，就是由许多乡村住宅集聚在一起而形成的大型村落或乡村集市。其规模相差极大，从数千人的大村到几十人的小村不等，但各农户须密集居住，且以道路交叉点、溪流、池塘或庙宇、祠堂等公共设施作为标志，形成聚落的中心；农家集中于有限的范围，耕地则分布于所有房舍的周围，每一农家的耕地分散在几个地点。最典型的散村是一家一户的独立农舍，所谓“单丁独户之家”；而最典型的集村则当是聚族而居、多达数千人的大村落，或市廛繁庶、工商业发达的市镇。

集村与散村的根本区别并不仅在于人口多少及其空间规模的大小，更在于其各个民居之间及其与所依赖的田地、山林、湖泽之间，是呈现出集聚、互相靠近的趋向，还是表现出离散的趋向。“在（集居）村庄的景观中，房屋群聚在一起，这多少有点加强了耕地上的孤寂感；村庄与其土地似乎是截然分开的。在散居的景观中，房屋不远离耕地，房屋相互间的吸引力，远小于房屋和田地间的吸引力。农庄及其经营建筑物都建在田地附近，而且每块耕地的四周，常有围墙、篱笆或沟渠。甚至那些被称作小村（hameau，Weiler，hamlet）的小房屋群，似乎也应当一般地看作散居的形式，因为它们几乎总是意味着房屋和田地是靠近的。”[3] 换言之，集居村落本身表现出集聚化倾向，而村落与田地、山林之间则相距较远；散居村落各农户之间相距较远，而每个农户都尽可能地靠近其耕种的土地、赖以为生的山林湖泽。如果一个聚落的大部分居民均程度不同地脱离了农业生产，其生计主要不是依靠田地、山林或湖泽，那么，这样的聚落即不再属于乡村聚落，而应被视为“城市”。

当然，某一区域内的乡村聚落以集村为主，并不意味着这一区域就没有散村；而在一个散村占据主导地位的乡村区域，也一定会有规模较大的集村，甚至是集市乃至市镇。实际上，在一个特定区域内，集村与散村两种类型的聚落，并不是相互排斥的，而是相互补充的。在江汉平原腹地，我们曾观察到：一些位于自然或人工堤防上的村落规模较大、历史较为悠久,已表现为集村;而分散在低洼湖区墩、台之上的农家,则往往移居不久,一般表现为独立住宅或两三户聚合的小聚落,显示出高度的分散性。[4]同一区域内集村与散村的差异,反映出聚落成立在时代上的早晚:一般说来,规模较大的集村形成较早,而分散的小村则可能是从集村中分立出来的或者由后来者新建的,形成较晚。集村与散村的混合分布,不仅反映了各村落在发生学上的差异,更反映了地区开发和社会变迁的历史进程。集村与散村在形成时间上的早、晚,还隐含着一种可能,即分散的居住方式(散村)可能是一种原始的居住倾向,而集村则是随着人口增加、安全需要等各种因素的影响而逐步形成的,是长期发展的结果。

采用怎样的居住方式,是集中居住(形成大村)还是分散居住(形成散村或独立农舍),对于乡村居民来说,至关重要,它不仅关系到他们从事农业生产的方式(来往田地、山林或湖泊间的距离,运送肥料、种子与收获物的方式等),还关系到乡村社会的社会关系与组织方式,甚至关系到他们对待官府(国家)、社会的态度与应对方式。德芒戎注意到:聚居地区与散居地区人们的生活习俗乃至心理状态都会有很大差别。他指出:

> 每一居住形式,都为社会生活提供一个不同的背景。村庄就是靠近、接触,使思想感情一致;散居则“一切都谈的是分离,一切都标志着分开住”。因此就产生了维达尔·德·拉·布拉什所精辟指出的村民和散居农民的差异:“在聚居在教堂钟楼周围的农村人口中,发展成一种特有的生活,即具有古老法国的力量和组织的村庄生活。虽

然村庄的天地很局限，从外面进来的声音很微弱，它却组成一个能接受普遍影响的小小社会。它的人口不是分散成分子，而是结合成一个核心；而且这种初步的组织就足以把握住它。……”因此，从散居人口到聚居人口，有时存在着精神状态和心理状态上的深刻差异。A.西格弗里德非常机敏地指出了这一点：在分散农舍地区，是“在篱笆或树行后面有点怕和人交往的离群索居，不信任人的个人主义”，对外人怀有的敌意，和对外来思想意识的一种不可渗透性；在村庄地区是集体行动的便利，配合的意识，外来影响的渗透和传播。[5]

一般说来：在中国传统社会中，集聚村落的居民之间的交流相对频繁，关系相对紧密，从而可能形成相对严密的社会组织结构；同时，由于居住集中，官府也易于控制，国家权力对集居村落的渗透也就相对深入、广泛。而在分散居住的区域，各农户之间的来往、交流与互相依靠均相对少一些，彼此之间相对疏远，其社会联结方式与社会组织结构则要复杂得多；官府控制散居村落的难度较大。因此，探究某一区域范围内的乡村居民究竟是集居还是散居，不仅有助于我们更好地理解不同地理环境下人们对环境的适应与改造，更是考察其社会经济生活方式、社会组织方式等问题的前提。

那么，传统中国的乡村聚落形态，究竟表现为怎样的地域差异？即在历史时期，哪些地区的乡村聚落是以集村占主导地位，而哪些地区又是以散村占据主导地位？何以会形成这样的差别，或者说，某一地区以集村或散村为主，是怎样形成的？在集村地区与散村地区，社会控制方式与社会关系网络各有怎样的特点？本文即试图在已有研究的基础上，对上述问题作一些初步的描述与讨论。

二 北方地区的乡村聚落形态及其演变

在《中国农村聚落地理》一书中，金其铭主要使用1980年前后的资料，分析了北方地区农村聚落的人口规模及其形态。我们根据书中提供的资料，制成表1。虽然这里只是一些抽样数据，而且各地自然村落平均拥有的人口数只是平均数，但通过表1，我们仍然可以发现：除了燕山山地、太行山区、滨海地带部分新垦区等少数地方，从总体上看，北方地区的乡村聚落规模普遍较大，较大规模的集居村落占据主导地位。金其铭先生概括说：北方农村聚落多为大型聚落，密度稀，形状虽各异，但以团聚状占多数。特别是“华北地区的农村聚落一般很大，也可以说是全国农村聚落最大的地区。一般都是上百户和几百户的大村庄，有些村庄甚至超过一千户，村庄分布比较均匀，这与华北地区农业发达、开垦历史悠久有关。华北地区主要是旱作，作物受到的管理照料要比水稻少得多，也不必有水田地区那样许多笨重农具，因而在历史上形成农村时，耕地可以离村庄远一些，一般村与村之间，相距1—2公里，虽然比长城沿线和东北距离小些，但比南方长江流域，间距要大得多。在华北平原，尽管人口密度每平方公里达500人，但由于村庄规模大，因而每百平方公里拥有的村庄数仅35—70个，相当于长江流域每百平方公里200—400个村庄的1/5—1/10”[6]。

表 1.　20 世纪 80 年代初北方地区的村落规模

地区	地形	平均每自然村人口数（人）	地区	地形	平均每自然村人口数（人）
吉林抚松县万良乡	长白山地	770	吉林抚松县东岗乡	长白山地	919
吉林海龙县双泉乡	低山河谷	467	吉林海龙县兴华乡	低山河谷	475
吉林洮安县永茂乡	东北平原西部	375	吉林洮安县安定乡	东北平原西部	527
吉林扶余县肖家乡	东北平原中部	1086	吉林扶余县北陶乡	东北平原中部	538
辽宁鞍山市宋子乡	辽河平原	2167	辽宁鞍山市宁远屯乡	辽河平原	2551
内蒙古呼和浩特郊区	河套平原	703	内蒙古达拉特旗白泥井乡	黄河冲积平原	358
河北尚义县	张北高原	264	河北抚宁县	沿海平原	556
河北宽城县	燕山山地	126	河北涉县	冀南丘陵	513
河北霸县	华北平原	1222	河北衡水县	华北平原	629
河北安新县	华北平原	1708	河北阜平县	太行山区	147
山东济阳县	鲁西北平原	487	山东蒙阴县	沂蒙山地	283

续表

地区	地形	平均每自然村人口数（人）	地区	地形	平均每自然村人口数（人）
山东招远县	胶东丘陵	725	山东长岛县	海岛	881
山东微山县	平原低丘	955	山东费县竹园乡	沂蒙山地	417
安徽萧县	皖北平原	429	安徽萧县刘套乡	黄淮平原	835
安徽亳县魏岗乡	黄淮平原	301	安徽亳县后孙湾乡	黄淮平原	282
江苏铜山县拾屯乡	黄淮平原	772	河南杞县傅集乡	黄淮平原	635
宁夏西吉县	黄土高原	156	宁夏永宁县望洪乡	宁夏平原中部	357
陕西永寿县梁子乡	黄土高原梁峁区	243	陕西合阳县路井乡	黄土高原平川区	568
陕西永寿县	黄土高原	238	甘肃武威县	河西走廊	280
陕西咸阳渭滨乡	关中平原	980	陕西咸阳钓台乡	关中平原	904

资料来源：金其铭：《中国农村聚落地理》，南京：江苏科学技术出版社，1989 年，第 142—214 页。

尹钧科先生关于北京郊区村落形态的研究，给上述概括性描述提供了区域个案的细致分析。他指出：集团型村落是北京郊区村落的主体，主要分布在京郊平原和延庆盆地，燕山山地较平阔的河谷地带也有一些集居村落。他进而指出:“历史上北京地区兴修水利,军民屯田,主要是在平原地区进行的。所以北京平原地区集中了全市农业人口的大部分。随着人口的繁衍,平原上的每个村落差不多可以向任何一个方向扩展。于是形成了规模较大、人口较多、房舍紧凑、街巷规整,平面图上呈现较有规则形状的集团型村落。又因为平原地区,地面坦荡,交通便利,土地随处可以耕种,房屋任意选址修建,所以当北京小平原上还是地广人稀的时候,人们便很有可能根据自己的需要,在道里适中之地安家落户,兴建新村。这样长期发展的结果,使北京平原地区的村落分布表现为点上的集中和面上的分散:就村落个体来说,房舍是集中的;但就村落在整个地域空间的分布来说,却是散开的。可见,造成上述集团型村落形态和空间分布的特点,地形起着决定性的作用。”[7]在这里,尹钧科先生暗示:北京郊区平原与河谷地带的集村,主要是由地形决定的,所以很可能在很早时期就是如此。

然而,近代以来的社会调查与研究表明,北方地区很多村落的历史,一般只能追溯到明朝初年。那么,我们在文献资料中看到18、19世纪大量存在的集居村落,是从14世纪末、15世纪前半叶规模较小的散居村落逐步发展而来的呢,还是当明初来自各地的移民进入以华北地区为中心的北方地区时,一开始就建立起了集居村落呢?或者这两种情况兼而有之?

尹钧科先生在考察北京郊区村落的历史时,曾经谈到:京郊平原与河谷地带的集聚村落多位于河谷地带,形成较早,往往已有数百年甚至上千年的历史;而散布于山区特别是深山荒沟里的散村,形成较晚,一般只有一二百年的历史。他举圆明园后的黑山扈、马连洼等村为例，指出这些村落虽然在明代即已形成，但住户极少，应当属于散村，“康熙后期圆明园建成后，(这些村庄)居民迅速增多，大都是在园中或附近八旗营房当差的”。在分析大兴县凤河两岸带状村落的形成时，他说：“永乐二年，从山西、山东移民于此，开发凤河两岸的荒沙地，为皇家种植蔬果、繁育鹅鸭的时候，曾设立 58 个营，即 58 个新村落。当初，这 58 个新村落肯定是各据一方，相望而不相连的。但是，连同原来的采育等旧村，经过五百余年的发展，人烟越来越盛，村落不断扩大，以致彼此相连，联而成带了。”在论及民国时期北京郊区村落的发展时，他引用《大中华京兆地理志》的记载，说明京郊南苑内本来并没有村落，清末开垦后，居民“各就所领地内建筑房屋，自成一家”，所以形成了高度分散的居住格局。到民国初年，南苑内的较大村落很少，而多小型村落，只有一两户的村落共有六处。经过 70 余年的发展，到 20 世纪 80 年代，“原来仅一户、几户、十几户、最多一二百户的不成其为村庄的居民点、或很小的村庄、最大也只能算是中型村庄，现在都变成中型或大型、甚至是特大型村庄了”。其中，李庄、四合村、下十号、保善堂、合义庄五个村落，民国初都只有 1 户人家，到 20 世纪 80 年代初，分别拥有 87、371、158、90、1168 户；原来只有 20 户的西红门，发展成为 2632 户的特大型村庄；只有 5 户的高米庄，也扩大成为 1442 户的大村。[8]如果这些材料可信，那么，我们可能得到这样的结论，即：遍布于北方广大地区的大多数集居村落，最初都可能是由规模较小的村落逐步发展、扩大而来的。换言之，当明朝初年来自各地的移民进入华北平原从事垦殖时，所建立起的村落可能规模均较小，从而形成以散村为主导的乡村聚落形态。

王庆成先生主要依据方志、村图等地方文献以及西方人士在华旅行的记述，探讨了晚清时期(19 世纪后半叶)华北地区村落的规模及其外部形态。[9]他引用 19 世纪 80 年代一位西方旅行者 Mark Bell 的报告，谈到从直隶渤海湾岐口到沧州的滨海平原地区，既有只有 3 户、10 户(仔村)的小村，也有三四百户的大村(辛庄、王墟祠)。这种大村与小村并存的面貌，与尹钧科先生所描述的民国初年放垦未久的京郊南苑地区非常相似，反映了一种正在发展的状态。王先生考察了处于华北平原中心的正定府栾城县、天津府青县、保定府望都县、深州、定州、正定府正定县以及平原与山区各半的唐县、主要是山区的迁安县、丘陵与平原兼具的滦州、丘陵山地的延庆州等州县的村落规模。我们根据他的资料制成表 2。

表 2.　晚清民国时期华北地区部分州县的村落规模

州县	19 户及以下村占比(%)	20—49 户村占比(%)	50—99 户村占比(%)	100—199 户村占比(%)	200—299 户村占比(%)	300—499 户村占比(%)	500 户以上村占比(%)
栾城县	1.32	33.77	44.37	11.92	5.96	1.99	0.67
青县	11.73	39.08	34.48	12.41	1.61	0.23	0.46
望都县	4.35	19.13	35.65	29.56	7.83	3.48	0
深州	4.23	18.31	36.27	29.58	7.39	3.52	0.70
定州	8.50	30.34	31.07	23.79	4.85	0.97	0.48
正定县	6.64	28.44	32.70	24.64	5.22	1.89	0.47
唐县	6.44	18.94	43.56	23.58	4.17	1.14	0.37
迁安县	22.02	36.86	23.63	14.46	1.99	0.85	0.19
滦州	13.15	43.54	31.72	10.10	1.11	0.30	0.08
延庆州	8.60	55.20	30.77	2.71	1.36	0.45	0.91

资料来源：王庆成:《晚清华北村落》,《近代史研究》2002 年第 3 期。

这里统计的村落虽然大多可以确认属于自然村落，但其户口资料主要来自行政系统，不可避免地忽略了部分规模较小的自然村落，但总的说来，仍可反映出晚清时期华北地区的乡村聚落当以集村为主：如果将 19 户及其以下的村庄理解为散村（实际上，10 户以上的村庄基本上就可视为集村了），那么，根据表 2 的数据，也可确知 20 户以上的集村几乎在统计各县，都占了全部村数的 80％以上（只有地处山区的迁安县，比例稍低）。更为重要的是，在表 2 中，可以清楚地观察到一种发展的趋势：20—99 户的村在总村数中所占比重最大，100—199 户村、200—299 户村、300—499 户村、500 户以上村所占比例依次降低，正反映出大多数村落在规模上呈现出逐步增大的趋势。据此可以推测，华北地区规模较大的村落，大多数均可能是由原来较小的村落发展而来的。

那么，这些村落又是从何时开始，逐步发展起来的呢？研究表明，华北地区集居村落占据主导地位的面貌之形成，似可以追溯到秦汉时期，甚至更早。日本学者宫崎市定曾经论证说："中国古代社会乃是极端集中的聚落形态"，至迟到春秋战国时期，大多数农民都集中居住在城郭里，形成稠密的聚落，只有很少的人口散布在城外的"野"中。这种集中居住的农业都市，构成了他所谓古代"都市国家"的基础。秦汉时代，虽然城郭聚落已失去了"政治上的独立"，但其外形还保留着，所以汉代的亭、乡、县，都是指各个集居聚落而言。[10]宫崎等学者的"都市国家"论虽然未能得到全面认同，但是，很多学者相信，自先秦以迄秦汉，北方农耕地区的乡村聚落大抵以集中居住的聚居村落为主，而且这些聚落可能大都被封闭的围墙所环绕。如侯旭东先生在综论先秦至两汉时期乡村聚落的变化过程时说，“自先秦至秦汉，百姓居住场所经历了由集中在封闭有围墙的聚落（城居）到逐渐以城居与生活在无围墙聚落（散居）并存的变化。早先这种有围墙有门定时开闭的封闭聚落多位于规模较大的城邑内，出现乡里编制后，这种聚落则成为‘里’”。“至晚从战国末年开始就已出现了百姓脱离封闭聚落、另找居所的现象”，从而形成了一些没有封闭围墙的、分散的聚落，并不断增加。而“这些散居聚落尽管是自发形成的，拥有自己的名称，却也不会脱离官府的控制，亦应被编入‘乡里’体系而隶属于‘某乡’且具有‘某某里’的称呼”[11]。他所描述的当然主要是北方地区的情形。显然，在侯先生看来，至少在先秦至秦汉的一段时间里，北方地区的乡村聚落是以集村为主的。邢义田先生的判断虽然更为谨慎，认为“秦汉农村聚落内空间布局形态非一，不像文献中描述的那样整齐划一”，并强调秦汉之前，在围墙围绕的邑、国之外，还存在众多分布于“野”的散居聚落，但由其所举例证中，仍可见出是倾向于认同北方“集村为主”说的。[12]

同样，我们可以举出证据，说明自魏晋南北朝以迄唐北宋时期，北方地区一直存在很多集居村落。如汉末动乱中形成的“坞”和“坞壁”，显然是具有自卫功能的集居村落。北朝时期的很多村落，也基本可以界定为集居村落。如范阳郡涿县当陌村至少有 267 人，青州北海郡都昌县新王村至少有 200 人，并州乐平郡石艾县安鹿交村不少于 205 人，同县的般石村约有 223 人。个别大型村落，如北齐时恒州石邑的龙贵村，据说有居民 2000 余户。[13]《通典》卷三《食货典》引《关东风俗传》则称，北齐时，“瀛冀诸刘，清河张、宋，并州王氏，濮阳侯族，诸如此辈，一宗近将万室，烟火连接，比屋而居”[14]，呈现出聚族而居的状况。唐代北方地区的集居村落也有很多。如据唐开元二十四年(736)《周村四十余家镌像记》，可推测唐中期怀州修武县兹仁乡周村的户数不低于四十户。[15]圆仁《入唐求法巡礼行记》所记之海州宿城村、登州牟平县唐阳[乡]陶村、邵村、望海村、文登县青宁乡赤山村、龙泉村、牟平县奮车村、卢山寺村(廿余户)、仵台村、牟城村、故县、蓬莱县望仙乡王庭村、安香村、王徐村、黄县九里战村、莱州掖县徐宋村、乔村、平李村(廿余家)、平徐村、潘村、胶水县三埠村、青州北海县耿村(“有百姓家三十户住”)、王稡村、孤山村、寿光县半城村、韮味店、益都县石羊村、淄州淄川县张赵村、长山县古县村、不村、齐州临邑县双龙村、禹城县鷰塘村、仙公村、德州安德县[灌](药)家口、平原县赵馆村、贝州夏津县形开村、王淹村、冀州清河县合章流村、南宫县赵固村、赵州宁晋县秦丘村、南楼村、忻州定襄县胡村、宋村、石岭镇、大于[店]、蹋地店、白杨[树店]、太原府阳曲县三交驿、古城、清源县晋村、石高村、文水县郭栅村、汾州孝义县王同村、冷泉店、小水店、阴地关、汾水关、晋州霍邑县霍昌村、赵城县屈项村、临汾县晋桥店、胡关店、河中府宝鼎县秦村、临晋县辛驿店、同州冯翊县安远村、蕃驿店、胡市店、华州下邽县永安店、新店(三十余家)、京兆府万年县灞桥店等，都可能是规模不等的集居村落。[16]

但是，研究者们发现，先秦汉唐宋元时期华北地区即已高度发展的集居村落，与明清以来的集居村落，并无直接关联，或者说甚少能建立起可以确认的连续性。李景汉先生曾根据实地调查，指出定县东亭乡 62 村中，只有故城(汉安险故城)、翟城(据说因丁零翟氏而得名)两村有比较久远的历史，其他各村在明代以前的情况均无可考究，除极少数村庄外，都说是五百年前“燕王扫北”后从山西洪洞县迁来的。[17]王庆成先生列举证据，说明自金元以来，特别是元明之际，华北地区持续受到严重破坏，社会停滞不前，人口大幅度减少，地旷人稀，故明初遂从各地大规模移民进入华北。换言之，在金元以来特别是元明之际的长期动乱中，华北地区唐北宋以来逐步发展起来的集居村落几乎受到毁灭性破坏，大多废毁或者因人口减少而事实上成为规模较小的散村；直到明初，才由移民建立起新的村落，并与残存的旧村落并存。[18]这些迁民新村的规模，虽然可能也有较大的村屯，但其普遍规模，应当均较小。原有土著村落，大抵亦规模不大。据此，可以想象，在明朝前期的华北地区，应当是散布着大大小小的村庄，其规模普遍较小，从而形成以散村占据主导地位的乡村面貌。

虽然没有提供充分证据，但王建革直截了当地断言：明初华北地区的村落大多是散庄，多由一户或少数几户同姓人组成，以散村的形态存在；而且，“由于明代人口的增长并不显著，华北平原从散庄发展到集庄的现象也不显著”。换言之，在整个明代，华北地区都可能是以规模较小的散村占据主导地位的。华北平原大量的集村主要是在清代特别是清中后期才形成的。[19]黄忠怀细致考察了明清时期华北新兴村落的成长过程。他根据村落家谱与碑铭记载，认为华北地区“大多数村落最初都是由一两户的零星聚落发展而成”，无论是单姓村还是多姓村，当初都是由一姓一户的零星聚落发展而来的。至于早期零星聚落的形成，则主要与早期移民基本上处于散居状态以及原生型村落的次生分化有关。他将明清时期华北平原的村落发展分为两个阶段：

一是从永乐到乾隆时期，村落数量不断增加，但大多数村落的规模仍然较小，所以仍以散村占据主导地位；二是乾隆以后，村落数量的增长明显放慢，村落发展主要表现为规模的扩大，逐步形成以集村为主的乡村聚落格局。换言之，集村密布的华北乡村，只是清中期以后才形成的华北地区乡村面貌，在此之前的清前中期及整个明代，基本上是以散村占据主导地位的。[20]

对明清时期北方地区的乡村聚落形态，在明代以至清前期可能一直以散村为主、清中期以后才逐步发展成以集村为主的认识，启发我们去思考：文献记载中所见汉唐以及宋元时期北方地区的集村，很可能主要是发育成熟或受到官府强制的村落状态，是经过长期发展、扩大或官府强制合并而形成的结果，而其最初面貌，也可能像明初那样，是以分散居住的小规模散村为主的。显然，由于受到文献记载的限制，我们无法就这一论点作出充分论证，但侯旭东、邢义田先生的研究，已经充分揭示出汉代在以集居村落（以城居为代表）之外，还存在着大量小规模的散村，并且后者逐步增加。聚居集村与分散小村的并存，显然是一种发展中的状态。就其发展趋向而言，应当最终会形成以集村为主的面貌。但北方地区频繁地受到主要由王朝更替和草原民族入侵引起的社会动荡的影响，村落发展的进程每隔二百年左右就可能被打断，很多村落初具集村规模之后就受到破坏，又回复到小村的状态。因此，从长时段的角度观察，历史时期北方地区的乡村聚落虽然持续地表现出向集聚化发展的趋势，但总的说来，可能只在较长时间的政治社会稳定、经济发展之后的王朝中后期，才会在部分地区形成以集村为主的乡村聚落面貌。文献记载中的集村，只是无数大大小小村落中极少数规模较大者，而且是很偶然地被记录下来的，更多的呈现为分散状态的小规模村落，则未被观察与记录。因此，不能因为文献记载所见聚落多为集村，而得出历史时期北方地区一直以集村占据主导地位的结论。

三　南方地区的乡村聚落形态及其演变

在《聚居与散居：汉宋间长江中游地区的乡村聚落形态及其演变》一文中，我们综合使用传世文献、出土文献与考古材料，结合实地田野调查所得认识，考察了自两汉六朝以迄隋唐两宋时期近1500年间长江中游地区的乡村聚落形态及其演变，认为：长江中游地区的乡村聚落当以分散居住的小规模散村为主，大部分时间范围内、大部分地区的乡村聚落都是平均规模在十户、二十户左右的散村，各村落的农舍均尽可能地靠近田地、山林或湖泊等村民生计所赖的资源，独立的农舍或由几家、十数家组成的小村落散布在广袤的山野、平原上。当然，散居的小村与集聚的大村乃至市镇之间并没有绝对的界线，分散居住的地区也一定会有集中居住的大村落和集镇。早在汉代，散居占据主导地位的长江中游地区就并不缺少户口规模超过百家的较大村落；东汉末年开始的长达数百年的社会动乱以及由此而引发的北方人口的南迁，使长江中游的部分地区特别是北部的南阳荆襄地区，聚落形态向以坞壁城堡为代表的集居聚落演化，部分地区原有的南方土著居民也在此影响下逐渐建立了自己的集居村落，而大部分土著居民（所谓“蛮”）则仍然保持散居山野的状态，从而形成了“巴夏居城郭，夷蛮居山谷”的分野；唐中后期以迄宋代，人口不断增加，社会经济相对稳定的发展，特别是工商业的发展，促使原有的集居村落规模不断扩大，其突出表现就是市镇的形成、普遍及其规模不断扩大。然而，集居村落（包括未脱离所在区域农业经济生活的大部分市镇）的扩大、聚居区域的扩展，并未从根本上改变长江中游地区以散居为主的乡村聚落形态：在星罗棋布的集居村落（包括市镇）周围，散布着为数更多的散村和独立农舍，虽然不少散村随着户口的增加、住宅的密集化以及内部组织的逐渐紧密而进入集居村落的范围，但也有不少农户脱离其原先居住的集村而另立小规模的散村，从而使散村得以保持其主导地位。[21]

根据对秦汉至宋代长江中游地区乡村聚落形态及其演变过程的认识，我们进而推论：历史时期南方广大地区（大致指秦岭—淮河线以南）的乡村聚落形态，可能主要以散村为主，虽然在每一个地区（无论平原，还是丘陵山地），在不同时期都存在较大规模的集村以及市镇，但在总体上，大抵一直是散村状态占据主导地位；南方地区的乡村聚落，虽然也有部分发展成为集村，但集村在全部村落中所占的比例一直比较低，而散村无论是数量，还是居住的人口总数，则一直占据压倒性多数。

直到晚清、民国时期，虽然经过千余年相对稳定的持续发展，即便是在社会经济相对发达的随枣走廊、江汉平原、成都平原地区，仍然基本以小规模的散村占据主导地位。枣阳县位于湖北省北部，是低冈丘陵地区。据民国《枣阳县志》卷十三记载，清朝末年，枣阳县共有 6249 个集镇村落、85261 户、394884 口，平均每个集镇村落有 13.64 户、63.19 人。其中阜阳乡每个居民点平均 9.08 户、43 口，华阳镇为 6.36 户、31 口，白水镇为 5.67

户、39 口。考虑到这些平均数中包括了人口相当集中的聚居点——集镇,则每一自然村落大约只有三四户、二三十口人。这是清末的情形,整个明清时期,这一带自然村落的规模只能更小。[22]潜江县中部偏东的杨市公社位于江汉平原腹心地带。据《潜江县地名志》记载,20 世纪 80 年代初,全境共有 348 个自然村、5 个自然镇,另有 22 个自然村被列入"消失地名"下。1981 年,这些聚落的平均人口规模约为 121 人,以当时杨市公社平均每户约 5.61 人计算,每村约有 22 户。显然,这些自然村落在晚清民国时期,平均大约只有十户上下;而其最初都应是由一户或两三户、四五户人家发展而来的。换言之,在整个明清时期,江汉平原腹地的乡村聚落应当是以小规模散村为主的。[23]

1946 年春,地理学家施雅风等对成都平原及灌县以上的岷江峡谷地区作过一次较全面的地理考察。在《成都平原之土地利用》一文中,他们描述说:成都平原的"农庄均呈散形,每庄一户至七八户不等,少有在十户以上者"。在都江堰灌溉区域,每平方公里约有农庄 20 个,平均每个农庄约有 30 人,即五六户;在都江堰灌溉区域以外的浅丘区域,每平方公里约有农庄 15 个,农庄规模也在五六户;在成都平原边缘的山地,每平方公里有农庄五六个,平均每个农庄不到 20 人,即大约有三四户。[24]在成都平原核心地带的郫县、新繁县,每平方公里达 650 人左右,"农村聚落呈散形,以五户左右,组一农庄,俗称院子。郫县附近,平均每平方公里有院子 25 个,星罗棋布于广大原野。院子建筑内为房舍,外环以墙。房舍多为三合式,以泥砖为壁,稻草作顶,少数为白墙黑瓦,颜色鲜明。屋内分住室、畜厩、谷仓等。院墙在新繁、金堂之间,多用泥砖叠砌。新繁以南及郫县附近,多为高大竹篱。院墙层舍之间,竹林果木交映,蔚然森秀。更有菜圃,以供食用。院墙之外,则溪流环绕,水声淙淙”[25]。20 世纪 40 年代成都平原的腹心地带尚且如此,则在此之前的明清时期以及成都平原之外的广大四川盆地,更当以散村为主。20 世纪 40 年代初,地理学家杨纫章曾考察川东丘陵地区的农村聚落,她描述说:“平地坝地镇市江边以及公路的两旁是房屋最密集的地方,如小龙坎、沙坪坝、磁器口,多少带有点都市的景象。农田区域的村屋多分布于田间残余的小丘上,不侵占于种植谷物的农田;……漕形平地和轴心高地的接触带上,房屋点点散处成不连续的带形,大半分布在轴道被河谷切刻的缺口处,这些房屋大都是漕形平地内的农家,前临农田,后背小河中的洼地,可供植菜,而且取水于小溪中也很便捷,在轴心高地上,仅有两三茅屋隐于谷内,都是开垦轴心高地、辛苦的垦民所居。”[26]在川西北的岷江峡谷地带,“聚落集中于阶地上。农庄在山坡地区,概呈散形,孤立茅屋,稀疏散布。阶地上耕地较多,农庄亦较大,如韩家坝、圣音寺等地各有十余户之村落”[27]。

江南三角洲东北部地区,即今上海郊区,受长江南岸自然堤的影响,地势稍高,属于“高乡”,在民国时期,也以散居为主。据民国初年刊行的《盛桥里志》卷三《舆地志》记载,清末民初,盛桥共有 236 个自然聚落、2449 户、12148 人。如果简单平均的话,每个聚落有 10.38 户。考虑到其乡中心盛桥镇有 86 户,大村宅有 140 户,大曹家宅 88 户,赵家宅 43 户,除了这几个较大的聚落之外,其余的大部分聚落规模可能平均只有七八户,而不满 5 户的极小聚落(包括只有一户的孤立庄宅在内)也占有 76 个。因此,这是一个散村占据绝对多数的地区。[28]这种以散村为主的乡村聚落形态，一直到20世纪80年代，在江苏北部范公堤以东的新垦区及沿江圩区仍相当普遍。金其铭描述说："这种散村，就是一个行政村的房屋沿着路或河，按一定走向三三两两散布展开在一定地域范围内，它们的住宅彼此互不连接，与其说它是一个村，不如说它是分散住宅的组合。这些住宅既保持一定距离又不过远，以致从外表上看来，很难确定某一户的住宅是属于哪一个村的。"[29]

根据滨岛敦俊的研究，以盛桥为代表的长江三角洲"高乡"地带的开发较晚，其乡村聚落呈现为以散村为主；而在开发较早的"低乡"地区，则以集村为主。苏州府长洲县北部的相城镇位于阳澄湖的北岸，与常熟县境相连，地势低洼，属于"低乡"。民国十九年(1930)成书的镇志《相城小志》卷三《户口》记载了各聚落的名称及其户口统计的详细统计数字，全镇共有8334户、30033人，村名中含有"街"的聚落共有三处：陆巷176户，相城241户，消泾125户，合计542户。除此三街之外，还有69个村7792户，平均每村113户，其中最少的村落有40户，最多的村落有223户。滨岛据此判断说："经历了清代前期的人口膨胀期后，江南三角洲圩田地带的村落平均户数可能在100户左右。"换言之，江南圩田区占主导地位的聚落形态是集村，其平均规模可能达到100户左右。[30]显然，开发晚、以散村为主，开发早、以集村为主，这种对应关系，使我们相信，南方部分地区集村占据主导地位的状态，也是长期发展的结果，其原初面貌，也是以散居为主的。

傅俊主要根据宝祐《琴川志》卷二的记载，研究了南宋后期平江府常熟县乡村聚落的分布及其规模。她指出：在南宋常熟地域内，除县邑及福山、庆安、许浦、梅李四镇外，还有 390 余自然村落，其中位于县境西部、西北部及长江沿岸冈身高地上的村落拥有的平均田亩数多在二三千亩左右，按平均每户耕地约在 45 亩左右计算，每村平均当在 50 户以下；位于县境东部、东南部低地平原的村落拥有的平均田亩数则多在万亩以上，每村平均估计在 100 户以上。[31] 虽然《琴川志・乡都》所记各都里统属之村落大抵仍主要是版籍与行政管理系统的村落，并不能等同于自然村落（自然村落要比其所记多），但认为南宋时期太湖平原部分地区已形成以集村为主的聚落形态，或者大致不误。最为重要的是，这种高乡村落规模较小、低乡村落规模较大的分布格局，正表现出一种发展过程中的状态。

陈春声关于潮州澄海县樟林地区聚落形态演变的研究，为我们提供了一个散村向集村发展的小区域案例。樟林位于粤东韩江三角洲平原北部，在嘉靖三十五年（1556）之前，这里的居民一直散居在北面的莲花山麓，分散在蔡厝围、程厝围、周厝围、驿后、胜塘、后沟、大陇、小陇等规模较小的自然村落（渔村）里，“三五成室，七八共居”，呈现为典型的散居状态。嘉靖三十五年，散居于上述各小村落的排年户共 15 姓户丁上呈潮州知府，请求在山下埔地合建新聚落，设防自卫，将散居的乡民集中居住在樟林寨中，以共同抵御倭寇、海盗。换言之，在明中叶以前，樟林地区的乡村聚落是以小规模的散村占据主导地位的，后来才演化成为一个集村。在这一变化过程中，人口的增加固然发挥了一定的作用，但最为根本性的动因，却是安全的需要。[32] 在后来的研究中，陈先生将这一认识扩展到整个韩江流域，认为在明清之际的一系列社会变乱中，包括韩江流域在内的华南地区的乡村聚落形态发生变化并出现明显的"军事化"趋势，具体表现为"归并大村，起集父子丁夫，互相防守"，"乡村筑砦，编户聚族，以万数千计"，从而形成了为数众多的大规模村落；而在此之前，上述地区的民众则多"随山散处，编获架茅以为居，植粟种豆以为食"，即多处于散居状态。在这里，陈先生描述了华南地区乡村聚落从以散居村落为主到以集居村落为主的转变过程，并认为这一转变主要发生在明清之际，亦即16、17世纪。[33]

浙江奉化县南部忠义乡介于丘陵山地与沿海小平原之间，除少数渔民外，居民主要以农耕为主。光绪《忠义乡志》卷五《村族》详细记载了清末该乡130个村落的大致位置、户口、迁居时间和迁入前的原住地。上田信、傅俊主要根据这一资料，对忠义乡聚落的分布、形成与发展，从不同角度，进行了考察。[34]当光绪二十四年(1898)调查时，忠义乡129个自然村落共有12337户，平均每自然村落约96户；其中10户以下的村落有29个，约占村落总数的22.5%。从统计数据看，这一区域的乡村聚落是以集村为主的。傅俊注意到：在忠义乡129个自然村落中，200户以上的村落有14个(占总村数的11%)，合计居民有7444户，占全乡总户数的60%。这14个村落的历史均较为悠久，长者有千余年，短者亦在五百年以上；而29个10户以下的村落，均迁居时间较晚。这似乎说明：村落的规模与其形成、发展时间之间存在着对应关系。但是，在现存迁居记录(可以大致看作为村落历史的开端)在元以前的37个村落中，另有23个村落并没有形成这样大规模的村庄。如官路头，据说卓姓祖于宋初建隆间自福建迁居，已有千余年历史；然至清末，仍只有27户、96口。所以，村落历史悠久，可能只是村落规模扩大的必要条件，而非充分条件。14 个 200 户以上的村落，地理位置均比较优越，或临近海港，或处于交通要道上；多数并非单纯的农业或渔盐村村落，其中有 9 处发展为定期市。显然，便利的交通条件与商业活动的发展，与村落规模的扩大之间存在密切关联。换言之，在人口自然增长这一普遍性因素发挥作用的同时，交通条件、商业活动可能是促使部分村落发展较快、规模较大的重要原因。

在傅俊研究的基础上，我们还注意到：(1)清末规模较大的集村，最初大抵皆是由若干位置相近，但并不相连的村落，不断扩展，连成一片，而形成的。如桐照村，由林、陈、董、邬、吴、王、任、方等姓组成，清末共有 791 户。其中陈姓有两支：一支迁自县西剡源四曲柏坑，在村中的居地“向名上陈，今呼后陈”，有 38 户；另一支于康熙年间迁自鄞县陈畈弄，“向名下陈，今呼前陈”，有 20 户。上下陈(后前陈)的称谓，表明两支陈姓人家最初迁入时是分别定居的，居地并不相联。由此可以推测，桐照村中各姓最初迁入时大抵皆为分别定居，各自形成自己的自然村落，在长期的发展过程中，才逐步联成一体、形成一个集村的。在桐照村，最初定居的是林姓(宋元间迁居)，清末有 589 户，显然居于中心位置；董姓(15 户)、邬姓(18 户)均于明末迁居，前陈、另两支陈姓(5 户、21 户)、另一支邬姓(13 户)、两支王姓(6 户、6 户)均于康熙间迁居，任姓(15 户)迁于乾隆间，方姓(5 户)则于道光间才迁入。不同姓氏的居民在桐照村范围内可能都有集中居住地，其当初与林氏居地并不相联。[35]如果这一揣测不误，那么，这些清末较大规模的集村，在很长历史时期内，实际上一直表现为若干散村状态，可能只是在清代甚至是清中叶以后，随着人口增加、各自然村不断扩展，才联成集村的。(2)与自然村落逐步集聚的过程相同时，也有一些规模较大的村落发生了裂变。马隩、碶头两个村是从吴家埠分出来的：吴家埠位于降渚溪边，始自宋元间吴姓由新昌县迁入，至清初又有范姓迁入，调查时吴姓、范姓合零姓户共有598户；马隩在吴家埠西北里许，是范姓从吴家埠迁居，清末有5户、12口，显然是新建村落；碶头在碶头山麓，居民蒋姓，"祖保老本姓吴，国初迁自吴家埠，袭蒋大仁姓，今户二十，口九十一"。显然，马隩、碶头都是由吴姓从吴家埠分出的，马隩为新建村，碶头在吴姓迁入前，本有蒋姓居住，吴姓袭占了蒋姓的户名，并非新村（另外，蓴湖隩吴姓也是从吴家埠迁出的，9户）。东连屿、西连屿是从栖凤村分出来的：栖凤村位于高梧山南，居民共有888户，其中沈姓（837户）自姑苏迁入，已传25世，陈姓（8户）乾隆间自府城南门外石灰埠迁入；东连屿在栖凤南二里，沈姓，迁自栖凤，7户、20口；西连屿又在东连屿南二里，亦为沈姓，迁自栖凤，9户、23口。白溪与山下李是从松隩分出的：松隩位于松峰山阳，合汪、张、任、朱、杨、卓、李、王诸姓及零姓，共有1288户；白溪汪姓由松隩迁居，清末有8户、61口，另有零姓4户、11口；山下李的李姓由松隩海沿迁出，清末有27户、105口，另有零姓4户、17口。田畈中央、杨家桥是从王家池头分出的：王家池头明初建村，清末有王姓40户、135口，另有零姓5户、14口；田畈中央在王家池头东北半里许，王家池头之王姓传九世后分出，清末有50户、214口；杨家桥又在田畈中央西北半里许，其王姓是与田畈中央的王姓同时从王家池头分出的，清末有3户、10口。[36]较大规模的集聚村落分出小村落，从而使村落数量与密度均有所增加，至少是延滞了村落集聚化的过程，使散村状态得以稳定地保持下来。

南方地区乡村聚落的发展，相对于北方村落而言，较少受到以王朝更替为核心的大规模社会动乱的影响，发展相对平稳，持续时间较长，很多村落都可以将自己的历史追溯得非常久远，特别是浙闽赣粤地区的许多村落，都自称肇始于唐宋时期，甚至更早（湘鄂川渝滇黔桂各省村落，追溯的上限相对晚一些，一般上溯到明初，与北方地区相似）。在漫长的历史过程中，既有村落不断扩展、多个散村联成一体而形成集村的情况，也有集村分出若干小村的情况，集聚化趋势与分散化进程并存。上述研究，启发我们揣测：南方地区散村向集村的发展，可能只是局部地区和部分村落为了适应社会变乱、商业发展等需求以及由于相距甚近遂自然联成一体而形成的，或者并不是普遍的情形，更不是必然的发展趋势。换言之，集村的形成是有条件的、局部性的，而散村为主则是普遍的、一般性的。

四　从散村到集村：传统中国乡村聚落形态演变的总体趋势

一个地区的人们采用怎样的居住方式，是聚居还是散居，显然受到诸多因素的影响，其原生的形态很可能主要受到其生存环境的制约或影响。聚落地理学主要立基于观察的结论认为，在地形复杂、交通困难、土地资源比较稀缺的地区，容易形成散村。而事实上，我们也可以找到同样多的在同样的地形条件下形成集聚村落的例证。阿·德芒戎说：

> 我们对人类社会的原始倾向了解极少。我们所掌握的关于原始时期的资料，只能让我们进行一些猜测。但才智

> 之士又不禁要去想象农村居住文明开始时的情况。聚居和散居,哪一个是最先的形式?或者,我们应当设想两者都是由不同的地方性条件导致的最先形式?我们对此一无所知。很可能是这种情况:即远在以永久占有形式建立于一个确立的地理位置的地域定居,成为社会组织的物质基础以前,亲属关系已经是社会集团的纽带。从那个时候起,在属于来自同一祖先的同一家族的人们当中,不会发展共同生活的习惯吗?他们不会出于一种完全自然的本能去谋求聚居在一起,以便进行防卫和协力谋生吗?因此,聚居大概是人类最初的居住方式,而这种古老的家族组织,则是最早的村庄社会的骨架。聚居而不是散居,大概是居住形式的最先阶段。在英国的凯尔特人地区,居民们聚族而居,几百个人连同他们的牲畜聚在一起,从而形成了村庄。但我们不知道到处的原始居住形式是否都是这样,也不知道家族社会是否到处都导致村庄式的聚居。在塞尔维亚西部,家族社会(札德卢加,Zadrugas)的继续存在,并不妨碍小村的散居方式。我们不知道这种散居方式是一种原始的现象,还是后来演变的结果。[37]

“聚居和散居,哪一个是最先的形式?”就一个地区而言,哪一种居住方式是当地人群原初的倾向?这一问题,不仅是指在历史时期某一地区的人群最初主要采用哪一种居住方式,还包含着该地区人群在社会经济条件许可的情况下,首先会“自然地选择”采用哪一种居住方式。

许多地理学家、人类学家和建筑学家相信:聚居是人类最初的居住方式，血缘组织则是最早的聚落社会的骨架。对于农耕社会来说，集村更是一种比较适宜的居住方式，因为集中居住可以共同抵御自然的威力，防备外敌来犯，从而获得社会经济生活的方便与利益。如果其所处自然环境的条件适宜，则更能促进集村形态的发展。所以，聚居乃是人类居住的原始倾向，只要有可能，即首先选择集中居住的方式，而集村乃成为农耕社会中比较普遍的乡村聚落形态。相对而言，散村则属于局部发展的现象，是在特定的地理环境、经济生活方式等条件下形成的特殊现象。如日本北海道的散村，“系开发北海道之初，采用一种类似农场制的开发方针所成：每一农户取得一整块集合一处的土地，其面积平均在 5 公顷以上，由于各个农户均在土地的一隅营建居室，土地规模又大于他处，遂形成全域散村形态遍布的现象”。日本砺波平原的乡村聚落，亦以散村为主。研究者分析其散村形成的原因有三方面：(1)冲积扇的地形，随处均能取得地下水，没有取水条件不利的限制；(2)古代藩政时代领主的开发政策，重视土地区划问题，尽量使各农户的耕地，分布于其房舍周围，因而使土地在其房屋周围的农户占很高比例；(3)政府与地方人士为防止木造建筑易致火灾，设法以散村形态减少灾害。[38]总之，散村被认为是有条件的，在特定条件与需要下形成的，是局部现象，其中农户以个体农户为单位占有耕地、拥有的耕地规模较大被认为是散村形成的有力因素。

我们的研究却不支持上述论点。对汉水流域新石器时代文化遗址所反映的聚落状况的分析表明：新石器时代汉水流域的聚落是内凝式的，整个聚落的房屋、墓地、手工业作坊，紧密地聚集在一个规定的范围内。每个聚落的独立性或自给自足性十分明显，人们在聚落中居住、生活，组织生产和有关的经济活动，就是死后也以聚落为单位进行安葬。聚落的人口承载量是有限的，少则数十，多则一二百人。[39]聚落与聚落之间的距离一般较远，距离最近者，也控制在各自的农业生产区不相接壤的原则上。聚落间没有明显的性质上差别；相邻的聚落间可能有文化交往，甚至发生姻亲关系，但相互间不相隶属与依存，各聚落均是独立的。因此，至少在汉水流域，可以肯定，新石器时代的聚落最先是表现为散漫型的，以散居为主；只是到后来，随着史前农业的发展和社会组织的进步，才逐渐出现较大的中心聚落乃至城壕聚落，形成集居村落；但即使在出现集居村落的新石器时代晚期，散居仍然是汉水流域人类居住的主要形态。[40]这种情况，大约到春秋战国时期也并未发生根本性的改变，只是后来随着人口的逐渐增加与地区经济的不断发展，才逐渐发展成为规模较大的集居村落，并进而发展成为城。[41]

在《聚居与散居：汉宋间长江中游地区的乡村聚落形态及其演变》一文中，我们曾论证在秦汉至宋元时期1500余年里，散居一直是长江中游地区主导型的乡村聚落形成，并进而推论：散居是这一地区人类居住的原始倾向。上文关于无论北方还是南方地区，在很长的历史时期内，事实上一直是散村占据主导地位，以及集村主要是长期发展之结果的论述，使我们更倾向于相信：散居，而不是集居，是人类居住的原始倾向和自然选择；聚居，则是在历史过程中因各种原因而逐步形成的。

应该承认：散居形式与地理环境有着密切的关系，在易受洪水泛滥侵袭的平原和河谷地带、耕地资源匮乏的中低山区、水资源分散的低山丘陵，就人类生产、生活与居住的自然选择而言，都比较适宜于分散居住的聚落形态。在地势低洼的河谷与平原湖区，人们不得不选择地势稍高的自然墩台、长冈或建造人工墩台、堤防，作为躲避洪水的居住地。迄于今日，我们在江汉平原还可以看到许多带有“台(垖)”、“墩”的自然村落地名。这些台和墩，有天然的，也有人工堆筑的，其最初功能是躲避洪水。1883 年，英国商人阿奇博尔德·约翰·立德乘小帆船从汉口出发，经沌口进入长河，沿长河而上，辗转达沙市。经过汉阳蒲潭一带时，他写道：“我们今天经过的地区，夏天是一个巨大的湖，孤零零的秃山像海岛一样在水面上只露出 10 至 200 英尺的山头。蒲潭村就建在其中一座山头上，与夏季的洪峰等高。”在蒲潭以西，沿途所经的地方景色十分单调，“打破这种单调景观的只有一些可怜的村庄，每隔三四英里，可以见到一个高出平原约 10 英尺的圆形土丘，丘顶上挤着十间八间泥屋。”[42] 前者所说的是汉阳西境蒲潭、马影一带的低丘陵地带，蒲潭村所在正是一个自然残丘；而后者则是“台”。这些自然或人工的墩台冈地或堤防，或呈面积有限的孤立残丘，或呈宽度有限的长条形状，民居筑于其上，遂表现出孤立分布或沿冈身、堤防线状分布的状况，而很难形成有明确中心的团聚式村落。在汉水下游平原，乾隆《汉阳府志》卷十五《堤防》录陈国儒《新丰堤记》称：“道左民居数十家，历落散处，如晨星点点，若断若续。”[43] 这些民居沿堤而建，彼此之间并不相连，显然属于分散居住。同治《汉川县志》卷十《民赋志》录嘉庆二十一年至二十三年间(1816—1818)任汉川知县的樊钟英所上“通禀汉川地方情形民间疾苦”云：“汉川地处襄江下游，形势低洼……素称泽国，除梅城、长城两乡地处高阜，其余尽属垸畈。每年泛涨，不破堤，仅厂畈被淹，若破堤，则垸内亦淹。……民庐多居墩、台。墩者，乃民间锄土造筑而成。若水淹久，则墩、台亦多坍卸，故居民多造茅屋竹篱，略加墙垣。夏秋水至，则拆屋移居，撑船远逃；春冬水退，则[刈](于)茅索陶，亟其乘屋。”[44]洪水并没有带来集居，恰恰相反，却导致了流动性很大的散居状态。

在山区，由于自然环境的限制，可供垦种的土地多限于山脚、溪谷两侧，地块狭小，每块之间相距较远，其所提供的产出(包括周围山林的产出)仅能供给一两户人家生活之需，故农家多依山脚、溪畔建立农舍，开垦相邻土地，利用山林资源。清道光初年，严如熤在《三省边防备览》中描述秦巴山地的居住状况说：“山内村落绝少，不过就所种之地，架棚筑屋，零星散处。所称地邻，往往岭谷隔绝，即两山相望，而一上一下，动辄数里。”“棚民本无定居，今年在此，明年在彼，甚至一岁之中，迁徙数处。即其已造房屋者，亦零星散处，非望衡瞻宇、比邻而居也。”[45]道光《石泉县志》卷二《户口志》也说客民“屋宇星散，多单丁独户之家。”[46]道光《紫阳县志》卷一《地理志》“山川”引知县沈麟的话说：“民之卜居于山阿水涯者，诛茅为屋，如晨星落落，求所谓‘三家村’者无有焉。”[47]光绪《续修平利县志》卷十《艺文志》录乾隆中县令古澧《平利县志钞本志序》谓当时平利县“合县四百余户，散于六百里竹箐荒茅之中，落落如晨星之丽天。”[48]光绪《白河县志》卷五《风俗》称：白河人烟稀少，居民“零星散处，无三家村堡，无一亩平田，亦地势使然也。”[49]凡此，都说明散居之所以成为山区主导性的居住形态，主要是受到山区的地形和土地资源条件的制约。

丘陵地带及部分低山地区地势的起伏不大，可开垦的土地一般能够联成一片，居住地点的选择余地比较大，交通条件也较好，就自然条件而言，似较适宜集居村落的形成。然而，长江中游地区丘陵与低山地带的稻作农业主要依赖自然降水的蓄存，即需要利用自然或人工陂堰以蓄积水资源，供给稻作农业用水和生活用水；而受到地形条件和劳动力投入的限制，古代丘陵与低山地带的陂堰规模往往较小，不足以支撑较大面积的稻作农业生产，因而也就不支持户口较多的集居村落。随枣走廊西端的枣阳县是典型的丘陵地区，散居的现象相当普遍。虽然枣阳县散居村落的成因较复杂，仍足以说明散居比较适宜丘陵地形。

总之，从农业生产的角度来看，“位于田地中央的孤立居住的形式，是一种很优越的居住方法，它给农民以自由，它使他靠近田地，它使他免除集体的束缚”[50]。因此，经济生活的需求，是导致散居作为一种原生居住方式的根本原因。如果人们生存的环境条件与经济生活的基本方式并未发生根本性的变化，那么，散居的方式，至少作为一种理想状态，应当会一直延续下去，即便人口有较大增加，人们也仍然可能更倾向于选择分散地居住，而不是集中地居住。

如果我们承认散居是传统中国乡村聚落形态的一种原生方式，或者说是一种原始的倾向，那么，集居村落就是长期发展或演变的结果，是一种次生的聚落形态。那么，哪些因素导致了集居村落的形成与发展？

首先考虑的因素当然是人口的增加。这是一个非常易于理解的村庄形成与扩展模式：单丁独户的农家，子孙繁衍，各自别户而居，建立新的家庭，村庄遂逐步扩大，形成十户、二十户乃至上百户的村落；或者，居住相对分散的几户农家，随着各家人口的繁衍和分家析户，新建的住房填充了原先的空隙，从而逐步形成为居住密集的集居村庄。在这一过程中，村庄开垦的田地越来越多，距离也就越来越远。但是，人口的增加并不必然导致形成集居村落，而至少需要两个前提条件：一是有足够的住宅用地可供扩展村庄，二是周围有足够的土地可供开垦耕种或有足够的山林湖泽可以提供必要的生产生活资料。在江汉平原，虽然广大的平原湖泽提供了必要的生产生活资料，但因为地势低洼，自然与人工墩台冈地或堤防所能提供的住宅用地却都很狭小，所以限制了集居村落的形成与扩展；而在丘陵山地，虽然可能拥有拓展村庄的住宅用地，但村庄附近的可耕地或山林资源却相当有限，也同样限制了村庄的扩大。

第二个因素是安全防御方面的考虑。安全显然是人们选择居住方式时需要考虑的重要方面。散居虽然使居住地尽可能靠近耕地、山林或湖泽，但却易受盗贼、兵匪的攻击。动乱时期的防卫需要，促使人们集聚起来，居住在可以提供保护的坞壁城堡土围子里。汉末六朝，长江中游地区被裹入了动乱的漩涡之中，于是地方长吏“皆敛民保城郭”，各地民众亦皆纷纷于山水险要处筑立坞堡城壁；隋唐之际、两宋之际、宋元之际、明清之际的社会动乱，均导致部分地区的乡村聚落出现了集聚化的浪潮，特别是山区民众，多“择便利之区，筑土城，储粮物，避贼乱，便耕稼”[51]，建立起许多土堡山寨。[52]但社会动乱也并不必然导致集居。在平原湖区，由于建筑堡寨相当困难，当动乱发生时，人们更愿意选择逃入湖泽的方式以躲避动乱。在这种情况下，社会动乱加剧了散居的程度。清初编纂的许多地方志在述及明清之际动乱之后的地方情形时，往往使用“井邑萧条、户口逃散、十不存一”之类的描述，正反映出民户逃离村落、散布于湖泽山野间的情形。

第三个因素是社会经济的发展。在比较原始的粗放经营的农业生产条件下，为了适应可耕地资源和山林、湖泽资源的条件，人们需要不断地移动从事耕作、采集与渔猎的地点，因而聚落也就随之而移动。直到明清时期，进入秦巴山区的移民在很长时间里仍然采取这样的流耕和流动居住方式[53]，从而极大地限制了村落规模的扩大。但是，随着生产力的不断提高，农业生产水平的提高，土地、山林乃至湖泽所有权关系的明确，定居乃成为必然，从而为集居村落的形成提供了前提。精耕细作农业的发展，使相同资源条件下的土地承载力不断提高，从而使村落可以容纳更多的人口；交通运输工具的改进与乡村道路的改善，也使村落与较远田地之间的联系逐步得到改进。凡此，都给村落规模的扩大提供了条件，使集居村落成为可能。

乡村社会经济发展所带来的集聚化，集中表现在市镇的形成与发展方面。由于市镇中的部分人口不再依赖田地、山林或湖泽等自然资源，因而也就无需考虑其住宅与田地、山林间的距离。唐宋时期的许多市镇，都不同程度地“离开”了周围的土地，越来越不具备“乡村聚落”的特征。市镇的发展是集聚村落发展的极致，它虽然根源于乡村，其发展方向却是“背离”乡村的。

第四个因素是宗族制度、文化与集聚村落之形成、发展之间的关联。关于宗族的形成、发展与集聚村落之成立、扩展之间的关系，前人曾作过一些探讨，但二者之间是否存在对应关系，即发达的宗族是否必然对应着户口规模较大的集聚村落，事实上还缺乏充分的实证性说明。显然，宗族组织有利于集居村落的形成与扩展，并强化了村落内部的集聚；而散居则可能不利于宗族组织的形成与发展。许多累世同居的大宗族构成了户口规模较大的集村。如著名的江州义门陈氏，至北宋初已是“十三世同居，长幼七百口，不畜仆妾，上下姻睦，不无闲言。”洪州奉新县胡氏，亦“累世聚居，至数百口。”[54]但是，宗族并不必然以集居为前提，也并不必然导致集居村落的产生。嘉靖《湖广图经志书》卷五《德安府》“文类”收《应城陈氏谱序》称：陈氏家族自江西迁出，兄弟五人，一居于蒲圻，一居于汉阳，一居于汉川，一居于汉川周陂，一居于应城三台。[55]民国二年江陵《胡氏族谱》卷九“南北二分支世系”说：

> 公等兄弟四人同生于江西南昌县中林乡，后迁湖北荆州江陵县。源海公择往龙湾司，宽海公卜居赫穴汛新孟二院，洪海公住居白鹭湖谭家港温家埠，汪海公住易家口横石剅。[56]

陈氏、胡氏兄弟虽然以家族的形式迁出，但并非整个家族同迁居于一地，其原因很简单，就是不容易找到足够整个家族众多人口生存与发展的“空地”。因此，“聚族而居”当以较充足的生计资源为前提。

最后一个因素但却可能是最重要的因素，就是政治权力的作用。人类早期聚落的形成和发展，与权力的生成、发展几乎是同步的：在早期聚落的形成过程中，权力发挥了重要作用，它将独立而分散的个体或家庭集中起来，规定其集中居住在聚落中及其在聚落空间与聚落社会中的位置，并将有限的资源集中起来，构成聚落的物质基础。在这个意义上，新石器时代大型聚落（如半坡和姜寨等）的形成，基本上可以看作是权力影响或运作的结果。而正是在这一过程中，权力得到切实的体现，并在具体的空间范围中得以呈现出来，生成并建立起其基本架构，逐步形成为部落、酋邦，进而产生了国家。因此，集中居住，乃是政治权力对于民众居住方式的一种“原始要求”，权力集中与有效运作，在很大程度上要求集中居住。权力对于集中的要求，与主要立基于自然和生计需求的个体、家庭的独立性，在根本上是背道而驰的，或者说是冲突的。

商周时代的国与邑，都是运用权力手段建立起来的权力中心，也是最基本的集中居住地，向无疑义。战国以迄秦汉时期以土垣环绕的封闭的“里”，应当是经过规划的聚落，而“聚”、“丘”则可能是自然发生的村落。有围墙的“里”，可能经历过一个从“自然发生”到“设计规划”的过程。《史记》卷五《秦本纪》记商鞅变法，谓：“（秦孝公）十二年，作为咸阳，筑冀阙，秦徙都之。并诸小乡聚，集为大县，县一令，四十一县。为田开阡陌。东地渡洛。十四年，初为赋。”[57]这里的“并小乡聚”，很可能就是把原来分散居住在较小聚落（自然发生的）中的民户“归并”到一起，按照官府的“设计”，建立起有围墙的“里”。所以，秦汉时期在关中与西北地区频见的有围墙环绕的“里”，很可能是在商鞅变法后“并小乡聚”，经过官府规划设计而建立起来的。这种以围墙环绕、相对整齐划一的集居村落，显然便于官府控制并征收赋役，汉唐时期的乡里制度也是以此为基础设计的。因此，从政府控制与行政管理的角度，如果可能，官府都会尽可能运用权力手段，将乡村居民集中居住在一起，并为之规划出相对整齐的村落格局。

一个地区的乡村聚落形态是以集村为主，还是以散村为主，是人们在自然、经济、政治、社会乃至文化过程中长期选择、不断适应与调整而逐步形成的，是非常复杂的过程。在这一过程中，自然环境（地形、洪水与气候等）、经济生产方式（农耕、采集与渔猎、伐木等）、政治权力及其运作、社会关系与组织方式（乡村基层组织、宗族等）以及文化传统、习俗等各方面因素都在共同发挥着作用。正是在这些因素的共同作用下，主要立基于自然与经济需求的分散居住的原始倾向逐步被放弃，主要立基于社会、政治与文化需求的集中居住成为主导性的倾向，所以散村在乡村聚落中所占的比重越来越低，而集村所占的比重则越来越高。

五　散居与聚居形态下社会组织与社会控制方式的差异

历史学、人类学与社会学领域的诸多研究，都主要从集村出发，探讨传统中国乡村聚落内部社会关系网络的形成及其特点，并提出了以所谓"村落共同体"为代表的阐释模式。"村落共同体"的观点是以集村为背景的，强调村落拥有共同利益和"公产"、具有相对独立的自治功能与机构，从而成为构成乡村社会的基层组织与管理单位。[58]村落共同体理论虽然受到广泛批评，但研究者大都相信：在集村地区，地域社会关系网络的重要单位是"村"。滨岛敦俊指出：在以集村为主的低乡地区（如相城镇周围、乌青镇地区），土地庙管辖的范围（庙界）是以聚落为单位分割的。他曾引用《湖州风俗志》（1988 年版）的材料描述集村地区的乡村社会关系："村、庄是农村基层社会组织。清末民初，自然村不设村长，而是公推年岁较高、品行端正、有威信的人主管村事，称他为‘阿爹’。村上一般事情甚至重大事情，都由阿爹说了算。若干个村合成一庄，一般以一个总管庙为中心划分一个庄。庄以地理位置编号，如第十五庄、一百廿六庄等。庄头就是钱粮保长。庄上大事，如完粮、做戏、出会、修庙、修桥铺路等等，召集村阿爹商议解决，称为‘议事’。议决事项，由阿爹分头落实。”由“阿爹”领导的自然村（“村”）是作为相对自治的社会组织而存在的；庄是比村更高一级的社会组织，一个庄包括若干“村”，是清代推行“顺庄法”之后形成的行政管理系统，构成“庄”的单位，是“村”。[59]

山西省阳城县的郭峪村是一个由杂姓组成的、规模较大的集村，宗族组织势力不强，村落的社会组织称作“郭峪社”，管理机构称“本班”，本班的成员称社首，首领称老社。“社首十几个人，由全体成年男性村民推举产生。清中叶前，一年选一次，以后改为三年选一次。社首要选有威望，人品正，有文化及一定经济实力的人担任。”村落附近的山场、城窑、豫楼以及庙宇，都是社的公产。本村内按照张、王、陈三片住宅区划分为三个坊，附属的侍郎寨和黑沙坡合为一坊，黄城村则为另一坊，共有五坊。[60]显然，郭峪村拥有公产和相对独立的自治功能及机构，在很大程度上可以看作为一种“村落共同体”。而南方地区许多著名的古村落，如安徽黟县关麓村、浙江建德县新叶村、兰溪诸葛村、江西乐安县流坑村等，则多是以宗族组织为基础形成村落社会关系网络并进行管理的。无论采用怎样的管理组织，在集村状态下，基本上都是以“村”为单位组织社会关系网络并开展管理的。

在散村地区，由于村落规模太小，“村”很难成为“农村基层社会组织”，亦即不可能作为一个地域性社会集团而存在。滨岛敦俊曾考察以散居为主的盛桥地区的庙宇与聚落之间的关系。这一地区共有8座庙，除去位于盛桥镇、发挥着镇庙功能的“城隍庙”及东岳庙之外，还有6座庙，平均一庙服务于近40个聚落。在盛桥镇，秋收后的“庙会”以“图”为单位安排土地庙演戏活动的。“图”是“都”之下的一种划分，鱼鳞图册就是以“图”为单位制作的，所以“图”基本上都有明确的境界，其辖土是明确的，而每个“图”包含若干个分散的自然村落。滨岛还引用在嘉定县的田野调查资料，以说明土地庙的庙界是按照“图”来划分的，其影响范围包括若干个自然村。如嘉定县娄塘镇三里村（行政村）共有12座土地庙，501户（1991年），27个自然村，平均两三个自然村共有一个土地庙。其结论是：“分散的孤立庄宅及小聚落的居民拥有土地庙的情况，不可能是以聚落为单位的，这一点恐怕没有什么疑义。”[61]

在江汉平原腹地，人们主要选择地势稍高的自然墩台、长冈或建造人工墩台，以躲避洪水的侵袭；很多台墩依堤而建或与堤相联，但台墩之间并不相连，从而形成以散居为主导的乡村聚落形态。这些分散的自然村落之间的社会经济关联，主要是通过“围垸”建立起来的。江汉平原“垸”的规模较大，一个垸可以包括十数个乃至数十个自然村落，方圆可达数十里。位于堤岸之上或依凭堤岸、沿堤岸延伸的村落规模稍大（几乎所有集市都沿堤岸延伸），位于垸内台、墩之上的村落规模较小，很多只是孤立房屋（如称为“庄屋”者）或只有两三户人家。值得注意的是，同一河段两岸堤上的村落，即使靠得很近，也可能不属于同一村落。在汉川县西境，裙带垸与上、下六湖垸之间，隔着一条小河义漳河：南岸堤上的四甲、杨家台、曹家台、榔家大桥、六甲、七屋台等自然村落，负责维修裙带垸的堤防，其耕地也大都处于裙带垸中；北岸堤上的刘家、高家、二甲属于下六湖垸，三甲、四甲、罗家台、半甲属于上六湖垸。两岸堤上的村落隔河相望，但并不属于同一村落，也就无以构成“村落共同体”。换言之，这里的自然村落是从属于垸的，真正将分散居住的各村落居民联系在一起的，乃是围垸。围垸是以水利与生产活动为基础的、村落之间的联合，它将位于堤岸与垸内的大小散居村落，通过围垸、排水、垸堤修防过程中的协作，联系在一起，进而形成自然村落的联盟（或共同体），它也是以“地块”为单位而不是以村落为单位形成的社会经济组织。[62]

在散村系由集村分出、地域并不相连的状态下，则可能形成以集村为主导、将集村与散村联系起来的纵向社会关系网络。在陕西韩城县西北部山区村落中，有相当一部分称为“山庄子”，是川塬区富裕人家为扩大生产经营，在山区购买大量山林和土地后建立起来的定居点，其最初居住者主要是佃户和雇工，地主及其管家因管理需要，也会不定期地在山庄子暂住。山庄子的经济与社会在很长时间内均附属于原村落。调查表明：绝大多数山区村落都与川塬区村落之间存在密切的经济与社会联系，其在当地山区则未能形成以地域区块为单元的社会关系网络。[63]类似的情形也见于洞庭湖区。早期进入洞庭湖区围垦的人们一般倾向于分散居住，自然聚落规模较小，甚至是独立农舍，其房屋均比较简陋，一般是土墙、茅草覆顶。新垦围垸里的这些散村，社会关系网络仍以与其原村落的纵向联系最为重要，湖区很多人家的祠堂仍在洞庭湖周边丘陵地带原来居住的村落里。这样的社会关系网络，通过血缘等关系，将新建的散居村落与作为其“母村”的集居村落联系起来，形成一种“线型”的社会关系网络。

通过上述研究与观察，我们初步归纳集村与散村状态下社会关系网络的模式：一是在集村状态下，以村落为单位形成乡村基层社会关系网络，社会组织与行政管理的基层单位是“村”。在这种状态下，如果村落存在着共同的经济与社会利益，应当是有可能形成所谓“村落共同体”的。二是在散村状态下，通过庙宇信仰与仪式、水利设施及其运营或者市场关系，形成包括若干小规模自然村落的地域性社会关系网络，社会组织与行政管理的基层单位是“地域区块”或“地块”。散村状态下由于水利、信仰与祭祀乃至市场等社会经济与文化关联而形成的地域性社会网络，或者亦可得称为“地域共同体”。在集村与散村混合的状态下，小规模的散村可能附属于与有着传统联系的集村（特别是散村是由集村分出来的情况下），如果散村与集村在地域上相连，则形成“地块”式的社会关系网络，在行政管理上，散村多由集村“代管”，仍属于第二种“地块”型的社会关系网络。但如果它们在地域上并不相连，则容易形成一种较远距离的纵向联系，散村的社会组织关系乃至行政管理关系可能在很长时间内仍留在集村中，从而表现为第三种形式的社会关系网络，即“线型”的社会关系网络。

居住形式与社会关系网络组织方式的差异，必然会给社会控制带来影响。嘉庆年间，严如熤在谈到秦巴山区的地方治安制度时说：“保甲本弥盗良法，而山内州县则只可行之于城市，不能行于村落。”因为山区居住分散，居民零星散处，“甲长、保正相距恒数里、数十里,讵能朝夕稽查?而造门牌、取互结,敛钱作费,徒滋胥吏之鱼肉。”[64]这里实际上涉及集居与散居状态下控制方式的不同:立基于集中居住状态的控制方式,很难在散居为主的山区实行,因为在集中居住状态下,易于通过户籍、邻保等手段控制居住人口,而在散居状态下,则很难做到。

从政府控制的角度来说,集村较之于散村,显然更易于控制。因此,自战国秦汉以来,乡村控制制度的设计,基本上是以集中居住的集村为基础。《汉书·食货志》描述先秦时期(很可能是战国时期齐国的情况,说另详)的乡里制度,谓“在壄曰庐,在邑曰里。五家为邻,五邻为里”;里各设有序,作为教化机构;“春令民毕出在壄,冬则毕入于邑”。[65]显然,“邑”是一种集居聚落,每邑可能划分为若干里,每里 25 家。汉代的里,按制度规定,有一百户。《续汉书·百官志》:“里有里魁,民有什伍,善恶以告。本注曰:里魁掌一里百家。什主十家,伍主五家,以相检察。民有善事恶事,以告监官。”[66]严格或理想意义上的里制,是在聚落四周围以土垣,民户集中居住在里边,并各分为什伍,以相检察,便于控制。但是,这种四周围以土垣,内部整齐划一、户口规模控制在百户上下的里,可能仅在关中、西北屯垦区等局部地区才存在,大部分地区的乡村聚落,即使是集居村落,达到或超过一百户的村落可能也极少,大多数村落则可能主要是规模较小的散村,特别是在广大的南方地区。这样,一个作为户籍、赋役管理单位的里,除了在局部地区,就必然包括若干个称作聚、丘、村的自然村落。这样组成的乡村基层行政管理单位“里”,实际上就是一个“地域区块”,而不是自然村落(只是在关中、西北屯垦区等局部地区和少数较大规模的村落,作为自然村落的"里"与作为行政管理单位的"里"才基本重合，实现制度设计的一村一里状态）。

隋唐制度，亦以百家为里，与汉制相同。《通典》卷三《食货三》"乡党"云："诸户以百户为里，五里为乡，四家为邻，五邻为保。每里置正一人。（若山谷阻险，地远人稀之处，听随便量置。）掌按比户口，课植农桑，检察非违，催驱赋役。……在田野者为村，别置村正一人，其村满百家，增置一人，掌同坊正。其村居如[不]满十家者，隶入大村，不须别置村正。"[67]其所说的"里"是版籍与赋役征纳单元，"村"则是社会组织单位。在规模较大的集村，每村置有村正，里也就按村编排，一村编成一里；规模较小的村，隶入大村，可能也与大村同属一里。换言之，在集村地区，以村为单位编组"里"，而以小村附属大村，共同编组成"里"，实际上也构成了一个"地域区块"。而在分散居住的地区，一个里势必包括若干自然村落。因此，隋唐之编制乡里，虽以户口为鹄的与准绳，然在运作过程中，乃不得不以一定地域与自然聚落为依据，"百户为里，五里为乡"云云，盖只能取其大概，无以强求。而且，当隋与唐初在各地推行教化、编制乡里、征发赋役时，必依托魏晋以来所置屯戍之类控制点，渐及其周围地域，复于其地域范围内捡括户口，编组乡里，亦即在集居聚落为中心，逐步将周围的散居村落包括进来，从而形成以某一较大聚落为中心、包括若干小村的基层行政单位。

立足于集居村落状态下户口控制的"里"制，显然与散村状态下民户居住的高度分散不相适应，也往往与乡村社会组织相脱节。南宋时期江南诸路渐次推行的都—图制，则是以土地控制为核心建立起来的拥有基本稳定的地域范围、负责乡村土地与人户登记、编排佥充赋役的乡村基层地域单位。[68]这种制度与南方地区分散居住的散村状态比较适合。而金元时代主要在北方地区推行的社制，则是以自然村落为基础组织的、兼具民众自治与赋役征发、治安管理双重职能的乡村社会基层组织，主要适应北方集村为主的乡村聚落形态。[69]但在实行社制的地区，实际上很多社也是包括若干自然村落的。《元典章》卷二三《户部》卷九“立社”下录至元二十八年(1291)尚书省奏申《劝农立社事理》，对社制作了具体规定，谓：“诸县所属村疃，凡五十家立为一社，不以是何诸色人等，并行立社。令社众推举年高通晓农事、有兼丁者，立为社长。如一村五十家以上，只为一社；增至百家者，另设社长一员；如不及五十家者，与附近村分相并为一社；若地远人稀不能相并者，斟酌各处地面，各村自为一社者听，或三村五村并为一社，仍于酌中村内选立社长。”[70]显然，在“与附近村分相并为一社”或“三村五村并为一社”的情况下，“社”实际上也是以地块为单位的。

明代里甲制度规定以一百一十户编成一里。但即使在华北平原，如前所述，明初的乡村聚落也大都以散村为主，很少有足够编成一里的集居村落，所以实际上一个里往往包括一个以上的村落。王建革曾引用万历《宁津县志》的记载，认为直到明中后期，宁津县的一个里有三四个村庄，只有极少数的里是一个村庄。[71]黄忠怀曾经考察明清时期华北平原散村的管理方式，指出那些次生分化形成的小村落一般采用“代管”的方式，即由附近原生型村落代为管理。而早期由移民形成的散居聚落，民皆散处，高度分散，“还不能落实到村庄层面进行管理，而是直接统合在移民里甲或屯的管理之下”[72]。在这两种情形下，实际上是以某一个村庄为中心，包括了周围一个以上的小规模村落，共同组成一个基层行政管理单位，也就是以地域区块为单位，进行管理的。阳城县郭峪村在明清时期置有郭峪里，但郭峪里除了郭峪本村之外，还包括大桥、东峪、黄城、大端、沟底、于山等自然村，共同构成一个基层行政管理单位，所以，郭峪里实际上是以郭峪村为中心、沿着樊溪河谷延伸的一个地块。[73]我们曾根据嘉庆《汉阳县志》卷八《堤防志》、卷十二《户口保甲》所记，复原清中后期汉阳县各里之今地范围及所包括的村落。如玉一里（当即嘉靖《汉阳府志》所记之玉山乡一图）所属有南湖嘴、张大渡、季余家垸、宝家嘴、洪山庙、黄沙庙、尉武山、补锅岭、鸭港桥等九个村落，“唯尉武山、补锅岭、鸭港桥三村皆系尉武山为屏障，形势较高，余村并无冈陵，均畏官湖、南湖水涨”。而明初的玉山乡一里很可能就是以尉武山、补锅岭、鸭港桥三个自然村落为基础编排的。又如山三里（当即明代的山阳乡三图），位于汉阳县西南境（今汉阳区蒲潭一带），其南滨大江，西临太白湖，北依蒲潭山。在嘉庆年间有上蒲潭、香炉山等十三个村落。其中，位于山麓的上蒲潭、周家河、水南（分为上下）三村建村较早，而地势低洼的滩头、东庄、南庄等村建村最晚。据此，我们揣测洪武中编排山阳乡三图时，所能控制的村落大抵就是位于山麓的上蒲潭、周家河、水南等村。[74]

因此，中国古代乡里制度设计的背景，虽然是集中居住、且拥有封闭式土垣或藩篱围绕的村落，官府也曾经不遗余力地推行集居方式，以便于控制和行政管理，但事实上，大部分时期的大部分地区，受到地理条件、经济生产方式以及生活习惯等诸方面因素的制约，这种集居村落并不普遍，“里”的编排不得不超出自然村落的范畴，而将数个自然村落的民户编排成一个“里”。这样，“里”在空间形态上遂成为包括若干自然村落（往往有一个村落为其中心）的地域区块。当然，在户口较多的集村里，村、里重叠在一起，表现为一村一里的理想状态，与里制设计的初衷比较吻合。而在原先一里包括若干自然村落的地区，随着村落规模的扩大，兼之里甲底册多与村落实际居住民户不相符合，“里”的管理体制不再能够有效地管理各村庄，遂借助“顺庄法”的推行，将原来根据户籍、按照地块编排里甲的方式，转变成以自然村落为基本单位的组织方式。清中后期伴随着华北地区村落发展的普遍集聚化与“顺庄法”的推行，村庄遂越来越普遍地成为行政管理与社会组织的基本单位。

总之，集村与散村状态下的社会关系网络与社会控制方式可能均存在明显差别：在集村状态下，村落构成为社会关系网络与社会控制的基本单位；而在散村状态下，则以若干自然村落组成的地域区块，构成社会关系网络与社会控制的基本单位。由于在历史时期集村的存在只是局部地区或部分时期里的现象，而且很多集村还通过“代管”等方式，将周围甚至较远距离的散村吸纳进自己的社会组织和管理系统内，从而也表现为地块式的空间组织结构，所以，包括若干自然村落的、地域区块式的社会组织与控制的空间形态，是传统中国乡村社会中基层社会关系网络和社会控制的基本形态。

注释

1 对乡村聚落地理的研究,一般是在传统农业经济的定居背景下展开的。原始粗放农业状态下的不定居住、居住在船上的水上人家(疍民)、游牧人群的季节性移居和季节性定居,都不能形成稳定的居住景观(聚落),也就很难说得上对其形态进行分析。当然,不定居住、船居、游牧人群的冬营地或夏营地,也都可以看作为广义的"聚落",只是我们暂时未将其包括在讨论范围之内。

2 左大康主编:《现代地理学辞典》,"乡村聚落形态"条,北京:商务印书馆,1990 年,第 699 页;陈芳惠:《村落地理学》,台北:五南图书出版公司,1984 年,第 114—132 页。

3 阿·德芒戎:《农村居住形式地理》,见氏著《人文地理学问题》,葛以德译,北京:商务印书馆,1993 年,第 140—192 页,引文见第 146 页。

4 鲁西奇、韩轲轲:《散村的形成:以江汉平原腹地乡村聚落的形态及其演变为中心》,《中国历史地理论丛》2011 年第 4 期。

5 阿·德芒戎:《农村居住形式地理》,见氏著《人文地理学问题》,第 192 页。

6 金其铭:《中国农村聚落地理》,南京:江苏科学技术出版社,1989 年,第 183 页。

7 尹钧科:《北京郊区村落发展史》,北京:北京大学出版社,2001 年,第 342—370 页,引文见第 343—344 页。

8 尹钧科:《北京郊区村落发展史》,第 347—354、305—307 页。

9 王庆成:《晚清华北村落》,《近代史研究》2002 年第 3 期。

10 宫崎市定:《中国上代は封建制か都市国家か》,《史林》(京都)杂志第 33 卷第 2 期(1950 年),后收入氏著《アヅア研究》第三卷,京都:同朋舍,1970 年,第 139—154 页;《关于中国聚落形体的变迁》,见刘俊文主编《日本学者研究中国史论著选译》第三卷,北京:中华书局,1993 年,第 1—29 页;《中国村制的成立——古代帝国崩坏的一面》,见中国科学院历史研究所翻译组编译《宫崎市定论文选集》,上卷,北京:商务印书馆,1963 年,第 33—54 页。

11 侯旭东:《北朝的村落》,见氏著《北朝村民的生活世界——朝廷、州县与村里》,北京:商务印书馆,2005 年,第 26—59 页,引文见第 42—44 页。另请参阅侯旭东《汉魏六朝的自然聚落——兼论"邨"、"村"关系与"村"的通称化》,见黄宽重主编《中国史新论:基层社会分册》,台北:联经出版事业有限公司,2009 年,第 127—182 页。

12 邢义田:《从出土资料看秦汉聚落形态和乡里行政》,收入氏著《治国安邦:法制、行政与军事》,北京:中华书局,2011 年,第 249—355 页,引文见第 334—335 页。

13 侯旭东:《汉魏六朝父系意识的成长与"宗族"》,《北朝并州乐平郡石艾县安鹿交村的个案研究》,见氏著《北朝村民的生活世界——朝廷、州县与村里》,第 60—107、231—264 页。

14 《通典》卷三《食货三》,北京:中华书局,1988 年,第 62—63 页。

15 爱宕元:《唐代前期华北村落一类型——河南修武县周村》,钟翀译,《杭州师范学院学报》2003 年第 5 期。

16 小野胜年:《入唐求法巡礼行記の研究》,京都:法藏馆,1989 年,卷一,第 484、525 页;卷二,第 3、21、50—52、227—231、241—244、248、291—292、293—296、299—304、306—308、341、344—348、360、362、366、367—369、373—374、382、388、400 页;卷三,第 158—162、198—200、207—208、210—211、213、218、222—224、232—233、236、245、247、254 页。

17 李景汉编:《定县社会概况调查》,北京:中国人民大学出版社,1986 年,重印本,第 73—75 页。

18 王庆成:《晚清华北乡村:历史与规模》,《历史研究》2007 年第 2 期。

19 王建革:《华北平原内聚型村落形成中的地理与社会影响因素》,《历史地理》第 16 辑,上海:上海人民出版社,2000 年,第 92—107 页。

20 黄忠怀:《整合与分化:明永乐以后河北平原的村落形态及其演变》,上海:复旦大学博士学位论文,2003 年;《从聚落到村落:明清华北新兴村落的生长过程》,《河北学刊》2005 年第 1 期;《明清华北平原村落的裂变分化与密集化过程》,《清史研究》2005 年第 2 期;《明清华北村落发展与近代基层制度变迁》《浙江学刊》2006 年第 2 期;《人口的增殖流动与明清华北平原的村落发展》,《中国历史地理论丛》2005 年第 2 期。另请参阅章英华《清末民初华北农村的村落组织和村际关系》,《"中央研究院"民族学研究所集刊》(台北)第 72 期,1991 年。范毅军:《华北农村聚落的形成及其土地问题:河北丰润县米厂村、昌黎县前梁各庄、平谷县大北关三个村的个案研究》,收入许倬云等编《第二届中国社会经济史研究研讨会论文集》,台北:汉学研究资料及服务中心,1983 年,第 317—354 页;《由两份村图管窥清末华北基层社会的一些断面》,《新史学》第 19 卷第 1 期(2008 年),第 51—104 页。

21 鲁西奇:《散居与聚居:汉宋间长江中游地区的乡村聚落形态及其演变》,载《历史地理》第 23 辑,上海:上海人民出版社,2008 年,第 128—151 页;又见氏著《人群・聚落・地域社会:中古南方史地初探》,厦门:厦门大学出版社,2012 年,第 57—115 页。另请参阅池田雄一《中国古代の聚落形态》、《中国古代の"都市"と农村》、《汉代の里と自然村》、《马王堆出土〈地形图〉の聚落》,并收入氏著《中国古代の聚落と地方行政》,东京:汲古书院,2002 年,第 65—156 页;秦晖:《传统中华帝国的乡村基层控制:汉唐间的乡村组织》,黄宗智主编《中国乡村研究》第 1 辑,北京:商务印书馆,2003 年,第 1—32 页。

22 鲁西奇:《区域历史地理研究:对象与方法——汉水流域的个案考察》,南宁:广西人民出版社,2000 年,第 512—513 页。

23 潜江县地名领导小组办公室编:《湖北省潜江县地名志》(内部资料),潜江:1982 年,第 135—162 页。

24 施雅风等:《成都平原之土地利用》,《地理学报》第 14 卷第 1 期(1948 年),后收入施雅风《地理环境与冰川研究》,北京:科学出版社,1998 年,第 75—86 页,引文见第 80 页。

25 施雅风:《川西地理考察记》,原刊《地理》第 5 卷(1946 年),后收入氏著《地理环境与冰川研究》,第 62—74 页,引文见第 68 页。

26 杨纫章:《重庆西郊小区域地理研究》,《地理学报》第 8 卷(1941 年),第 19—28 页,引文见第 25 页。

27 施雅风:《川西地理考察记》,见氏著《地理环境与冰川研究》,第 62—74 页,引文见第 74 页。

28 滨岛敦俊:《明清江南农村社会与民间信仰》,朱海滨译,厦门:厦门大学出版社,2008 年,第 132—134 页。

29 金其铭:《中国农村聚落地理》,第 354 页。

30 滨岛敦俊:《明清江南农村社会与民间信仰》,第 132—134 页。

31 傅俊:《南宋的村落世界》,杭州:浙江大学博士学位论文,2009 年,第 54—58 页。

32 陈春声:《乡村的故事与国家的历史——以樟林为例 兼论传统乡村社会研究的方法问题》,《中国乡村研究》第二辑,北京:商务印书馆,2003 年,第 1—33 页。

33 陈春声、肖文评:《聚落形态与社会转型:明清之际韩江流域地方动乱之历史影响》,《史学月刊》2011 年第 2 期。

34 上田信:《地域的履历——浙江省奉化县忠义乡》,《杭州师范学院学报》2004 年第 1、2 期;傅俊:《南宋的村落世界》,杭州:浙江大学博士学位论文,2009 年,第 24—34 页。

35 光绪《忠义乡志》卷五《村族》,《中国地方志集成·乡镇志》,上海:上海书店,1993 年,第 24 册,第 562 页。

36 光绪《忠义乡志》卷五《村族》,《中国地方志集成·乡镇志》,第 24 册,第 561—562、568—569 页。

37 阿·德芒戎:《农村居住形式地理》,《人文地理学问题》,第 140—216 页,引文见第 157 页。

38 陈芳惠:《村落地理学》,台北:五南图书出版公司,1984 年,第 117 页。

39 从考古学角度复原某一遗址的人口数量,主要是根据墓地所出的人骨数量,结合同期居址的数量和面积大小来推算的。目前汉水流域所发掘的新石器时代遗址,尚无整体揭露者,且所发现的墓葬出土人骨也多保存不好,无法判明具体遗址的人口数量。因此,只能通过考察遗址面积的大小来作大致的推算。较为广泛的人类学比较研究表明,史前聚落与人口之间关系的粗略统计数据为:聚落人口密度约为 1 万平方米 150 人,个人平均生活空间约 67 平方米。以这一标准推算,淅川下王岗的史前人口约为 90 人,郧县大寺遗址的史前人口约为 75 人,而京山油子岭则有 300 人。但这样的推算实际上是非常危险的,其结果可能距事实非常之远。

40　鲁西奇:《新石器时代汉水流域聚落地理的初步考察》,《中国历史地理论丛》1999 年第 1 期;《区域历史地理研究:对象与方法——汉水流域的个案考察》,南宁:广西人民出版社,2000 年,第 91—115 页。

41　鲁西奇:《青铜时代汉水流域居住地理的初步研究》,《中国历史地理论丛》2000 年第 4 期;《区域历史地理研究:对象与方法——汉水流域的个案考察》,第 158—173 页。

42　立德:《扁舟过三峡》,黄立思译,昆明:云南人民出版社,2001 年,第 15—16 页。

43　乾隆《汉阳府志》卷十五《堤防》"新丰堤"条下录陈国儒《新丰堤记》,《中国地方志集成·湖北府县志辑》本(据同治十年刻本影印),南京:江苏古籍出版社,2001 年,第 1 册,第 152 页。

44　同治《汉川县志》卷十《民赋志》,《中国地方志集成·湖北府县志辑》本(据同治十年刻本影印),南京:江苏古籍出版社,2001 年,第 9 册,第 240 页。

45　严如熤:《三省边防备览》卷十二《策略》,扬州:江苏广陵古籍刻印社,1991 年,影印本(据道光初兴安府署藏刻本影印),第二十一页下、二十五页下。

46　道光《石泉县志》卷二《户口志》,《中国地方志集成·陕西府县志辑》本(据道光二十九年刻本影印),南京:凤凰出版社,2007 年,第 56 册,第 20 页。

47　道光《紫阳县志》卷一《地理志》"山川",《中国地方志集成·陕西府县志辑》本,南京:凤凰出版社,2007 年,第 56 册,第 141 页。

48　光绪《续修平利县志》卷十《艺文志》,《中国地方志集成·陕西府县志辑》本,南京:凤凰出版社,2007 年,第 53 册,第 507 页。

49　光绪《白河县志》卷五《风俗》,《中国地方志集成·陕西府县志辑》本,南京:凤凰出版社,2007 年,第 55 册,第 430 页。

50　阿·德芒戎:《农村居住形式地理》,见《人文地理学问题》,第 169 页。

51　同治《房县志》卷三《砦堡》,《中国地方志集成·湖北府县志辑》本,南京:江苏古籍出版社,2001 年,第 59 册,第 396 页。

52 关于动乱时期土堡山寨之修筑、组织及其意义，论者已多，请参阅黄宽重《从坞堡到山水寨——地方自卫武力》，见氏著《南宋史研究集》，台北：新文丰出版公司，1985 年，第 147—181 页；杨国安：《社会动荡与清代湖北乡村中的寨堡》，《武汉大学学报》（人文科学版）2001 年第 5 期；饶伟新：《明清时期华南地区乡村聚落的宗族化与军事化——以赣南乡村围寨为中心》，《史学月刊》2003 年第 12 期；等等。

53 参阅张建民《明清长江流域山区资源开发与环境演变》，武汉：武汉大学出版社，2007 年，第 467—522 页。

54 《宋史》卷四五六《孝义传》，“陈兢”、“胡仲尧”条，第 13390—13392 页。

55 嘉靖《湖广图经志书》卷五《德安府》“文类”，《日本藏中国罕见地方志丛刊》本（据嘉靖元年刻本影印），北京：书目文献出版社，1991 年，第 478—479 页。

56 江陵《胡氏族谱》卷九，“南北二分支世系”，民国二年，转引自张国雄《明清时期的两湖移民》，西安：陕西人民教育出版社，1995 年，第 110 页。

57 《史记》卷五《秦本纪》，北京：中华书局，1959 年，第 203 页。

58 关于村落共同体理论的简要阐述，可参阅旗田巍《中国村落と共同体理论》，东京：岩波书店，1973 年，第 1—26 页；李国庆：《关于中国村落共同体的论战——以“戒能—平野论战”为核心》，《社会学研究》2005 年第 6 期。

59 滨岛敦俊：《明清江南农村社会与民间信仰》，第 138—139 页。

60 李秋香：《中国村居》，天津：百花文艺出版社，2002 年，第 70—71 页。

61 滨岛敦俊：《明清江南农村社会与民间信仰》，第 155 页。

62 鲁西奇：《明清时期江汉平原的围垸：从“水利工程”到“水利共同体”》，张建民、鲁西奇主编《历史时期长江中游地区人类活动与环境变迁专题研究》，武汉：武汉大学出版社，2011 年，第 348—437 页；鲁西奇：《“水利社会”的形成——以明清时期江汉平原的垸田水利为中心》，《中国经济史研究》2013 年第 2 期。

63 周若祁、张光主编：《韩城村寨与党家村民居》，第 43—45 页。

64 严如熤：《三省边防备览》卷十二《策略》，第二十五页下。

65　《汉书》卷二四《食货志上》,第1121页。

66　《续汉书·百官志五》,见《后汉书》,北京:中华书局,1965年,第3625页。

67　《通典》卷三《食货三》"乡党",北京:中华书局,1988年,第63—64页。

68　参阅曾我部静雄《南宋の土地經界法》,见氏著《宋代政經史の研究》,东京:吉川弘文馆,1974年,第406—442页;周藤吉之:《南宋鄉都の税制と土地所有》,见氏著《宋代經濟史研究》,东京:东京大学出版会,1962年,第437—473页。王德毅:《李椿年与南宋土地经界》,《食货月刊》复刊第2卷第5期,又见陈国栋、罗彤华主编《台湾学者中国史研究论丛·经济脉动》,北京:中国大百科全书出版社,2005年,第164—192页;柳田節子:《宋元鄉村制の研究》,东京:创文社,1986年,特别是第132—163页;梁庚尧:《南宋的均赋与均役》,见氏著《南宋的农村经济》,北京:新星出版社,2006年,第194—208页。

69　参阅松本善海《元代における社制の創立》,《東方學報》第11卷第1期(1940年);岡本敬二:《元代の社制と鄉村》,《歷史教育》第13卷第9期(1965年);太田彌一郎:《元代社制の性格》,《集刊東洋學》第23卷(1970年);杨讷:《元代农村社制研究》,《历史研究》1965年第4期;仝晰纲:《元代的村社制度》,《山东大学学报》1996年第6期。

70　《大元圣政国朝典章》卷二三《户部》卷九"立社",北京:中国广播电视出版社,1998年,影印元刊本,第993页。

71　王建革:《传统社会末期华北的生态与社会》,北京:生活·读书·新知三联书店,2009年,第372页。

72　黄忠怀:《整合与分化:明永乐以后河北平原的村落形态及其演变》,上海:复旦大学博士学位论文,2003年;《从聚落到村落:明清华北新兴村落的生长过程》,《河北学刊》2005年第1期。

73　李秋香:《中国村居》,第58—70页。

74　鲁西奇、徐斌:《明清时期江汉平原里甲制度的实行及其变革》,《"中央研究院"历史语言研究所集刊》(台北)第84本第1分,2013年3月。

主要征引文献

一　基本资料(以书名首字音序排序)

1.《波余遗稿》,王翼孙,见王芑孙著《渊雅堂全集》第四函,清嘉庆九年长洲王氏家刻本。

2.《泊宅编》,方勺撰,许沛藻、杨立扬校,北京:中华书局,1983 年。

3.《册府元龟》(影印本),王钦若等编纂,北京:中华书局,1960 年。

4.《陈书》,姚思廉撰,北京:中华书局,1972 年。

5. 成化《中都志》,《天一阁藏明代方志选刊续编》(据隆庆刊本影印),第 33—34 册,上海:上海书店,1990 年。

6.《重校鹤山先生大全文集》,魏了翁著,《四部丛刊》本,上海:上海书店,1985 年。

7.《春秋左传注》,杨伯峻编著,北京:中华书局,1990 年。

8.《大金国志校证》,宇文懋昭撰,崔文印校证,北京:中华书局,1986 年。

9.《大唐西域记校注》,玄奘、辩机著,季羡林等校注,北京:中华书局,2000 年。

10.《大元圣政国朝典章》(影印元刊本),北京:中国广播电视出版社,1998 年。

11. 道光《留坝厅志》,《中国地方志集成·陕西府县志辑》本(据道光二十二年汉中友义斋刻本影印),第 52 册,南京:凤凰出版社,2007 年。

12. 道光《石泉县志》,《中国地方志集成·陕西府县志辑》本(据道光二十九年刻本影印),第 56 册,南京:凤凰出版社,2007 年。

13. 道光《紫阳县志》,《中国地方志集成·陕西府县志辑》本,第 56 册,南京:凤凰出版社,2007 年。

14.《东观汉记校注》,刘珍等撰,吴树平校注,北京:中华书局,2008 年。

15.《读史方舆纪要》,顾祖禹著,北京:中华书局,2005 年。

16.《范成大笔记六种》,范成大撰,孔凡礼点校,北京:中华书局,2002 年。

17.《范仲淹全集》,范仲淹著,范能濬编集,薛正兴校点,南京:凤凰出版社,2004 年。

18.《庚申外史笺证》,任崇岳著,郑州:中州古籍出版社,1991 年。

19. 光绪《白河县志》,《中国地方志集成·陕西府县志辑》本,第 55 册,南京:凤凰出版社,2007 年。

20. 光绪《留坝厅乡土志》,《陕西省图书馆藏稀见方志丛刊》本,第 15 册,北京:北京图书馆出版社,2006 年。

21. 光绪《襄阳府志》,《中国地方志集成·湖北府县志辑》本(据光绪十一年刻本影印),第63册,南京:江苏古籍出版社,2001年。

22. 光绪《续修平利县志》,《中国地方志集成·陕西府县志辑》本,第53册,南京:凤凰出版社,2007年。

23. 光绪《忠义乡志》,《中国地方志集成·乡镇志》,上海:上海书店,1992年。

24.《广志绎》(标点本),王士性撰,吕景琳点校,北京:中华书局,1981年。

25.《汉书》,班固撰,颜师古注,北京:中华书局,1962年。

26.《汉魏南北朝墓志汇编》,赵超著,天津:天津古籍出版社,1992年。

27.《郝文忠公陵川文集》,郝经著,《北京图书馆古籍珍本丛刊》本(据正德二年刻本影印),第91册,北京:书目文献出版社,1991年。

28.《鸿猷录》,高岱撰,孙正容、单锦珩点校,北京:中华书局,1992年。

29. 洪武《京城图志》,王俊华纂修,《北京图书馆古籍珍本丛刊》本(据清抄本影印),第24册,北京:书目文献出版社,1990年。

30.《后汉书》,范晔撰,李贤等注,北京:中华书局,1965年。

31.《湖北省房县地名志》,房县地名领导小组办公室编,1984年。

32.《湖北省谷城县地名志》,谷城县地名领导小组办公室编，1982 年。

33.《湖北省潜江县地名志》(内部资料)，潜江县地名领导小组办公室编，1982 年。

34.《湖北省襄阳县地名志》(内部资料)，襄阳县地名领导小组编，1983 年。

35.《华阳国志校补图注》，常璩撰，任乃强校注，上海：上海古籍出版社，1987 年。

36.《纪邪匪齐二寡妇之乱》，周凯著，《内自讼斋文集》卷一(清道光二十年爱吾庐刻本)，自《清代诗文汇编》，上海：上海古籍出版社，2010 年。

37. 嘉靖《湖广图经志书》，薛刚纂修，吴廷举续修，《日本藏中国罕见地方志丛刊》本，北京：书目文献出版社，1991 年。

38. 嘉靖《南畿志》，闻人铨、陈沂纂修，《北京图书馆古籍珍本丛刊》本(据明嘉靖刻本影印)，第 24 册，北京：书目文献出版社，1990 年。

39. 嘉庆《重修一统志》，北京：中华书局，1986 年。

40. 嘉庆《汉南续修郡志》，《中国地方志集成 · 陕西府县志辑》本(据民国十三年刻本影印)，第 50 册，南京：凤凰出版社，2007 年。

41. 嘉庆《山阳县志》，《故宫珍本丛刊》本(据嘉庆元年刻本影印)，海口：海南出版社，2001 年。

42.《建炎以来朝野杂记》，李心传撰，徐规点校，北京：中华书局，2000 年。

43.《金史》，脱脱等撰，北京：中华书局，1975 年。

44.《晋书》，房玄龄等撰，北京：中华书局，1974 年。

45.《旧五代史》,薛居正等撰,北京:中华书局,1976 年。

46. 康熙《永州府志》,《日本藏中国罕见地方志丛刊》本(影印本),北京:书目文献出版社,1992 年。

47.《礼记集解》,孙希旦撰,王星贤、沈啸寰点校,北京:中华书局,1989 年。

48.《梁书》,姚思廉撰,北京:中华书局,1973 年。

49.《辽史》,脱脱等撰,北京:中华书局,1974 年。

50.《六臣注文选》,萧统编,李善等注,北京:中华书局,1987 年。

51.《陆贽集》,陆贽撰,王素点校,北京:中华书局,2006 年。

52.《碑铭所见前秦至隋初的关中部族》,马长寿,北京:中华书局,1985 年。

53.《马可波罗行纪》,[法]沙海昂注,冯承钧译,北京:中华书局,2004 年。

54. 民国《镇坪县乡土志》,《陕西省图书馆藏稀见方志丛刊》本,第 16 册,北京:北京图书馆出版社,2006 年。

55.《明经世文编》(影印本),陈子龙编,北京:中华书局,1962 年。

56.《明史》,张廷玉等撰,北京:中华书局,1974 年。

57.《明实录》(影印本),台北:“中央研究院”历史语言研究所,1964 年。

58.《墨庄漫录》,张邦基撰,孔凡礼点校,北京:中华书局,2002 年。

59.《南齐书》,萧子显撰,北京:中华书局,1972 年。

60.《南阳地区志》,南阳地区地方史志编纂委员会,郑州:

河南人民出版社,1994 年。

61.《能改斋漫录》,吴曾撰,上海:上海古籍出版社,1979 年。

62.《廿二史考异》,钱大昕著,方诗铭、周殿杰校点,上海:上海古籍出版社,2004 年。

63.《廿二史札记》,赵翼撰,北京:中国书店,1987 年。

64.《欧阳修全集》,欧阳修撰,北京:中华书局,2001 年。

65.《欧阳修全集》,欧阳修著,李逸安点校,北京:中国书店,1986 年。

66. 乾隆《汉阳府志》,《中国地方志集成·湖北府县志辑》本(据同治十年刻本影印),第 1 册,南京:江苏古籍出版社,2001 年。

67. 乾隆《襄阳府志》(乾隆二十五年刻本),陈锷纂修,武汉:湖北人民出版社,影印本,2009 年。

68. 乾隆《续商州志》,《中国地方志集成·陕西府县志辑》本(据清乾隆二十三年刻本影印),第 30 册,南京:凤凰出版社,2007 年。

69. 乾隆《直隶商州志》,《中国地方志集成·陕西府县志辑》本(据清乾隆九年刻本影印),第 30 册,南京:凤凰出版社,2007 年。

70.《清高宗实录》,北京:中华书局,1986 年。

71.《清经世文编》(影印本),贺长龄等编,北京:中华书局,1992 年。

72.《清史稿》,赵尔巽等撰,北京:中华书局,1977 年。

73.《清异录》,陶穀著,《丛书集成新编》本(影印本),台北:

新文丰出版公司,1984 年。

74.《全唐文》(影印本),董诰等编,北京:中华书局,1983 年。

75.《群书考索》(影印本),章如愚撰,北京:书目文献出版社,1992 年。

76.《入蜀记》,陆游著,《知不足斋丛书》本(影印本),北京:中华书局,1999 年。

77.《三国志》,陈寿撰,陈乃乾校点,北京:中华书局,1959 年。

78.《三省边防备览》(据道光兴安府署刻本影印),严如熤著,扬州:江苏广陵古籍刻印社,1991 年。

79.《三省山内风土杂识》,严如熤著,北京:中华书局,1985 年,影印《丛书集成初编》本第 3114 种。

80.《圣武记》,魏源撰,韩锡铎、孙文良点校,北京:中华书局,1984 年。

81.《十国春秋》,吴任臣撰,徐敏霞、周莹点校,北京:中华书局,1983 年。

82.《十驾斋养新录》,钱大昕著,陈文和、孙显军校点,南京:江苏古籍出版社,2000 年。

83.《石刻史料新编》第一辑(第 2 版),严耕望主编,台北:新文丰出版公司,1982 年。

84.《史记》,司马迁撰,北京:中华书局,1959 年。

85.《世说新语笺疏》,刘义庆著,刘孝标注,余嘉锡笺疏,周祖谟等整理,上海:上海古籍出版社,1993 年。

86.《事林广记》(影印本),陈元靓撰,北京:中华书局,1999 年。

87.《司马温公文集》,司马光撰,北京:中华书局,1985 年。

88.《宋大诏令集》,北京:中华书局,1962 年。

89.《宋会要辑稿》(影印本),徐松辑,北京:中华书局,1957 年。

90.《宋史》,脱脱等撰,北京:中华书局,1977 年。

91.《宋书》,沈约撰,北京:中华书局,1974 年。

92.《宋文鉴》,吕祖谦编,齐治平点校,北京:中华书局,1992 年。

93.《苏轼全集》,苏轼著,傅成、穆俦标点,上海:上海古籍出版社,2000 年。

94.《涑水记闻》,司马光撰,邓广铭、张希清点校,北京:中华书局,1989 年。

95.《隋书》,魏徵等撰,北京:中华书局,1973 年。

96.《随銮纪恩》,汪灏著,见王锡祺辑《小方壶斋舆地丛钞》第一帙(影印本),杭州:杭州古籍书店,1985 年。

97.《太平广记》,李昉等编,北京:中华书局,1961 年。

98.《太平寰宇记》,乐史撰,赵文楚等点校,北京:中华书局,2007 年。

99.《太平经合校》,王明等编,北京:中华书局,1960 年。

100.《太平御览》(影印本),北京:中华书局,1960 年。

101.《唐才子传》,辛文房撰,王大安校订,哈尔滨:黑龙江人民出版社,1986 年。

102.《唐大诏令集》,宋敏求编,洪丕谟等点校,北京:学林出版社,1992 年。

103.《唐会要》,王溥撰,北京:中华书局,1955 年。

104.《唐六典》,李林甫等撰,陈仲夫点校,北京:中华书局,1992 年。

105.《唐律疏议笺解》,刘俊文撰,北京:中华书局,1996 年。

106.《陶渊明集笺注》,袁行霈撰,北京:中华书局,2011 年。

107.《天府广记》,孙承泽纂,北京:北京古籍出版社,1984 年。

108.《天下郡国利病书》,顾炎武撰,《四部丛刊三编》本(据昆山图书馆藏稿本影印),上海:上海书店,1985 年。

109.《通典》,杜佑撰,王文锦等点校,北京:中华书局,1988 年。

110. 同治《房县志》,《中国地方志集成·湖北府县志辑》本,第 59 册,南京:江苏古籍出版社,2001 年。

111. 同治《汉川县志》,《中国地方志集成·湖北府县志辑》本(据同治十年刻本影印),第 9 册,南京:江苏古籍出版社,2001 年。

112. 同治《襄阳县志》,《中国地方志集成·湖北府县志辑》本(据同治十三年刻本影印),第 64 册,南京:江苏古籍出版社,2001 年。

113.《吐鲁番出土文书》(录文本),国家文物局古文献研究室、新疆维吾尔自治区博物馆、武汉大学历史系编,北京:文物出版社,1981 年。

114. 万历重修本《明会典》,申时行等修,北京:中华书局,影印本,1989 年。

115. 万历《湖广总志》,徐学谟纂修,《四库全书存目丛书》

本(据万历刻本影印),济南:齐鲁书社,1996 年。

116. 万历《金华府志》,王懋德等修纂,《中国方志丛书》本(华中地方第 498 号,据万历六年刊本影印),台北:成文出版社,1983 年。

117.《万历野获编》,沈德符撰,北京:中华书局,1959 年。

118. 万历《郧台志》,万历十九年刻本,日本名古屋市蓬左文库藏。

119. 万历《郧阳府志》,周绍稷撰,万历六年刻本。

120.《王禹偁诗文选》,王延梯选注,北京:人民文学出版社,1996 年。

121.《魏书》,魏收撰,北京:中华书局,1974 年。

122.《文献通考》(影印本),马端临撰,北京:中华书局,1986 年。

123.《吴郡志》,《宋元方志丛刊》本,北京:中华书局,1990 年。

124.《五代会要》,王溥撰,上海:上海古籍出版社,2006 年。

125.《五国故事》,《知不足斋丛书》本(影印本),北京:中华书局,1999 年。

126.《西山先生真文忠公文集》,真德秀撰,《四部丛刊》本,上海:上海书店,1985 年。

127.《西夏书事校证》,吴广成撰,龚世俊等校证,兰州:甘肃文化出版社,1995 年。

128.《析津志辑佚》,熊梦祥著,北京图书馆善本组辑,北京:北京古籍出版社,1983 年。

129.《襄阳县志》,湖北省襄阳县地方志编纂委员会编纂,武汉:湖北人民出版社,1989 年。

130.《新唐书》,欧阳修、宋祁撰,北京:中华书局,1975 年。

131.《新五代史》,欧阳修撰,北京:中华书局,1974 年。

132.《徐渭集》,徐渭著,北京:中华书局,1983 年。

133.《续夷坚志》,元好问撰,常振国点校,北京:中华书局,1986 年。

134.《续资治通鉴长编》,李焘撰,北京:中华书局,1992 年。

135.《荀子集解》,王先谦著,沈啸寰、王星贤点校,北京:中华书局,1988 年。

136.《盐铁论校注》,桓宽撰,王利器校注,北京:中华书局,1992 年。

137.《簷曝杂记》,赵翼撰,北京:中华书局,1982 年。

138.《夷坚志》,洪迈撰,何卓点校,北京:中华书局,1981 年。

139.《艺文类聚》,欧阳询撰,汪绍楹校,上海:上海古籍出版社,1965 年。

140.《永乐大典》(影印本),解缙等撰,北京:中华书局,1986 年。

141.《永乐大典方志辑佚》,马蓉等点校,北京:中华书局,2004 年。

142.《酉阳杂俎》,段成式撰,方南生点校,北京:中华书局,1981 年。

143.《舆地纪胜》(影印本),王象之撰,北京:中华书局,1992 年。

144.《玉海》(影印本),王应麟辑,扬州:广陵书社,2003 年。

145.《元朝名臣事略》,苏天爵撰,《丛书集成初编》本,第3358册,北京:中华书局,1985年。

146.《元丰九域志》,王存撰,魏嵩山、王文楚点校,北京:中华书局,1984年。

147.《元好问全集》,姚奠中主编,太原:山西古籍出版社,2004年。

148.《元和郡县图志》,李吉甫撰,贺次君点校,北京:中华书局,1983年。

149.《肇域志》,顾炎武撰,谭其骧等点校,上海:上海古籍出版社,2004年。

150.《中国文物地图集·河南分册》,国家文物局主编,北京:中国地图出版社,1991年。

151.《周礼正义》,孙诒让撰,王文锦、陈玉霞点校,北京:中华书局,1987年。

152.《周书》,令狐德棻撰,北京:中华书局,1971年。

153.《朱熹集》,朱熹著,郭齐、尹波点校,成都:四川教育出版社,1996年。

154.《朱子语类》,朱熹著,黎靖德编,北京:中华书局,1986年。

155.《滋溪文稿》,苏天爵著,陈高华、孟繁清点校,北京:中华书局,1997年。

156.《资治通鉴》,司马光编著,胡三省音注,北京:中华书局,1956年。

157.《左传(春秋经传集解)》,左丘明撰,杜预集解,上海:上海古籍出版社,1997年。

二 研究文献(以作者姓氏音序排序)

1. Atwood, Christopher:"Life in Third-fourth Century Cad'ota: A Survey of Information Gathered from the Prakrit Documents Found North of Minfeng [Niya]", *Central Asiatic Journal*, Vol.35, No.3—4.

2. [日]爱宕元:《唐代地域社会史研究》,京都:同朋舍,1997年。

3. [日]爱宕元:《唐代前期华北村落一类型——河南修武县周村》,钟翀译,《杭州师范学院学报》2003年第5期。

4. Barfield, Thomas J.: *The Perilous Frontier: Nomadic Empires and China*, Cambridge, Ma.: Basil Blackwell Inc., 1989.

5. Bassin, M. :"Race Contra Space: the Conflict between German Geopolitik and National Socialism", *Political Geography*. No. 6 (1987).

6. Bender, B.: "Landscape-meaning and Action", B. Bender ed., *Landscape: Politics and Perspectives*. Oxford: Oxford University Press, 1992.

7. Bielenstein, Hans(毕汉斯):"Lo-Yang in Late Han Times", *The Museum of Far Eastern Antiquities*, 48(1976).

8. Boas, F.: *Race, Language and Culture*, New York: MacMillan, 1982.

9. Burnham, Philip:"Mobility and Political Centralization in Pastoral Societies", *Pastoral Production and Society*, ed.

by L'Equipe écologie et anthropologie des sociétés pastorals, Cambridge: Cambridge University Press, 1979.

10. [日]北村一仁:《"荒人"試論——南北朝前期の国境地域》,《东洋史苑》(日本龙谷大学东洋史研究会编)第60、61号(2003年)。

11. [日]北村一仁:《南北朝国境地域の社會形成過程及びその実態》,《东洋史苑》第63号(2004年)。

12. 北京大学考古学系编:《纪念北京大学考古专业三十周年论文集(1952—1982)》,北京:文物出版社,1990年。

13. 北京大学中古史研究中心编:《纪念陈寅恪先生诞辰百年学术论文集》,北京:北京大学出版社,1989年。

14. [英]阿兰·R. H.贝克:《地理学与历史学》,阙维民译,北京:商务印书馆,2008年。

15. [日]滨岛敦俊:《明清江南农村社会与民间信仰》,朱海滨译,厦门:厦门大学出版社,2008年。

16. [日]滨口重国:《秦汉隋唐史の研究》,东京:东京大学出版会,1966年。

17. [英]C. R.博克舍编注:《十六世纪中国南部行纪》,何高济译,北京:中华书局,1990年。

18. [法]布罗代尔:《15至18世纪的物质文明、经济和资本主义》(卷一),顾良、施康强译,北京:生活·读书·新知三联书店,1992年。

19. [法]布罗代尔:《法兰西的特性——空间和历史》,顾良、张泽乾译,北京:商务印书馆,1994年。

20. Chan Hok-lam. "Liu Ping-chung 劉秉忠(1216—74):

A Buddhist-Taoist Statesman at the Court of Khubilai Khan". *T'oung Pao*, Vol.53, No.1 (1967).

21. Chang, Sen-Dou: "Some Aspects of the Urban Geography of Chinese Hsien Capital", *Annals of the Association of American Geographers*, Vol.51, No.1.(Mar., 1961).

22. Chang, Sen-Dou: The Historical Trend of Chinese Urbanization, *Annals of the Association of American Geographers*, Vol.53, No.2, Jun., 1963.

23. Chang, Sen-Dou: "Some Observation on the Morphology of Chinese Walled Cities", *Annals of the Association of American Geographers*, Vol.60, No.1.(Mar., 1970).

24. Crossley, Pamela Kyle & Siu, Helen F. & Sutton, Donald S. ed., *Empire at the Margins: Culture, Ethnicity, and Frontier in Early Modern China*. Los Angeles, and London: University of California Press, 2006.

25. 曹婉如等编:《中国古代地图集(战国—元)》,北京:文物出版社,1990 年。

26. 曹新宇、宋军、鲍齐:《中国秘密社会》(第三卷),福州:福建人民出版社,2002 年。

27. 陈春声:《乡村的故事与国家的历史——以樟林为例兼论传统乡村社会研究的方法问题》,《中国乡村研究》第二辑,北京:商务印书馆,2003 年。

28. 陈春声、肖文评:《聚落形态与社会转型:明清之际韩江流域地方动乱之历史影响》,《史学月刊》2011 年第 2 期。

29. 陈芳惠:《村落地理学》,台北:五南图书出版公司,1984 年。

30. 陈锋主编:《明清以来长江流域社会发展史论》,武汉:武汉大学出版社,2006 年。

31. 陈桦:《清代区域社会经济研究》,北京:中国人民大学出版社,1996 年。

32. 陈金凤、姜敏:《南北朝时期北魏与中间地带蛮族合作探微——以北魏和桓诞、田益宗合作为中心》,《中南民族大学学报》2002 年第 6 期。

33. 陈金凤:《魏晋南北朝中间地带研究》,天津:天津古籍出版社,2005 年。

34. 陈伟:《关于宋、郑之间"隙地"的性质》,唐晓峰主编《九州》第三辑,北京:商务印书馆,2003 年。

35. 陈文华:《中国原始农业的起源和发展》,《农业考古》2005 年第 1 期。

36. 陈学霖:《宋史论集》,台北:东大图书公司,1993 年。

37. 陈寅恪:《金明馆丛稿初编》,上海:上海古籍出版社,1980 年。

38. 陈寅恪:《金明馆丛稿二编》,北京:生活·读书·新知三联书店,2001 年。

39. 陈寅恪:《唐代政治史述论稿》,上海:上海古籍出版社,1997 年。

40. 陈正祥:《中国文化中心的迁移》,北京:生活·读书·新知三联书店,1981 年。

41. 陈正祥:《中国文化地理》,北京:生活·读书·新知三联书店,1981 年。

42. 程存洁:《唐代城市史研究初篇》,北京:中华书局,2002 年。

43. 成一农:《中国古代城市城墙史研究综述》,《中国史研究动态》2007 年第 1 期。

44. 程有为:《南北朝时期的淮汉蛮族》,《郑州大学学报》2003 年第 1 期。

45. 程郁:《宋代城郊发展的原因与特点》,《上海师范大学学报》1992 年第 1 期。

46. [日]池田雄一:《中国古代の聚落と地方行政》,东京:汲古书院,2002 年。

47. 楚皇城考古发掘队:《湖北宜城楚皇城勘查简报》,《考古》1980 年第 2 期。

48. [日]川本芳昭:《魏晋南北朝時代の民族問題》,东京:汲古书院,1998 年。

49. Daniels, S. & Cosgrove, D. : "Iconography and Landscape", in D. Cosgrove and S. Daniels, ed., *The Iconography of Landscape: Essays on the Symbolic Representation, Design and Use of Past Environments*. Cambridge: Cambridge University Press, 1988.

50. Dreyer, Edward L. *Early Ming China: A Political History, 1355—1435*. Stanford, Calif.: Stanford University, 1982.

51. 大司徒·绛求坚赞:《朗氏家族史》(汉译本),赞拉·阿旺、佘万治译，陈庆英校，拉萨：西藏人民出版社，1989 年。

52. [巴基斯坦]丹尼(A. H. Dani)、[苏联]马松(V. M. Masson)主编：《中亚文明史》第一卷，芮传明译，北京：中国对外翻译出版公司、联合国教科文组织，2002 年。

53. [日]岛田正郎：《大契丹国——辽代社会史研究》，何天明译，呼和浩特：内蒙古人民出版社，2007 年。

54. [法]德芒戎：《人文地理学问题》，葛以德译，北京：商务印书馆，1993 年。

55. [日]荻原淳平：《明朝の政治體制》，《京都大学文学部研究纪要》第 11 号(1967 年)。

56. 杜正胜：《欧亚草原动物纹饰与中国古代北方民族之考察》，《"中央研究院"历史语言研究所集刊》(台北)第 64 本第 2 分，1993 年。

57. 杜正胜：《周代城邦》，台北：联经出版事业股份有限公司，2003 年。

58. Farmer, Edward L. *Early Ming Government: The Evolution of Dual Capitals*. Cambridge, Mass.: Harvard University Press, 1976.

59. 樊树志：《明代荆襄流民与棚民》，《中国史研究》1980 年第 3 期。

60. [美]范德(Edward L. Farmer)：《图绘明代中国：明代地方志插图研究》，《中国社会历史评论》第 2 卷，天津：天津古籍出版社，2000 年。

61. 范毅军：《由两份村图管窥清末华北基层社会的一些断面》，《新史学》(台北)第 19 卷第 1 期(2008 年)。

62. 傅俊:《南宋的村落世界》,杭州:浙江大学博士学位论文,2009 年。

63. 傅乐焕:《辽史丛考》,北京:中华书局,1984 年。

64. 傅衣凌:《休休室治史文稿补编》,北京:中华书局,2008 年。

65. 傅衣凌:《明清社会经济史论文集》,北京:中华书局,2008 年。

66. [日]岡本敬二:《元代の社制と鄉村》,《歷史教育》第 13 卷第 9 期(1965 年)。

67. 格勒:《论藏族文化的起源形成与周围民族的关系》,广州:中山大学出版社,1988 年。

68. 格勒、刘一民、张建世、安才旦:《藏北牧民——西藏那曲地区社会历史调查》,北京:中国藏学出版社,2004 年。

69. 格勒:《藏族早期历史与文化》,北京:商务印书馆,2006 年。

70. 葛剑雄主编:《中国移民史》第二卷,福州:福建人民出版社,1997 年。

71. [日]宫崎市定:《アヅア研究》,京都:同朋舍,1970 年。

72. 龚胜生:《清代两湖农业地理》,武汉:华中师范大学出版社,1996 年。

73. [日]谷川道雄:《隋唐帝国形成史论》,李济沧译,上海:上海古籍出版社,2004 年。

74. 谷霁光:《府兵制度考释》,上海:上海人民出版社,1962 年。

75. [日]谷口房男:《華南民族史研究》,东京:绿荫书房,

1996 年。

76. 广东省博物馆等:《广东曲江石峡墓葬发掘简报》,《文物》1978 年第 7 期。

77. 广西文物工作队等:《广西南宁地区新石器时代贝丘遗址》,《考古》1975 年第 5 期。

78. 贵州省博物馆考古组:《赫章可乐发掘简报》,《考古学报》1986 年第 2 期。

79. 郭湖生:《子城制度——中国城市史专题研究之一》,《东方学报》(京都)第 57 册(1985 年 3 月)。

80. 郭湖生:《中华古都——中国古代城市史论文集》,台北:空间出版社,1997 年。

81. Hartwell,R. M. :"Demographic, Political, and Social Transformations of China", *Harvard Journal of Asiatic Studies*. Vol.42. No.2. (Dec.,1982).

82. [美]理查德·哈特向:《地理学的性质——当前地理学思想述评》,叶光庭译,北京:商务印书馆,1996 年。

83. 韩茂莉:《宋代农业地理》,太原:山西古籍出版社,1993 年。

84. 韩茂莉:《辽金农业地理》,北京:社会科学文献出版社,1999 年。

85. [美]韩书瑞(Susan Naquin):《山东叛乱:1774 年王伦起义》,刘平、唐雁超译,南京:江苏人民出版社,2008 年。

86. 韩树峰:《南北朝时期淮汉迤北的边境豪族》,北京:社会科学文献出版社,2003 年。

87. 韩维周、王儒林:《河南西峡县及南阳市两处古城调查》,《考古通讯》1960 年第 2 期。

88. 河南省文化局文物工作队:《南阳汉代铁工厂发掘简报》,《文物》1960 年第 1 期。

89. 何竹淇:《两宋农民战争史料汇编》,北京:中华书局,1976 年。

90. 贺业钜:《考工记营国制度研究》,北京:中国建筑工业出版社,1985 年。

91. 侯仁之:《侯仁之文集》,北京:北京大学出版社,1998 年。

92. 侯仁之:《历史地理学的视野》,北京:生活·读书·新知三联书店,2009 年。

93. 侯旭东:《北朝村民的生活世界——朝廷、州县与村里》,北京:商务印书馆,2005 年。

94. 胡阿祥:《东晋南朝侨州郡县的设置及其地理分布(下)》,《历史地理》第 9 辑,上海:上海人民出版社,1990 年。

95. 湖北省文物考古所等:《1992 年云梦楚王城发掘简报》,《文物》1994 年第 4 期。

96. 华绘:《明代定都南北两京的经过》,《禹贡半月刊》2 卷 11 期(1935 年)。

97. 黄宽重:《宋代城郭的防御设施及材料》,《大陆杂志》(台北)81 卷第 2 期。

98. 黄宽重:《南宋史研究集》,台北:新文丰出版公司,1985 年。

99. 黄仁宇:《十六世纪明代中国之财政与税收》,阿风等译,北京:生活·读书·新知三联书店,2001 年。

100. 黄叔梅:《六朝太湖流域的发展》,台北:联鸣文化有限公司,1982 年。

101. 黄应贵:《空间、力与社会》,《广西民族学院学报》2002 年第 2 期。

102. 黄永年:《文史探微》,北京:中华书局,2000 年。

103. 黄忠怀:《整合与分化:明永乐以后河北平原的村落形态及其演变》,上海:复旦大学博士学位论文,2003 年。

104. 黄忠怀:《从聚落到村落:明清华北新兴村落的生长过程》,《河北学刊》2005 年第 1 期。

105. 黄忠怀:《明清华北平原村落的裂变分化与密集化过程》,《清史研究》2005 年第 2 期。

106. 黄忠怀:《人口的增殖流动与明清华北平原的村落发展》,《中国历史地理论丛》2005 年第 2 期。

107. 黄忠怀:《明清华北村落发展与近代基层制度变迁》,《浙江学刊》2006 年第 2 期。

108. 黄宗智主编:《中国乡村研究》第 1 辑,北京:商务印书馆,2003 年。

109. Irons, William: "Political Stratification among Pastoral Nomads", *Pastoral Production and Society*. ed. by L'Equipe écologie et anthropologie des sociétés pastorals, Cambridge: Cambridge University Press, 1979.

110. 冀朝鼎:《中国历史上的基本经济区与水利事业的发展》,朱诗鳌译,北京:中国社会科学出版社,1981 年。

111. [日]加藤繁:《中国经济史考证》,吴杰译,北京:商务印书馆,1959 年。

112. 江田祥:《乾嘉之际白莲教“襄阳教团”的地理分布与空间结构》,《宗教学研究》2008 年第 3 期。

113. 姜伯勤:《从判文看唐代市籍制的终结》,《历史研究》1990 年第 3 期。

114. 姜伯勤:《唐代城市史与唐礼唐令》,《唐研究》第 10 卷,北京:北京大学出版社,2004 年。

115. 金其铭:《中国农村聚落地理》,南京:江苏科学技术出版社,1989 年。

116. [美]孔飞力(Philip A. Kuhn):《中华帝国晚期的叛乱及其敌人》,谢亮生、杨品泉、谢思炜译,北京:中国社会科学出版社,2002 年。

117. [美]孔飞力(Philip A. Kuhn):《叫魂:1768 年中国妖术大恐慌》,陈兼、刘昶译,上海:上海三联书店,2002 年。

118. 孔昭辰、刘长江等:《中国考古遗址植物遗存与原始农业》,《中原文物》2003 年第 2 期。

119. [美]欧文·拉铁摩尔:《中国的亚洲内陆边疆》,唐晓峰译,南京:江苏人民出版社,2005 年。

120. [波斯]拉施特主编:《史集》,余大钧、周建奇译,北京:商务印书馆,1985 年。

121. 赖家度:《明代郧阳农民起义》,武汉:湖北人民出版社,1956 年。

122. 劳榦:《北魏后期的重要都邑与北魏政治的关系》,《“中央研究院”历史语言研究所集刊外编》第四种,《庆祝董作宾先生六十五岁论文集》上册,台北:“中央研究院”历史语言研究所,1960 年。

123. 劳榦:《古代中国的历史与文化》,北京:中华书局,2006 年。

124. 李伯重:《唐代江南农业的发展》,北京:农业出版社,1990 年(北京:北京大学出版社,2009 年再版)。

125. 李根蟠:《我国原始农业起源于山地考》,《农业考古》1981 年第 1 期。

126. 李国庆:《关于中国村落共同体的论战——以"戒能—平野论战"为核心》,《社会学研究》2005 年第 6 期。

127. 李健民:《清嘉庆元年川楚白莲教起事原因的探讨》,《"中央研究院"近代史研究所集刊》(台北)第 22 期,1993 年。

128. 李景汉编:《定县社会概况调查》,北京:中国人民大学出版社,1986 年,重印本。

129. 李景林:《从〈三省边防备览〉一书看十八世纪至十九世纪二十年代陕川鄂三省交界地区社会关系的一些特点》,《史学集刊》1956 年第 2 期。

130. 李秋香:《中国村居》,天津:百花文艺出版社,2002 年。

131. [苏联]B. A.李特文斯基主编:《中亚文明史》第三卷,马小鹤译,北京:中国对外翻译出版公司、联合国教科文组织,2003 年。

132. 李孝聪:《唐宋运河城市城址选择与城市形态的研究》,《环境变迁研究》第 4 辑,北京:北京古籍出版社,1993 年。

133. 李孝聪主编:《唐代地域结构与运作空间》,上海:上海辞书出版社,2003 年。

134. 李治安等著:《元代华北政区研究》,天津:南开大学出版社,2009 年。

135.［美］立德:《扁舟过三峡》,黄立思译,昆明:云南人民出版社,2001 年。

136. 梁庚尧:《南宋的农村经济》,北京:新星出版社,2006 年。

137. 梁景之:《清代民间宗教与乡土社会》,北京:社会科学文献出版社,2004 年。

138. 林立平:《封闭结构的终结》,南宁:广西人民出版社,1989 年。

139. 林梅村:《佉卢文时代鄯善王朝的世系研究》,《西域研究》1991 年第 1 期。

140. 林梅村:《汉代精绝国与尼雅遗址》,《文物》1996 年第 12 期。

141. 刘广京:《从档案材料看一七九六年湖北省白莲教起义的宗教因素》,中国第一历史档案馆编《明清档案与历史研究》,北京:中华书局,1988 年。

142. 刘俊文主编:《日本学者研究中国史论著选译》,北京:中华书局,1993 年。

143. 刘俊文:《唐律疏议笺解》,北京:中华书局,1996 年。

144. 刘浦江:《松漠之间——辽金契丹女真史研究》,北京:中华书局,2008 年。

145. 刘庆柱:《中国古代文明起源、形成与中国古代都城考古研究》,见《法国汉学》第 11 辑,《考古发掘与历史复原》,北京:中华书局,2006 年。

146. 刘淑芬:《六朝的城市与社会》,台北:台湾学生书局,1992 年。

147. 刘文锁:《沙海古卷释稿》,北京:中华书局,2007 年。

148. [日]柳田節子:《宋元郷村制の研究》,东京:创文社,1986 年。

149. 鲁西奇:《区域历史地理研究:对象与方法——汉水流域的个案考察》,南宁:广西人民出版社,2000 年。

150. 鲁西奇:《城墙内外:古代汉水流域城市的形态与空间结构》,北京:中华书局,2011 年。

151. 鲁西奇:《人群·聚落·地域社会:中古南方史地初探》,厦门:厦门大学出版社,2012 年。

152. 鲁西奇:《汉宋间长江中游地区乡村聚落形态及其演变》,《历史地理》第 23 辑,上海:上海人民出版社,2008 年。

153. 鲁西奇、蔡述明:《秦巴山地生态恶化贫困区历史成因分析》,《山地研究》1996 年第 3 期。

154. 鲁西奇、董勤:《南方山区经济开发的历史进程与空间展布》,《中国历史地理论丛》2010 年第 4 期。

155. 鲁西奇、林昌丈:《汉中三堰:明清时期汉中地区的堰渠水利与社会变迁》,北京:中华书局,2011 年。

156. 鲁西奇、徐斌:《明清时期江汉平原里甲制度的实行及其变革》,《"中央研究院"历史语言研究所集刊》(台北)第 84 本第 1 分,2013 年。

157. 逯耀东:《从平城到洛阳——拓跋魏文化转变的历程》,北京:中华书局,2006 年。

158. 罗新:《青徐豪族与宋齐政治》,《原学》第一辑,北京:中国广播电视出版社,1994 年。

159. 罗新:《王化与山险——中古早期南方诸蛮历史命运

之概观》,《历史研究》2009 年第 2 期。

160. Mackinder, H. J. *Democratic Ideals and Realities: A Study in the Politics of Reconstruction*, London: Constable & co., 1919.

161. Mikesell, M. : "Landscape", D. L. Sills ed., *International Encyclopedia of the Social Sciences*, Vol. 8, New York: Crowell, Collier and Macmillan, 1968.

162. Mignon, Molly Raymond ed., *Dictionary of Concepts in Archaeology*, "Diffusion". Westport, Conn.: Greenwood Press, 1993.

163. 麻国庆:《秘密社会与传统汉族社会结构》,《思想战线》2000 年第 3 期。

164. 马长寿:《氐与羌》,上海:上海人民出版社,1984 年。

165. 马长寿:《碑铭所见前秦至隋初的关中部族》,北京:中华书局,1985 年。

166. 马非百:《管子轻重篇新诠》,北京:中华书局,1979 年。

167. 马西沙、韩秉方:《中国民间宗教史》,上海:上海人民出版社,1992 年。

168. 马正林编著:《中国城市历史地理》,济南:山东教育出版社,1998 年。

169. 毛汉光:《北魏东魏北齐之核心集团与核心区》,《"中央研究院"历史语言研究所集刊》(台北)第 57 本第 2 分,1986 年。

170. 毛汉光:《中国中古政治史论》,上海:上海书店出版社,2002 年。

171. 毛佩琦:《永乐皇帝大传》,沈阳:辽宁教育出版社,1994 年。

172. [英]麦金德:《历史的地理枢纽》,林尔蔚、陈江译,北京:商务印书馆,1985 年。

173. 梅莉、张国雄、晏昌贵:《两湖平原开发探源》,南昌:江西教育出版社,1995 年。

174. [美]路易斯·亨利·摩尔根:《古代社会》,杨东莼、马雍、马巨译,北京:商务印书馆,1997 年。

175. 牟发松:《唐代长江中游的经济与社会》,武汉:武汉大学出版社,1989 年。

176. [美]牟复礼、[英]崔瑞德编:《剑桥中国明代史》,张书生等译,北京:中国社会科学出版社,1992 年。

177. [英]帕克:《二十世纪的西方地理政治思想》,李亦鸣等译,北京:解放军出版社,1992 年。

178. 裴安平:《农业、文化、社会:史前考古文集》,北京:科学出版社,2006 年。

179. 彭勇:《明代班军制度研究》,北京:中央民族大学出版社,2006 年。

180. 彭雨新、张建民:《明清长江流域农业水利研究》,武汉:武汉大学出版社,1993 年。

181. [美]F.普洛格、[美]D. G.贝茨:《文化演进与人类行为》,吴爱明、邓勇译,沈阳:辽宁人民出版社,1988 年。

182. 漆侠:《中国经济通史·宋代经济卷》,北京:经济日报出版社,1999 年。

183. 齐东方:《魏晋隋唐城市里坊制度——考古学的印

证》,《唐研究》第 9 卷,北京:北京大学出版社,2003 年。

184. [日]旗田巍:《中国村落と共同体理论》,东京:岩波书店,1973 年。

185. 秦宝琦:《中国地下社会》第一卷,《清前期秘密社会卷》,北京:学苑出版社,2004 年。

186. 秦中行:《记汉中出土的汉代陂池模型》,《文物》1976 年第 3 期。

187. 瞿同祖:《清代地方政府》,范忠信等译,何鹏校,北京:法律出版社,2003 年。

188. 全汉昇:《中国经济史研究》,台北:稻乡出版社,1991 年。

189. 饶伟新:《明清时期华南地区乡村聚落的宗族化与军事化——以赣南乡村围寨为中心》,《史学月刊》2003 年第 12 期。

190. 饶宗颐:《中国史学上之正统论》,上海:上海远东出版社,1996 年。

191. 容观夐:《文化传播与传播论派——文化人类学方法论研究之三》,《广西民族学院学报》1998 年第 4 期。

192. Salzman, P. "Is Nomadism a Useful Concept?" *Nomadic Peoples*, No.6, 1981.

193. Sauer, C. O. :"The Morphology of Landscape", 1925, Reprinted in J. Leighly ed., *Land and Life*: *Selections from the Writing of Carl Ortwin Sauer*. Berkeley, Ca.: University of California Press, 1974.

194. Sibley, D.:*Geographies of Exclusion*: *Society and*

Difference in the West. London: Routledge, 1995.

195. Skinner,G. W.:"The Structure of Chinese History", *The Journal of Asian Studies*, Vol.44, No.2(Feb., 1985).

196. Skinner, G. William: "Presidential Address: The Structure of Chinese History", *Journal of Asian Studies*, Vol.44, No.2. (Feb.,1985). 中译本见《中国封建社会晚期城市研究》,王旭译,长春:吉林教育出版社,1991 年。

197. Smith, W.: "Friedrich Ratzel and the Origins of Lebensraum", *German Studies Review*, No.3 (1980).

198. [美]E. R.塞维斯:《文化进化论》,黄宝玮等译,北京:华夏出版社,1991 年。

199. 陕西考古所汉水队:《陕西安康专区考古调查报告》,《考古》1960 年第 3 期。

200. 陕西师范大学西北历史环境与经济社会发展研究中心编:《历史环境与文明演进》,北京:商务印书馆,2005 年。

201. [日]上田信:《地域的履历——浙江省奉化县忠义乡》,《杭州师范学院学报》2004 年第 1、2 期。

202. [美]施坚雅主编:《中华帝国晚期的城市》,叶光庭等译,北京:中华书局,2000 年。

203. 施雅风:《地理环境与冰川研究》,北京:科学出版社,1998 年。

204. [法]石泰安:《西藏的文明》,耿昇译,北京:中国藏学出版社,1998 年。

205. 石兴邦:《中国新石器时代考古文化体系研究的理论与实践》,《考古与文物》2002 年第 1 期。

206. 史树青:《谈新疆民丰尼雅遗址》,《文物》1962 年第 7—8 期。

207. [日]斯波义信:《宋代江南经济史研究》,方健、何忠礼译,南京:江苏人民出版社,2001 年。

208. [日]松本善海:《元代における社制の創立》,《東方學報》第 11 卷第 1 期(1940 年)。

209. 宋军:《清代弘阳教研究》,北京:社会科学文献出版社,2002 年。

210. 苏秉琦:《关于考古学文化的区系类型问题》,《文物》1981 年第 5 期。

211. 苏秉琦:《中国文明起源新探》,北京:生活·读书·新知三联书店,1999 年。

212. 苏秉琦:《苏秉琦文集》,北京:文物出版社,2009 年。

213. 宿白:《现代城市中古代城址的初步考查》,《文物》2001 年第 1 期。

214. Tylor, E. B.: "On a Method of Investigating the Development of Institutions: Applied to Laws of Marriage and Descent". *Reading in Cross Cultural Methodology*, edited by F. W. Moore, New Haven: HRAF Press, 1970.

215. [日]太田彌一郎:《元代社制の性格》,《集刊東洋學》第 23 卷(1970 年)。

216. 谭其骧:《长水集》上册,北京:人民出版社,1987 年。

217. 谭其骧:《长水粹编》,石家庄:河北教育出版社,2000 年。

218. 唐晓峰、黄义军编:《历史地理学读本》,北京:北京大学出版社,2006 年。

219. 唐长孺:《二秦城民暴动的性质和特点》,《武汉大学学报》1979 年第 1 期。

220. 唐长孺:《山居存稿》,北京:中华书局,1989 年。

221. 田广金、郭素新:《北方文化与匈奴文明》,南京:江苏教育出版社,2005 年。

222. 田余庆:《东晋门阀政治》,北京:北京大学出版社,1989 年。

223. 田余庆:《秦汉魏晋史探微》,北京:中华书局,1993 年。

224. 仝晰纲:《元代的村社制度》,《山东大学学报》1996 年第 6 期。

225. 佟柱臣:《中国新石器时代文化的多元论和发展不平衡论——论中国新石器时代文化发展的规律和中国文明的起源》,《文物》1986 年第 2 期。

226. 佟柱臣:《中国古代北方民族游牧经济起源及其物质文化比较》,《社会科学战线》1993 年第 3 期。

227. Voeks, R.: "Sacred Leaves of Brazilian, Candomble", *Geographical Review*, No.80, 1991.

228. Weber, Max: *The City*, New York, 1958.

229. Wittfogel, K. A.: *Wirtschaft und Gesellschaft Chinas: Versuch der Wissenschaftlichen Analyse einer Grossen Asiatichen Agrargesellschaft*. Leipzig, 1931.

230. 万明:《明代两京制度的形成及其确立》,《中国史研究》1993 年第 1 期。

231. 万绳楠整理:《陈寅恪魏晋南北朝史讲演录》,合肥:黄山书社,1987 年。

232. 汪波:《魏晋北朝并州地区研究》,北京:人民出版社,2001 年。

233. 王德权:《古代中国体系的抟成——关于许倬云先生〈中国体系网络分析〉的讨论》,《新史学》(台北)14 卷 1 期(2003 年 3 月)。

234. 王德权:《"核心集团与核心区"理论的检讨——关于古代中国国家权力形成的一点思考》,《政治大学历史学报》(台北)第 25 期(2006 年 5 月)。

235. 王德毅:《李椿年与南宋土地经界》,《食货月刊》复刊第 2 卷第 5 期。

236. 王尔敏:《秘密宗教与秘密会社之生态环境及社会功能》,《"中央研究院"近代史研究所集刊》(台北)第 10 期,1981 年。

237. 王建革:《华北平原内聚型村落形成中的地理与社会影响因素》,《历史地理》第 16 辑,上海:上海人民出版社,2000 年。

238. 王建革:《传统社会末期华北的生态与社会》,北京:生活·读书·新知三联书店,2009 年。

239. 王明珂:《匈奴的游牧经济:兼论游牧经济与游牧社会政治组织的关系》,《"中央研究院"历史语言研究所集刊》(台北)第 64 本第 1 分,1993 年。

240. 王明珂:《华夏边缘:历史记忆与族群认同》,北京:社会科学文献出版社,2006 年。

241. 王明珂:《游牧者的抉择:面对汉帝国的北亚游牧部

族》,桂林:广西师范大学出版社,2008年。

242. 王庆成:《晚清华北村落》,《近代史研究》2002年第3期。

243. 王庆成:《晚清华北乡村:历史与规模》,《历史研究》2007年第2期。

244. 王思治:《清史论稿》,成都:巴蜀书社,1987年。

245. 王尧、陈践译注:《敦煌本吐蕃历史文书》(增订本),北京:民族出版社,1992年。

246. 王曾瑜:《宋朝兵制初探》,北京:中华书局,1983年。

247. 王曾瑜:《鄂国金佗稡编·续编校注》,北京:中华书局,1989年。

248. 王正毅:《边缘地带发展论:世界体系与东南亚的发展》,上海:上海人民出版社,1997年。

249. 王铮、张丕远等:《中国生态环境过渡的一个重要地带》,《生态学报》1995年第3期。

250. 王铮、张丕远、周清波:《历史气候变化对中国社会发展的影响》,《地理学报》1996年第4期。

251. 王子今:《西汉末年洛阳的地位与王莽的东都规划》,《河洛史志》1995年第4期。

252. 王子今:《秦汉区域文化研究》,成都:四川人民出版社,1998年。

253. [德]韦伯:《儒教与道教》,王容芬译,北京:商务印书馆,1999年。

254. [美]韦思谛(Stepehn C. Averill)编:《中国大众宗教》,陈仲丹译,南京:江苏人民出版社,2006年。

255. 魏嵩山:《太湖流域开发探源》,南昌:江西教育出版社,1993年。

256. [美]魏特夫:《东方专制主义:对于极权力量的比较研究》,徐式谷、奚瑞森、邹如山等译,北京:中国社会科学出版社,1989年。

257. 魏幼红:《官绅之间:试论明清时期江西府县城的"城门事件"》,《江汉论坛》2006年第6期。

258. [美]沃勒斯坦:《现代世界体系》,尤来寅等译,北京:高等教育出版社,1998年。

259. 乌恩岳斯图:《北方草原考古学文化比较研究——青铜时代至早期匈奴时期》,北京:科学出版社,2008年。

260. 吴晗:《明代靖难之役与国都北迁》,见《吴晗史学论著选集》第一卷,北京:人民出版社,1984年。

261. 吴宏岐:《元代农业地理》,西安:西安地图出版社,1997年。

262. 吴缉华:《明代海运及运河的研究》,《"中央研究院"历史语言研究所专刊》(台北)之四十三,1961年。

263. 吴缉华:《明代社会经济史论丛》,台北:台湾学生书局,1970年。

264. 武汉大学历史地理研究所编:《石泉先生九十诞辰纪念文集》,武汉:武汉大学出版社,2007年。

265. 武玉环:《辽代斡鲁朵探析》,《历史研究》2000年第2期。

266. 襄樊文化局、襄樊群众艺术馆编:《襄樊民间故事集》,北京:中国民间文学出版社,1989年。

267. 萧凤霞:《廿载华南研究之旅》,《清华社会学评论》2001 年第 1 期。

268. 萧启庆:《内北国而外中国——蒙元史研究》,北京:中华书局,2007 年。

269. 萧正洪:《清代陕南种植业的盛衰及其原因》,《中国农史》1988 年第 4 期、1989 年第 1 期。

270. [日]小野胜年:《入唐求法巡礼行記の研究》,京都:法藏馆,1989 年。

271. 谢剑:《匈奴社会组织的初步研究——氏族、婚姻和家族的分析》,《"中央研究院"历史语言研究所集刊》(台北)第 40 本下,1969 年。

272. [日]新宫学:《北京遷都の研究》,东京:汲古书院,2004 年。

273. 邢义田:《治国安邦:法制、行政与军事》,北京:中华书局,2011 年。

274. 徐泓:《明北京行部考》,《汉学研究》(台北)2 卷 2 期(1984 年)。

275. 徐泓:《明代福建的筑城运动》,《暨大学报》(南投)第 3 卷第 1 期(1999 年)。

276. 许宏:《先秦城市考古学研究》,北京:北京燕山出版社,2000 年。

277. 徐信印编著:《安康史略》,西安:三秦出版社,1988 年。

278. 许倬云等编:《第二届中国社会经济史研究研讨会论文集》,台北:汉学研究资料及服务中心,1983 年。

279. 许倬云等编:《劳贞一先生八秩荣庆论文集》,台北:商务印书馆,1986 年。

280. 许倬云:《许倬云自选集》,上海:上海教育出版社,2002 年。

281. 许倬云:《汉代农业:中国农业经济的起源及特性》,王勇译,桂林:广西师范大学出版社,2005 年。

282. 许倬云:《求古编》,北京:新星出版社,2006 年。

283. 许倬云:《历史大脉络》,桂林:广西师范大学出版社,2009 年。

284. 许倬云:《从多元出现核心》,《燕京学报》新 26 期,北京:北京大学出版社,2009 年。

285. 烟台市文物管理委员会:《山东荣成梁南庄汉墓发掘简报》,《考古》1994 年第 12 期。

286. 严耕望:《严耕望史学论文选集》,北京:中华书局,2006 年。

287. 严耕望:《唐代交通图考》,上海:上海古籍出版社,2007 年。

288. 严文明:《中国史前文化的统一性与多样性》,《文物》1987 年第 3 期。

289. 严文明:《史前考古论集》,北京:科学出版社,1998 年。

290. 严文明:《农业发生与文明起源》,北京:科学出版社,2000 年。

291. 严耀中主编:《唐代国家与地域社会研究》,上海:上海古籍出版社,2008 年。

292. 杨国安:《社会动荡与清代湖北乡村中的寨堡》,《武汉大学学报》(人文科学版)2001 年第 5 期。

293. 杨果:《宋代的鄂州南草市》,《江汉论坛》1999 年第 12 期。

294. 杨果、陈曦:《经济开发与环境变迁研究——宋元明清时期的江汉平原》,武汉:武汉大学出版社,2008 年。

295. 杨宽:《中国古代都城制度史研究》,上海:上海古籍出版社,1993 年。

296. 杨讷:《元代农村社制研究》,《历史研究》1965 年第 4 期。

297. 杨纫章:《重庆西郊小区域地理研究》,《地理学报》第 8 卷(1941 年)。

298. 杨若薇:《契丹王朝政治军事制度研究》,北京:中国社会科学出版社,1991 年。

299. 杨式挺:《谈谈石峡发现的栽培稻遗迹》,《文物》1978 年第 7 期。

300. 叶植主编:《襄樊市文物史迹普查实录》,北京:今日中国出版社,1995 年。

301. [日]伊原弘:《中国中世都市紀行——宋代の都市と都市生活》,东京:中央公论社,1988 年。

302. [日]伊原弘:《中国開封の生活と歳時——描かれた宋代の都市生活》,东京:山川出版社,1991 年。

303. [日]伊原弘:《中国人の都市と空間》,东京:原书房,1993 年。

304. [日]伊原弘:《蘇州——水生都市の過去と現在》,东京:讲谈社,1993 年。

305. 尹钧科:《北京郊区村落发展史》,北京:北京大学出版社,2001 年。

306. 于志嘉:《明代两京建都与卫所军户迁徙之关系》,《"中央研究院"历史语言研究所集刊》(台北)第 64 本第 1 分,1993 年。

307. 于志嘉:《明北京行都督府考》,《"中央研究院"历史语言研究所集刊》(台北)第 79 本第 4 分,2008 年。

308. 余英时:《士与中国文化》,上海:上海人民出版社,1987 年。

309. [日]宇都宫清吉:《刘秀与南阳》,黄金山译,见刘俊文主编《日本学者研究中国史论著选译》第三卷,北京:中华书局,1993 年。

310. 喻松青:《明清白莲教研究》,成都:四川人民出版社,1987 年。

311. 袁家荣:《玉蟾岩获水稻起源重要物证》,《中国文物报》1996 年 3 月 3 日。

312. [日]曾我部静雄:《宋代政經史の研究》,东京:吉川弘文館,1974 年。

313. 张光直:《中国青铜时代》,北京:生活·读书·新知三联书店,1999 年。

314. 张光直:《中国考古学论文集》,北京:生活·读书·新知三联书店,1999 年。

315. 张光直:《古代中国考古学》(据耶鲁大学出版社 1986 年第四版译),印群译,沈阳:辽宁教育出版社,2002 年。

316. 张光直:《美术、神话与祭祀》,郭净译,沈阳:辽宁教育出版社,2002 年。

317. 张广达:《塔里木盆地的城市国家》,见 B. A. 李特文斯基主编《中亚文明史》第三卷,马小鹤译,北京:中国对外翻译出版公司、联合国教科文组织,2003 年。

318. 张广达、荣新江:《8 世纪下半叶至 9 世纪初的于阗》,《唐研究》第 3 卷,北京:北京大学出版社,1997 年。

319. 张国雄:《明清时期的两湖移民》,西安:陕西人民教育出版社,1995 年。

320. 张继海:《汉代城市社会》,北京:社会科学文献出版社,2006 年。

321. 张建民:《明清长江流域山区资源开发与环境演变——以秦岭—大巴山区为中心》,武汉:武汉大学出版社,2007 年。

322. 张建民、鲁西奇主编:《历史时期长江中游地区人类活动与环境变迁专题研究》,武汉:武汉大学出版社,2011 年。

323. 张沛编著:《唐折冲府汇考》,西安:三秦出版社,2003 年。

324. 张伟然:《湖北历史文化地理研究》,武汉:湖北教育出版社,2000 年。

325. 张文奎:《张文奎人文地理论文选集》,沈阳:东北师范大学出版社,1993 年。

326. 张泽咸:《唐代城市构成的特点》,《社会科学战线》1991 年第 2 期。

327. 章义和:《地域集团与南朝政治》,上海:华东师范大学出版社,2002 年。

328. 章英华:《清末民初华北农村的村落组织和村际关系》,

《“中央研究院”民族学研究所集刊》(台北)第72期,1991年。

329. 郑学檬:《中国古代经济重心南移和唐宋江南经济研究》,长沙:岳麓书社,2003年。

330. [日]中村圭尔、辛德勇编:《中日古代城市研究》,北京:中国社会科学出版社,2004年。

331. 中国第一历史档案馆编:《清代档案史料丛编》第九辑,《乾隆末年白莲教秘密反清斗争》,北京:中华书局,1983年。

332. 中国科学院历史研究所翻译组编译:《宫崎市定论文选集》(上),北京:商务印书馆,1963年。

333. 中国人民大学历史系、中国第一历史档案馆合编:《清代农民战争史资料选编》,北京:中国人民大学出版社,1983年。

334. 中国社会科学院历史研究所清史室、资料室编:《清中期五省白莲教起义资料》,南京:江苏人民出版社,1981年。

335. [伊朗]志费尼:《世界征服者史》,何高济译,北京:商务印书馆,2004年。

336. 周宝珠:《宋代东京研究》,开封:河南大学出版社,1992年。

337. 周长山:《汉代城市研究》,北京:人民出版社,2001年。

338. 周良霄、顾菊英:《元代史》,上海:上海人民出版社,1993年。

339. 周若祁、张光主编:《韩城村寨与党家村民居》,西安:陕西科学技术出版社,1999年(原文无出版信息,此为网上查询所得)。

340. [日]周藤吉之:《宋代經濟史研究》,东京:东京大学出版会,1962年。

341. 周一良:《魏晋南北朝史札记》,北京:中华书局,1985年。

342. [日]竺沙雅章:《中国佛教社會史研究》,京都:同朋舍,1982年。

343. 庄辉明:《西汉水利工程与“基本经济区”》,《华东师范大学学报》2002年第3期。

344. 庄吉发:《清代乾隆年间的收元教及其支派》,《大陆杂志》(台北)第63卷第4期。

345. 邹逸麟主编:《黄淮海平原历史地理》,合肥:安徽教育出版社,1993年。

346. 邹逸麟:《明清流民与川陕鄂豫交界地区的环境问题》,《复旦学报》(社会科学版)1998年第4期。

347. 邹逸麟:《我国早期经济区的形成——春秋战国至汉武帝时期》,见《历史地理》第18辑,上海:上海人民出版社,2002年。

348. 邹逸麟:《中国历史地理概述》,上海:上海教育出版社,2005年。

349. 邹逸麟:《椿庐史地论稿》,天津:天津古籍出版社,2005年。

350. 左大康主编:《现代地理学辞典》,北京:商务印书馆,1990年。

351. [日]佐佐木卫:《中国の宗教集團——その結構的特性について》,《民族学研究》东京第53卷第1期(1988年)。

后 记

2000年初，我在《区域历史地理研究：对象与方法——汉水流域的个案考察》（南宁：广西人民出版社，2000年）一书的后记中，曾谈到对以后研究工作的设想，说："如果有机会，我希望能到国外进修一段时间，以全面、直接地学习西方历史学、地理学特别是历史地理学的理论与方法。在此基础上，我希望能就中国历史发展与地理环境之间的关系这一宏观问题作进一步的理论思考，如有可能，打算撰写一部题为《中国历史发展的地理学阐释》（暂拟）的著作。在实证研究领域，我将继续以汉水流域为研究对象，而将重点放在明清以来特别是近代以来聚落形式的演变及其与社会变迁之间的关系方面，将历史地理研究与社会经济史研究结合起来。"后来十余年中具体的研究，当然有较多调整，但基本是沿着这个思路展开的。其中实证研究方面，分别出版了《汉水中下游河道变迁与堤防》（与潘晟合著，武汉：武汉大学出版社，2004年）、《城墙内外：古代汉水流域城市的形态与空间结构》（北京：中华书局，2011年）、《汉中三堰：明清时期汉水上游地区的堰渠水利与社会变迁》（与林昌丈合著，北京：中华书局,2011年)等三种专著,以及论文集《人群·聚落·地域社会:中古南方史地初探》(厦门:厦门大学出版社,2012年)一种,还有一种与周荣合著的《江汉围垸:明清时期江汉平原的垸田水利与社会变迁》已交稿,将由中华书局出版。在理论思考方面,十余年来琢磨的结果,就是这本论集。

本书所收各篇论文,都是在教学讲义的基础上撰写而成的。2003年秋,我在武汉大学历史学院给世界史实验班讲授部分中国史研究专题,以“中国历史的空间结构”为题,作了四次讲座。到2004年春季学期,我以同题申请开设了一门本科生课程。在课程开场白中,我这样介绍课程的设想与讲授内容:

> 本课程的名称叫“中国历史的空间结构(The Spatial Structure of Chinese History)”,其名称,就与我们熟悉的大多数专题课程有所不同。这种不同,还不在于名称的涵盖大小问题,更在于这个题目指明了一个专门的研究课题——中国历史发展的空间差异与空间结构,而不是一个专业领域(如中国历史地理、中国经济史之类)。或者因为这样的原因,这门课显然有点特别,所以我想对课程开设的想法作一点交代。
>
> 之所以想起开设这样一门课程,最初的动因是我看到一份谢和耐(Jacques Gernet)在法兰西学院的授课表,比如,1976—1977年度开讲的课程是:“中国17世纪一名具有现代思想的人——刘献廷”,以及“中国人对基督教的最早反应”;1977—1978年度,他接着讲“中国人对基督教的

反应”(续),又开了一门“传教士写的首批中文著作”;1978—1979年度,他开讲“王夫之著作中的历史与政治”,以及“中国的自然哲学——张载的《正蒙》”。显然,这些都是专题性课程,而且研究性很强。我一直在设想,我们有没有可能开设这样的专题性课程?这可能不太适合本科生教学,但我想值得尝试一下。这不仅对于学生是一个挑战,对于教师来说,是一个更大的挑战。

另一方面,我学习历史地理有十多年了,特别是近十年来,主要精力一直放在这方面。大家知道,历史地理学,如果说还是一门学问的话,实际上包括两方面内涵:一是历史的地理,或者表达为时间维度下的地理变化,也就是历史时期地理环境的演变。这是历史地理学的主要方面,也因此,很多学者,把它划归地理学领域,因为其研究对象是地理环境。另一方面的涵义不是那么受重视,但也是历史地理的本义,即空间维度下的历史,也就是地理空间环境对历史发展的影响,或者说是用地理空间的观念分析历史发展进程。在最初进入历史地理研究领域时,我较重视前一方面;近年来,随着自己关注的重心逐渐向社会特别是乡村社会结构的转移,更多地注意后者,即将空间观念用于对历史事件、现象与总体发展趋势的分析方面。

更重要的是,这些年来,我一直在思考一个问题:中国为什么是统一的?换言之,中华帝国作为一个统一的多样性与多元化国家,是如何成立的?我们所在的这个国家,从自然、民族、文化、经济体系等各方面,不同区域之间,都存在着巨大的差异。我们学习历史，固然需要与现实保持一定距离，但归根结蒂，却不能不回答一个根本性的问题：我们生活于其中的这个世界是如何形成的？因此，在这个课程之下，我即试图将近年来的一些不成熟的思考，通过课程的方式，逐步地系统化，力图提出一些自己的看法。

本课程的主旨是：从空间观念出发，以地理环境与人类活动的互动为视角，阐述幅员广阔、多民族统一国家在形成发展过程中的历史地缘结构的形成与演进，以及此种地缘结构对地区开发模式、经济格局之演变、文化区域的分合等方面的影响，进而分析区域差异及多样性与中国历史的总体发展之间的关系。

这次课程打算讲七个专题：

一、中国历史发展的区域多样性

在这一讲中，我试图首先简要描述中国各地区自然与文化景观的差异；由此出发，分析造成此种差异的原因：这些差异是历史发展的结果，从而提出一个重要的概念，即历史发展道路与发展模式的区域多样性，认为在中国历史上，不同地区可能存在着不同的历史发展道路，也有不同的发展模式；以往认为各地区的历史发展都基本遵循一个统一的中国历史发展模式、走过一个大致相同的历史发展道路的传统阐释体系，是不成立的；最后初步分析是哪些因素造成了历史发展的区域多样性。

二、地带性差异：中国历史上的三大地带及其变动

这一讲试图从宏观角度，主要依靠《汉书·地理志》、

《隋书·地理志》、《宋史·地理志》以及顾炎武《肇域志》等正史地理志及地理总志的记载,描述四个时间剖面下中华帝国的宏观地理面貌(公元1世纪,7世纪,12—13世纪,17世纪),然后比较分析其变动,探究这三大地带及其变动对中国历史发展的影响。

三、核心区及其意义:中国历史上的核心区及其转移

本讲试图使用核心区这一地区概念,描述中国历史上政治经济与文化核心区域的形成及其变动,考察历代王朝对于核心区的经营及其动因,分析核心区的变动对于帝国统治的意义。其理论预设乃是:控制政治核心区与基本经济区是帝国政治的基本控制手段,也是帝国政府之区别于近代民治政府的重要方面。

四、内地的边缘:多元化的政治控制、多样性经济生活方式、边缘化社会与异端信仰的策源地

"内地的边缘"是我这几年来提出并一直关注的一个区域概念,意在指空间位置上处于中华帝国之内地、却又非政治经济核心区域的区域,主要包括不同区域的交界地带(所谓"边区",大约也可以理解为"边缘区域"吧),如鄂西北、赣南、湘西、鄂东北等,但也有一些内地的边缘区域并不处在较大区域的交界地带,如大洪山区。因此,内地的边缘并不单纯是一个地理概念,边缘不仅仅意味着它是地理的边缘,还应当是政治经济乃至文化的边缘。这样的区域,在政治控制、经济生活方式与社会、文化方面有哪些特点?形成此种特点的原因是什么?本讲即以我们近年来的思考,以及

在田野考察中的感性认识为基础，讨论这些问题。

五、城市与乡村：空间视野下的城乡及其差异

这一专题讨论的问题是：中国历史上的城市与乡村是否存在着差别？到底是城乡共同体或城乡一体化，还是城市与乡村的对立？抑或二者都不是？我首先试图从城乡差别的角度来界定城市与乡村，然后再进一步讨论城市与乡村在帝国政治社会经济体系中的不同地位，及其在中国历史发展过程中所发挥的不同作用。

六、空间、场所、权力：地方社会之建构过程的空间分析

这一讲的理论预设有三：(1)空间是特定形式的权力运作工具。(2)空间被赋予人类意义的过程，就是空间变为场所、地方的过程，也可以说是人化的过程。在这个过程中，空间被赋予意义，而成为场所，以及地方。(3)我们借以理解场所和地方的联系，只能产生于我们的“文化”和“文本”所能提供的解释之中。由此出发，我试图粗略地解析一个城市社会的建构过程，至少摸索一种解析的理路。显然，这一讲会带有强烈的后现代思辨意味。

七、多元的统一帝国：它是如何可能的？

在上述六个专题中，我试图把中国描述成很多大大小小、各具特色、走过自己发展道路、拥有自己发展模式的各个地区，中华帝国实际上是一个多元化的、多样性的帝国，那么，我们需要进一步思考的问题就是：这个多元的、多样性的帝国又是如何将千差万别、异彩纷呈的各个地区，集聚在一起，整合成一个统一帝国的呢？本讲首先介绍几种主

要的有关统一中华帝国的阐释体系，简要评论其得失；最后提出我们的分析框架，切入点、范畴与分析理路。

这几个专题，虽然还不是专到无法做课堂讲授的地步，但涉及的时段长，领域多，所以对我来说，也是很困难的，虽然进行了一段时间的思考，但其实还存在着诸多空白点，仍然是一些非常不成熟的想法。我把它们作为一种思想产品，而不是知识，我希望大家更关注这个思想的过程与所提出的问题，而不是思想的结果——我一直以为，结果是没有意义的，至少是与我无关的。同时，它对同学们来说也是一个挑战，因为我希望大家与我一起去思考。

当然，这些专题，在2004年春季学期的授课中，根本没有能够完成。2005、2006年，这门课我在武大讲了两次；2008、2009、2010年，这门课我在厦门大学历史系又讲了三学期。我自以为可以骄傲的是：每次讲课的内容，都不相同；同样的内容，我从没有讲过第二次。每次教学，我都写下详细的讲义（课件倒未必做）。这样，经过六个学期的教学，在这门课程下前后积累了约一百万字的讲义。从2008年开始，我将其中的部分内容凝练起来，撰写了一些论文，并于2008—2013年间断续发表出来（还有一些讲义内容，尚未形成论文）。本书所收10篇论文，都是其中的组成部分，其发表与转载情形如下：

（1）《中国历史与文化的“区域多样性”》，原刊《厦门大学学报》2010年第6期。《新华文摘》2011年第6期论点摘编。

（2）《中国历史发展的五条区域性道路》，《学术月刊》2011

年第2期。人大报刊复印资料《历史学》2011年第7期转载。

(3)《中国历史上的三大经济带及其变动》,《厦门大学学报》2008年第4期。人大报刊复印资料《历史学》2008年第10期转载。《高等学校文科学报文摘》2008年第5期转摘。

(4)《中国历史上的"核心区":概念与分析理路》,《厦门大学学报》2010年第1期。《新华文摘》2010年第9期转载。《高等学校文科学术文摘》2010年第2期转摘。

(5)《中国历代王朝的"核心区"及其变动》,《厦大史学》第3辑,厦门大学出版社,2010年。

(6)《内地的边缘:传统中国内部的"化外之区"》,《学术月刊》2010年第5期。

(7)《传统中国秘密社会的"核心集团"与"核心区"——以白莲教"襄阳教团"的形成为中心》,与江田祥合写,《厦门大学学报》2011年第6期。《高等学校文科学术文摘》2012年第1期转摘。《中国社会科学文摘》2012年第5期转摘。人大报刊复印资料《历史学》2012年第3期转载。

(8)《空间与权力:中国古代城市形态与空间结构的政治文化内涵》,与马剑合写,《江汉论坛》2009年第4期。人大报刊复印资料《地理》2009年第5期转载。

(9)《城墙内的城市?——中国古代治所城市形态的再认识》,与马剑合写,《中国社会经济史研究》2009年第2期。人大报刊复印资料《历史学》2009年第8期转载。

(10)《散村与集村:传统中国的乡村聚落形态及其演变》,《华中师范大学学报》2013年第4期。

需要说明的是:本书所收的各篇论文,大多与发表时有程度不同的差别。倒不是在收入本书时作了修改,而是发表时受刊物篇幅限制或应编辑要求,作了较大幅度的删改,收入本书的,反而是写作的原初面貌(只作了一些技术修改)。

人们常说,“教学相长”。在这些年的教学中,我深深地体会到这一点。由于课程的性质与内容,每一届听课的同学都会觉得有些难,他们不断地提出问题,质疑问难,从而“迫使”我做出更系统的思考、提供更充分的证据、进行更全面的论证,并努力把自己的想法讲明白。他们给了我很大的帮助。在这个意义上,同学们都是我的良师益友。“铁打的营盘流水的兵”,作为老师,很难列举出他们的名字,只还记得其中的一些,比如我在武大第一次讲这门课时总是坐在前排的刘庆(后来到厦大来读研究生,现在武汉一间学校工作),第二次讲课时认真听课的刘嘉乘(后来到厦大读研究生,现在卡耐基—梅隆大学攻读博士学位)、张妍妍(现在中山大学攻读博士学位),以及作为研究生旁听课程的江田祥(现在广西师范大学任教)、马剑(现在西南大学任教)、林昌丈、吴鹏飞、朱忠飞、廖涵等。在论文投稿的过程中,《学术月刊》主编田卫平先生、《厦门大学学报》陈双燕先生、《江汉论坛》张卫东先生都曾给予很好的修改建议。在与师友的交谈讨论过程中,我也受到很多教益。特别是复旦大学姚大力老师,武汉大学冻国栋老师、陈勇老师,一直给我很多鼓励与指点。中国社科院历史研究所成一农,武汉大学历史学院杨国安、魏斌、徐斌,浙江大学历史系杜正贞、吴铮强,厦门大学刘永华,广西师范大学历史文化与旅游学院江田祥,西南大学历史文化学院马剑等师友，都是拙稿最初的读者。他们提出的问题和批评都非常有分量，许多想法对我有很大帮助。江田祥博士在繁重的教学科研工作之余，为本书的出版奔波努力，又通读全书，提出很多意见，为此花费了大量的时间和精力。面对这些情意，“感谢”二字是如此苍白无力，也就只有省去了。至于我的妻、子，他们选择了我和我的生活，也就不得不忍耐我在思考过程中的沉默或乖张，并不得不“分享”我的痛苦、愤怒和无奈。既然无法改变甚至是无意改变，抱歉之类的话也就不必说了。

鲁西奇 谨识

2013 年 3 月 16 日

于厦门沙坡尾